U0904003

本出版物受“中国政法大学双一流拔尖创新人才培养”项目资助

國家与法治研究

主　编——焦洪昌

Archive
for
State
and
Rule
of
Law

法律出版社 LAW PRESS · CHINA

第1卷
2018

国家与法治研究　　第1卷(2018)

目　录

书评/ book reviews

【经　典】

classic

国家与法治研究　第1卷(2018)
第3~33页

中国国家起源的问题

吴恩裕*

一、中国国家起源问题的提出和处理有关材料的问题

在中国,国家这一阶级压迫工具究竟是什么时候产生的?

回答这一问题是有意义的。因为,正确的解答这个问题就会给中国国家与法律的历史这门学科解决一个主要的而且是第一课的问题。同时,也解决了中国通史上一个重要的问题。

我国史学界在过去并没有很好地解决这个问题。有的历史书籍对这个问题根本避而不谈,有的即使谈这个问题,也不给它以重要的地位。所以,到了今天,我国历史学者和中国国家与法律的历史研究者,就需要重视并且努力来解决这个题。

探究中国国家的起源,发生怎样处理材料的问题。

---

* 吴恩裕(1909—1979),著名政治学家、法学家。1936年公费留学英国,入伦敦政治经济学院研究政治思想史,师从拉斯基教授。1939年至1946年任重庆中央大学政治学系教授,1946年至1952年任北京大学政治学系教授,1953年起历任北京政法学院(中国政法大学前身)、中国社科院研究员及北大法律系、国际政治系教授等职。

有关中国国家起源问题的材料,大体上有下列几方面:

(一)地上的文字记载。如尚书,诗经,左传,逸周书,竹书纪年,楚辞,周秦诸子中有关夏、商的传说。(二)地下的文字记载。如在河南安阳出土的商代龟甲兽骨文字,亦即甲骨文;各地出土的商、周铜器上的文字,即金文。(三)中国考古工作科学工作者发掘出来的中国新石器时代和铜器时代的遗存。其中包括新石器时代的生产工具,如骨制的鱼叉、凿、锥、针和织物的梭,陶制网鱼的网坠,蚌壳制的刀,刈禾用的镰刀、锯、铲、镞等。使用工具如陶盆、盘、杯、鬲、罐等。铜器时代的铜制工具有矛、刀、箭、镞;礼器如鼎、彝等;酒器如尊、瓿、壶、爵等;乐器如铃、铙等;食器如簋,煮器如甗等;日常用具如针、锥、斧、锛等。考古学上发现的文化层的具体知识,也很重要,如中国新石器时代末期的彩陶文化和黑陶文化层的发现。

我们究竟应该怎样使用这些材料?这是研究中国国家起源的一个极其重要的问题。

首先,我们必须知道:研究中国国家的起源专靠地上的文字记载,是不可能得到科学的结论的。第一是由于:有关夏、商的地上文字材料几乎没有当时的作品,它们可信的程度是要大打折扣的。如诗只是周迄春秋时人所作。书,王国维虽认为盘庚三篇,高宗肜日,西伯戡黎,微子等篇是当时人所做的,[①]但用甲骨文字来比较,尽管甲骨是"卜"辞,有它性质上的限制,但在文体的长短和篇幅的长短上,都不能不令人怀疑这个主张。甲骨文中没有很长的文字,而书中则有较长的篇幅。如果盘庚等篇都不是商人的作品,那么,我们就只能把诗、书这些"去古已远"的书籍中所记载的古代史事视为"传说",而不能把它们无条件地认为是史实了。第二是由于:先秦诸子是喜欢托古的。孔、孟称颂尧、舜、墨称道夏等,都是明显的例子。他们本来就不免自己"游说"或其他"取信"的目的,歪曲了对古代史实的解释;况且这些材料当然是去古更远的了。远到一个程度以至于孔子都不能不有"文献不足征"之感。所以这部分材料也不能完全信赖。第三是由于:伪书。先秦诸子中有的是伪书或者部分地伪书。这是大家所熟知的事实。托古的伪书有两个年代问题。一个是当时作伪的年代,另一个是伪托的"古"代。这种伪书虽然有时可以作为做伪当时的史料,却不能作为它们所伪托的时代史料。地上文字材料中的

① 王国维:《古史新证》,第1章。

这个伪书的问题,也是一个麻烦的问题。第四是由于:事后记载中的用语问题。所谓"事后记载"如史记记夏、商以来的事实,就是事后记载。在这种记载中不但夏、商都被称述为"王朝",甚至尧、舜、神农、轩辕,也被称"王"为"帝",当时也有什么"诸侯"了。既然是王朝,既然有了王或帝,那么,当然就是已经有了国家,我们也就不必再探究国家的起源了。事实上并非如此。根据上述第(二)、(三)两种材料的指示,不但尧、舜、神农、轩辕时代不可能有国家,就是夏时代有没有国家,也还很成问题。这种用后来的用语来描述远古史事所造成的混乱,给解决中国国家起源的问题,也带来一些麻烦。

处理地上文字材料既有这些不易弄清楚真正历史事实的障碍,那么,仅根据地上文字这一种材料,而不把它同甲骨文和金文的材料加以印证,就不可能了解古代的真正史实。夏曾佑的中国古代史,虽然并没有十分相信这种传说性质的地上文字材料,却根据它们来叙述上古的事实,因此,它就不能解决中国古史上的真正问题,只能"传疑"②而已。夏曾佑的书还是比较好的,其他完全根据传说编缀一套荒唐故事的书,就更不足据了。由此可见,我们不但不能把地上文字材料无条件地认为是正确的史料,而且还必须把它们同地下的各种材料加以印证。

其次,关于用地上的文字材料同地下的文字材料印证的必要,王国维曾经说:"上古之事,传说与史实混而不分。史实之中故不免有所缘饰与传说无异;而传说之中亦往往有史实为之素地,二者不易区别。"③因为研究中国国家起源碰到这样一个问题,所以我们必须用地下的文字材料来纠正、补充地上的文字材料。有这种认识,用这种办法来进行中国古史的研究而且获得很大成绩的,王国维就是一个创始者。他的古史新证及其他单篇专著,对于商代史实考出很多。他的《殷周制度论》则更是研究中国上古史上的一个极有价值的贡献。然而,王国维并未有意识的解决中国国家起源的问题。在《殷周制度论》一文中,他也沿用旧史所用的名词来谈"夏代"的"政治"制度等问题,而没有先探究一下:夏代是否已经建立了国家。并且王国维仍然局限于利用上述第(一)、(二)两种材料,而不利用中国考古学者所发掘出来的那些新石器时代末期的遗物,不在地上和地下文字材料之外再使用实物的证明,

② 夏曾佑的《中国古代史》有《传疑时代》一章。

③ 王国维:《古史新证》,第2章。

要解决中国国家起源的问题,也是不可能的。

最后,我国考古科学工作者在中国各地发掘的成绩,对于研究中国上古史是有极大帮助的一方面,这是由于地上文字材料有关上古史的记载,大都是"真假莫辨"和"真假糅杂"的传说;地下发掘出来的甲骨文和金文在记事繁简和年代早晚上都有一定的局限性,因而发掘出来实物,对于上述第(一)、(二)种材料便有补充和订正的效用;另一方面,实物本身也可以说明一定的史实。而重要的则是:某一时代的大批骨器、石器、蚌壳器、铜器的发现,就明确的揭示了这个时期已经进入了人类文化发展的什么时代,如石器时代、铜器时代等等。确定这种"时代",对于判断有无国家的产生,是一个必要的前提。所以,考古科学工作者所提供的材料是十分重要的。

可是,由于过去我国考古学者大都只谈中国的石器时代、铜器时代等问题,而谨慎地不肯把这些考古学上的时代和中国的历史时期结合在一起,就是说,不把那些时代和中国的夏以前以及夏、商时代加以具体地联系和说明,这也使得解决中国国家起源的问题感到一定的困难。他们所辛勤提供的宝贵而丰富的实物材料,并没有在实际上直接有助于解决中国国家的起源问题。

我们可以总括起来说:研究中国国家起源的问题,必须利用所有上述三方面的材料,缺一不可。

然而,尽管也有人利用了上述三种材料,但是他们还得不出正确的结论,这原因又是在哪里呢?这就是一个更为重要的问题。

据我的看法,这原因就在于:如果我们仅依靠占有材料,堆积材料,尽管是把所有上述三种材料都熟悉了,却没有一个对于社会发展规律的认识,不能对那些材料加以历史唯物主义的说明,也绝不可能解决中国国家的起源问题。反之,假如我们正确地掌握了历史唯物主义的科学理论,认识了社会发展的基本规律,然后再充分利用考古学界近年来发掘的成果,批判地使用有关国家起源的各种地上文字材料的记载,并把它们和地下的文字材料互相参证,我们认为是有可能解决中国国家起源的问题的。

研究中国国家的起源必须研究中国阶级社会的产生。人类阶级社会的产生是在恩格斯所说的野蛮时代中期,④也就是考古科学上的新石器时代末

④　恩格斯:《家庭、私有制和国家的起源》,张仲实译,人民出版社1956年版,第23~24页。

期。正因为这样,我们就不能不运用历史唯物主义这一科学的武器,根据地下的发现来分析:如何在新石器时代末期,亦即野蛮时代中期,由于生产力的提高,使剩余劳动有了可能,因而剥削这种剩余劳动的阶级社会和作为阶级矛盾不可调和的产物的国家,也就可能产生。可见,用历史唯物主义的原理来说明考古发掘有关中国古史的遗存,乃是解决中国国家起源问题的一个指导性的原则。

本书试图学习用历史唯物主义的观点和方法利用考古发掘和地下地上的文字材料来作出关于夏时代所处社会发展阶段的初步推论。这个推论一经确定之后,就可以作为我们解决中国国家起源问题的必要的前提。

再具体一些说,本书主要论点是:由于古书中有关古史的传说不可轻信,我们就用考古学上的发掘结果来推论中国上古哪一个时代是新石器时代末期,即恩格斯所说的野蛮时代的中期,亦即中国原始公社社会逐渐解体的时期,那么,那个时期无疑也就是由原始公社到国家出现的过渡时期。像这样一个过渡时期,我认为就是夏代。当时和夏族杂处河、济间的商族,⑤到了较后的发展阶段(汤以前),应该是比夏人生产力较高的,因之,商族在同一时期所经历着的原始公社解体过程就较夏族为迅速,从而,商族建立国家的可能也就较夏族为早些。我认为,汤伐桀后,汤和商部落贵族,由于本书下面所说的原因,就建立了中国历史上第一个阶级压迫的工具——奴隶占有制的国家。

二、证明夏时代仍在我国新石器时代末期文化之一的黑陶文化时期

我国历史学者研究中国国家起源问题的注意焦点,大都集中于夏时代,中国古书中关于夏的传说,不但为数很少,而且仅根据这种古书,则我们对于这些古书也难遽加凭信;即使可信,在那些传说中也找不到能够表明夏时代生产力的发展的具体情况和生产关系性质的材料。可是,我们要判断夏时代有没有国家,那就必须首先知道夏的生产力和生产关系的具体情况。因为只

⑤ 王国维:《殷周制度论》,载《海宁王静安先生遗书》(第4册),商务印书馆1940年版,长沙石印本。

有知道这些,我们才能知道当时有没有产生剩余劳动的可能,有没有"人剥削人"的可能,有没有产生阶级的可能,也就是说,有没有产生作为"阶级矛盾不可调和的产物"的国家的可能,因此,从许多方面看,单凭中国古书中是传说决不能解决夏时代有没有国家的问题。

根据我国考古学家的定论,汤以后的殷商时代是青铜器时代。那么殷商以前的夏时代,若不是石器时代末期,就是铜器时代初期。

我认为,夏时代正处在新石器时代的末期,正处在原始公社制度的解体的时期——走向奴隶占有制的过渡时期。石器说明当时作为生产力之一的工具的状况;原始公社公有制说明当时生产关系的性质。在当时,正如在历史上其他时代一样,生产力的情况和生产关系的性质是分不开的。[⑥]

关于这一推断,有以下的根据:

我们利用中国考古学者发掘的结果,来说明夏时代是中国新石器时代末期文化之一。[⑦] 这一点可分三方面来证明:

1. 中国历史传说中的夏的绝对年代及其与殷商之间的相对年代,和考古学上的黑陶文化末期的绝对年代及其与白陶文化之间的相对年代都有重要的联系与符合之处;因而推论,夏时代正是处在新石器时代末期文化之一的黑陶文化时代。

由汤伐夏大约是在公元前一五六二年(?)这一事实证之,夏到桀时也当在公元前一五六年。据《竹书纪年》,由禹到桀共四七一年;[⑧]而据三统书则是四三二年。则夏初绝对年代当在公元前二零三三年或公元前一九九四年。总之,即在公元前二零零零年左右。至于夏和商的相对年代,则所有史学家一致承认:由汤至纣的商代是由禹至桀的夏代连接着的。

根据在安阳后冈发掘的中国新石器时代文化遗址,我们知道这个遗址有三个文化层。上层是白陶文化的遗物,中层是黑陶文化的遗物,下层是彩陶文化的遗物。[⑨] 按白陶文化即小屯文化或殷墟文化,这三个文化层的相对年代,以彩陶文化为最右,黑陶文化次之,白陶文化或殷墟文化较近。至于它们

---

⑥ 参见[苏]斯大林:《辩证唯物主义与历史唯物主义》,人民出版社1956年版。

⑦ 与这一问题有关的书籍,除下文引用的以外,可参见尹达:《中国新石器时代》,三联书店1955年版,第69~178页。

⑧ 王国维:《古本竹书纪年辑校》:纪年有云:"自禹至桀十七世,有王与无王,用岁四百七十一年。"见《海宁王静安先生遗书》(第36册),商务印书馆1940年版,长沙石印本。

⑨ 梁思永:《后冈发掘小记》,载《安阳发掘报告》1993年第4期。

的绝对年代大约彩陶文化在公元前三五零零年到二五零零年左右。黑陶文化在公元前三零零零年到二零零零年左右,[10]但是,有的考古学者却认为黑陶文化的末期还要晚些。如说:“黑陶文化至商殷之时,已渐衰落……由商殷文化起而代之。”[11]按所谓“商殷之时”,最早也不应该于汤时(若迟则应指盘庚时了),那就是说,黑陶文化到了公元前一五六二年左右,才有被殷商文化代替的可能。

由上述这个传说中的夏的绝对年代与考古发掘出的黑陶文化的绝对年代的对比里,可以看出:按前一种说法,夏初的年代(公元前二零三三年左右)是黑陶文化的末期之内。照黑陶文化直到公元前一五六二年左右才为殷商文化所代替的说法,夏末的年代(公元前一五六二年左右),也应该在黑陶文化末期之内。而由夏、商文化的相对年代来看,也恰恰就是黑陶文化和白陶文化即殷墟文化的相对年代。考古学家说:黑陶文化与商文化的关系至为密切。“商殷文化曾吸收黑陶文化之大部”,[12]这与自太康以后迄桀,夏人与商人“错处河,济间盖数百岁”以及商人接受了夏人的“洪范”“九畴”,“以日为名”[13]等文化的传说也相符合。因此,可以推断:夏是处在黑陶文化的末期。

2.用地域上的相合来证明夏文化是新石器时代末期的黑陶文化。中国考古学界对于夏文化的主要遗址还没有发现。由于夏时代可能还没有文字,所以究竟发现什么东西才算是夏时代文化的主要遗存,是不容易确定的。我们根据已经发掘出来的黑陶文化遗迹而论,黑陶文化的传布可以分为四区:(一)山东半岛区,(二)河南区域,(三)杭州湾区域,(四)辽东半岛区域。[14]上引安阳后冈的发掘不过是黑陶文化在河南传布的一个地方而已。我们虽已由年代的相符上证明了夏文化是黑陶文化,可是,我们是不是在地理区域的关系上也能证明夏文化是黑陶文化呢?

根据已经发掘出来的黑陶文化区域看来,我认为是可以和中国历史传说中夏人的活动区域找到联系的。黑陶文化最发达的地区是山东、河南。在中

---

⑩ 张政烺:《中国古代中古史讲义》(第1部分),第28页。

⑪ 裴文中:《中国史前时期之研究》,上海商务书局1948年版,第49页。

⑫ 裴文中:《中国史前时期之研究》,上海商务书局1948年版,第49页。

⑬ 王国维:《殷周制度论》,载《海宁王静安先生遗书》(第4册),商务印书馆1940年版,长沙石印本。

⑭ 裴文中:《中国史前时期之研究》,上海商务书局1948年版,第44~133页。

国古史的传说中,夏人在今天的河南巩县(太康居于斟鄩)、[15]新郑(夏后启所居之黄台之丘)、[16]济源县和陈留县(帝宁所居之原及迁居之老丘)、[17]商丘县(后相所居)[18]以及山东的观城县(后相迁居之斟灌),[19]都曾建过"都城"。由此可见,黑陶发达所在地的河南与山东正是夏人活动的主要地区之一。济源、新郑都距安阳很近,则夏时安阳后冈为夏人活动范围内的地区,当然是没有问题的。

又,黑陶文化发展到淮水流域(皖北、豫东)。[20] 据中国古史传说,淮水流域也是夏人活动范围所及。如"后相征淮夷"[21]这一类的材料,可资印证。

又,杭州湾区域也有黑陶文化的发现,传说中也有"禹会诸侯江南,计功而崩,因葬焉。命曰会稽。"[22]

用以上材料可初步证明:从地理关系上说,认为夏文化是黑陶文化不但没有什么扞格,倒反而有许多很有意义的相符之处。

近年来,由于我国基本建设而发掘的三门峡一带,也发现了层次分明的:下层是彩陶文化、上层是黑陶文化的文化层;在黑陶层之上,再没有他种文化的遗迹。三门峡一带曾经是夏人的文化中心,因此,这个发现也可以帮助说明夏文化是黑陶文化。

3. 此外,还有更有意义的一项考古发现的实物与一个有关夏人的传说的符合。礼记上说:"夏后氏尚黑,大事敛用昏,戎事乘驪,牲用玄。殷人尚白,大事敛用日出,戎事乘翰,牲用骍。"[23]这一传说本来就有相当大的可靠性,因为"殷人尚白"是得到了证实的。所谓"白陶文化"就是殷人的文化。不但陶尚白、祭祀时用白牲畜,大事敛在晴天白书,出兵也用白马。相传箕子去国,

---

⑮ 《竹书纪年》。引自束世澄:《中国通史参考资料选辑》(第1集),"原始时代",新知识出版社1955年版,第154页。

⑯ 《穆天子传》。引自束世澄:《中国通史参考资料选辑》(第1集),"原始时代",新知识出版社1955年版,第154页。

⑰ 张政烺:《中国古代中古史讲义》(第1部分),第28页。

⑱ 张政烺:《中国古代中古史讲义》(第1部分),第28页。

⑲ 张政烺:《中国古代中古史讲义》(第1部分),第28页。

⑳ 张政烺,《中国古代中古史讲义》(第1部分),第19页。

㉑ 《竹书纪年》。

㉒ 《史记·夏本纪》。又,《史记·越王勾践世家》:"越王勾践其先禹之苗裔,而夏后帝少康之庶子也。封于会稽,以奉守禹之祀,文身断发,披草莱尔而邑焉。"我们姑且不管什么"帝""封"这些汉代史家的追述之词是可以把这段话视为夏人到过会稽的传说的。

㉓ 《礼记·檀弓上》。

把白颜色的衣服也传到朝鲜去了。[24] 周人尚赤,大事敛在红日东升的时候,出兵乘白腹的红马,祭祀时用红马。夏后氏尚黑,大事敛在黑夜的时候,出兵乘黑马,祭祀时用黑色的牲畜。

如果夏人祭祀时用的是黑色牲畜,那么,韩非子上所说禹作祭器是"墨染其外,朱画其内"[25]的,就是完全可以理解的了:从外面看所有用具都是黑颜色的。值得注意的是,在考古学家认为是一部分殷墟文化"老家"的城子崖的发掘[26]中,居然发现了"表面漆黑,里面红色,叫做亮黑红的陶器"。[27] 在安阳洹水北岸侯家庄西面的高井台子遗址发掘出来的遗存中,也有"黑,内红""黑,内红而中心灰"的陶器。[28]

这一传说中的夏器与遗存的符合,恰恰强有力地证明了夏文化与新石器时代末期的黑陶文化的密切关系。

有了在传说中的年代和地域上的与地下遗存的年代和地域上的符合,加上传说中的器物在考古发掘中的发现,我们就应该据以推定:夏文化是新石器时代末期的黑陶文化。

三、根据考古发掘结合传说推论夏人生产力和生产关系

夏时代既是黑陶文化时代,我们首先就要看看黑陶文化的夏时代的生产力的发展情况怎样,然后再进一步看当时的生产关系的性质。

1. 综合各黑陶文化遗址的发掘,石制的工具计有:精致的石斧、锛、铲、枪头、凿、镰形石刀双孔半月形石刀等。还有骨制的锥、针、织物用的梭、鱼叉,网鱼的陶坠,占卜用的牛鹿肩胛骨和龟甲,处理头发的骨笄。蚌壳制的刈禾用的镰刀、镟、锯、铲子、镞等。[29]

根据这些遗存看来,我们可以肯定夏人的生产工具是石器。首先,虽然

---

[24] 《史记·宋微子世家》:"……于是武王乃封箕子于朝鲜。"

[25] 《韩非子·十过篇》。

[26] 李济等:《城子崖序》,载《城子崖发掘报告》1934 年版。

[27] 范文澜:《中国通史简编·第一编》(修订本),人民出版社 1955 版,第 104 页。

[28] 吴金鼎:"高井台子三种陶业概论",载《田野考古报告》第 1 期。

[29] 张政烺:《中国古代中古史讲义》(第 1 部分),第 17~19 页。

有的考古学家认为“想象中的夏代……有了比较殷代铜器要粗糙的铜器”,[30]但在各黑陶文化遗址中事实上却没有铜器的发现。其次,就古史传说而言,“禹铸九鼎”,[31]虽然在春秋时代还在盛传,但也没有实物的证明。因此,我们不能肯定夏人已经有了铜器。最后,即使承认“夏自太康以后,以迄后桀,其都邑……率在东土,与商人错处河、济间,盖数百岁”,[32]因而说他们接触很多,使用铜器较早的商人的治铜术可能传到夏族,可是,在没有实物的证实以前,这终于仅仅是一种推测,不能作为科学的判断。

因此,我们认为:夏人的主要生产工具是石器。

2. 夏人的生产是这样的情况:

遗存中既有鱼叉和网鱼的陶坠,又有蚌壳制的工具,还有兽骨制造的器具和卜骨,可见是有渔猎活动的。

又以用兽骨相当多来推测,当然也有畜牧,而且可能还相当早。少康为有仍牧正,[33]应该不是毫无根据的传说。又据“相士作乘马”,[34]“王亥作服牛”[35]的传说,则当时和夏人活动地区接近的商人也有畜牧。王亥从商丘北渡黄河,带了很多牛羊,向高爽的易水游牧去,停在易族(按有易即有扈,详下文)地方。易族族长和另一个领袖绵臣,贪图他的牛羊,先把美貌的姑娘许配给他,后来抓到一个机会杀了他,夺取了他的牛羊。[36] 可见夏时商人畜牧的发达,同时,可见当时的易族也有了畜牧。总之,在夏人早期,各族畜牧都很发达。

然而,夏人的主要生产却应该是农业。遗存中的石斧、石刀、蚌壳制刈禾用的镰刀等等,当然都是农业的工具。骨制的锥、针、织物用的梭,一方面固

---

[30] 裴文中:《中国石器时代的文化》,中国青年出版社1954年版,第60页。

[31] 《左传·宣公三年》,“夏之方有德也,远方图物,贡金九牧,铸鼎象物”。

[32] 王国维:《殷周制度论》,载《海宁王静安先生遗书》(第4册),商务印书馆1940年版,长沙石印本。

[33] 《左传·哀公元年》:“伍员曰:‘……昔有过浇……灭夏后相。后缗方娠,逃出自窦,归于有仍,生少康焉,为仍牧正。……’”

[34] 《周礼》,校人注引世本作“相士乘马焉”,杨倞荀子注引世本作“相士”。兹据王国维所著《殷卜辞中所见先公先王考》,载《海宁王静安先生遗书》(第4册),商务印书馆1940年版,长沙石印本。

[35] 《山海经》《天问》,吕览,世本诸本。

[36] 《楚辞·天问》《山海经·大荒东经》,及郭璞注《〈山海经〉引〈竹书纪年〉》。这几句形象的描绘,是根据顾颉刚先生借给我的他的旧稿商王国一文。

然是纺织业的工具，但同时也恰恰表明夏时农业生产发展的水平。相传夏小正是夏人的历书。[37] 由于夏人的领袖有以日为名的胤甲、孔甲、履癸这件事实上看来，夏曆应该是有相当大的真实性的。人类总结天文经验非若干百年不可；曆法主要是从长期农业的种植和收获的实践中总结出来的天文规律，因此夏人有曆法恰好证明夏人的农业已经有了悠长时期的发展。

然而，在整个传说夏的四百余年的过程中，究竟夏人在什么时候才有的农业呢？作为夏人主要生产的农业究竟发展到了什么程度呢？

在前一节里，既已经证明夏人的文化是新石器时代末期的黑陶文化，那么，夏的生产当然就是发展到一定阶段的农业生产。结合"夏传子"的广泛传说，我认为：夏人在启的时代农业生产早已发展到以当时的家庭为单位的个体生产的时代。传子的事实便是夏人已经进入父系家庭的一个明显的标志。人类婚姻制度的发展，首先是杂婚，其次群婚，再次对偶婚，又次一夫一妻。人类并非至一夫一妻的婚姻制度确立之后，父子不能互知。正如"知有母而不知有父"是母系氏族社会的标志一样，"知有父"则是表明人类已经进入了父系社会。所以，夏传子的事实恰好表示着夏人最大一个家族已经在其氏族、部落，甚至于部落联盟中，取得了最优越的地位。当然，它也不过是当时普遍成长的家族现象之一，而不是一个独特孤立的事实。[38] 传子的事实是和新石器时代末期的农业发展密切关联着的。

由于黑陶文化的夏人的生产力比前一社会阶段的生产力有所提高，所以夏研究不需要此前那种由全体氏族内的全体成员共同劳动来进行维持整个氏族生存的生产了。氏族社会使用共同劳动来进行生产的经济已经过渡到一个小的集团，用它小规模的集体劳动耕种一块小的土地，就能够保证它的成员的生活必需资料的经济了。这种所谓"小的集团"（而非整个氏族），就是人类历史上首次出现的一夫一妻制的家庭。这种一夫一妻制家庭产生后，必须经过一定时期的发展，才会有推翻"传贤"的选举，开始"传子"的世袭的部落联盟首长产生的制度。

从这些论据里，我们可以对夏人的主要生产发展情况做如下的推论：农业的发生是远在新石器时代末期的夏人之前就有了的。到了夏启时代，不但

---

[37] 《史记·夏本纪》。

[38] 参见［苏］柯斯文：《原始文化史纲》，张锡彤译，人民出版社1955年版，第124～153页。

已经是以农业为主要生产,并且已经发展到当时的家庭集体劳动的个体农业生产的一定阶段了。当时有了畜牧,也有了织物,有了比较以前更细致的陶器。

3. 上面说明夏时代的生产工具是石器,主要生产是农业,并用婚姻制度的发展(由一夫一妻制到传子)来证明夏初的农业生产已经发展到了一定阶段的个体经济,那么,我们从而就可以进一步推测:夏初的生产关系是氏族社会原始公社公有制度正在开始解体,而到夏桀的时候家内奴隶已经是十分发达。整个地说,夏时代应该是正是处在原始公社制的解体到奴隶占有制形成的过渡时期。

由原始公社到奴隶占有制过渡时期的基本特点就是氏族公有制的逐渐破坏到私有制的逐渐形成。

为什么夏是处在这样一个过渡时期呢?

(1)主要的理由就是:夏人在农业上既已发展到了以当时家庭为基础的个体经济时代,这种个体经济本身的要求就正是私有制。

个体经济一经发生,氏族公社的土地所有制就逐渐地由那些氏族里面分裂出来的几个大家族,定期分配使用,再进一步就是由他们世袭使用。劳动和生产资料的所有都由整个氏族向家族推移,劳动自然就逐渐个体化,劳动成果自然就趋向于"私有"了。"农民中私有财产形成的过程,是从个别的一些家族抗拒重分土地、扣住原来他们领到的份地、并把这些份地据为己有开始的。这样,就正像恩格斯所指出的,这些份地变成了家长们的最初的私人财产。"[39]由于家族经济管理者家长的作用和重要性逐渐加大,结合其他方面的发展(如交换中的财物),又发生了家长遗产的继承问题。在父权制下,继承主要是传给家长的儿子们。[40] 私有制的萌芽就是这样在夏人的农业生产中滋长起来的。

(2)交换也是私有的起源之一。由于农业和手工业在各个家族内的分工,使交换又取得了进一步的发展。在古史传说中,夏代交换是相当发达的。虽然所谓"虞、夏、商之币,金为三品,或黄或白或赤,或钱或布或龟背"是不可信的,但有人认为夏已在"物物交换"的基础上出现了交换媒介的货币。当时

---

[39] 参见[苏]柯斯文:《原始文化史纲》,张锡彤译,人民出版社1955年版,第222页。

[40] 参见[苏]柯斯文:《原始文化史纲》,张锡彤译,人民出版社1955年版,第223~224页。

黑陶的生产就是为了交换的。

城的修筑也具有一部分交换市场的意义。已经进入了以当时家庭为单位的个体农业生产时期的城大概是这样:位于核心,居于高地石垒的墙内住的是部落或氏族贵族,在这外面的一层墙内住的是氏族成员,这是居于中间的一层。在氏族成员居处的墙外,还有最外的一层土墙,土墙之内住的是百工。交易就是在氏族成员的墙内进行的。这种带有相当普遍性的城的结构,是可以和关于夏人筑城的传说联系起来的。“夏鲧作三仞之城”,[41]虽然有人说是为了治水用土垒成的高堤,可是世本也说“鲧作城郭”。而从“筑城以卫居,造郭以守民”[42]看来,中国上古也显然有氏族成员居住的城,城外面百工住的郭和氏族贵族居住位于城内中心高地的“峻宇雕墙”。[43] 夏人既造城,而城又具有一定的交换的市场的意义,这可以反映出夏人交换的发达。

交通对于交换也起着促进的作用。联系各聚居所在,当然会有交通工具的创造。据传说,从事农业生产有着畜牧业的夏氏族就有交通工具的创造。传说夏初奚仲作车,王国维以为当时“或尚以人挽之。至相士作乘马,王亥作服牛,而车之用益广”。[44] 结合上述夏初个体农业经济的发展和当时交换的发达,再以相士、王亥这些商的“先公先王”已在甲骨文中证实各点加以推断,夏初奚仲作车是有可能的。最初,车是用人挽的,名为“辇”,用牛马挽的叫作“车”。[45] 奚仲做的车,当时未必即为交换上的交通之用。但当商人发明了“乘马”和“服牛”之后,那用牛马挽的车,就完全可能成为交换中的交通工具了。

在家族确立以后,交换的发达意味着什么呢?——私有财产的逐渐成长。代表大家族的首长在交换中更能找到满足私人占有欲的机会。[46] 夏初已经是私有现象已经发生并且在当时生产力所允许的限度内向前推进的时期了。

(3)夏代私有现象的发展是指向剥削奴隶劳动的私有制的。在生产个体

---

[41] 《淮南子》。

[42] 《吴越春秋》。

[43] 《尚书·五子之歌》。

[44] 王国维:《殷卜辞中所见先公先王书》,“王亥”条,载《海宁王静安先生遗书》(第4册),商务印书馆1940年版,长沙石印本。

[45] 于省吾:《殷代的交通工具和馹传制度》,载《东北人民大学人文科学学报》1955年第2期。

[46] 裴文中:《中国史前时期之研究》,上海商务书局1948年版,第49页。

化的基础上,由于生产力不断地提高,使剩余劳动成为可能。在中国,正如在世界其他地方一样,最初提供这种剩余劳动的是奴隶。固然,人类的私有现象最早起于土地占有和交换中食物的据有,但形成一种社会经济形态的私有制,却不能不从有剥削奴隶劳动的时候开始。

根据上述夏人的社会经济发展情况来看,夏初应该就有使用家内奴隶劳动的可能。启已利用了战争中的俘虏。启灭了有扈之后,有扈做了牧竖[47]——管理牛羊的头目。用后来传说中的夏桀"筑倾宫""饰瑶台"[48]证之,则夏桀的时候,乃是已经知道利用奴隶劳动的奴隶占有制即将正式形成的时期,而夏启泽应该是开始利用家内奴隶的时期。传说中的桀"暴戾贪狠""残贼天下",[49]也可以表明:到了桀时,氏族贵族的特权阶级和剥削的存在,应该已经是很长时期的事实了。虽然由启到桀这一发展过程为期约四百余年未免太长,但仍然处在新石器时代末期的黑陶文化时代的夏人,他的社会经济发展本来就是不会很快的。

结合传说之中夏的婚姻制度,夏桀得岷山氏女爱之,而弃其元妃,[50]"桀子獯鬻妻桀之众妾"。[51] 夏末是这样,可见夏朝早已有了"元妃"和"众妾"的制度。桀这些"众妾"都是虏掠来的女子,她们都是家内奴隶的身份。[52]

总结尚书,可见整个夏时代原始公社制度已由开始崩溃到行将完成崩溃过程的时期。到夏桀时,不但早已有了私产和"人剥削人"的事实,而且也有了女的奴隶做妾,男的奴隶从事生产和其他工艺劳动的事实。贵贱贫富也已截然划成了界限。这正是那"大道既隐,天下为家,各亲其亲,各子其子,货利

---

[47] 《史记·夏本纪》:"……启遂即天子之位。……有扈氏不服,启伐之……遂灭有扈氏。"文中的所谓"天子"之位,仍是汉代史家的追述之词,不足凭信。有扈氏以部落联盟成员之一的身份被启灭了之后,做了启的牧竖。

[48] 参见《竹书纪年》,引自王国维:《古本竹书纪年辑校》,载《海宁王静安先生遗书》(第36册),商务印书馆1940年版,长沙石印本。

[49] 翦伯赞:《中国史纲》(第1卷),三联书店1950年版,第119页。

[50] 《古本竹书纪年辑校》有云:"后桀伐岷山选女于桀二人,曰琬,曰琰。桀受二女……而弃其元妃。"见《海宁王静安先生遗书》(第36册),商务印书馆1940年版,长沙石印本。

[51] 司马贞《〈史记·匈奴传〉索引》:"……夏桀无道,汤放之鸣条,三年而死。其子獯鬻妻桀之众妻,避居北野,随畜移徙,中国谓之匈奴。"

[52] 吕振羽,翦伯赞,张政烺说。吕说见《中国社会史纲》,耕耘出版社1949年版,第123~124页。翦说见《中国史纲》(第1卷),三联书店1950年版,第138页。张说见《中国古代中古史讲义》,第28页。

为己,大人世即以为乱,城郭沟池以为固……”的所谓“小康”[53]社会。

有了以上这些情况,只若再向前推进一步,使奴隶劳动成为更普遍的生产力,使基于剥削奴隶劳动的生产关系在当时社会中占到统治地位,那么,在夏族中就会产生压迫奴隶的机器——国家。

四、从生产发展上说明夏人还没有建立国家,并在这一假定下解释有关夏人的传说

然而,夏人再向前发展一步的历史进程,却被商族给截断了。因此,夏人始终没有国家,而商人在汤伐夏时就建立了国家。本节先说明:为什么不能说夏人已有国家。

1. 最基本的一点,就是根据历史唯物主义的科学理论,结合世界史上的具体事例,证明夏不可能有国家。直到现在为止,在考古的发掘中还没有发现夏人的铜器。用石器从事生产的时代是不可能产生大量的剩余劳动的。这就意味着大批奴隶就没有出现的可能,意味着不可能产生奴隶制社会,最后,也就意味着不可能产生奴隶占有制的国家。希腊的奴隶制社会和奴隶占有制国家产生的时候,已经有了铁。其他各地无论东方西方,国家的出现,至少是和铜器有连带关系的。我们在第二节既已判断夏人文化即新石器时代末期的黑陶文化,又知道直到最近在夏人主要活动地区之一的三门峡发掘为止,并没有发现可以确定为夏人的铜器。所以,夏人不可能完全走上奴隶制社会,因而夏时也就不可能产生奴隶占有制国家。在考虑夏究竟有没有国家这一问题上,这个理由是相当强的。在提出其他理由以前,我们应该先有这样一个基本的认识。

2. 结合古书上有关夏人的传说,我们也认为夏时代并没有出现国家。固然我们知道,由夏初的启时代到夏末的桀时代的社会经济发展水平是有相当大的变化的。但这四百年左右的变化,始终是不同程度的量的变化,虽然到了桀时濒于产生质的变化,却终于没有产生。以下试举一些材料,加以验证。

(1)用“传子”的传说来证明。我们认为:这个传说不能说明禹和启“帝位”的世袭,而只表明夏氏族联盟首长的民主推选制度已经崩溃和世袭制开

[53] 《礼记·礼运》。

始确立。

为什么不是“帝位”的世袭呢？因为，如果认为到启时帝位开始“世袭”而前任的尧、舜都是“帝位”的禅让的话，那就等于说国家这一阶级压迫的机器早已在尧、舜时代产生了。如果材料允许，我们绝不反对把国家在中国历史上出现的时期提早。可是，首先，就考古发掘的文化层而言，尧、舜时代相当于禹以前较早的黑陶文化，在那样生产力低下的时期，是不可能有剩余劳动，因而也就不可能有剥削、阶级和国家的。其次，由于夏不一定有文字，我们更不能设想尧、舜时代有文字，尚书尧典不是当时作品，固不用说；即其内容也不足凭信。总之，由实物证据，由社会发展的规律上来推论，尧、舜时代是绝不可能有国家的。既然这样，那么禹传子就不可能意味着尧、舜“帝位”禅让的选举制到禹启就开始了“帝位”传子的世袭制。

能不能在另一个意义上假定禹“传子”是“帝位”的世袭呢？即假定尧、舜禅让虽非“帝位”的选举，但禹却开始建立了国家，开始把国王之位传于其子。不能这样假定。因为，禹时尚处在黑陶文化的时期，在石质的生产工具的条件下，不可能有大量剩余劳动，因而也就不可能有大量剥削和产生阶级的可能。禹贡之类文字材料并非当时的文献，不能作为根据。因此，“传子”绝不是中国历史上第一个国家，第一个王朝世袭制度的开始。

为什么说禹“传子”是夏氏族联盟首长的民主推选制的崩溃和世袭制的开始确立呢？我们的理由是：就世界史的范围讲，人类在新石器时代末期大体上都是处于由氏族社会原始公社制度崩溃到国家形成的过渡时期。夏也不是例外。结合“传子”的传说，也完全可以讲得通。禹及其后嗣不但已在部落中占优势，而且应该已在部落联盟中占优势。禹传子应该是部落联盟首长职位的取得破坏了原有的选举制走向世袭制的开始。传说中禹是推选出来的首长，但到禹时以家庭为单位的个体农业经济以及与其相适应的交换的发展已足以使禹这个大家族在部落联盟中，成为拥有大量财产的有声望的贵族。禹已有充分的社会力量能够把部落首长的职位传给他的儿子启了。

我们说是“部落联盟”，因为我们认为：不但启时的益可以解释成为同一部落联盟中另一个部落的酋长，有扈氏也可以视为是参加同一部落联盟的另一个部落酋长。

我们说是“开始走向世袭制”，因为启继承了禹的部落联盟的首长职位后，马上就有人反对。旧史说益“干”启位，[54]似乎这“位”是启应该得到而益“妄想”要夺取它的样子。实则，在原始公社制度之下，部落联盟的首长之位，长期以来就是“传贤”式选举的。到了禹、启破坏了旧的“传贤”制度才开始以“传子”的世袭方法取得这一职位，所以必然要引起其他部落酋长的反对。而且不但益，有扈氏也起而反对。据王国维的考证说有扈氏即有易氏[55]，那么有扈氏就是位于夏人北方的一个和夏属于同一部落联盟的部落。史记上说：启即位，“有扈氏不服，启伐之……遂灭有扈氏，天下咸朝。”[56]从这里，不仅知道有扈氏公开出来反对启，而且由“天下咸朝”来推敲，旁的部落也还是眼看着有扈氏斗争的失败才终于“咸朝”乐的。有扈氏争的究竟是什么呢？他争的是“选举”部落联盟首长的旧原则，他所反对的是“世袭”的新原则。淮南子上说：“有扈氏为义而亡”，[57]这“义”就恰恰是：由“选举”产生部落联盟首长那个由来已久的原则！据高诱对这句话的注：“有扈，夏启之庶兄也，以尧、舜举贤，禹独与子，故伐启，启亡之”，[58]更可证明。那么，有扈氏应该不但是和启属于同一部落联盟的部落酋长，而且是与启有兄弟之分的。按氏族社会的血统关系说，部落与部落之间可以有兄弟的关系。所以，“庶兄”之说，也很相合。刚刚开始实行一个“世袭”新制度的启，而有按旧制度具有当选部落联盟首长资格的益来反对，而有心怀不平的“庶兄”有扈氏出来反对，都是可以理解的。

所以，启所世袭的并不是“国王”之位，而是部落联盟的首长，并且这还是和相沿已久的选举原则违反，初次出现的世袭原则。这个新原则的出现，完全反映了在当时个体农业经济发达的条件下，拥有大量财货的氏族贵族的强大。

（2）正由于是刚刚开始实行这个制度，所以常常会引起反对。启死后传

---

[54] 王国维：《古本竹书纪年辑校》，载《海宁王静安先生遗书》（第36册），商务印书馆1940年版，长沙石印本。

[55] 王国维：《殷卜辞中所见先公先王考》，载《海宁王静安先生遗书》（第4册、第8册），商务印书馆1940年版，长沙石印本。

[56] 《史记·夏本纪》。

[57] 《淮南子·齐俗训》。

[58] 《史记·夏本纪》：“太史公曰：‘禹为姒姓，其后分封，用国为姓，故有夏后氏、有扈氏、有男氏、斟寻氏、彤城氏、褒氏、费氏、杞氏、缯氏、辛氏、冥氏、斟戈氏。’”可见高诱注不为无据。崔述说：“此所记禹之后裔，得失参半，有扈氏为启所伐……其非禹后明甚，疑司马氏误也。”按我们这里所说的理由，启虽伐有扈氏，有扈氏仍然可以是他的“庶兄”。

位给太康,接着就丢掉了这个部落联盟首长的职位,并且是失位于夷族的酋长后羿。旧史说后羿利用"夏民"的恐惧,拒绝出外打猎的太康回来。"夏民"当然是夏氏族的族众。[59] 族众为什么不赞成本族的领袖太康回来呢?那就是因为他们反对启和太康父子们得"位"那种世袭的新办法。太康终于遭受拥护旧制度的人们的反对而失位。在后羿遭寒浞之杀而夺他的位几十年后,少康才又以武力取得已失的部落联盟酋长之位。所谓"少康中兴"就是又得到了这个世袭的职位。可见用世袭来产生部落联盟新首长的办法在它建立之初,是十分动荡不定的。

到了孔甲,又发生了变乱。史记称:"孔甲立……夏后氏德衰",[60]又说:"自孔甲以来,而诸侯多叛。"[61]这里所谓"诸侯"是周以后的历史家追记夏事的用语,实则当然不是什么后来意义的"诸侯"。史记说:"自殷以前,诸侯不可得而证"。[62] 岂但不能"证"而已,当时就没有所谓"诸侯"。事实上,这乃是以夏人为首的部落联盟中的某些部落,经过了首长选举制的破坏、世袭制的建立,并受世袭的首长数世威胁之后,乘孔甲"德衰",又复起而反对这个世袭的首长。他们乃是当时作为旧制度的原始民主制的忠实拥护者。

(3)直到桀时,虽然当时夏人经过长期在部落联盟中的统治而成为全部落联盟中最富有、最强大家族的代表,虽然当时农业生产已是夏小正实行已久的农业生产,并且由于生产和交换高度的发达而产生了"阶级矛盾"的象征,再具体一些说,虽然由于桀"率遏众力,率割夏邑"以致"有众率意弗协"[63]揭示了以桀为首的夏部落贵族和族众及部落成员的阶级矛盾已将臻于不可调和的程度,可是,我们还找不出桀时代已有国家的正面证据。

有人[64]根据《左传》引西周《虞人之箴》的话:"芒芒禹迹,而为九州,经启九道。"而说夏人已经有了恩格斯所据国家基本特征之一的"按地域划分居

[59] 范文澜:《中国通史简编·第一编》(修订本),人民出版社1955年版,第102页上说:"夷族酋长后羿利用夏民(奴隶)的怨恨,夺取安邑,拒绝太康回来,自己做了君长……"我认为这里的所谓"夏民"不可能是奴隶,而是族众。

[60] 《史记·夏本纪》。

[61] 《史记·夏本纪》。

[62] 《史记·三代世表》。

[63] 《尚书·汤誓》。

[64] 东世征:《夏代和商代的奴隶制》,载《历史研究》1956年1月号。

民”[65]的事实,我想这是忽略了下面的考虑的。第一,这只能算是春秋时甚至左传的时代的传说,不是当时的史料,不可单信。第二,恩格斯所举国家这一基本特征,并不是仅把地域“划分”一下而已,更不单纯是用政治力量强行划分,而是包括着一个由氏族公社到农村公社(玛尔克)的发展过程。因此,仅举出这个单纯的政治上的“地域划分”,并不能说明什么问题。同时,即在氏族社会原始公社时期,一个氏族、一个部落、一个部落联盟,也必有其地理的界域。那么,安见“九州”不是一个部落联盟的地理界域呢?

有人[66]又据《竹书纪年》和《夏本纪》所载夏不断和四围部落、氏族进行战争,推论夏有“军队组织”,因而认为夏也有作为国家另一基本特征的“驾于社会之上的公共权力”。[67] 殊不知:武装力量即在氏族社会时期的氏族联盟,也是有的。不过那时的武装力量是“居民内部组织起来的”在部落联盟首长领导之下的武装力量,他们并不是和部落大众脱离、凌驾于大众之上的强制力。夏人不断和四围部落、氏族进行的战争,当然只能意味着这种“没有脱离大众的”武力,而不是什么“军队组织”。当然,到了夏人统治的部落联盟晚期夏桀时,这种武力可能已是由逐渐脱离大众到完全脱离大众的边缘了。但我们始终不能说夏时已经完全形成了作为国家一个部门的“军队组织”。

可见,即使说夏桀时建立了国家也是困难的。

相反,如果认为桀时虽仍然是氏族社会崩溃时期,但却紧紧地靠近了国家出现的前夕,却是有些证据的。

首先,上引《汤誓》上说:“夏王率遏众力,率割夏邑。”[68]固然说明了:桀的权力已经到了国家出现的最前夕,所以除了有对于族众施行繁重的劳役,并剥夺公社土地的可能。而“剥夺公社土地”[69]却又暗示:当时公社是相当普遍存在的,继又刻画出一副部落联盟末期,强大的部落酋长是如何正在侵夺公

[65] 恩格斯:《家庭、私有制和国家的起源》,张仲实译,人民出版社1956年版,第163~164页。

[66] 裴文中:《中国史前时期之研究》,上海商务书局1948年版,第49页。

[67] 裴文中:《中国史前时期之研究》,上海商务书局1948年版,第49页。

[68] 吕振羽:《简明中国通史》,人民出版社1955年版,第49页上说:“这到成汤的时期,新旧两种秩序的矛盾,已达到剧烈的程度。到成汤最后一次把夏族战败,占领其广大土地(伪《汤誓》所谓“率割夏邑”的传说)……”由于他把“夏王……率割夏邑”的句,错断成“率割夏邑”,便把桀的事情给汤加上了。这是应该提出纠正的。

[69] 这两句话的解释,从东世征,见上引东文。此外,《尚书注疏》以及瞿蜕园译这段话(见《古史选译》),不如东解安治。

社土地、累计私产、增加力量,正在迈上瓦解氏族社会的最后一步。但桀却终于没有走这最后一步而建立国家:因为据已有的材料也仅仅证明桀是即将做一个国王的部落联盟酋长而已。

其次,虽然有人[70]举出左传上的“夏有乱政,而作禹刑;桀有乱政,而作汤刑”,[71]而认为夏已有“刑”法,并且意味着禹时就已经有了刑法,但这显然是不合理的。第一,这是春秋时人的传说,在没有旁的证据的情况下,不足采信。第二,说“夏有乱政”并不意味着禹时期有“乱政”,因而,所谓“作禹刑”,不过是说夏时代中期或末期,因为有了“乱政”而作了“刑”,却用夏人第一个显赫的老祖宗命名而已。第三,像这样的所谓“刑”(而实际上并不是由国家这一阶级压迫工具以后的“刑”),即使夏人还没有建立国家,也可以有。在氏族社会原始公社时期可以有后来史家不恰当地名之为“刑”的一种惩罚。这样理解所谓夏人的“刑”的意义,则另外一个传说倒反可以证明,所谓夏人的“刑”(惩罚)正是氏族社会原始公社末期的东西。那个传说是:“与其杀不辜,宁失不经”。左丘明对这两句话解释道:“惧失善也。”也恰好反映出在原始公社的氏族社会中,虽然在原则上就具有轻的、不随便杀戮的特质。这一特质和殷商时期已经建立奴隶占有制国家对奴隶的那种残酷刑罚成了强烈的对照。从本质上说,所谓夏的“刑”实际上只是惩罚,它是氏族社会末期的东西,而商刑是阶级社会正式形成后的阶级压迫的工具,两者截然不同。如果夏已是奴隶占有制的国家,它镇压被剥削的奴隶之不暇,还有什么“与其杀不辜,宁失不经”的考虑呢?对于奴隶还会有什么“惧失善”的问题?相反,在真正建立起奴隶占有制的国家机器以后,那就有必要“宁杀不辜”而绝不能留半点足以引起奴隶的反抗的空隙了。

史记上说:夏之政“忠”,殷之政“敬”,周之政“文”,[72]就正是这个道理。由于夏人还没有完全脱离原始公社的氏族社会,所以夏的管理方法便是“质厚”[73]的。由于商正式建立起以剥削奴隶劳动为基础的奴隶占有制国家,所以对于奴隶的统治需要“多威仪”使奴隶对之“如事鬼神”。[74]而周则更进一步,

[70] 裴文中:《中国史前时期之研究》,上海商务书局1948年版,第49页。

[71] 《左传·昭公六年》。

[72] 《史记·高祖本纪》。

[73] 《史记集解》引郑玄的解释。

[74] 《高祖本纪》,“三王之道”中之“道”。照我们的看法,夏和殷、商是不能一例相绳的。

除了继承那一套“威仪”(周也何尝不讲“威仪”？所以殷、周之“道”不可能是截然不同的)。之外，又加上了严“尊卑之差”⑮的办法。而夏缺乏这一套，恰恰表明夏还没有发展到国家真正出现的时期。

总结以上，根据夏人的生产力和生产关系的情况，在夏人的文化是新石器时代末期的黑陶文化这一基本前提下，结合古史中有关夏代的传说，我们可以断定：夏人始终没有建立起国家，夏桀时代正是处在即将完成由氏族社会原始公社发展到国家的量变过程的顶点，再进一步就会发生质变而出现国家。

可是，夏人建立国家的可能性却被和他们同时而生产力较高的商族给斩断、并且代替夏给完成了。

五、商是一个生产力发展较夏为高的部落联盟

商人怎样具备了建立国家的可能呢？

1. 首先我们就要看商人生产力和生产发展的水平。就生产工具而言，商人进入新石器时代末期应该是和夏人在同一时期，甚至于比夏人还早些。

远在夏初，商人就有了相士作乘马、王亥作服牛的事实。这表示商人很早就知道使用畜力，而当时夏人却还没有利用畜力。⑯ 使用畜力对生产力的发展是很重要的。又，由甲骨文中有“掘矿”的记载，⑰由铜范、冶铜作坊的发见，再以殷墟发掘出来的铜器种类之多而复杂，并且是青铜器言之，应该推断：商人用铜比甲骨文字中最早的武丁时代还要早得多。武丁时已有青铜，那么，紫铜的出现就应该至少上溯几百年。因为由需要冶炼技术较低的紫铜经过复杂技术而炼出的青铜，是需要一个很长的时间的。因此，我们推测：至迟在汤伐桀以前，商人已经开始用了铜，是近情理的。尽管当时的铜不一定是用在农业生产方面，⑱但兵器如矛、刀、箭、镞；小工业用的生产工具，如针、

---

⑮ 也是郑玄的解释，见张政烺，《中国古代中古史讲义》(第1部分)，第19页。

⑯ “盖夏初奚仲作车，或尚以人挽之，至相土作乘马，王亥作服牛，而车之用益广。”(王国维说)夏人的车既以人力挽之，当然还没有使用畜力。虽然这是夏初的情况，后来未必如此，但商人生产力的发展较快一些，似可推得。

⑰ 杨树达：《甲骨文中开矿的记载》，载《耐林庼甲文说》。

⑱ 直到1953年才发现殷人的铲形农具。参见胡厚宜：《殷墟发掘》，学习生活出版社1955年版，第137页。

锥、斧、锛等,是会用铜的。而在这个时期,比起尚未发现使用铜器的夏人来,即使当时的商人农业生产仍然用石器,也必较夏人的石器精良无疑。商人在当时应该已经是铜石器并用时代。

在生产上,商人早就有了畜牧,由相士和王亥的故事可见。从甲骨文中所揭示的殷商农业的高度发展来推测,商族生产的发展,到了成汤时期,应该是早已有了农业的。最强的证据,就是商人早在成汤以前就有了历法,商人的所谓“先公先王”早已有了“以日为名”的事实。例如,上甲微、报丁、报乙、报丙、主壬、主癸等,直到汤也名天乙。而王亥也早以辰为名。这些名字,都是见之于甲骨文字中的,所以不是传说。干支历法的创造乃是由长期农业种植经验中总结出来的天文知识。自商人始祖契起,到了七世八世的王亥,上甲微已以干支命名,那么,王亥、上甲微时商族的农业就应该已经有了一定程度的发展,到了成汤便应该是很发达的农业了。

此外,商人的农业到甲骨文时代,已知比较进步的施肥方法。可证上距简单的施肥及不知施肥的农业,总应该是有相当长的期间的。那也就是说,商人早已有了农业。

结合传说,汤伐葛前曾对葛“使亳众往为之耕”,[79]这表示汤时已有农业,固不待言;而“冥勤其官而水死”,[80]则表明在商人六世祖冥的时代已是灌溉相当发展的农业了。因为据说冥就是为了灌溉导水而淹死的。

人类生产的发展是各个方面都有联系的。农业发展到一定的程度,工业、交通、交换等也必然连带地达到一定的发展程度。根据殷墟发掘的结果,殷人的铜器、玉器、陶器都极其精巧;在交换中已比较普遍地使用了货币,交通工具有骑的马,乘的车,挽的辇,有舟楫,并且有了一种馹传制度[81];也有了饲蚕和丝织品;有了家畜如马、牛、羊、犬、豕之类。凡此种种,都不是短期所能一下子就达到的结果,而必须经过几百年的长期发展过程。要追本探源,也必上溯到汤以前去。如果这些方面的发展都必须追溯到汤以前,而它们,特别是养家畜、使用货币的交换、交通的车舟等,又是和农业的高度发展分不开的,那么,这就可以证明:商人的农业是远在汤以前就有了相当高度的发展了的。

---

[79] 《孟子·滕文公》。

[80] 《礼记·祭法》。

[81] 于省吾:《殷代的交通工具和馹传制度》,载《东北人民大学人文科学学报》1955年第2期。

总结上述商人的生产工具和生产的具体情况，我们认为：在成汤伐桀成功以前，商人也和夏人同样的是处在一个氏族社会原始公社制度濒于解体的时代，并且商人的原始公社制度的解体可能还比夏人快些。商人在契时代应该已经是以家庭为单位的农业经济。商部落到了相士时候，已有了什么“相士烈烈，海外有截”[82]的传说。不管在汤以前的商人酋长传继制度是“兄终弟及”或是“传子”，总之，商族早已发展到了一夫一妻的家庭制度，则无疑义。这时代的生产常常是以当时家庭为单位的个体农业经济；此外还有了私产、交换、手工业和农业的分工，等等。正因为这些，商人的社会经济发展阶段从开始就应该是和夏人走在同一阶段上面的。而在大约四百年的过程中，由于使用牲畜（乘马、服牛、以马挽车等），并有铜器发明使生产力提高的结果，商人氏族公社的解体，也就比夏人更迅速了一些。

2. 从以上这一基本认识出发，我们结合古史传说，就可以推论出来下列的重要事实：汤伐桀以前早已经是一个部落联盟的首长了。孟子上的“汤居亳”一节，可以证明。“孟子曰：汤居亳，与葛为邻。葛伯放而不祀，汤使问之曰：‘何为不祀？’曰：‘无以供牺牲也。’汤使遗之牛羊，葛伯食之，又不以祀。汤又使人问之曰：‘何为不祀？’曰：‘无以供粢盛也。’汤使亳众往为之耕，老弱馈食。葛伯率其民，要其有酒食黍稻者夺之，不授者杀之。有童子以黍肉饷，杀而夺之。书曰：‘葛伯仇饷’，此之谓也。为其杀是童子而征之，四海之内皆曰：‘非富天下也，为匹夫匹妇复仇也。’”关于这一传说，有下列各点值得注意：

第一，葛伯这个“伯”的称呼，我们虽无再古的证明，但甲骨文中却是有“伯”的，它是殷代盘庚以后的地方官名。尽管汤时虽不一定有这个名称，也尽管孟子和书都是后人的作品，但结合盘庚以后有“伯”这一名称来看，我们可以说，“葛伯”表示葛的“伯”的地位。它表示：葛是某一部落联盟中并非居于领导地位的部落或氏族，它是处于某一个部落联盟首长领导之下的。虽然当桀时夏也是一个大的部落联盟，但结合汤关切葛的“祀”与不祀的问题，结合汤可以过问甚至于干涉葛的“祀”与不祀的问题来看，葛应该就是汤领导下的部落联盟中的一个部落或氏族。正因为这样，所以当葛借口“无以供牺牲”时，汤才会“遗之牛羊”，当葛借口“无以供粢盛”时，汤才会“使亳众往为之

[82] 见《诗经·商颂·长发》。

耕"的。如果他们不属于一个部落联盟,汤就没有理由这样做。当然,"与葛为邻"也证明他们完全有结成部落联盟的可能性,因为部落联盟不可能不是"邻"、不可能被旁的部落间隔开的。

第二,"汤使亳众往为之耕"这"众"有人说是奴隶。[83] 根据以上的分析。我认为商人生产发展到汤时,应该是已经、或早已经有了奴隶的。可是,这句话中的"众"却并不是,或至少不全是奴隶。首先,照语义来看,汤使"亳众"往为葛耕,亳即汤所在地,因此,"亳众"显然是商人的"族众"而不见得一定是奴隶。其次,这"众"往为葛耕后,剩下的是"老弱",也可见这"众"不是奴隶而是商族的壮汉。在这里,商人"族众"中的"老""壮""弱"都参加了助葛耕种的劳动。而且这"老弱"不是随便说的,当时真有"童子"以黍肉"饷"的事实。再次,如果派往为葛耕的"众"是奴隶,那我们就既看不出有什么必要动员"老弱"为那些助耕的奴隶馈"食",而且即使馈食也绝无理由"馈"的是"酒食黍稻"和"黍肉";更看不出因为馈"食"的一个奴隶身份的童子被杀,而引起灭葛的事实。最后,如果把杀童子的事视为氏族社会末期的"血亲复仇",那倒可以说明商人的灭葛行为,因为在氏族社会中这种行为是并不过火的。[84] 但这就必须认为这个"童子"是商族的成员,否则为了一个奴隶身份的童子被杀,是不发生"血亲复仇"问题的。

但如果汤当时已经拥有大量奴隶的话,我们认为,他是会命令他的奴隶去,而不会派他的族众去的。这就说明了:当汤时,商人的社会发展阶段,虽然有了若干家内奴隶、虽然向着奴隶制的方向迅速发展,但在生产上使用奴隶劳动还没有在当时生产中占主要地位,商人还基本上是处在氏族社会原始公社制度即将完成而还没有完成其解体过程的时期。汤仍然是一个部落联盟的领袖。

第三,然而,汤从征葛开始,到伐桀之前,先后征伐了十一次,[85]消灭或战败了韦、顾、昆吾等部落这些事实,却是十分重要的。对于这些事实我们至少须有以下的认识。

首先,在原公社解体的末期,"各种矛盾也发生在各部落之间,并且不断地增长起来。这些矛盾在根源上是经济的矛盾。……这时候,部落之间的冲

---

[83] 张政烺:《中国古代中古史讲义》。

[84] [苏]柯斯文:《原始文化史纲》,张锡彤译,人民出版社1955年版,第220~247页。

[85] 恩格斯:《家庭、私有制和国家的起源》,张仲实译,人民出版社1956年版,第23~24页。

突已经具有十分严重的性质。……这些冲突有了新的、后果十分严重的起因,这就是追求他人的财物和渴望致富。掠夺战争发生了”。[86] 事实上,夺取流动的财物和因农业的发展而向外扩大耕地面,都可以构成这种掠夺战争的起因。我们结合上述根据考古发掘推断商族到汤时的社会发展阶段来看,汤征葛以及先后十一次出征而灭韦、顾、败昆吾这些战争,应该正是氏族社会原始公社解体末期国家即将出现之前的“掠夺战争”。这些战争当然不可能是孟子为了游说目的而说的什么“民之望之,若大旱之望雨也”[87]的战争。

其次,更重要的是,在汤所进行的这些掠夺战争中,汤及商部落的贵族们的收获不仅仅有财物、有土地,而且也有掠夺来的战败及被消灭部落的成员作为他们的奴隶。奴隶来源在这些掠夺战争中空前地扩大,奴隶的数目遽然加多,结合原来商族内部的债务奴隶、早起掠夺的家内奴隶就为数庞大到已经可以驱使他们从事于所有一切工艺、农业生产劳动了。那就是说,结合商族原来的生产发展水平,由于奴隶数目的增长、奴隶劳动使用的扩大这些新的变化,已把商族推进到产生奴隶制社会和奴隶占有制国家的边缘了。只要再向前迈进一步,商国家就会出现。

六、以汤为首的商部落贵族伐桀后建立了中国历史上第一个阶级压迫的工具——奴隶占有制国家

事实上,以汤为首的汤部落贵族在伐桀胜利之后就建立了中国第一个国家——奴隶占有制国家。关于这一重要事实,我们今天是能够找出一些根据的。那就是,在汤伐桀军事胜利后,商族已经具备了恩格斯在《家庭、私有制和国家的起源》中所举出国家的两个本质特征。一个是“和大众分离的社会强制力”;另一个是“按地域标准”来划分其治下的居民。

1. 先说“和大众分离的社会强制力”,作为国家必要条件之一的,不单纯是“社会强制力”而必须是那“和大众分离的社会强制力”。在氏族社会里面,也有“强制力”,但它却在本质上是和国家的“强制力”不同的。氏族社会

[86] 梁思永:《后冈发掘小记》,载《安阳发掘报告》1993 年第 4 期。

[87] 恩格斯:《家庭、私有制和国家的起源》,张仲实译,人民出版社 1956 年版,第 23 ~ 24 页。

中,这种"强制力"的行使,代表着全氏族成员的意志,为了全氏族成员的利益,而且没有那"凌驾于社会之上"的、由特殊的集团专门掌握的"强制机关"。反之,这个"和大众分离的社会公共强制力",则是由于人类社会发展到了奴隶制社会即将出现的时候,人类已经划分成为剥削与被剥削两个阶级,剥削者为了维持和巩固他们的剥削和压迫地位,就需要一个"凌驾于社会之上"的,日益与社会脱离的权力。"构成这个权力的,不仅有武装队伍,而且还有实体的附属物,如监狱以及其他种种强迫机关,这些东西是氏族社会制度中所没有过的。"[88]

首先,我们认为:商部落内部,到了汤的时期已经由于本部落内贵族长期形成的特殊经济地位,而具有了这种"和大众分离的社会强制力"的雏形。有些历史家为了证明商汤有国家,却举出盘庚上中下三篇中有这种"强制力"的证据。[89] 我认为根据这三篇内容,只能说明盘庚是有国家,只能说明盘庚手里掌握了那"矧予制乃短长之命"[90]的权力。正因为这样,他才能"用罪伐厥死,用德伐厥善",才能严厉地命令"凡尔众,其惟致告:自今至于后日,各恭尔事,齐乃位,度乃口,罚及尔身弗可悔!"[91]这样一人独断,命令人们从今天起都要谨守职事,整齐阶位,慎重说话,不然身受刑罚,后悔无及的态度和权威,显然已是一个独断而专制国王的口吻了。可是,尽管我们承认盘庚有这种作为国王的权力,却不能仅根据这几句话就上溯成汤也有这种权力。

我认为汤是已有这种权力,我有这样的根据:

恰恰在盘庚上篇,就明明白白地写着:"古我先王亦惟图任旧人共政","古我先王暨乃祖乃父胥及逸勤……"由此可见盘庚以前,他的"先王"们,也有同样的情形。而且据同篇中"王播告之修,不匿厥指,王用丕钦"这些话看来,盘庚的"先王"也是对这些人们施以褒奖和刑罚的。那么,具有和盘庚同样权力的"先王",究竟应该上溯到什么时代呢?

我认为可以上溯到成汤。尚书,汤誓篇固然有人说是伪书,[92]但由尚书张纥这一类"誓师辞"的形式和口气看来,我认为它成书的年代和其他篇不会相

---

[88] 参见恩格斯:《家庭、私有制和国家的起源》,张仲实译,人民出版社1956年版,第164页。

[89] 这是吕振羽的说法,见所著《中国社会史纲》,耕耘出版社1949年版,第289~290页。

[90] 《尚书》,盘庚上篇。

[91] 《尚书》,盘庚上篇。

[92] 考伪书者多主此说。

距太远。因此,我们对于汤誓的价值也不可特别低估。汤誓中表明:当商族的平民说“我后不恤我众,舍我穑事而割正夏”的时候,汤却坚决地表示:“夏德若兹,今朕比往。”汤又鼓励大众说:“尔尚辅予一人……予其大赍汝。”又严厉地威吓大众说:“尔不从誓言,予其孥戮汝。罔有攸赦!”在伐桀的前夕,对于本族的族众这样不顾“众”意,一意孤行,宁肯委弃农事,去伐夏桀,并且还有权力对“众”加以“孥戮”无赦,这和盘庚所掌握的那种已经“和大众脱离的强制力”,不同样是国王的权力么?

其次,在汤伐桀前他这种“和大众脱离”的权力的成长过程,也有痕迹可寻。在汤开始以葛为掠夺战争的对象时,他已经能“使亳众往为之耕”了。这一方面说明他在商部落中所居的地位,另一方面也表明他掌握的已经是可以强制“号令大众”的权力了。

或者早于,或者正在伐葛、韦、昆吾这些战争中,作为军事指挥者的部落首长汤,应该早已或正在他的“周围结集了一批青年武士,组成亲兵群。亲兵群逐渐特殊化,成为特殊的社会集团,取得许多特权……”[93]由此再进一步就发展成为完全服务于以汤为首的部落贵族阶级的“和大众脱离的”武装。

重要的是,到了汤伐桀后,由于奴隶空前增多,剥削面扩大,剥削程度加深,因而形成了奴隶和奴隶主两个对立的阶级,由于它们之间的矛盾不可调和,为了镇压奴隶的反抗,在中国历史上就首次出现了这种带有强制性的权力。作为阶级压迫机器,它的行使已经“和全民意志不符合”了。

2. 再讲按地域而非氏族来统治的特征。关于这一特征,我们首先要认识:由按氏族统治到按地域统治乃是一个长期斗争、长期发展的结果,[94]并不是用单纯的政治力量促成的。原始公社制度最初具有纯氏族血统上的统一和氏族地域上的统一两个特点。由于氏族内部经济利益的矛盾使氏族赖以生存的纽带——血缘的纽带,废弛了。个别的家族、宗族都可能离开原氏族的故土:或者去到未开垦的新地区,或者去和没有血缘关系的集团杂居。这一方面破坏了氏族在地域上的完整性,另一方面也造成了属于不同氏族的人们的杂居部落。这种新的社会联合是用“地域关系”代替了血缘关系。这种新的公社形态,在农民中间叫作农村公社或玛尔克,在畜牧者中间叫作游牧

---

[93] [苏]柯斯文:《原始文化史纲》,张锡彤译,人民出版社1955年版,第233页。

[94] 王国维:《古史新证》,第1章。

公社。农村公社是原始公社的最后阶段,其中已经有一部分土地(庄园与耕地)的私有制和另一部分使用价值较差的土地(如草场、牧场、各种土地附属物等)的公有制同时存在了。原始公社制氏族血统关系的纽带以及其在地域上的统一性就是这样逐渐解体的。[95] 这种杂居公社越普遍,则按氏族统治的方法也就越崩溃得彻底;同时,也就越接近按地域统治的边缘,那就是说,这种经过长期发展成功的杂居公社逐渐地构成了"按地域统治"这一国家的基本条件。

按现在所有关于商族的传说材料,我们找不出什么可以表明商氏族血统纽带废弛的材料。不过,汤的先人王亥赶着牛羊到有易去居住这件事,应该表明:商人早已有和没有血缘关系的有易族"杂居"的事实。但遗憾的是,也不过仅仅这一个例子而已。

作为国家构成的基本特征之一的"按地域统治其居民"虽然必须通过维系氏族血统纽带逐渐废弛而发展到杂居公社这一过程,但是,当"脱离大众的社会强制力"正式形成时,则"按地域统治其居民",就必然地和以汤为首的商贵族和富有集团所建立的商国家怎样处理它所征服的土地和居民有关了。

根据古史的传说,汤时既有作为本族人活动范围的"邦畿千里,杂民所止"[96]的界域,也有包括被征服各族的广大领域:如"古帝命武汤,征域(既"征有")彼四方,方铭厥后奄有九有,"[97]"肇域("始有")彼四海。"[98]在这广大疆域内的异族对于居住在邦畿之内以汤为首的国家统治者们保持着什么样的一种关系呢? 他们的关系是这样的:"昔有成汤,自彼氐羌,莫敢不来享,莫敢不来王!"[99]"九有"和"四海"之内的各族都必得对汤保持贡纳("来享")和"尊之为王"("来王")的关系,那么,在让的广大领土内,已经不是由那氏族、部落和部落联盟的统治,而是有国家这一无所不包无孔不入的"脱离大众的社会强制力"按地域来统治了。可见汤时已经具备了这一本质的特征。

结合汤以后殷商国家的统治,更易理解。殷商国家对于战败者的土地有下列处理的办法:(1)对于较近的地方叫国王的妇或子去统治;(2)命男或甸

---

[95] 王国维:《古史新证》,第 1 章。
[96] 《诗经·商颂·玄鸟》。
[97] 《诗经·商颂·玄鸟》。
[98] 《诗经·商颂·玄鸟》。
[99] 《诗经·商颂·殷武》。

去管理——男或甸的主要任务是管理种田;(3)命侯或伯(方伯)去镇抚——侯和伯都有很大的兵权,可算是武装殖民。[100] 这些方法都不是维持原来的统治方式,而是变更了新的按地域来统治其居民的方式。这些后来殷商的复杂统治方式应该是上述汤时对各被征服者“莫敢不来享,莫敢不来王”基本方式的继续和发展。而汤时具备了在这一意义上的“按地域统治其居民”的条件,也就从而得到证明。

3. 汤开始建立了国家及其国家的本质和特点。由汤以后的文字史料以及传说也可以证明汤在商人的发展史上的确是一个具有极其重要意义的人物。汤在商人发展史上之所以成为“转折点”,正因为他建立了以他自己为首的奴隶所有者的商国家。

首先,甲骨文卜辞中的“唐”,据王国维的考证就是汤。汤在卜辞中有“专祭”。齐侯鎛钟铭曰“虩虩成唐,有严在帝所,专受天命”,又曰:“奄有九有,处禹之都。”王国维说:“夫受天命,有九州,非成汤其孰能当之?”[101]王国维的话是对的。这些地下文字材料,都说明了汤在商族发展历史上具有所谓“受天命”建国的意义。此外,诗,商颂五篇,篇篇都有汤的事迹:或者歌颂他的功烈,或者赞扬他的用武,总之,都承认他是“建国”的国王。而诗中所言汤“正域彼四方”据于省吾释,即汤“征有彼四方”;汤“肇域彼四海”据于释即汤“始有彼四海”。[102] 既是“征有”又是“始有”,那就是说,汤是经过氏族社会末期的掠夺战争才“征有”四方的;并且商族是到了汤时才开“始有”这掠夺占据来的四方的。诗虽然是后人的作品,但这些传说和地下文字材料之间的吻合,却强有力地说明了:商部落贵族及富有集团确实以汤为首建立了商国家。

其次,汤所建立的商国家的本质是奴隶占有制的国家。虽然“在原始公社制解体的过程中,直接继军事民主制之后发生封建农奴制的生产方式,也是可能的,但只有在生产力发展水平高得多的情况下,封建农奴制的生产方式才能直接在军事民主制之后真正形成”。[103] 商国家并不是这样的情况,第一,我们在前几节中,已经反复证明:商族在汤时至多是铜石器并用时代,他

---

[100] 陈梦家:《殷代社会的历史文化》,载《新建设》1955 年 7 月号。

[101] 王国维:《殷卜辞中所见先公先王考》,载《海宁王静安先生遗书》(第 4 册),商务印书馆 1940 年版,长沙石印本。

[102] 于省吾:《诗经新证》。

[103] 参见[苏]斯大林:《辩证唯物主义与历史唯物主义》,人民出版社 1956 年版,第 254 页。

的生产力虽然可能比当时的夏族为高,但似乎还不能说是“生产力发展水平高得多”的情况。因此,以汤为首的商部落贵族富有集团所建立的国家,必然是奴隶占有制的国家。第二,由甲骨文中的材料证明,汤以后的殷商时代是奴隶占有制的国家,奴隶的名目繁多,如小人、刑人,奴、奚、妾、艮、役、牧僕等都是各种来源和身份的奴隶;弇奴、鄘人、羌人、臣吕方邶奴等,则是外族奴隶。甲骨文中的“众”字像日下三人劳动形,则似乎是具有奴隶劳动力的人们的总和;而在传说如《尚书》中的“众”字,则其中也并不排斥有“族众”在内之意。汤以后既然第奴隶制社会,那么,汤是无国家则以,若有国家也必定是奴隶占有制的国家,是没有什么问题的。商王国就是维持使用上述那些或因债务、犯罪的本族成员(“族众”)变成的奴隶们,或因被掳的外族成员被迫而成的奴隶们的劳动,来从事各种生产的这一“人剥削人”的关系,并对奴隶加以经常镇压的国家。

最后,以汤为首的商部落贵族们在建立商奴隶占有制的国家的时候和同时已经形成为“僧侣阶级”的巫、卜、尹者流的结合痕迹,也是可以追寻出一些来的。卜辞中的多尹、多卜、史等都是由原始社会末期司符咒魔术的人的转化而来的。其中最重要、也许是最早的一个就是在成汤立国之初担任“尹”的伊尹。不但诗上说:“实维阿衡,实左右商王。”[104]中的“阿衡”据郑玄注说就是伊尹,在卜辞中也“大乙伊”并言,“大乙”即天乙,即汤。“伊”照王国维的说法即使伊尹。可见伊尹确实以神权解释者的资格来参加以汤为首的商部落贵族的建国的。伊尹的地位恰恰符合当时氏族社会末期僧侣贵族和统治者的联合,恰恰表明奴隶占有制的国家必然具有神权统治这一特点。

汤死后不久,就有“伊尹放太甲”的传说。这个传说反映了在建立不久的商国家里,“尹”这类掌握着对于自然现象和社会现象的曲解的权力的僧侣贵族和当时以国王为首的世俗统治阶级之间的矛盾,而当国王地位巩固以后,自然就会因为要自己掌握这一权力而与僧侣阶级发生冲突。由太甲失败的事实看来,可见伊尹的权力之大。而古本竹书《纪年》的记载有:“仲壬崩,伊尹放太甲于桐乃自立;”又有:“伊尹即位,放太甲。七年,太甲潜出自桐,杀伊尹……”[105]这些传说也吐露了统治阶级内部——以国王为首的世俗贵族和僧

[104] 《诗经·商颂·长发》。

[105] 王国维:《古本竹书纪年辑校》,载《海宁王静安先生遗书》(第36册),商务印书馆1940年版,长沙石印本。

侣贵族之间——这一斗争的真相。同时，这些传说也远比以汤为“圣王”以伊尹为“贤相”那种看法更接近当时的事实。这是符合人类最初建立的国家的一般情况的。后来的商人，虽然也重卜，有尹，但他们早已是经过与世俗统治者的斗争失败后完全成为替世俗统治者服务的一些人们了。他们所发挥的作用是帮助以国王为首的统治阶级巩固其阶级统治。

【论　文】

articles

国家与法治研究　第1卷(2018)
第37～73页

法学上的修辞学

——论题学思潮述评(上)

舒国滢*

摘要：在法哲学领域，价值与价值评价标准一直是“公说公有理，婆说婆有理”的问题领域，沙伊姆·佩雷尔曼为此发展了作为修辞学之重要部分的论证理论——“新修辞学”，在战后“修辞学之名声恢复”过程中做出了重要的贡献。德国美因茨大学法与经济学院教授特奥多尔·菲韦格出版《论题学与法学》一书，提出建立“法律论题学”，唤起整个欧洲的知识界(后来波及其他地区的学界)重新关注古老的方法论——特别是“论题学”在法学乃至整个人文科学中的应用。自从20世纪70年代之后，菲韦格的学说在其生活、工作的美因茨大学一些年青学者中间持续地形成吸引力和影响力，得出了一些新的研究成果，并拓展了德国有关修辞学法学的研究范围。这样，美因茨大学就逐渐形成了一个独特的法修辞学学术共同体，这就是“美因茨学派”。本文分为上下两篇，上篇主要介绍佩雷尔曼及其新修辞学法学，下篇则将聚焦于菲韦格的论题学法学以及其他学者的著作(待刊)。

* 舒国滢，2011计划司法文明协同创新中心成员，中国政法大学教授。

本文乃作者所承担北京市社会科学基金重大项目“法学成长中的方法与知识谱系”(项目编号：14ZDA07)的阶段性成果，特此说明。

关键词: 新修辞学 论题学法学 佩雷尔曼 菲韦格 索博塔

法学在其发展过程中,实际上遭遇到两个领域的难题:一个是法哲学领域的难题,另一个法学方法论本身的难题。在法哲学领域,价值与价值评价标准一直是"公说公有理,婆说婆有理"的问题领域,[①]其中,"正义的标准"(Kriterien der Gerechtigkeit)无疑更属于涉猎领域广泛的难解问题(按照阿图尔·考夫曼的说法,有关正义问题——自千年以来所讨论的人类命运问题的文献不胜枚举,)[②]该问题(特别是,正义作为评判法律以及法官判决的标准)自 20 世纪初以来又一再成为法哲学、政治哲学、伦理学、法的理论上的一个"常说常新"(或具有恒常生命力)的重要主题。[③] 比如,法学家们经常谈论所谓"个案正义"(Fallgerechtigkeit),但到底何为"个案正义"?"个案正义"与"法律正义"之间是什么关系?"正义的认识"与"正义的实践"的差别点在哪里?什么是"正义"概念的"正确性标准"(Richtigkeitsriterien)?"正义的标准"是绝对的,还是相对的?这些问题都不是评价法学本身能够在法教义学阈限内(当然,更不是仅仅是在私法教义学框架内)予以充分解答的,要回应这样的法的"形而上学"(超越法教义学的元理论)难题,可能需要层次复杂的法哲学论辩。在法学方法论领域,无论哪个时代的法学家们都一直忙于概念确定和概念争执,然而,至今似乎还没有完全找到概念确定和概念争执的

---

① 比如,在德国人(尼古莱·哈特曼和马克斯·舍勒)那里,价值是一种"精神性之在",一种"应然的在",但在经验领域,价值可能有不同的界定角度:(1)基于个人利益界定的价值(价值具有纯粹的人格性质,主体性;或者,价值具有工具性质,生存性);(2)基于日常生活界定的价值(基于社会/历史因素;或者,基于一个人可能处的特定环境);(3)基于客体本身的性质界定的价值。由此,人们所评价的事实(The Fact of Valuing)就各不相同,有的人可能重视经济(金钱)价值,有的可能重视精神价值(善、神圣、正义等),于是,纯粹主观判断和主观评价在所难免,而主观评价容易导致"公说公有理婆说婆有理"之评价的纷争(Carlos J. Ramos-Mattei, *Annotations on the Philosophy of Values*, New York, etc., Peter Lang GmbH, 1999, pp. 9ss, 17ss, 28ss, 32 – 33;舒国滢:《法哲学沉思录》,北京大学出版社 2010 年版,第 251 ~271 页)。

② [德]考夫曼:《法律哲学》,刘幸义等译,台湾地区五南图书出版股份有限公司 2001 年版,第 151 页。

③ Karl Larenz, *Methodenlehre der Rechtswissenschaft*, 6. Aufl., Berlin/Heidelberg, Springer-Verlag, 1991, S. 173ff([德]卡尔·拉伦茨:《法学方法论》,陈爱娥译,商务印书馆 2003 年版,第 50 页及以下页); Wolfgang Fikentscher, *Methoden des Rechts in vergleichender Darstellung*, Bd. 4., Tübingen, J. C. B. Mohr (Paul Siebeck), 1975, S. 645ff.; Stig Jørgensen, *Values in Law: Ideas, Principles and Rules*, København, Juristforbundets Forlag, 1978, p. 7.

唯一最佳(正确)的方法。④ 特别是,在面对像“平等”“公正”(民法上的)“诚实信用”“善良风俗”(刑法上的)“卑劣动机”“期待可能”等有待根据具体实际情境(语境或案情)来进行价值评判和价值意义填充的概念(评价性概念,wertende Begriffe/Wertungsbegriffe)时,法学家之间完全可能因为它们的语义不精确(模糊性或多义性)或者因为它们的语用情境(社会条件或政治情势)之变动性而产生意见纷争,这种意见纷争有时甚至可能陷入德国当代批判理性主义法哲学家汉斯·阿尔伯特(Hans Albert,1921—　)所称的“明希豪森-三重困境”(Münchhausen-Trilemma),即法学家们的(评价性,或者模糊性的)概念争执可能遇到“为什么”(Warum/Why)之无穷追问的挑战,从而导致下面这三种论争的结果:第一,无穷地递归(progress ad infinitum/ infinite regression,无限倒退),以至无法确立任何论证的根基;第二,在相互支持的论点(论据)之间进行循环论证(circular argument);第三,在某个主观选择的点上断然终止论证过程,如通过宗教信条、政治意识形态或其他方式的“教义”来结束论证的链条。⑤

也就是说,困扰学者们千年的“或然性”(Wahrscheinlichkeit)知识与方法难题[简言之,“或然性难题”(Problems of Probability)]再次摆在法学家(当然也包括其他人文学家)的面前,法学的“科学性”(抑或“技艺”)之辨又渐渐

---

④ Siehe Ingeborg Puppe, *Kleine Schule des juristischen Denkens*, 2. Aufl., Göttingen, Vandenhoeck & Ruprecht,2011,S. 21ff.(汉译,参见[德]英格博格·普珀:《法学思维小学堂》,蔡圣伟译,北京大学出版社2011年版,第3页及以下页。)

⑤ Hans Albert, *Traktat über kritische Vernunft*, 3. Aufl., J. C. B. Mohr(Paul Siebeck), Tübingen 1975, S. 13(Also See Hans Albert, *Treatiset on Critical Reason*, trans. by Mary Varney Rorty, Princeton, New Jersey, Princeton University Press, 1975, p. 18).“明希豪森困境”借用的是18世纪德国汉诺威的一位男爵明希豪森(Baron Münchhausen,1720—1797)所讲的故事,他早年曾在俄罗斯、土耳其参与过战争。退役后为家乡父老讲述其当兵、狩猎和运动时的一些逸闻趣事,从而名噪一时。后出版一部故事集《明希豪森男爵的奇遇》,其中有一则故事讲到:他有一次行游时不幸掉进一个泥潭,四周旁无所依,于是其用力抓住自己的辫子把自己从泥潭中拉了出来。有关这个故事本身,参见Rudolf Erich Raspe, *Wunderbare Reisen zu Wasser und Lande, Feldzüge und lustige Abentheuer des Freyherrn von Münchhausen, wie er dieselben bey der Flasche im Cirkel seiner Freunde selbst zu erzählen flegt*, übersetzet von Gottfried August Bürger, Göttingen, Verlag von Dieterich, 1786, S. 54。有关“明希豪森-三重困境”(Münchhausen-Trilemma)的论述,也参见舒国滢:《走出“明希豪森”》(代译序),载[德]罗伯特·阿列克西:《法律论证理论——作为法律证立理论的理性论辩理论》,舒国滢译,中国法制出版社2002年版,第1~26页。

浮出知识论和方法论的水面,[6]亟待法学家以及其他领域的学者们共同破解,法学的研究和论证期盼有新的理论资源、新的考察视角、新的知识论和方法论更新。在这种困顿与期盼交织的思想-精神背景下,法学上的修辞学与论题学思潮应运而生。

一、沙伊姆·佩雷尔曼的新修辞学法学

在20世纪50年代以后法学之新的理论资源、新的考察视角、新的知识论和方法论更新过程中,我们首先应提及一位著名的法哲学家——沙伊姆·佩雷尔曼。他发展了作为修辞学之重要部分的论证理论——“新修辞学”,在战后“修辞学之名声恢复”(Die Rehabilitierung der Rhetorik)过程中作出了重要的贡献。[7]

(一)佩雷尔曼的生平和作品

佩雷尔曼于1912年5月20日出生在波兰华沙的一个犹太珠宝(钻石)商人家庭,1925年,他13岁时,其父举家由华沙移居至比利时的安特卫普(Antwerp),在此地进入中学学习,1928—1929年在高中阶段学习时,他“有幸学习到最后一堂的修辞学课程”——《修辞学原理》(*Elements of Rhetoric*)(据称,此课程自1929年后在比利时的高中和大学课程中消失),从中主要学习到两部分知识:一是三段论的逻辑型式,二是讲话的借喻和辞格等语言技巧。这为其日后的方法论研究奠定了最初的问题意识。[8]

1929年中学毕业后,佩雷尔曼申请入读比利时布鲁塞尔自由大学(Université Libre de Bruxelles)法律与犯罪科学学院,但在授课的老师中,对他影响较大的是逻辑学、哲学和社会学教授欧仁·迪普雷(Eugène Dupréel,1879—1967)。迪普雷精通逻辑学、形而上学、古希腊哲学、道德哲学和社会

---

⑥ Siehe Alexander Aichele, “Enthymematik und Wahrscheinlichkeit”, in: *Rechtstheorie* 42 (2011), SS. 495-513.

⑦ Josef Kopperschmidt Hrsg., *Die Neue Rhetorik: Studien zu Chaïm Perelman*, München, Wilhelm Fink Verlag, 2003, S. 13f.

⑧ Alan G. Gross, Ray D. Dearin, *Chaïm Perelman*, Albany, State University of New York (SUNY)-Press, 2003, p. 1;另见廖义铭:《佩雷尔曼之新修辞学》,台湾地区唐山出版社1997年版,第20~21页。

理论,被称为哲学、社会学("规约主义")之"布鲁塞尔学派"(École de Bruxelles/Die Brüsseler Schule)的领袖,[⑨]著有《道德论》(*Traité de morale*, 2 Vol. ,Bruxelles,Éditions de la Revue de l' Université,1932)、《价值哲学纲要》(*Esquisse d' une philosophie des valeurs*,Paris,Alcan,1939)以及《普通社会学》(*Sociologie générale*,Paris,Presses universitaire de France,1948)等著作,他的学说在年轻的佩雷尔曼心里埋下了学术的火种,对于佩雷尔曼未来探讨价值(正义)判断的逻辑基础问题起了重要的开导、引领作用。[⑩] 正是受迪普雷的影响,1931 年,佩雷尔曼 19 岁时写了平生第一篇学术文章,反映逻辑实证主义的立场和观点;1932 年,他又撰写第二篇论文讨论恩师迪普雷的哲学观念;1933 年 21 岁时,佩雷尔曼撰写两篇文章《论社会地位》(*Le Status Social*)和《论恣意》(*De l' Arbitraire*),分别分析和讨论"真理 - 判断的社会地位",并系统考察恣意因素在知识论上的位置。1934 年,佩雷尔曼在布鲁塞尔自由大学获得法学博士学位。[⑪]

之后,佩雷尔曼回到波兰,投身于当时在欧洲颇负盛名的逻辑学、数学和实证主义哲学的"波兰学派"(The Polish school of logic, mathematics, and positivist philosophy),学习该学派在逻辑学、数学和实证哲学上的丰硕成果。[⑫] 这个时期,华沙(Warsaw)、里沃夫(Lvov)和克拉科夫(Krakow)等地大学迅速成为欧洲在数学、逻辑和实证哲学领域的一流研究中心:之前,波兰的逻辑学家、哲学家和数学家主要追随英国数学家、逻辑学家乔治·布尔(George Boole,1815—1864)的逻辑代数学观念[简称"布尔代数"(Boole' s algebra)];从 1905 年开始,德国数学家、逻辑学家和哲学家弗里德里希·路德维希·戈特洛布·弗雷格(Friedrich Ludwig Gottlob Frege,1848—1925)和 20 世纪英国哲学家、数理逻辑学家贝特兰·亚瑟·威廉·罗素的著作开始在

---

⑨ Josef Kopperschmidt (Hrsg.), *Die Neue Rhetorik: Studien zu Chaïm Perelman*, München, Wilhelm Fink Verlag,2003,S. 73ff.

⑩ See Chaïm Perelman,"Notice sur Eugène Dupréel", in: *Annuaire*, Bruxelles, Académie royale de Belgique,1980,pp. 61 - 86.

⑪ Alan G. Gross, Ray D. Dearin, *Chaïm Perelman*, Albany, State University of New York (SUNY) - Press,2003,pp. 1 - 2.

⑫ 廖义铭:《佩雷尔曼之新修辞学》,台湾地区唐山出版社 1997 年版,第 2 页。

波兰数理逻辑界流行。[13] 得益于波兰学派的这种学术氛围,佩雷尔曼在这个时期也把治学旨趣和方向选择放在现代数理逻辑,尤其是弗雷格的数理逻辑推理系统的研究方面。1938 年,当他回到比利时担任布鲁塞尔自由大学哲学与文学学院(The Faculty of Philosophy and Letters)讲师时,他也同时完成了有关戈特洛布·弗雷格的专题论著,并把它作为心理学(哲学)博士论文提交给哲学与写作学院,于斯年 11 月 14 日通过论文答辩,获得心理学(哲学)博士学位。[14]

在以后的数年中,佩雷尔曼一直关注笛卡尔理性主义、逻辑实证主义和经验主义的研究,分析法律中的若干逻辑悖论和二律背反,他注意到哲学推理和科学推理之间的相似性,即它们的方法具有相同的逻辑结构,从一定的原理和一定的定义出发演绎推导出一整套结论。[15] 然而,他也认识到当时的欧洲逻辑实证主义对于价值问题(特别是正义问题)的哲学讨论是无能为力的,20 世纪 30 年代至 40 年代的欧洲逻辑学家和认识论学家似乎也根本不关心基本价值的逻辑论证。为此,他花了数年时间研究正义问题,全身心地以经验主义的方法分析正义观念,于 1944 年完成相关的研究,并在 1945 年出版了 84 个页码的《论正义》(*De la Justice*,1945)一书。[16] 在这一年,佩雷尔曼 33 岁时成为布鲁塞尔自由大学(1834 年建校)历史上最年轻的全职教授(the youngest full professor)。此前,他亦曾参加比利时抵抗(纳粹迫害犹太人)运动,乃其中的骨干成员。

1948 年,佩雷尔曼遇见时年 49 岁(年长佩雷尔曼 13 岁)的露西·奥尔布里希茨-泰特卡(Lucie Olbrechts-Tyteca,1899—1987)女士。奥尔布里希茨-泰特卡出身名门(其祖辈乃布鲁塞尔的望族),年轻时游学于大学之间,虽未取得学位,但精通高深学问,涉猎人文社科学科的诸多领域(文学、社会学、经

[13] Jan Woleński,"The Reception of Logic in Poland:1870 - 1920",in:*Czasopismo Techniczne* 14,Nauki Podstawowe Zeszyt 1 NP.(7),2014,pp. 245 - 253.

[14] Alan G. Gross, Ray D. Dearin, *Chaïm Perelman*, Albany, State University of New York (SUNY) - Press,2003,p. 2;另见廖义铭:《佩雷尔曼之新修辞学》,台湾地区唐山出版社 1997 年版,第 21 页及以下页。

[15] Chaïm Perelman,"Une Conception de la Philosophie",in:*Revue de l' Institut de Sociologie* 20 (1940),p. 46.

[16] Alan G. Gross, Ray D. Dearin, *Chaïm Perelman*, Albany, State University of New York (SUNY) - Press,2003,pp. 2,5.

济学、心理学、统计学等），且成为佩雷尔曼课堂上的忠实听众。[17] 俩人志同道合，很快成为学术上的合作伙伴，相互之间称为“奥尔布里希茨夫人”（Madame Olbrechts）和“佩雷尔曼先生”（Monsieur Perelman），从 1948 年到 1984 年，他们在一起合作研究长达 36 年，以修辞学作为价值判断逻辑的基础：1950 年他们在《哲学评论》上发表《逻辑与修辞》（*Logique et rhétorique*，Revue philosophique），1952 年共同出版《修辞学与哲学》（*Rhétorique et philosophie*，Presses Universitaires de France，Paris，1952），1958 年合作出版《新修辞学：论证论集》（*La nouvelle rhétorique：Traité de l' argumentation*，Presses Universitaires de France，Paris，1958），从此奠定佩雷尔曼在哲学、法学、逻辑学和修辞学等领域的学术地位。[18]

从 20 世纪 60 年代到 1984 年，佩雷尔曼笔耕不辍，先后出版《正义与理性》（*Justice et raison*. Bruxelles：Presses Universitaires de Bruxelles，1963）、《法、道德与哲学》（*Droit，morale et philosophie*. Paris：Librairie Générale de Droit et de Jurisprudence，1968）、《论证的场域》（*Le Champ de l' argumentation*. Bruxelles：Presses Universitaires de Bruxelles，1969）、《法律逻辑》（*Logique juridique*. Paris：Dalloz，1976）、《修辞学王国》（*L' Empire rhétorique*. Paris：Vrin，1977）、《法的合理性与不合理性》（*Le Raisonnable et le déraisonnable en droit*. Paris：Librairie Générale de Droit et de Jurisprudence，1984）等作品，这些作品先后译成十几国文字刊行。[19]

1962 年，佩雷尔曼获得“人文科学法朗基奖”（The Francqui Prize for Human Sciences）。[20] 同一年，他受美国宾夕法尼亚大学（Pennsylvania State University）哲学系主任亨利·W. 约翰斯通（Henry W. Johnstone Jr.，1920—

---

[17] Alan G. Gross，Ray D. Dearin，*Chaïm Perelman*，Albany，State University of New York（SUNY）-Press，2003，p. 6.

[18] Alan G. Gross，Ray D. Dearin，*Chaïm Perelman*，Albany，State University of New York（SUNY）-Press，2003，pp. 8-9，12.

[19] Alan G. Gross，Ray D. Dearin，*Chaïm Perelman*，Albany，State University of New York（SUNY）-Press，2003，pp. 10-11.

[20] 法朗基奖（法语 Prix Francqui，英语 Francqui Prize）是比利时为纪念慈善家艾米里·法朗基（Émile Francqui，1863—1935）而设立、由法朗基基金会（Francqui Foundation）颁发的最高学术与科学奖项，始于 1933 年，其对象是五十岁以下，年青而杰出的比利时学者或科学家。目前奖金为 150，000欧元，获奖者分为三个领域，每三年内轮替一次：包括精密科学（exact sciences）、社会科学，以及生物或医学科学。

2000)和语言学系主任罗伯特·塔贝尔·奥利弗(Robert Tarbell Oliver, 1909—2000)之邀,赴该校哲学系和语言系担任客座教授,他们之间的合作使一份有国际影响力的刊物《哲学与修辞学》(*Philosophy and Rhetoric*,亨利·W.约翰斯通担任杂志主编、佩雷尔曼任编委会成员)于1968年正式创刊。此外,佩雷尔曼还先后在耶路撒冷的希伯来大学(the Hebrew University)、加拿大麦吉尔大学(McGill University)、美国纽约大学(the State University of New York)、纽约城市大学皇后学院(Queens College of City University in New York)、费城天普大学(Temple University in Philadelphia)担任客座教授。通过其新修辞学论证理论,他逐渐确立了自己在国际哲学界和修辞学界的学术地位。[21] 1973年,佩雷尔曼成为"人道主义第二宣言"(The Humanist Manifesto II)的120位签署人之一。此后,他分别当选为国际哲学协会联合会副主席[vice president of the International Federation of Philosophical Societies (法语: Fédération Internationale des Sociétés de Philosophie, FISP)]、比利时皇家科学院成员,获得多国大学(佛罗伦萨大学、希伯来大学、麦吉尔大学等)的名誉博士。因其在学术和社会活动中的贡献,1983年12月,他被比利时议会通过决议授予其贵族称号,1984年1月5日被比利时国王博杜安五世(King Baudouin of Belgium, 1930—1993)封为男爵(爵士)。1984年1月22日,佩雷尔曼因心脏病发作而在布鲁塞尔的寓所中去世,享年72岁。

(二)佩雷尔曼的"新修辞学"转向

如上所述,至少在20世纪30年代,佩雷尔曼在方法论上主要受"波兰学派"之逻辑实证主义和经验主义的影响,他把研究的重心放在戈特洛布·弗雷格方面。弗雷格乃现代数理逻辑的创始人,也被公认是分析哲学和语言哲学的创始人。其著有《概念符号文字——一种模仿算术的纯粹思维的公式语言》(*Begriffsschrift, eine der arithmetischen nachgebildete Formelsprache des reinen Denkens*, 1879)、《算术的基础——对数的概念的逻辑数学研究》(*Die Grundlagen der Arithmetik: Eine logisch-mathematische Untersuchung über den Begriff der Zahl*, 1884)、《算术的基本法则》(*Grundgesetze der Arithmetik*, Band I, 1893, Band II, 1903)等著作。[22] 在这些著作中,为了达到逻辑推论所需要的

---

[21] Alan G. Gross, Ray D. Dearin, *Chaïm Perelman*, Albany, State University of New York (SUNY) - Press, 2003, pp. 9 - 10.

[22] Lothar Kreiser, *Gottlob Frege: Leben-Werk-Zeit*, Hamburg, Felix Meiner Verlag, 2013, S. 11ff.

准确性,“防止无意中让任何直觉的东西闯入”,做到“竭尽一切努力使推论链条毫无漏洞”,[23]弗雷格创造了“量化”逻辑(与“全部”“有些”“无”等范畴有关),提出“概念符号文字”,建构“模仿算术的纯粹思维的公式语言”,区分“逻辑”的因素与“心理”的因素,“客观”的因素与“主观”的因素,区分“概念”与“对象”,区分“含义”与“指称”,使它们成为今日哲学家熟知与沿用的知识。他的思想对于现代逻辑的产生和发展,对于当代哲学,特别是对分析哲学和语言哲学的研究和发展,产生了极其重要的推动作用。

正是基于对弗雷格的研究,佩雷尔曼在1945年出版的《论正义》一书中希望能像弗雷格建构公式化的概念符号文字一样,也为正义建构一套公式化的法则。[24] 在他看来,正义是人类灵魂中最原始的,在社会中最根本的,在观念之中最为神圣的,乃所有其他价值的来源,它包含道德性的整体(the whole of morality),分量盖过其他所有的价值,所谓“哪怕世界消灭,也要让正义实现”(Pereat mundus, fiat justitia)。[25] 然而,佩雷尔曼也很清楚:在所有唤起的观念中,正义观念是最混淆的观念之一,所以,正义观念的逻辑分析似乎是一件非常冒风险的工作。他指出,试图罗列历史上为人所用的正义观念的所有可能的含义是徒劳的,故此,他重点提出以下6种最为流行的正义观念[或“正义公式”(formulas of justice)]:

1. 对待每个人一视同仁(To each the same thing);
2. 按照品质对待每个人(To each according to his merits);
3. 按照劳动对待每个人(To each according to his works);

---

[23] 参见[美]王浩:《哥德尔》,康宏逵译,上海译文出版社2002年版,第337~338页。

[24] 廖义铭:《佩雷尔曼之新修辞学》,台湾地区唐山出版社1997年版,第25页。

[25] See Ch. Perelman, "Concerning Justice" (De la justice, 1945), in ders., *Justice, Law, and Argument: Essays on Moral and Legal Reasoning*, Dordrecht/Boston/London, D. Reidel Publishing Company, 1980, p. 1. 据说,“哪怕世界消灭,也要让正义实现”(Pereat mundus, fiat justitia)是神圣罗马皇帝斐迪南一世(Ferdinand I, 1503—1564)的口头禅(座右铭),最早可能见诸一位16世纪的人文主义学者约翰内斯·雅克布斯·曼留斯(Johannes Jacobus Manlius,活跃期在1562—1605年)于1563年所写的《通用论题》(Loci Communes, 1563)一书,表达了一种不惜任何代价也要提供和实现正义的态度。德国著名哲学家伊曼努尔·康德在1795年所写的《永久和平论》(Zum ewigen Frieden. Ein philosophischer Entwurf, 1795)曾引用此句来反对道德哲学中的功利主义性质。康德指出:“有一条已经成为谚语的、听来有点夸大但却很真实的命题是:fiat justitia, pereat mundus(哪怕世界消灭,也要让正义实现);这句话在德文里就是:‘让正义统治吧,哪怕世界上的恶棍全都倒台’。”([德]康德:《永久和平论——一部哲学的规划》(1795),载康德:《历史理性批判文集》,何兆武译,商务印书馆1996年版,第137页)

4. 按照需要对待每个人(To each according to his needs);

5. 按照等级对待每个人(To each according to his ranks);

6. 按照法定资格对待每个人(To each according to his legal entitlement)。[26]

显然,从理想的意义上讲,任何完美的正义(perfect justice)均在于实现所有人类的完全平等,该正义的理想符合上列的第一种正义公式。然而,这种正义不可能在实践中达到。其他 5 种正义公式(观念)不过是实现这种平等的不完美的企图[人们试图实现部分的平等(partial justice)]。不过,既然其他 5 种正义公式(观念)做不到完美的平等,而只能实现部分的平等,那么,不可否认,它们的标准在理论上(逻辑上)就具有一定的争议性,它们所展现的正义方面甚至可能相互矛盾、相互对立,它们之间的含义似乎难以用任何概念链条统一起来,且各有其他可疑虑之处。[27] 尽管如此,佩雷尔曼并未就此放弃努力,而尝试在上述各种不同的正义观念(正义公式)之间找出共同的因素,做到对正义观念的逻辑分析,寻求一种对所有不同的观念都共同适用的正义公式。据此,他注意到:无论哪一种正义观念,它们中间都包含一些共同的要素,比如,"每个人"(each),"按照……(条件)"(according to),(平等/同等)"对(待)"[(equal/same treatment) to]。这样,无论持哪一种正义观念(正义公式)的人,他们在态度上对上述 3 个因素的认识是共同的,不会发生争执。也就是说,他们都会同意,对于从某些特定的观点看拥有某个相同特

[26] Ch. Perelman, "Concerning Justice" (De la justice, 1945), in ders., *Justice, Law, and Argument: Essays on Moral and Legal Reasoning*, Dordrecht/Boston/London, D. Reidel Publishing Company, 1980, p. 2. 1982 年,哥廷根大学法哲学教授拉尔夫·德莱尔在所写的专章"法与正义"中把"正义公式"(Gerechtigkeitsformel)或"正义规范"(Gerechtigkeitsnorm)概括为 8 点:(1)每个人均得生存(Jedem das Sein);(2)对待每个人一视同仁(Jedem das Gleiche);(3)按照本性对待每个人(Jedem nach seiner Natur);(4)按照等级对待每个人(Jedem gemäß seinem Rang);(5)按照成绩对待每个人(Jedem gemäß seiner Leistung);(6)按照需要对待每个人(Jedem nach seiner Bedürfnis);(7)按照自由的最高度对待每个人(Jedem ein Höchstmaß an Freiheit);(8)按照法定的份额对待每个人(Jedem gemäß dem ihm vom Gesetz Zugeteilten)(Ralf Dreier, "Recht und Gerechtigkeit", in: ders., *Recht-Staat-Vernunft: Studien zur Rechtstheorie* 2, Frankfurt am Main, Suhrkamp Verlag, 1991, SS. 11 - 12)。

[27] Ch. Perelman, "Concerning Justice" (De la justice, 1945), in ders., *Justice, Law, and Argument: Essays on Moral and Legal Reasoning*, Dordrecht/Boston/London, D. Reidel Publishing Company, 1980, pp. 6 - 8; Karl Larenz, *Methodenlehre der Rechtswissenschaft*, 6. Aufl., Berlin/Heidelberg, Springer-Verlag, 1991, S. 174.

征的平等之人给予相同的待遇是正义(公正)的。[28] 人因为拥有某个相同特征而是平等的,在此意义上,这个相同特征就可以界定为“本质特征”(essential characteristic),共同地拥有这个本质特征(比如,上面提及的“品质”“劳动”“需要”“等级”“法定资格”等)的成员就会构成相同的范畴[相同的本质范畴(the same essential category)]的一部分。由此,佩雷尔曼就得出了一个为许多学者频繁引用的“形式正义”(formal justice)或“抽象正义”(abstract justice)的定义:“属于一个相同的本质范畴的人必须以相同的方式对待。”(Beings of one and the same essential category must be treated in the same way)[29]他把这个定义称为“行动原则”(a principle of action)。与此相对的是所谓特定的或具体的正义公式,这种正义公式将构成形式正义之无数价值中的一个。“形式正义”之所以是“形式的”,乃因为它并未确定正义执行(the administration of justice)的本质范畴,而要确定这个本质范畴,则要借助一定的价值尺度(Wertskala),后者又依赖于每个人的“个人世界观”。据此,佩雷尔曼认为,作为“行动原则”的“形式正义”或“抽象正义”在具体实践上仍无法排除人的价值判断。

然而,什么是价值判断?我们如何从逻辑上推论价值?有关实现价值的目标如何推论?我们应追求何种目标?这些问题均没有令人满意的答案。[30] 不仅如此,在他看来,任何价值(或理想)都是“恣意的”,因为它们不可能理性地明证(演证)出来,或者说,它们既不可能是经验的结果,也不可能是毫无争议的原则的逻辑(推导)后果。事实上,任何严格的演绎或基于经验的归纳都不能保证从“什么是客观所与和真实的”过渡到“我们致力实现的理想和所提倡的价值以及所证成的规则”,因为演绎和归纳仅是“说服性推理”(convincing reasoning)的形式。我们所能够做的,只能是通过消除规则中的

㉘ Ch. Perelman, “Concerning Justice” (De la justice, 1945), in ders., *Justice, Law, and Argument: Essays on Moral and Legal Reasoning*, Dordrecht/Boston/London, D. Reidel Publishing Company, 1980, p. 10.

㉙ Ch. Perelman, “Concerning Justice” (De la justice, 1945), in ders., *Justice, Law, and Argument: Essays on Moral and Legal Reasoning*, Dordrecht/Boston/London, D. Reidel Publishing Company, 1980, p. 11.

㉚ Chaïm Perelman, “Old and New Rhetoric: An Address Delivered by Chaïm Perelman at Ohio State University, November 16, 1982”, in Jame L. Golden, Joseph J. Pilotta eds., *Practical Reasoning in Human Affairs: Studies in Honor of Chaïm Perelman*, Dordrecht, D. Reidel Publishing Company, 1986, p. 4.

恣意因素来证成规则,但这样做却不可避免地依靠“未经证成的、非不证自明的原则”,依靠我们自己选择的立场和“可被反驳的价值”。[31] 问题是:难道真的不可能在价值上进行推理吗?或者说,非工具性的价值决断以及规定人们权利和义务的规范之决断真的可以逃脱所有的逻辑和所有的理性?难道我们必须抛弃实践理性的所有哲学运用而仅限于行动领域的理性之技术运用?难道我们必须运用理性,旨在仅仅让我们的手段适应总体上非理性的目的?进而言之,难道我们必须放任自流,而认为整个西方哲学的古典传统不过是千禧年之梦(a millenarian dream)的表达?对于我们个人和集体的行动追寻一个理性基础以及希望进行商谈,难道是仅仅基于幻想和无逻辑而孕育出来的伦理学、法哲学和政治哲学?[32] 佩雷尔曼指出,为了回应上述从18世纪英国经验主义哲学家大卫·休谟(David Hume,1711—1776)到20世纪逻辑实证主义哲学家阿尔弗雷德·朱利叶斯·艾耶尔(Alfred Jules Ayer,1910—1989)的实证主义有关价值的提问,似乎应该做出重新的努力,不是基于现代逻辑的推理技术,而是根据人们如何实际地对价值进行推理的详细考察,来阐释价值判断逻辑(The logic of value judgments/Logik der Werturteile)。[33]

为此,佩雷尔曼从1949年开始与露西·奥尔布里希茨-泰特卡女士合作开展一项长期的研究计划,领域涉及伦理学、美学、法学、政治哲学、政治学以及一般哲学的方法论,尽管俩人通力合作,皓首穷经,但他们在最初十年里并未找到他们所一直追寻的价值判断逻辑。[34] 他们看到,价值判断无法从形式逻辑的推演中导出,也无法用纯粹的经验观察及事物的自证性质来分析。直到有一天,佩雷尔曼在阅读到同时代的法国著名作家、文学评论家让·波

---

[31] See Ch. Perelman, "Justice and Justification" (1964), in ders., *Justice, Law, and Argument: Essays on Moral and Legal Reasoning*, Dordrecht/Boston/London, D. Reidel Publishing Company, 1980, pp. 55-56.

[32] Ch. Perelman, "Justice and Justification" (1964), in ders., *Justice, Law, and Argument: Essays on Moral and Legal Reasoning*, Dordrecht/Boston/London, D. Reidel Publishing Company, 1980, p. 57.

[33] Ch. Perelman, "Justice and Justification" (1964), in ders., *Justice, Law, and Argument: Essays on Moral and Legal Reasoning*, Dordrecht/Boston/London, D. Reidel Publishing Company, 1980, p. 57.

[34] Ch. Perelman, "Justice and Justification" (1964), in ders., *Justice, Law, and Argument: Essays on Moral and Legal Reasoning*, Dordrecht/Boston/London, D. Reidel Publishing Company, 1980, p. 57.

让(Jean Paulhan,1884—1968)[35]于1941年出版的文学评论名作——《修辞学之花,抑或,文学中的惊悚》(*Les Fleurs de Tarbes ou La terreur dans les Lettres*,1941)之后,他才突然发现古老的修辞学或论题学对于其所关切的学术问题的方法论价值:修辞学或论题学中的许多概念,正是人类用以形成价值、传播价值的方法。[36]

不过,应当看到,在此过程中,他与奥尔布里希茨-泰特卡不只是找到古老的修辞学之说服方法,实际上,他们重新发现了被当代逻辑学家们完全遗忘的古老逻辑,这就是在亚里士多德在《论题篇》以及从罗马时期到中世纪辩证法中所讨论的[与现代逻辑学家感兴趣的分析推理(证明)相对的]"辩证推理(证明)"。1958年,俩人经过多年合作进行的经验-分析研究,终于出版代表新的论证理论水平的名作——《新修辞学:论证论集》。[37] 在这本书中,他们提出作为一种论证理论(a theory of argumentation)的非形式逻辑(nonformal logic),以补充作为形式逻辑对象的"明证理论"(the theory of

---

[35] 让·波让(Jean Paulhan)于1884年12月2日出生在法国南部奥克西坦地区的尼姆(Nîmes),1968年10月9日在巴黎逝世。他于1925任《新法语杂志》(Nouvelle Revue Française,简写NRF)主编,1963—1968年担任法国法语科学院(Académie française)院士[法语科学院创立于1635年,1803年并入法兰西学院(Institut de France),成为该院8大科学院之一。其他7大科学院分别是:人文科学院(Académie des inscriptions et belles-lettres),自然科学院(Académie des sciences),美术科学院(Académie des beaux-arts),绘画与雕塑科学院(Académie de peinture et de sculpture),音乐科学院(Académie de musique),建筑科学院(Académie d'architecture),道德与政治科学院(Académie des sciences morales et politiques)]。

[36] See Chaïm Perelman,"Old and New Rhetoric:An Address Delivered by Chaïm Perelman at Ohio State University, November 16, 1982", in Jame L. Golden, Joseph J. Pilotta eds., *Practical Reasoning in Human Affairs: Studies in Honor of Chaïm Perelman*, Dordrecht, D. Reidel Publishing Company,1986,p.4. 实际上,早在16世纪,德国学者已经专门出版过"法律修辞学"的专著:比如,Christoph Hegendorphinus, *Rhetorica Legalis libri duo*, 1541 (《法律修辞学两卷本》); Bernhard Walther,Praecepta Rhetorices ex iure,1542(《来自法律的修辞学规则》),等等(Siehe Jan Schröder,"'Communis opinio' als Argument in der Rechtstheorie des 17. Und 18. Jahrhunderts", in ders., *Rechtswissenschaft in der Neuzeit. Geschichte, Theorie, Methode. Ausgewählte Aufsätze* 1976-2009, hrsg. von Thomas Finkenauer, Claes Peterson und Michael Stolleis, Tübingen, Mohr Siebeck, 2010, S. 173)。

[37] Chaïm Perelman,Lucie Olbrechts-Tyteca,*La nouvelle rhétorique: Traité de l'argumentation*, Paris, Presses Universitaircs de France, 1958 (English version: *The New Rhetoric: A Treatise on Argumentation*, trans. by John Wilkinson and Purcell Weaver, Notre Dame, University of Notre Dame Press,1969; Deutsche Übersetzung: *Die neue Rhetorik: Eine Abhandlung über das Argumentieren*, hrsg. von Josef Kopperschmidt. 2. Bd. Stuttgart, Frommann-Holzboog,2004).

demonstration)的不足。[38] 诚然,如他们自己所承认的,他们在写作过程中参考了亚里士多德在《论题篇》和《修辞学》中的相关思想,然而,他们的理论企图绝不是简单地复活古老的修辞学和辩证法,或者接通由于 17 世纪笛卡尔主义和科学主义之"几何学证明"方法的盛行被中断的西方哲学传统,而是试图在新的视角下系统地重构修辞学理论["一种来自现代精神的修辞学"(eine Rhetorik aus dem Geiste der Moderne)],使之对于"新的(知识)兴趣"具有吸引力,在此意义上,他们把自己所发展的论证理论称为"新修辞学"(La nouvelle rhétorique/Die Neue Rhetorik)。[39] 有学者称,"新修辞学"不仅是修辞学 - 论证理论研究的"地籍簿"(Grundbuch),而且也是哲学旨趣的效力 - 理性论的"地籍簿"。[40]

(三)佩雷尔曼的"新修辞学"思想

如上所述,佩雷尔曼的"新修辞学"思想主要原动力和目的在于解决其对正义问题的关怀所产生的问题意识。他的这个思想集中体现在其与奥尔布里希茨 - 泰特卡所著的《新修辞学:论证论集》一书之中。[41] 该书有 3 编,共 105 节:第 1 编"论证的框架限定";第 2 编"论证的出发点";第 3 编"论证的技术"。[42]

在第 1 编"论证的框架限定"中,佩雷尔曼以"听众"概念为核心,批判笛卡尔主义"几何学证明"的方法论,指出"论证"的逻辑与"明证"(演证)的逻

㊳ Ch. Perelman, "Justice and Justification" (1964), in ders., *Justice, Law, and Argument: Essays on Moral and Legal Reasoning*, Dordrecht/Boston/London, D. Reidel Publishing Company, 1980, p. 57.

㊴ Chaïm Perelman, Lucie Olbrechts-Tyteca, *Die neue Rhetorik: Eine Abhandlung über das Argumentieren*, hrsg. von Josef Kopperschmidt, 1. Bd., Stuttgart, Frommann-Holzboog, 2004, S. 6.

㊵ Josef Kopperschmidt hrsg., *Die Neue Rhetorik: Studien zu Chaïm Perelman*, München, Wilhelm Fink Verlag, 2003, S. 7.

㊶ 佩雷尔曼在 1979 年出版的《逻辑与论证》一书第二部分"论证理论的要素"中对自己的"新修辞学"思想(主要是"论证的技术")又予以重述(Siehe Chaïm Perelman, *Logik und Argumentation*, Königstein/Ts., Athenräum Verlag GmbH, 1979, SS. 63 – 137)。

㊷ Siehe Chaïm Perelman, Lucie Olbrechts-Tyteca, *Die neue Rhetorik: Eine Abhandlung über das Argumentieren*, hrsg. von Josef Kopperschmidt, 1. Bd., Stuttgart, Frommann-Holzboog, 2004, "Inhalt", SS. XIII-XVIII.

辑的根本差异，[43]强调“论证”在人文学科研究上的重要性。

笛卡尔在《谈谈方法》(*Discourse de la Méthode*,1637)中提出“按照几何学方式”(more geometrico)进行思考，“从最简单、最容易认识的对象开始，一点一点逐步上升，直到认识最复杂的对象；就连那些本来没有先后关系的东西，也给它们设定一个次序”。[44] 显然，在笛卡尔看来，唯有数学或几何学方法，即，从公理的不证自明进行明证(演证)的推理[这里的不证自明概念(Evidenzbegriff)具有两层含义：一是指一切正常的心灵必须服从的一种力；二是因为不证自明而自我施与的真理的一种表征]，由一事理推演出另一事理，最后绝不会有遥不可及、隐不可明的事理出现，以至于建立起形式公理体系，才是理性的。[45] 然而，佩雷尔曼认为，笛卡尔的传统或明证的方法只适合于处理“客观事物”“真理”“谬误”“概率”及“必然性”，而不适合于论证“人类行动”“态度”和“信仰”等，在人类行动的领域(此领域往往涉及自然语言的使用，存在意见的纷争，其中交织着一定的非理性因素，具有难以绝对掌握的复杂性[46])，由“人工语言”作为表达方式的明证方法(形式逻辑方法或几何学方法)反而存在“一种难以得到保证、完全不能证成的限制”。[47] 在这种情形下，可能需要有一种与形式逻辑相对立的非形式逻辑，即亚里士多德在《论题篇》和《修辞学》中所论述的“辩证推理”(或“修辞式三段论”)，它是一种从“普遍接受的意见”(εὔλογος/ eúlogos)进行推理的技艺，用佩雷尔曼自己的话说，此种技艺是一种“论证的理论”或“论证的逻辑”/论证的方法，其对象是

---

[43] “论证”的逻辑与“明证”(演证)的逻辑的根本差异可以用相关的关键词描述：(1)“论证”的逻辑：“辩证法”“非形式的”“法庭模式”“意见”“论证的说服力”“理性推动的认同”“基于认同的有效性”；(2)“明证”(演证)的逻辑：“分析的”“形式的”“数学/几何学的模式”“明见性(不证自明)”“强制推导性”“屈从于真理(必须认同)的客观有效性”(Josef Kopperschmidt hrsg. ,*Die Neue Rhetorik*:*Studien zu Chaïm Perelman*,München,Wilhelm Fink Verlag,2003,S. 51)。

[44] [法]笛卡尔：《谈谈方法》，王太庆译，商务印书馆2000年版，第16页。

[45] [法]笛卡尔：《谈谈方法》，王太庆译，商务印书馆2000年版，第16页；Chaïm Perelman, Lucie Olbrechts-Tyteca, *Die neue Rhetorik*: *Eine Abhandlung über das Argumentieren*, hrsg. von Josef Kopperschmidt,1. Bd. ,Stuttgart,Frommann-Holzboog,2004,SS. 1f,4,17。

[46] 不过，在哲学上也有人(如赵汀阳)认为自然语言是最伟大的语言，它自动具有自我反思的功能，所以人类能够反思一切事情，包括反思语言和思想本身，而数学或逻辑语言(人工语言)却没有自动反思功能，只有表达和计算对象的功能，所以数学和逻辑语言不会自动去反思自身(参见赵汀阳：《人工智能会“终结”人类历史吗?》，载《南风窗》2017年第16期，第86页及以下页)。

[47] Chaïm Perelman, Lucie Olbrechts-Tyteca, *Die neue Rhetorik*: *Eine Abhandlung über das Argumentieren*,hrsg. von Josef Kopperschmidt,1. Bd. ,Stuttgart,Frommann-Holzboog,2004,S. 4.

"研究能够引起或提高人们认同所提出的主张之论辩程序(技巧)"。[48] 所以,与明证(演证)方法不同,论证的方法旨在"获得人们的认同",并通过这个事实假定经常有一种"心灵沟通"(der intellektuelle Kontakt)在这个过程中起作用。[49] 这样,有效的论证过程需要一定的条件:比如,任何言说者均必须把自己设想为参与论辩的谈话伙伴,论辩必须有(促成人类心灵沟通的)"共同的语言"(eine gemeinsamene Sprache)的存在[在心灵沟通中,人类的"共同的语言"应当是日常(自然)语言,而非人造的符号语言],一般应当有如何开始谈话的规则,言说者不仅言说或者书写,他也还必须能够倾听或阅读,等等。[50]

由此看出:在佩雷尔曼的"新修辞学"理论中,"听众"(auditoire/Hörerschaft)是一个核心的概念。听众的角色(地位)把论证与明证区别开来:论证以听众为前提,而明证则不以说服听众为目标,这样一个证明的正确与否,不取决于任何一个听众的认同。按照佩雷尔曼的理解,在修辞学领域,听众是一个集合名词,即言说者想通过其论证来影响的人之总称。[51] 虚拟的听众(auditoire présumé)对打算从事论辩的人(言说者)总是一种或多或少体系化的建构(或者简括地说,听众就是言说者的建构),为了能够确定言说者通过讲话所及的听众,就需要了解该言说者的意图。所以,一个议会中的言说者之听众可能就是他的议会党团、议会或全体国民。任何一种论证的目标在于获得或强

---

[48] Chaïm Perelman, Lucie Olbrechts-Tyteca, *Die neue Rhetorik: Eine Abhandlung über das Argumentieren*, hrsg. von Josef Kopperschmidt, 1. Bd., Stuttgart, Frommann-Holzboog, 2004, SS. 5 – 6. 这里应做一点说明:如前文(本书第2章)所示,在亚里士多德《论题篇》中表达"普遍接受的意见"的希腊文是ἔνδοξα(Endoxa),但佩雷尔曼在自己著作的著作中却使用了另一个希腊文 εὔλογος (eúlogos),表达"普遍接受的意见"[其实,εὔλογος 是一个合成词,εὖ(eú)意思是"好的",λογος (logos)在这里指"言语",合起来就是"好的言语",或"合理的表述"。显然,这个词绝不是在亚里士多德《论题篇》之论辩推理意义上使用的,更像是一个表达ἔνδοξα/Endoxa之意义的修辞学词语]。但佩雷尔曼在《新修辞学:论证论集》中所用的这个词不是直接引自亚里士多德的《论题篇》或《修辞学》,而是转引自19世纪的两本修辞学著作(See Richard Whately, *Elements of Rhetoric*, London, J. W. Parker, 1828; John Henry Cardinal Newman, *Grammar of Assent*, London, Burns & Oates, 1870)。

[49] Chaïm Perelman, Lucie Olbrechts-Tyteca, *Die neue Rhetorik: Eine Abhandlung über das Argumentieren*, S. 18.

[50] Chaïm Perelman, Lucie Olbrechts-Tyteca, *Die neue Rhetorik: Eine Abhandlung über das Argumentieren*, SS. 18 – 22.

[51] Chaïm Perelman, Lucie Olbrechts-Tyteca, *Die neue Rhetorik: Eine Abhandlung über das Argumentieren*, hrsg. von Josef Kopperschmidt, 1. Bd., Stuttgart, Frommann-Holzboog, 2004, S. 25.

化听众的认同。[52] 为了达到这个目标,言说者必须使自己的言说去适应听众。[53] 同样一个主张,对一些支持言说者主张的听众,可能会用作支持的论点,对另一些不支持言说者主张的听众,也可能会用作反对的论点。故此,希望通过某种特定措施来缓解社会紧张关系的论证,只对那些等待社会平安的人有说服力,而说服不了那些盼望社会冲突的人。[54] 所以,在论证中要适用如下规则:言说者必须使自己的言说适应听众,而不管他们可能是什么样的人。任何论证都必须依赖于听众方可进行,在论证中,重要的不是要知道言说者本人认为什么是真的或者什么是关键的,而是要知道其言说所针对的听众的观点。换言之,论证就是听众的一项职能(l' argumentation est fonction de l' auditoire)。[55] 在佩雷尔曼看来,如果言说者成功地从其言说的听众那里得到得到对其观点的接受,那么一项论证(证成)就可以被看作是理性的。[56]

听众是多元的,且与所处的环境(条件)密切相关,这就需要对听众的概念进行具体分析。佩雷尔曼根据言说所及受众的数量和性质,将听众分为三种:第一种是"普泛听众"(auditoire universel/Die universelle Hörerschaft),即"全人类,或者,至少所有正常的成年人";与其相对的是特定情境、特定场合中的"特定听众"(partikuläre Hörerschaft);第二种是"单一听众"(interlocuteur/einziger Gesprächspartner),即言说者在言说中的谈话伙伴(在这种言说中,言说者与听众是相互的,听者有机会面对言说者提出质疑和反对意见);第三种是言说者本人(le sujet lui-même)在为自己的行动给予理由时将自己当作听众,

---

[52] Chaïm Perelman, Lucie Olbrechts-Tyteca, *Die neue Rhetorik*: *Eine Abhandlung über das Argumentieren*, hrsg. von Josef Kopperschmidt, 1. Bd., Stuttgart, Frommann-Holzboog, 2004, SS. 24 – 25.

[53] Chaïm Perelman, Lucie Olbrechts-Tyteca, *Die neue Rhetorik*: *Eine Abhandlung über das Argumentieren*, hrsg. von Josef Kopperschmidt, 1. Bd., Stuttgart, Frommann-Holzboog, 2004, SS. 31ff, 33.

[54] Chaïm Perelman, Lucie Olbrechts-Tyteca, *Die neue Rhetorik*: *Eine Abhandlung über das Argumentieren*, hrsg. von Josef Kopperschmidt, 1. Bd., Stuttgart, Frommann-Holzboog, 2004, S. 26.

[55] Chaïm Perelman, Lucie Olbrechts-Tyteca, *Die neue Rhetorik*: *Eine Abhandlung über das Argumentieren*, hrsg. von Josef Kopperschmidt, 1. Bd., Stuttgart, Frommann-Holzboog, 2004, SS. 7, 24, 31, 60. "论证是听众的一个职能"(l' argumentation est fonction de l' auditoire)这一句,亦参见英译本:Ch. Perelman, L. Olbrechts-Tyteca, *The New Rhetoric*: *A Treatise on Argumentation*, trans. by John Wilkinson and Purcell Weaver, Notre Dame, University of Notre Dame Press, 1969, p. 44。

[56] Eveline T. Feteris, *Fundamentals of Legal Argumentation*: *A Survey of Theories on the Justification of Judicial Decisions*, Second Edition, Dordrecht, Springer-Science + Business Media, B. V., 2017, p. 65.

在这种场合,言说者自己与自己对话,其实就是个人(内心)的自我思辨(délibère/Die Beratung mit sich selbst)。㊼

无论如何,听众的概念乃是进入规范性论证理论的关键:在佩雷尔曼看来,论证的价值是根据由其所说服的听众的价值来加以确定的,同时,也需要“通过论辩来规限听众”(conditionnement de l' auditoire par le discours)。所以,佩雷尔曼的理论作为规范性论证理论,其中心点在于刻画只能通过理性论证来加以说服的听众。在此意义上,论证所强调的是对听众的说服(convaincre/Überzeugen),而不是仅仅对听众的劝说(persuader/Überreden):他认为,如果有谁只想得到某个特定听众的认同,那他就是在试图进行劝说,如果有谁想努力得到普泛听众的认同,则是在进行说服(使人信服)。㊽ 与此相适应,得到普泛听众认同的论述是有效性的(valable/gütig),而仅仅得到某个特定听众认同的论述则只是实效性的(efficace/wirksam)。㊾ 普泛听众的认同就是论证之合理性与客观性的标准,或者说,所有的人,假如了解并理解自己的论点的话,那他们也应当认同自己的主张。不仅如此,谁要是诉诸普泛听众,他也是在诉诸其自身(言说者本人作为自我思辨的听众),因为其自身也是这种听众的一员。所以,那些连言说者自己都不相信的主张和那些连言说者本人都不接受的建议,均排除在面对普泛听众的论证过程之外。“因此,普泛听众的认同不是一个事实问题,而是一个法律问题。”(L' accord d' un auditoire universel n' est donc pas une question de fait, mais de droit.)㊿而且听众的明确认同在每一步都是不可或缺的,为的是让论证(推理)得以进行:假如有谁要进行论证,那么他就必须既要保证(听众)对其前提的认同,也要保证(听众)从引用作为证立根

㊼ Chaïm Perelman, Lucie Olbrechts-Tyteca, *Die neue Rhetorik: Eine Abhandlung über das Argumentieren*, hrsg. von Josef Kopperschmidt, 1. Bd., Stuttgart, Frommann-Holzboog, 2004, SS. 40-41, 48ff, 55.

㊽ Chaïm Perelman, Lucie Olbrechts-Tyteca, *Die neue Rhetorik: Eine Abhandlung über das Argumentieren*, hrsg. von Josef Kopperschmidt, 1. Bd., Stuttgart, Frommann-Holzboog, 2004, S. 36.

㊾ Chaïm Perelman, Lucie Olbrechts-Tyteca, *Die neue Rhetorik: Eine Abhandlung über das Argumentieren*, S. 661ff. 另见 Josef Kopperschmidt hrsg., *Die Neue Rhetorik: Studien zu Chaïm Perelman*, München, Wilhelm Fink Verlag, 2003, S. 51。

㊿ Chaïm Perelman, Lucie Olbrechts-Tyteca, *Die neue Rhetorik: Eine Abhandlung über das Argumentieren*, hrsg. von Josef Kopperschmidt, 1. Bd., Stuttgart, Frommann-Holzboog, 2004, S. 42. 有关“事实问题”(Tatfrage)和“法律问题”(Rechtsfrage)的概念讨论,也参见 Reinhold Zippelius, *Juristische Methodenlehre*, 10. Aufl., München, Verlag C. H. Beck, 2006, S. 29ff(汉译,参见[德]齐佩利乌斯:《法学方法论》,金振豹译,法律出版社 2009 年版,第 131 页及以下页)。

据的命题过渡到有待证立的命题得到听众的认同。原因在于,论证的目的旨在"理解人类的决定"(论证本身也总是意在改变现状的行动),我们首先应在人类行动的领域考察其(实践)效力:它着眼于未来而引起某些(合理的)行动或为某些(合理的)行动铺平道路,故而通过论辩(商谈)的手段来影响听众,以便(在对解答方案依其价值进行排序之标准事先达成共识的情况下)于众多可能的行为选择中做出审慎的选择。[61]

正因为论证的思想与其所铺平道路以及引起的行动之间有如此密切的关系,那么,规制论证(讨论)的制度安排就具有重要的意义。[62] 这样,从理论上研究论证的结构对于论证(讨论)的规制(Regelung von Diskussionen)则是必不可少的步骤。在第2编"论证的出发点"中,佩雷尔曼重点讨论了"论证的前提""事实与真理""推定""价值""抽象价值与具体价值""层级""论题"("量的论题""质的论题""其他论题")等问题。[63]

佩雷尔曼把"论证的前提"理解为共识的客体。论证的分析自始至终关涉那些被认为是听众所接受的东西,人们首先要考虑什么种类的共识客体可以被用作前提,它们构成了论证的出发点。[64] 此处,佩雷尔曼并不打算通过研究列出能够构成信念或认同的一切事物的完整清单,而仅仅是想探究在论证过程中起不同作用的共识客体的种类。在这种观点下,他把共识客体或论证前提分为两类:一类涉及"实在性的"(réel)共识客体,另一类涉及"偏好性的"(préférable)共识客体。[65] 他将涉及实在性的共识客体或论证前提再细分为"事实"(faits)、"真理"(vérités)和"推定"(présomptions)三种;在偏好性的共识客

---

[61] Chaïm Perelman, Lucie Olbrechts-Tyteca, *Die neue Rhetorik*: *Eine Abhandlung über das Argumentieren*, hrsg. von Josef Kopperschmidt, 1. Bd., Stuttgart, Frommann-Holzboog, 2004, SS. 63-64, 75.

[62] Chaïm Perelman, Lucie Olbrechts-Tyteca, *Die neue Rhetorik*: *Eine Abhandlung über das Argumentieren*, hrsg. von Josef Kopperschmidt, 1. Bd., Stuttgart, Frommann-Holzboog, 2004, S. 81.

[63] Chaïm Perelman, Lucie Olbrechts-Tyteca, *Die neue Rhetorik*: *Eine Abhandlung über das Argumentieren*, hrsg. von Josef Kopperschmidt, 1. Bd., Stuttgart, Frommann-Holzboog, 2004, "Inhalt", SS. XIII-XV.

[64] Chaïm Perelman, Lucie Olbrechts-Tyteca, *Die neue Rhetorik*: *Eine Abhandlung über das Argumentieren*, hrsg. von Josef Kopperschmidt, 1. Bd., Stuttgart, Frommann-Holzboog, 2004, S. 90.

[65] Chaïm Perelman, Lucie Olbrechts-Tyteca, *Die neue Rhetorik*: *Eine Abhandlung über das Argumentieren*, hrsg. von Josef Kopperschmidt, 1. Bd., Stuttgart, Frommann-Holzboog, 2004, S. 90.

体领域,他又区分出“价值”(valeurs)、“层级”(hiérarchies)和“论题”(lieux)三种。[66]

佩雷尔曼认为,所谓事实,是对客观现实(实在)的主张或见解(信念)毫无争议、且为人们所普遍认同的出发点;[67]事实与真理不同,它通常指某一确切的、有限的共识客体,而“真理”一词则偏向适用于联结事实之间关系的复杂系统,其所涉及的可能是“科学理论”或者超越我们经验的“哲学观念”“宗教观念”;[68]比如,地球在一定的轨道上以匀速绕太阳运行时一种事实,而基于类似的事实的观察而得出的“万有引力”定律即为一种真理。相对于事实与真理,推定是另一种“所有的听众应当认同的”实在性论证前提,或者说,它不是基于毫无争议的确证,而是建立在人们的共同经验、共同常识之“推测性”(假定)基础上的共识客体。尽管其不如“事实”和“真理”那样确信,但仍应享有“普遍的共识”,当对它的认同不完全时,听众期望他们的认同通过进一步的细节来加以强化。认同推定的人通常要考量这样一种强化。[69]

相对于事实、真理和推定,“价值”“层级”和“论题”则属于“只在特定的群体中主张认同”,而“不要求普泛听众认同”的共识客体:(1)价值是涉及特定听众对一事物的偏好胜过另一事物的出发点。[70] 认同某个价值意味着认可某个客体(实质或理想)对行为和行为倾向必定具有特定的影响,这种影响可以在论证中发生效力,并不指望这一观点被所有的人所接受;论证中的价值分为两种:一种是“抽象价值”(valeurs abstraites),比如正义或真理,另一种是“具体价值”(valeurs concrètes),即“某一生命体、某个特定组织或某一特殊客体相关联”的价值,比如西方道德中的“责任”(engagement)、“诚实”(fidélité)、“忠诚”

---

[66] Chaïm Perelman, Lucie Olbrechts-Tyteca, *Die neue Rhetorik*: *Eine Abhandlung über das Argumentieren*, hrsg. von Josef Kopperschmidt, 1. Bd., Stuttgart, Frommann-Holzboog, 2004, S. 90.

[67] Chaïm Perelman, Lucie Olbrechts-Tyteca, *Die neue Rhetorik*: *Eine Abhandlung über das Argumentieren*, hrsg. von Josef Kopperschmidt, 1. Bd., Stuttgart, Frommann-Holzboog, 2004, SS. 91 – 92.

[68] Chaïm Perelman, Lucie Olbrechts-Tyteca, *Die neue Rhetorik*: *Eine Abhandlung über das Argumentieren*, hrsg. von Josef Kopperschmidt, 1. Bd., Stuttgart, Frommann-Holzboog, 2004, S. 94.

[69] Chaïm Perelman, Lucie Olbrechts-Tyteca, *Die neue Rhetorik*: *Eine Abhandlung über das Argumentieren*, hrsg. von Josef Kopperschmidt, 1. Bd., Stuttgart, Frommann-Holzboog, 2004, S. 96ff.

[70] Eveline T. Feteris, *Fundamentals of Legal Argumentation*: *A Survey of Theories on the Justification of Judicial Decisions*, Second Edition, Dordrecht, Springer-Science + Business Media, B. V., 2017, p. 65.

(loyauté)、“团结”(soliarîté)、“纪律”(discipline),中国儒家思想中的(君臣、父子、夫妻、长幼、朋友之间的)“五伦”之德,等等;它们根据论证的不同目的而有不同的用法。[71] (2)论证不仅依赖价值,而且也依赖层级,比如,人优越于动物,神优越于人,与人相关的价值优越于与物相关的价值,等等。层级也分为“具体层级”和“抽象层级”,前者如人对动物的优越性,后者如正义对于实用的优越性。正因为人们有可能同时追求多个不同的价值,则必须有对偏好的价值进行前后、优先顺序排列的层级。[72] (3)当言说者试图证立价值或层级,或者试图重新强化这些价值或层级所获得的认同之强度时,他可以连接其他价值或层级来巩固之,但也可以诉诸一般性质(等级)的前提,这就是所谓的“论题”(lieux),即论点的储存所,它就是亚里士多德《论题篇》中所讲的 τόποι(Topoi)。[73] 论题可以分为“量的论题”(lieux de la quantité,即基于数量的理由而认为一事物优越于另一事物的论题,如“更大、更小程度的论题”)、“质的论题”(基于独一无二的性质而认为一事物优越于另一事物的论题,如“有利时机论题”“不可挽回论题”)和“其他论题”[如“位序论题”(ordre)、“存在论题”(existant)、“本质论题”(essence)、“人格论题”(personne)等]。[74]

在第2编第25节至第43节,佩雷尔曼进一步详细讨论了“论题的运用及其还原:‘古典的精神与罗马的精神’‘某些特定听众的同意’‘讨论专有的同意’‘‘基于偏好的’论证与‘乞题’论证’‘数据的遴选及其展现’‘数据的解释’‘言说的解释及其难题’‘质的规定性之选择’‘概念的使用’‘概念的澄清与遮蔽’‘概念的论证性使用与可塑性’‘数据的呈现与言说的形式’‘言说的内容与形式’‘数据呈现的技术问题’‘言语形式与论证’‘思想表述上的模态’‘言语形态及与听众的交流’‘修辞格与论证’‘选择辞格展示辞格与交流辞

---

[71] Chaïm Perelman, Lucie Olbrechts-Tyteca, *Die neue Rhetorik: Eine Abhandlung über das Argumentieren*, hrsg. von Josef Kopperschmidt, 1. Bd., Stuttgart, Frommann-Holzboog, 2004, SS. 102, 104, 106–110.

[72] Chaïm Perelman, Lucie Olbrechts-Tyteca, *Die neue Rhetorik: Eine Abhandlung über das Argumentieren*, hrsg. von Josef Kopperschmidt, 1. Bd., Stuttgart, Frommann-Holzboog, 2004, S. 110ff.

[73] Chaïm Perelman, Lucie Olbrechts-Tyteca, *Die neue Rhetorik: Eine Abhandlung über das Argumentieren*, hrsg. von Josef Kopperschmidt, 1. Bd., Stuttgart, Frommann-Holzboog, 2004, S. 115.

[74] Chaïm Perelman, Lucie Olbrechts-Tyteca, *Die neue Rhetorik: Eine Abhandlung über das Argumentieren*, hrsg. von Josef Kopperschmidt, 1. Bd., Stuttgart, Frommann-Holzboog, 2004, SS. 118ff, 123ff, 129ff.

格”“论证要素的地位及其展现”等内容。⑮

基于上述问题的研究,佩雷尔曼在第 3 编重点讨论“论证的技术”(Techniken der Argumentation)或“论证的程序”(Die Verfahren des Argumentierens)。⑯ 他试图告知一个言说者如何运用论证图式把对出发点的认同传递至观点论证之中。⑰

在论证的技术之视角下,佩雷尔曼首先研究各种不同的论述(论点)形式(scheme d' arguments,论述图式)。他把论述形式分为两类:一类是联系(liaison,结合)的论述形式,另一类是分离(Dissoziation,析离)的论述形式。联系的论述形式(程序)被理解为原本相互分离的因素融合起来形成统一(体系)、旨在将它们组织起来或肯定或否定地评价它们的方法,分离的论述形式(程序)被理解为析解和分离原本统一(构成整体)的因素、通过修正构成实质部分的概念来修正这个思想整体(体系)的技术。⑱

在佩雷尔曼看来,有三种论证应算作是联系的论述形式(图式):(1)准逻辑论述(die quasi-logischen Argumente);(2)基于实在结构的论述(Argumente, die auf der Struktur des Wirklichen gründen);(3)旨在建立实在结构的论述(Verbindunggen zur Begründung einer Wirklichkeitsstruktur)。

准逻辑论述根据其与形式逻辑或数学上有效推理之类似性而获得其说服力:其特征在于它们的非形式特性以及在还原过程中将这种形式特性加以形式化的精神努力,它们以或多或少明确的方式展现。这种展现类似形式逻辑或数学上的推理,通过“还原”(réduction)或“细化”(précision)论证命题的非形式特

---

⑮ Chaïm Perelman, Lucie Olbrechts-Tyteca, *Die neue Rhetorik: Eine Abhandlung über das Argumentieren*, hrsg. von Josef Kopperschmidt, 1. Bd., Stuttgart, Frommann-Holzboog, 2004, SS. 133 – 260.

⑯ Chaïm Perelman, Lucie Olbrechts-Tyteca, *Die neue Rhetorik: Eine Abhandlung über das Argumentieren*, hrsg. von Josef Kopperschmidt, 1. Bd., Stuttgart, Frommann-Holzboog, 2004, S. 263ff.; Ch. Perelman, L. Olbrechts-Tyteca, *The New Rhetoric: A Treatise on Argumentation*, trans. by John Wilkinson and Purcell Weaver, Notre Dame, University of Notre Dame Press, 1969, p. 187ss.

⑰ Eveline T. Feteris, *Fundamentals of Legal Argumentation: A Survey of Theories on the Justification of Judicial Decisions*, Second Edition, Dordrecht, Springer-Science + Business Media, B. V., 2017, p. 65.

⑱ Chaïm Perelman, Lucie Olbrechts-Tyteca, *Die neue Rhetorik: Eine Abhandlung über das Argumentieren*, hrsg. von Josef Kopperschmidt, 1. Bd., Stuttgart, Frommann-Holzboog, 2004, SS. 267 – 268.

性，使这些论述看起来像是严格的证明（明证或演证），[79]即先建构论点，然后进行还原的操作，这种操作将实在事物的“数据”（Daten）嵌入论述图式之中，旨在使这些数据具有可比较性、类似性和同质性。[80] 由于还原操作既涉及言说的概念、也涉及适合逻辑关系或数理关系的结构，故此，在准逻辑论述中，先要分析那些隐含逻辑结构的论述，然后分析那些隐含数理关系的论述：前者包括“不相容性（矛盾）论述”“同一认定（定义）论述”和“传递性论述”；后者包括“部分与整体关系论述”“大小关系论述”和“频度关系论述”。[81] 不相容性（矛盾）论述是指在同一个体系内肯定某个命题而又同时否定该命题，显出体系所包含的矛盾，使体系不一致、不可用，比如，多个道德规则或法律规则同时适用于某个特定情形，就可能存在不相容性（矛盾）或“荒谬”（rire d' exclusion）论述。在论证中，通常采取逻辑学上的归谬法（reductio ad absurdum）或（苏格拉底式的）“反讽”（irony）的修辞格方法来避免不相容性（矛盾），或者以此消除“荒谬”论述。[82] 同一认定论述是把构成论辩对象的各种不同因素加以等置的技术，即在概念的使用、分类的适用以及归纳的把握过程中，将一定的因素还原于本身属于同一的（identique）或可以相互替换的（interchangeable）对象上。论证中的同一认定活动可以分为两类：一类是致力于完全的同一认定（identité complète），这就是定义的使用（有 4 种定义：规范性定义、描述性定义、浓缩性定义、复合性定义）；另一类是仅仅主张在相互对比的因素间进行部分的同一认定（identité partielle），比如，正义规则（règle de justice）要求对同一种类的存在体或情境（从一定的观点被视为可以相互替换的对象）做同等对待（部分的

---

[79] 简言之，“准逻辑论述”在这里的意思说，该种论述只是看上去像是逻辑式的，但其实不是严格的形式逻辑（Eveline T. Feteris, *Fundamentals of Legal Argumentation: A Survey of Theories on the Justification of Judicial Decisions*, Second Edition, Dordrecht, Springer-Science + Business Media, B. V., 2017, p. 66）。

[80] Chaïm Perelman, Lucie Olbrechts-Tyteca, *Die neue Rhetorik: Eine Abhandlung über das Argumentieren*, hrsg. von Josef Kopperschmidt, 1. Bd., Stuttgart, Frommann-Holzboog, 2004, SS. 271 – 272.

[81] Chaïm Perelman, Lucie Olbrechts-Tyteca, *Die neue Rhetorik: Eine Abhandlung über das Argumentieren*, hrsg. von Josef Kopperschmidt, 1. Bd., Stuttgart, Frommann-Holzboog, 2004, SS. 272 – 273.

[82] Chaïm Perelman, Lucie Olbrechts-Tyteca, *Die neue Rhetorik: Eine Abhandlung über das Argumentieren*, hrsg. von Josef Kopperschmidt, 1. Bd., Stuttgart, Frommann-Holzboog, 2004, SS. 273f, 276f, 288 – 289, 291ff.

还原)。[83] 传递性(transitivité)论述是基于A与B有关联(aRb)、B与C有关联(bRc)而传递推出A与C有关联(aRc)的形式化论证技巧。“我们朋友的朋友也是你们的朋友”就是这种论述的适例。传递性论述原本是形式明证技术,但当关系的传递性是可辩驳的或者它的主张需要特别的展开讨论和明细化时,这种论述也可以看作一种准逻辑结构。[84] 部分与整体关系论述包含两组论述:一是涉及包含关系(inclusion)的论述,即部分包含于整体之中的关系(凡适用于整体的也适用于部分)的论述,二是涉及划分关系(division/partition)的论述,即整体划分为部分(属与种)以及源于划分的部分(种与种)之间关系的论述。[85] 大小关系论述,也被称为“比较”(comparaisons)论述,是通过多个客体相互间进行对比、以便根据其相互关系(对立、顺序、数量位序等)来对它们进行评价的论证技术,比如,盗窃国家与损害公共利益进行贿赂是同一种犯罪(西塞罗的观点)。[86] 频度关系(frequences)论述,或称“概率计算”(calcul des probabilités)论述,是利用一切科学研究领域中的统计和概率计算事情出现的频度关系(规律性)来尽可能揭示实在或真实(将实在还原为存在体或事件的系列或集合)的论证技术,比如,在通常情况下,一个人不可能错误地指控自己的朋友。[87]

基于实在结构的论述与准逻辑论述不同,它不是根据其与形式逻辑或数学上推理图式之或多或少的关系而获得其说服力,而是基于实在事物的结构,使人有可能在已经接受的判断与想要支持的判断之间建立起一种连接关系。[88] 此种论证技术主要包括两类:(1)连续关系论述,其适例有“因果关系论述”

---

[83] Chaïm Perelman, Lucie Olbrechts-Tyteca, *Die neue Rhetorik*: *Eine Abhandlung über das Argumentieren*, hrsg. von Josef Kopperschmidt, 1. Bd., Stuttgart, Frommann-Holzboog, 2004, SS. 295ff, 307ff.

[84] Chaïm Perelman, Lucie Olbrechts-Tyteca, *Die neue Rhetorik*: *Eine Abhandlung über das Argumentieren*, hrsg. von Josef Kopperschmidt, 1. Bd., Stuttgart, Frommann-Holzboog, 2004, SS. 319–325.

[85] Chaïm Perelman, Lucie Olbrechts-Tyteca, *Die neue Rhetorik*: *Eine Abhandlung über das Argumentieren*, hrsg. von Josef Kopperschmidt, 1. Bd., Stuttgart, Frommann-Holzboog, 2004, SS. 326ff, 329ff.

[86] Chaïm Perelman, Lucie Olbrechts-Tyteca, *Die neue Rhetorik*: *Eine Abhandlung über das Argumentieren*, hrsg. von Josef Kopperschmidt, 1. Bd., Stuttgart, Frommann-Holzboog, 2004, S. 341ff.

[87] Chaïm Perelman, Lucie Olbrechts-Tyteca, *Die neue Rhetorik*: *Eine Abhandlung über das Argumentieren*, hrsg. von Josef Kopperschmidt, 1. Bd., Stuttgart, Frommann-Holzboog, 2004, S. 360ff.

[88] Chaïm Perelman, Lucie Olbrechts-Tyteca, *Die neue Rhetorik*: *Eine Abhandlung über das Argumentieren*, hrsg. von Josef Kopperschmidt, 1. Bd., Stuttgart, Frommann-Holzboog, 2004, S. 368ff.

(lien causal)、[89]"实用论述"(pragmatique)、[90]"浪费论述"(gaspillage)、[91]"方向论述"(direction)等。[92] (2)共存关系论述,这种论述是对(事物的)本质(essence)和其表现方式(manifestations)之间关系进行论证的技巧,作为论述对象的共存关系包括"人及其行为"(personne humaine et actes)、[93]"针对行为与人的互动的阻绝与抑制程序"(rompent/rupture et freinent/freinage)、[94]"言说者及其言语"(l' orateur et discours)、[95]"团体及其成员"(groupe et ses membres)、[96]"行为与本质"(actes et essence)、[97]"象征关系"(liaison symbolique)、[98]"应用于连续关系与共存关系中的双重层级"(double hiérarchie)、[99]"程度与秩序"(degré et ordre)之差异,等等。[100]

与准逻辑论述以及基于实在结构的论述比较,旨在建立实在结构的论述是这样一种联系的论述形式(图式):它试图通过诉诸特定情形(cas particulier,个案)或者通过类比(analogie)来建立实在结构的关系。故此,在佩雷尔曼看来,旨在建立实在结构的论述又分为两类:(1)自身涉及某个特定情形(如为了普

---

[89] Chaïm Perelman, Lucie Olbrechts-Tyteca, *Die neue Rhetorik: Eine Abhandlung über das Argumentieren*, hrsg. von Josef Kopperschmidt, 1. Bd., Stuttgart, Frommann-Holzboog, 2004, S. 371ff.

[90] Chaïm Perelman, Lucie Olbrechts-Tyteca, *Die neue Rhetorik: Eine Abhandlung über das Argumentieren*, hrsg. von Josef Kopperschmidt, 1. Bd., Stuttgart, Frommann-Holzboog, 2004, S. 375ff.

[91] Chaïm Perelman, Lucie Olbrechts-Tyteca, *Die neue Rhetorik: Eine Abhandlung über das Argumentieren*, hrsg. von Josef Kopperschmidt, 1. Bd., Stuttgart, Frommann-Holzboog, 2004, S. 394ff.

[92] Chaïm Perelman, Lucie Olbrechts-Tyteca, *Die neue Rhetorik: Eine Abhandlung über das Argumentieren*, hrsg. von Josef Kopperschmidt, 1. Bd., Stuttgart, Frommann-Holzboog, 2004, S. 398ff.

[93] Chaïm Perelman, Lucie Olbrechts-Tyteca, *Die neue Rhetorik: Eine Abhandlung über das Argumentieren*, hrsg. von Josef Kopperschmidt, 1. Bd., Stuttgart, Frommann-Holzboog, 2004, S. 414ff.

[94] Chaïm Perelman, Lucie Olbrechts-Tyteca, *Die neue Rhetorik: Eine Abhandlung über das Argumentieren*, hrsg. von Josef Kopperschmidt, 1. Bd., Stuttgart, Frommann-Holzboog, 2004, S. 439ff.

[95] Chaïm Perelman, Lucie Olbrechts-Tyteca, *Die neue Rhetorik: Eine Abhandlung über das Argumentieren*, hrsg. von Josef Kopperschmidt, 1. Bd., Stuttgart, Frommann-Holzboog, 2004, S. 449ff.

[96] Chaïm Perelman, Lucie Olbrechts-Tyteca, *Die neue Rhetorik: Eine Abhandlung über das Argumentieren*, hrsg. von Josef Kopperschmidt, 1. Bd., Stuttgart, Frommann-Holzboog, 2004, S. 456ff.

[97] Chaïm Perelman, Lucie Olbrechts-Tyteca, *Die neue Rhetorik: Eine Abhandlung über das Argumentieren*, hrsg. von Josef Kopperschmidt, 1. Bd., Stuttgart, Frommann-Holzboog, 2004, S. 463ff.

[98] Chaïm Perelman, Lucie Olbrechts-Tyteca, *Die neue Rhetorik: Eine Abhandlung über das Argumentieren*, hrsg. von Josef Kopperschmidt, 1. Bd., Stuttgart, Frommann-Holzboog, 2004, S. 470ff.

[99] Chaïm Perelman, Lucie Olbrechts-Tyteca, *Die neue Rhetorik: Eine Abhandlung über das Argumentieren*, hrsg. von Josef Kopperschmidt, 1. Bd., Stuttgart, Frommann-Holzboog, 2004, S. 478ff.

[100] Chaïm Perelman, Lucie Olbrechts-Tyteca, *Die neue Rhetorik: Eine Abhandlung über das Argumentieren*, hrsg. von Josef Kopperschmidt, 1. Bd., Stuttgart, Frommann-Holzboog, 2004, S. 489ff.

遍化的目的)的论述,即通过诉诸特定情形(个案)来建立实在结构的关系的论述。在其过程中,特定情形(个案)可能起着各种不同的作用:它作为“例证”(exemple)可以做到某种普遍化;它作为“(生动直观的)例子”(illustration)可以确证某个业已存在的规则;它作为“模式”(modèle)应当激起人们的模仿。相应地,通过诉诸特定情形(个案)来建立实在结构的关系的论述就可以分为“例证论证”[101]“例子”论证[102]和“模式”论证[103]等方法。(2)涉及类比的论述,是基于“同一 - 相似 - 类比”(Identität-Ähnlichkeit-Analogie)的基本架构来建立实在结构的关系的论证技巧,其基本图式为“A 之于 B,正如 C 之于 D”。根据类比的对象不同,类比的论述又可以分为事物性质上相似的类比推论和事物关系上相似的类比推论。在修辞学上,“A 之于 B,正如 C 之于 D”结构也可以称为“比喻”/“隐喻”(Metapher),[104]其中,“A 之于 B”用来立论,与结论有关,称为“本格”(theme),“C 之于 D”作为比喻的事物用来说明(或支持)本格,称为“喻格”(phoros),比如:“统治者之于社会,犹如船长之于船舶”,“老年好像生命之黄昏”;此处,“统治者之于社会”“老年”乃本格,“船长之于船舶”“生命之黄昏”系喻格。[105]

以上所述均属联系的论述形式(图式),现在我们转向佩雷尔曼所讲的“分离的论述”。这一部分的内容主要见诸《新修辞学:论证论集》一书第 3 编第 4 章,整个章名叫作“概念的分离”(Begriffszergliederung),其在结构上包括第 89—96 节:第 89 节“联结的断裂与分离”,第 90 节“‘表象 - 实在’的概念对子”,第 91 节“哲学的概念对子及其证成”,第 92 节“哲学概念对子的地位及其

---

[101] Chaïm Perelman, Lucie Olbrechts-Tyteca, *Die neue Rhetorik: Eine Abhandlung über das Argumentieren*, hrsg. von Josef Kopperschmidt, 1. Bd., Stuttgart, Frommann-Holzboog, 2004, S. 497ff.

[102] Chaïm Perelman, Lucie Olbrechts-Tyteca, *Die neue Rhetorik: Eine Abhandlung über das Argumentieren*, hrsg. von Josef Kopperschmidt, 1. Bd., Stuttgart, Frommann-Holzboog, 2004, S. 507ff.

[103] Chaïm Perelman, Lucie Olbrechts-Tyteca, *Die neue Rhetorik: Eine Abhandlung über das Argumentieren*, hrsg. von Josef Kopperschmidt, 1. Bd., Stuttgart, Frommann-Holzboog, 2004, S. 515ff.

[104] “隐喻”一词来自希腊语 metaphora,词源 meta 有“超越”之意,pherein 的意思是“传送”。在修辞学上,它是指一套特殊的语言学程序,通过这种程序,一个对象的诸方面被“传送”或转换到另一个对象上,使第二个对象似乎被说成第一个对象([英]泰伦斯·霍克斯:《隐喻》,穆南译,北岳文艺出版社 1990 年版,第 1 页)。

[105] Chaïm Perelman, Lucie Olbrechts-Tyteca, *Die neue Rhetorik: Eine Abhandlung über das Argumentieren*, hrsg. von Josef Kopperschmidt, 1. Bd., Stuttgart, Frommann-Holzboog, 2004, SS. 528ff, 533ff, 567ff.; Alan G. Gross, Ray D. Dearin, *Chaïm Perelman*, Albany, State University of New York (SUNY) Press, 2003, pp. 120 - 122.

转型”，第93节“分离的表达方式”，第94节“促成分离的表述”，第95节“经过分离的定义”，第96节“作为方法的修辞学”。[106]

前文提及，分离的论述形式乃属于析解和分离原本统一的因素、通过修正构成实质部分的概念来修正这个思想体系的技术，这与将原本相互分离的因素融合起来形成统一的联系的论述恰好相反。分离技术主张，原本形成统一的因素被不适当地联结在一起，因此必须加以分离，使之保持相互的独立。[107] 然而，分离的论述不只是简单地拆解由联系论述所创设的联结。在分离过程中，那些在论证中运用的概念本身将通过进一步的分离而加以改变。根据这一点，它就能够得到完全崭新的解答方案或意义理解。[108] 分离论述的一个适例是表象(apparences)与实在的概念对子(Begriffspaar)。[109] 比如，“人不能亲眼所见的东西，好像根本就不存在”，这个句子就是不适当的表象与实在之概念联结，需要进行概念的分离。[110] 此外，在历史上，哲学家们还曾经提出过一系列其他概念对子，诸如“手段/目的”“后果/事实”“行为/人”“偶然性/本质性”“时机/原因”“相对/绝对”“主观/客观”“多样性/统一性”“常规/规范”“个别/一般”“特殊/普遍”“理论/实践”“语言/思想”“文字/精神”“意见/知识”“感性认识/理性认识”“肉体/灵魂”“变化/不变”“人/神”“适当认识/不适当认识”“图像/观念”“想象力/智力”“抽象/具体”“偶然性/必然性”“激情/行为”“奴役/自由”“持续性/永恒性”“迷信/宗教”“形式/内容”“形而上学/辩证法”，等等。[111] 这些概念对子的不当联结有可能产生似是而非的表达，比如，“抽象的真理体现在具体之中”，此处就有必要对“抽象”和“具体”这一概念对子的联结进行概

[106] Siehe Chaïm Perelman, Lucie Olbrechts-Tyteca, *Die neue Rhetorik*: *Eine Abhandlung über das Argumentieren*, hrsg. von Josef Kopperschmidt, 1. Bd., Stuttgart, Frommann-Holzboog, 2004, “Inhalt”, SS. XVII-XVIII.

[107] Siehe Chaïm Perelman, Lucie Olbrechts-Tyteca, *Die neue Rhetorik*: *Eine Abhandlung über das Argumentieren*, hrsg. von Josef Kopperschmidt, 1. Bd., Stuttgart, Frommann-Holzboog, 2004, S. 585.

[108] Chaïm Perelman, Lucie Olbrechts-Tyteca, *Die neue Rhetorik*: *Eine Abhandlung über das Argumentieren*, hrsg. von Josef Kopperschmidt, 1. Bd., Stuttgart, Frommann-Holzboog, 2004, S. 586ff.

[109] Chaïm Perelman, Lucie Olbrechts-Tyteca, *Die neue Rhetorik*: *Eine Abhandlung über das Argumentieren*, hrsg. von Josef Kopperschmidt, 1. Bd., Stuttgart, Frommann-Holzboog, 2004, S. 591ff.

[110] Chaïm Perelman, Lucie Olbrechts-Tyteca, *Die neue Rhetorik*: *Eine Abhandlung über das Argumentieren*, hrsg. von Josef Kopperschmidt, 1. Bd., Stuttgart, Frommann-Holzboog, 2004, S. 594.

[111] Chaïm Perelman, Lucie Olbrechts-Tyteca, *Die neue Rhetorik*: *Eine Abhandlung über das Argumentieren*, hrsg. von Josef Kopperschmidt, 1. Bd., Stuttgart, Frommann-Holzboog, 2004, S. 597ff.

念的分离,人们方解其意。[112]

在其论证技术考察的第二部分,佩雷尔曼所研究的是论述(论点)的互动(Die Wechselwirkung von Argumenten)。这就是《新修辞学:论证论集》第3编第5章(全书最后一章)的内容,其包括第97—105节:第97节"论述的互动与说服力";第98节"论述作为论证要素的说服力之评估";第99节"立足点趋同的互动";第100节"论证的广度";第101节"广度的危险";第102节"广度危险的抵消";第103节"与说服相关的论证的次序";第104节"言说的次序与听众的限定";第105节"次序与方法"。[113]

在佩雷尔曼看来,研究视角下被考察的诸因素只要持续不断地在多个层面上处在互动(所提出的不同论述之间的互动,论述与论证情境整体之间的互动,论述与推论过程之间的互动,言说中包含的论述与言说本身上升为主题的论述之间的互动,等等)之中,它们就会实际上形成一个整体。不过,当互动现象自身发展的条件之把握还不很清楚时,那么在很大程度上论述(论点)的选择(choix)、论证的广度(ampleur)以及论证(说服)的次序(ordre)就具有决定作用。在这个过程中,因为论述(论点)的说服力(force des arguments)被言说者或其听众用作论证的因素,故此,言说者应不断地强化论述(论点)的说服力,适应听众,选择论证(说服)的次序(比如,论证情境,听众的限定,听众的反应),考虑(听众)认同的强度。[114]

在论述(论点)的互动中,特别令人感兴趣的是(立足点)"趋同"(convergence)概念以及"趋同的论述"。这一论述在以多个前提为基础的或然性推论中具有特别的意义,因为趋同本身作为一种主张依赖于论点的各个既有的解释,其推论的身份从来不是绝对的,而且有时还具有实验上的可检验性。[115]佩雷尔曼区别了两类趋同。第一类是各不相同而又互不依赖的论述导致同一

---

[112] Chaïm Perelman, Lucie Olbrechts-Tyteca, *Die neue Rhetorik: Eine Abhandlung über das Argumentieren*, hrsg. von Josef Kopperschmidt, 1. Bd., Stuttgart, Frommann-Holzboog, 2004, S. 599.

[113] Chaïm Perelman, Lucie Olbrechts-Tyteca, *Die neue Rhetorik: Eine Abhandlung über das Argumentieren*, hrsg. von Josef Kopperschmidt, 1. Bd., Stuttgart, Frommann-Holzboog, 2004, "Inhalt", S. XVIII.

[114] Chaïm Perelman, Lucie Olbrechts-Tyteca, *Die neue Rhetorik: Eine Abhandlung über das Argumentieren*, hrsg. von Josef Kopperschmidt, 1. Bd., Stuttgart, Frommann-Holzboog, 2004, SS. 653–655, 661, 697 ff.

[115] Chaïm Perelman, Lucie Olbrechts-Tyteca, *Die neue Rhetorik: Eine Abhandlung über das Argumentieren*, hrsg. von Josef Kopperschmidt, 1. Bd., Stuttgart, Frommann-Holzboog, 2004, S. 668 ff.

种结果。这种情况所谈的应当是补充性强化(additive Verstärkung)。[116] 另一类是论述的前提通过进一步的论述来证立。这里所谈的可能是递归性强化(regressive Verstärkung)。[117] 递归性强化的继续进行将把论述纳入一个不断完善的体系。一个更值得提出的互动形式是一个论述与有关这个论述的另一个论述之间的互动,其中第一个论述是另一个论述关涉的对象。这个关系相对应的是论辩和元论辩(Metadiskurs)之间的关系。[118]

在《新修辞学:论证论集》的最后,佩雷尔曼对其新修辞学思想做了简要的总结。他指出:在这本论证论文集中所勾勒的各种不同的言说类型、其(依专业方向和相关的听众而不同的)典型差异、概念修正与组织的样态与方式、概念转型的历史、源自概念整体适应每个认识问题的方法与体系、以及只是偶尔论及的其他伦理问题,凡此种种,对于论证的考察而言是一个无比丰富的研究领域。然而,上述问题要么被人们完全忽视了,要么带着对修辞学完全陌生的方法和态度去加以研究。[119] 因此,他希望这本文集能够唤起一场有益的反向运动(Gegenbewegung),它的纯粹面世可以让我们未来避免将所有的证明方式还原成形式逻辑,在理性中不再只是看到一个演算家(Rechner)的能力。[120]

新修辞学的努力正在于"通过人们所理解的推理能力那样的样式和方式来扩展证明的概念"以及"由此而丰富逻辑本身",对抗那种"深深埋藏的、无以破解的哲学阻力",即对抗"理解力"与"想象力""知识"与"意见""牢不可破的明见"与"欺骗的意志""普遍接受的客观性"与"不可媒介的主观性""对所有的人具有强制性的实在"与"纯粹的个人价值"之间的二元论;它不是把自己的

---

[116] Chaïm Perelman, Lucie Olbrechts-Tyteca, *Die neue Rhetorik*: *Eine Abhandlung über das Argumentieren*, hrsg. von Josef Kopperschmidt, 1. Bd., Stuttgart, Frommann-Holzboog, 2004, SS. 669ff.

[117] Chaïm Perelman, Lucie Olbrechts-Tyteca, *Die neue Rhetorik*: *Eine Abhandlung über das Argumentieren*, hrsg. von Josef Kopperschmidt, 1. Bd., Stuttgart, Frommann-Holzboog, 2004, S. 671.

[118] Chaïm Perelman, Lucie Olbrechts-Tyteca, *Die neue Rhetorik. Eine Abhandlung über das Argumentieren*, hrsg. von Josef Kopperschmidt, 1. Bd., Stuttgart, Frommann-Holzboog, 2004, S. 672. 另见 Robert Alexy, *Theorie der juristischen Argumentation*: *Die Theorie des rationalen Diskurses als Theorie der juristischen Begruendung*, 2. Aufl., Suhrkamp Verlag, Frankfurt am Main 1991, SS. 211–212(汉译,参见[德]罗伯特·阿列克西:《法律论证理论》,舒国滢译,中国法制出版社 2002 年版,第 210 页)。

[119] Chaïm Perelman, Lucie Olbrechts-Tyteca, *Die neue Rhetorik*: *Eine Abhandlung über das Argumentieren*, hrsg. von Josef Kopperschmidt, 1. Bd., Stuttgart, Frommann-Holzboog, 2004, S. 723.

[120] Chaïm Perelman, Lucie Olbrechts-Tyteca, *Die neue Rhetorik*: *Eine Abhandlung über das Argumentieren*, hrsg. von Josef Kopperschmidt, 1. Bd., Stuttgart, Frommann-Holzboog, 2004, S. 724.

哲学立场建立在“确定的、不可辩驳的真理”基础之上,而是从一切种类、具有不同强度的意见之人和团体认同这一事实出发,(健康的人类智识/共识,sens commun)把“事实”与“理论”、“真理”与“意见”、或者“客观的”与“不客观的”相互对照,以便指明:人们必须把什么样的意见置于优先地位,以及这样一种优先能否通过普遍接受的标准予以证立。[121] 佩雷尔曼坚信:上述态度一旦得到证成,那么人们将会通过不断扩展的“或然性演算”(Wahrscheinlichkeitsrechnung)的应用,为所有实际存在的人类难题(尤其是像正义这样的价值难题)找到一种正当合理的科学解答。[122]

(四)佩雷尔曼之“新修辞学”思想的评价与影响

佩雷尔曼与露西·奥尔布里希茨－泰特卡的《新修辞学:论证论集》一书出版之后,对其中的论点多有批评与争鸣意见,兹择要述之:

1. 新修辞学强调非形式逻辑的论证技术,相对轻视形式逻辑或数学上推理图式在法律论证中的重要性,而事实上,如荷兰阿姆斯特丹自由大学(Vrije Universiteit in Amsterdam)法哲学教授阿伦德·索特曼(Arend Soeteman, 1944—)在1989年出版的《法律中的逻辑》(*Logic in Law*, 1989)中所言,形式逻辑与非形式逻辑各有其不同的功能:形式逻辑可以发现在何种条件下某种关系是具有强制力的,以及在何种条件下前提为真可以保证结论为真;而非形式逻辑则可以检验形式逻辑所无法分析的论点之“可靠性”。[123] 以色列逻辑学者约瑟夫·霍洛维茨(Joseph Horovitz,陈锐译为“霍尔维茨”,本书统一译为“霍洛维茨”,特此说明)在1972年出版的《法律与逻辑:法律论证的批判性说明》(*Law and Logic: A Critical Account of Legal Argument*, 1972)一书第二部分有关“比利时人对法律逻辑问题的讨论”之总结,也可以用来评价佩雷尔曼的“新修

---

[121] Chaïm Perelman, Lucie Olbrechts-Tyteca, *Die neue Rhetorik: Eine Abhandlung über das Argumentieren*, hrsg. von Josef Kopperschmidt, 1. Bd., Stuttgart, Frommann-Holzboog, 2004, SS. 724 – 726.

[122] Chaïm Perelman, Lucie Olbrechts-Tyteca, *Die neue Rhetorik: Eine Abhandlung über das Argumentieren*, hrsg. von Josef Kopperschmidt, 1. Bd., Stuttgart, Frommann-Holzboog, 2004, S. 727.

[123] Arend Soeteman, *Logic in Law: Remarks on Logic and Rationality in Normative Reasoning, Especially in Law*, Dordrecht, Kluwer Academic Publishers, 1989, pp. 14 – 15. 当然,佩雷尔曼也不是想以非形式逻辑的论证技术(新修辞学)取代或替换形式逻辑。诚如上述,他只是期待作为论证理论的非形式逻辑可以用来补充作为形式逻辑对象的“明证理论”的不足[Ch. Perelman, “Justice and Justification” (1964), in ders., *Justice, Law, and Argument: Essays on Moral and Legal Reasoning*, Dordrecht/Boston/London, D. Reidel Publishing Company, 1980, p. 57]。

辞学”,这就是:“作为一种语用研究的逻辑概念,以及一种不太清晰的法律论证合理性思想;不能在实质性的法律层面与方法论层面作出区分;歪曲性地将纯粹领域与法律领域之间的差异理解为形式逻辑与非形式的‘修辞逻辑’之间的相应区别;自相矛盾地不顾法律与经验领域在逻辑与方法论上的相似性;‘强调法律论证的语用方面’与‘对法律中理论建构的非修辞方面感兴趣’这两种观点之间存在某种紧张关系;在运用‘逻辑’与‘法律逻辑’这些基本术语时,立场变化不定且前后不一致。”[124]

2. 新修辞学放弃了现代分析手段:德国基尔大学公法与法哲学教授罗伯特·阿列克西(Robert Alexy,1945—)在所著的《法律论证理论》(*Theorie der juristischen Argumentation*,2. Aufl. ,1991)一书中指出:佩雷尔曼有关论证结构分析的最大缺陷是放弃了对分析哲学之工具的运用。在此一部分,似乎本应突出强调这些前提的逻辑结构。似应对比如简单的(原子的)判断和组合的(分子的)判断、单称的判断和全称的判断、价值的判断和义务的判断等等加以区别。由于佩雷尔曼放弃了运用当代分析的工具,基于实在结构的论述和旨在确立实在结构的论述之区分,并不太令人明白。比如,佩雷尔曼对于类比所做的令人感兴趣的论述,如果借助于现代逻辑,在很大程度上本来是能够得到进一步深化的。阿列克西认为,论述的任何分析必须首先应考察其逻辑结构。只有这样做,才有可能系统地去揭示隐含着的前提,才能够搞清楚:在逻辑上不能进行有结论的过渡(推导)时如何插入有说服力的手段去跨越这个鸿沟。说现代逻辑的应用必须局限在人工语言中漫长的推理链条所存在的这个范围之内,这仍然是一个广泛散播的错误。这个观点把逻辑的特性误认为是一个分析的工具。在这一点上,佩雷尔曼的新修辞学显然也存在误判。[125]

3. 佩雷尔曼的新修辞学将普泛听众的认同作为论证之合理性与客观性的标准,然而学者们认为,“普泛听众”这个概念本身也产生了一些问题:阿列克西指出,普泛听众的理想特性本身倒没有什么太多的问题。较有问题的是这个理想的听众之构成取决于特定的个人和各种不同文化的观念。普泛听众是由

---

[124] 参见[以]约瑟夫·霍洛维茨:《法律与逻辑》,陈锐译,中国政法大学出版社 2015 年版,第 137 页。

[125] Robert Alexy,*Theorie der juristischen Argumentation*:*Die Theorie des rationalen Diskurses als Theorie der juristischen Begruendung*,2. Aufl. ,SS. 212 – 213(汉译,见[德]罗伯特·阿列克西:《法律论证理论——作为法律证立理论的理性论辩理论》,舒国滢译,中国法制出版社 2002 年版,第 210 ~ 211 页).

实际上存在的人类全体构成的。然而,这又不是佩雷尔曼的想法。普泛听众是“开智的人类”,它由作为“理性存在体”的人们所构成。由此而提出的问题是:“开智的”“理性的”这些概念应如何理解?这个资格界定与作为人类整体的普泛听众概念之间到底有什么关系?佩雷尔曼在这些问题上的认识是游移不定的。[126] 1987年,时任芬兰赫尔辛基大学(Helsingin yliopisto/Helsingfors universitet)民法系法哲学教授的奥利斯・阿尔尼奥(Aulis Aarnio,1937—)在所著的《作为合理性的理性——法律证成论》(*The Rational as Reasonable:A Treatise on Legal Justification*)一书中承认,佩雷尔曼的听众理论提供了一个很好的讨论延续的基础。不过,在阿尔尼奥看来,佩雷尔曼在听众概念上的主张在细节上尚有模糊之处:比如,他所说的“普泛听众”尽管是理想性的,但却在社会和文化上受到限制。这样,在一定程度上,普泛听众这个概念取决于偶然的事情。[127] 阿尔尼奥认为,为了使普泛听众概念更为明确,就必须把听众的观念分为两个层次:一方面是“具体听众”(a concrete audience)和“理想听众”(an ideal audience),另一方面是“普泛听众”(a universal audience)和“特定听众”(a particular audience)。具体听众可以分为由一人组成的听众和由多人组成的听众,也还可以分为“普泛的具体听众”(a universal concrete audience,即某一时刻生存在世的所有人类个体)和“特定的、且同时具体的听众”(a particular and at the same time concrete audience,即由实际存在的、履行听众职能之特征的人组成的听众)。相应地,理想听众也可以分为两类:“普泛的理想听众”(比如佩雷尔曼所说的“所有的理性人”组成的听众)和“特定的理想听众”。后者主要通过使用两个标准来加以界定:首先,特定听众的成员受理性的商谈规则(the rule of rational discourse)的约束;其次,特定听众的成员接受了共同的价值,用路德维希・维特根斯坦(Ludwig Wittgenstein,1889—1951)的话说,听众受制于“一定的生活形式”(a certain form of life)。[128] 显然,阿尔尼奥的听众理论可以弥补

[126] Robert Alexy,*Theorie der juristischen Argumentation:Die Theorie des rationalen Diskurses als Theorie der juristischen Begruendung*,2. Aufl. ,SS. 203 – 206(汉译,见[德]罗伯特・阿列克西:《法律论证理论——作为法律证立理论的理性论辩理论》,舒国滢译,中国法制出版社2002年版,第201~204页).

[127] Aulis Aarnio,*The Rational as Reasonable:A Treatise on Legal Justification*, Dordrecht, D. Reidel Publishing Company,1987,p. 222.

[128] Aulis Aarnio,*The Rational as Reasonable:A Treatise on Legal Justification*, Dordrecht, D. Reidel Publishing Company,1987,pp. 222 – 225.

佩雷尔曼之听众概念分类的不足。

4. 佩雷尔曼的新修辞学在他自己的法律论证的应用[比如,他于1976年所著的《法律逻辑》(*Logique juridique*,1976)]上还存在不甚完善和不甚明晰之处:荷兰阿姆斯特丹大学人文学院语言交往、论证理论与修辞学系的伊芙琳·T. 菲特丽丝(Eveline T. Feteris)在《法律论证的基础》(*Fundamentals of Legal Argumentation*:A Survey of Theories on the Justification of Judicial Decisions,1999年第1版,2017年第2版)一书中直言不讳地指出,尽管佩雷尔曼对法律的出发点(法律规则、一般法律原则和特定法律共同体所接受的原则)、论证图式以及法律决定创制过程的各个方面做了一些有趣的观察,但他并没有在法律语境中对其新修辞学做系统性的思考(或者说,他出发点和论证图式的法律适用的描述不是很系统),他没有澄清特定的论证技术是如何能够有效运用的。由于佩雷尔曼没有阐明他的一般观念如何能够适用于法律,所以,他对一般法律原则和解释方法的评论如何应置于新修辞学框架之内这一点也不清晰。[129]菲特丽丝的最后结论是:佩雷尔曼的理论不适合作为分析和评价法律论证的实践(实用)工具。他没有提供任何实践性的指南,以一种有关出发点和论证图式之主体间正确的方式来解释具体的论证例子。由于他没有注意根据特定听众和普泛听众去区分可靠的论证和不可靠的论证之标准,所以,他没有为评价法律论点(论述)提供一个实践(实用)的架构。[130]

尽管如此,也有不少学者对佩雷尔曼的新修辞学的贡献给予了积极的评价和充分的肯定,或者为其立场进行理论辩护。比如,德国当代修辞学家、门兴-格拉德巴赫尼德尔海因高等学院(Hochschule-Niederrhein in Mönchengladbach)语言与传播专业教授约瑟夫·柯普尔施密特(Josef Kopperschmidt,1937—)在"什么是新修辞学之新?"(Was ist neu an der Neuen Rhetorik?)一文中指出,佩雷尔曼的"新修辞学"之"新"在其构思方案乃论证理论。确切地说,"新修辞学"是在方法上聚焦于论证程序的修辞学,是逻辑一致地从论证原则发展而来的修辞学,是在哲学上对论证之理性性格感兴趣

[129] Eveline T. Feteris, *Fundamentals of Legal Argumentation*: *A Survey of Theories on the Justification of Judicial Decisions*, Second Edition, Dordrecht, Springer-Science + Business Media, B. V., pp. 68 – 69.

[130] Eveline T. Feteris, *Fundamentals of Legal Argumentation*: *A Survey of Theories on the Justification of Judicial Decisions*, Second Edition, Dordrecht, Springer-Science + Business Media, B. V., pp. 67 – 68.

的修辞学。[131] 德国哲学家汉斯 - 格奥尔格 · 伽达默尔在《真理与方法》中也高度赞扬佩雷尔曼的"新修辞学"研究对于哲学诠释学所作出的极有价值的贡献,他指出:"如果在修辞学中只看到一种纯粹的技术,甚至只看到一种操纵社会的工具,那就贬低了修辞学的意义。其实修辞学是一切理性行为的本质方面。……我们这个工业社会所发展出的对公众意见有计划地进行组织也许具有很大的影响领域并继续为社会操纵服务——但它并未穷尽理性论证和批判反思的领域,而社会实践正占有这些领域。"[132]英国爱丁堡大学公法与自然法教授尼尔 · 麦考密克(Neil MacCormick,1941—2009)在《法律推理与法律理论》(*Legal Reasoning and Legal Theory*,1978)中考察法律裁决的构成要件(在一个法律案件中,什么可以一个论述成为好的不不好的? 法律裁决可否通过理性论证来证成,抑或它们最终受更多的主观影响所决定?),基于"形式正义的拘束"(The Constraint of Formal Justice)的分析,提出(疑难案件中的)法律裁决的"一阶证成"(演绎性证成,Deductive Justification)和"二阶证成"(Second-Order Justification,即结果主义论述和融贯性论述/一致性论述)方法,他同意佩雷尔曼的见解,指出:法律证成(论证)实际上在于说服人,而说服的功能在于提出"好的证成理由"(good justifying reasons),至少表面上好的证成理由。在法律裁决中,无论原告提出的主张,还是被告提出的辩护,或者法官做出的判决,基本上都是为了提出好的证成理由。故此,值得研究的是提出证成理由以及正当化(证成)的论证过程。[133] 英国已故知名法理学家、伦敦大学法律系教授丹尼斯 · 劳埃德爵士(Sir Dennis Lioyd,1915—1992)在1964年出版的《法的理念》(*The Idea of Law*,1964)一书第11章论述"司法程序"时,曾经专门谈及"法律推理的性质"(The Nature of Legal Reasoning),采取与佩雷尔曼类似的看法,认为:单纯的逻辑或逻辑上的一致性不能够自己为法庭面对的案件难题提供某种

---

[131] Josef Kopperschmidt, "Was ist neu an der Neuen Rhetorik? Versuch einer thematischen Grundlegung", in ders. Hrsg., *Die Neue Rhetorik: Studien zu Chaïm Perelman*, München, Wilhelm Fink Verlag, 2003, SS. 14, 16.

[132] [德]汉斯 - 格奥尔格 · 伽达默尔:《真理与方法》(下卷),洪汉鼎译,上海译文出版社1999年版,第755页。

[133] Neil MacCormick, *Legal Reasoning and Legal Theory* (Clarendon Law Series), Oxford, Clarendon Press, 1978, Chap. II-VIII, especially pp. 13 - 15. 另见 Eveline T. Feteris, *Fundamentals of Legal Argumentation: A Survey of Theories on the Justification of Judicial Decisions*, Second Edition, pp. 73, 91ss。

确切的答案。逻辑中没有任何东西迫使我们做出推断,由于一个规则对过失行为(negligent acts)课予责任,因此,该规则必然将这种责任延伸至过失陈述(negligent statements);或者说,我们不能推断,一个对造成肉体损害的过失设定责任的规则必然将此责任延伸至没有这种损害的金钱损失。相反,法律推理像日常推理(everyday reasoning)一样,借重于通过类比的论证。[134] 宽泛地说,法律人推导出其案件的方式遵循着与日常生活推导相类似的型式,因为法律是一门处理各种日常难题的实用的科学,它用日常语言来表达并加以争辩。[135]

除此之外,还有一些学者直接尝试将佩雷尔曼的新修辞学用于法律论证的文献之中。试举几例:在1986年出版、由美国俄亥俄州立大学新闻传播学院修辞学与政治传播学教授詹姆斯·L.戈登(James L. Golden,1942—2001)与其同事约瑟夫·J.皮洛塔(Joseph J. Pilotta)主编的《人类事务中的实践推理:纪念沙伊姆·佩雷尔曼研究文集》(*Practical Reasoning in Human Affairs: Studies in Honor of Chaïm Perelman*,1986)中,收录有来自哲学、法学、英语、人类学、政治学和交往理论等方面的学者贡献的20篇纪念文章,其中一些文章试图追踪佩雷尔曼思想的渊源和起源,阐明其体系中的核心概念(正义规则、普泛概念、论述型式、理性与合理性、证成,等等),另一些文章则尝试将他的理论观念应用于论证的实际文本。[136] 特别是,一些法律学者讨论了佩雷尔曼的理论在法学、法哲学和法社会学中的应用:美国犹他州立大学(The University of Utah)人文学院传播系教授理查德·D.里克(Richard D. Rieke)论述了司法证成的演进、佩雷尔曼的理性与合理性概念[137]以及其修

---

[134] Dennis Lioyd, *The Idea of Law*, Harmondsworth, Penguin Books Ltd., 1964, p. 267.

[135] Dennis Lioyd, *The Idea of Law*, Harmondsworth, Penguin Books Ltd., 1964, p. 269.

[136] Jame L. Golden, Joseph J. Pilotta eds., *Practical Reasoning in Human Affairs: Studies in Honor of Chaïm Perelman*, Dordrecht, D. Reidel Publishing Company, 1986, pp. 1 - 403.

[137] 在哲学上,理性(rationaity)与合理性(reasonablity)是两个不同的概念,它们的含义是不同的:比如,一个论证可以是理性的,但它的前提和结论可能是不合理的;一个计划可能是理性的,但执行该计划则是不合理的。与合理性构成对照的理性主要与推理的形式正确性、达到目标的手段的有效性以及信念的证实和确证相关联,这个概念有目标-指向的,而关于合理性的判断则是有价值-指向的,它们关注正确的生活方式,关注被认为对人有利或有害的事情。一般而言,合理的也是理性的,但"仅仅理性的"并不总是合理的(参见冯·赖特:《科学的形象与理性的形式》,载冯·赖特:《知识之树》,陈波编选,陈波、胡泽洪、周祯祥译,知识·读书·新知三联书店2003年版,第27页)。

辞学进路对于法律裁决之论证分析的优势;[138]比利时布鲁塞尔自由大学法哲学与政治哲学教授居伊・阿尔舍(Guy Haarscher,1946—　)关注佩雷尔曼与法哲学、特别是他的有关正义的观念;[139]美国加利福尼亚州立大学教授约西娜・M. 迈考(Josina M. Makau)讨论了"信息时代的佩雷尔曼",尤其是他的"法学模型"(The Jurisprudential Model);[140]美国迈阿密州立大学(The University of Miami)艺术与科学学院社会学教授约翰・W. 墨菲(John W. Murphy)运用佩雷尔曼的观念研究"社会本体论与回应性的法律"(Social Ontology and Responsive Law)问题。[141] 1993 年,居伊・阿尔舍主编《沙伊姆・佩雷尔曼与当代的思考》(*Chaim Perelman et la pensée contemporaine*,1993)一书,该书的许多作者关注佩雷尔曼理论观念的法律方面:美国杜克大学法学院(Duke University School of Law)法理学教授乔治・C. 克里斯蒂(George C. Christie,1934—　)探讨了"普泛听众/理想听众"在法律论证中的作用;[142]日本冈山大学(Okayama University)刑法教授江口三立(Eguchi Sankaku)论述佩雷尔曼有关法律思想的观念在日本的影响;波兰弗罗茨瓦夫大学(Uniwersytet Warszawski)教授米耶柴斯拉夫・马内里(Mieczysław Maneli,1922—1994)讨论佩雷尔曼的新修辞学作为法哲学和方法论的重要性;澳大利亚国立大学(The Australian National University)教授尤金・卡门卡(Eugene Kamenka,1928—1994)及其夫人、悉尼大学(The University of Sydney)法理学教授郑汝纯(Alice Erh-Soon Tay,1934—2004)将佩雷尔曼的理论运用于英国普通法与欧陆法的研究之中;法国巴黎二大法学院教授弗朗索瓦・泰拉(François Terré,1930—　)分析了法官在佩雷尔曼的新修辞学中的作用。这些作者从不同的角度拓展了佩雷尔曼

---

[138] Jame L. Golden, Joseph J. Pilotta eds., *Practical Reasoning in Human Affairs: Studies in Honor of Chaïm Perelman*, Dordrecht, D. Reidel Publishing Company, pp. 227 - 244.

[139] Jame L. Golden, Joseph J. Pilotta eds., *Practical Reasoning in Human Affairs: Studies in Honor of Chaïm Perelman*, Dordrecht, D. Reidel Publishing Company, pp. 245 - 255.

[140] Jame L. Golden, Joseph J. Pilotta eds., *Practical Reasoning in Human Affairs: Studies in Honor of Chaïm Perelman*, Dordrecht, D. Reidel Publishing Company, pp. 305 - 319.

[141] Jame L. Golden, Joseph J. Pilotta eds., *Practical Reasoning in Human Affairs: Studies in Honor of Chaïm Perelman*, Dordrecht, D. Reidel Publishing Company, pp. 341 - 355.

[142] 有关"法律论证中的理想听众概念"(作为分析工具的"理想听众"概念,能够陈述给理想听众的论证的限制条件,在法律语境中的理想听众的一般特征,理想听众的不同观念,等等),参见 George C. Christie, *The Notion of An Ideal Audience in Legal Argument*, Dordrecht, Springer-Science + Business Media, 2000, pp. 1 - 223。

理论的法学应用价值。[143]

值得一提的还有新墨西哥大学(University of New Mexico)传播新闻系教授詹妮思·许茨(Janice Schuetz),她于1990年6月19—22日在荷兰阿姆斯特丹召开的第二届论证国际研讨会上发表"墨西哥上诉法院中的佩雷尔曼的正义规则"(Perelman's Rule of Justice in Mexican Appellate Courts)一文。在这篇文章中,许茨利用佩雷尔曼的术语比较详细地描述和分析了墨西哥刑事审判程序的框架,并举例说明佩雷尔曼的论证策略是被如何运用的。她把1983年墨西哥发生的"马丁内斯被控谋杀门多萨"一案(Martinez 541/983,1983;Martinez 366/983,1984)的辩护律师在上诉法院说服法官的技术概括为佩雷尔曼意义上的3种论证策略:第一种策略所使用的是"价值层级"(value hierarchies);第二种策略是"基于实在结构的论述"(arguments which are based on the structure of reality);第三种策略是基于"先例"(precedents)和"推定"(presumption)的论证。[144]

上述分析表明:佩雷尔曼的新修辞学理论不仅对于建立和推展现代论证理论(尤其是普遍理性实践论证理论以及法律论证理论)本身具有重要的意义,[145]而且可以直接为日常的法律实务的论证(像马丁内斯案的律师论证那样)提供具体的技术支持和指导。不过,不言而喻,这种实际的技术应用还有待人们对佩雷尔曼的论证技术加以发展、完善和进一步的开发;在未做这样的理论和技术细化处理之前,对佩雷尔曼理论做盲目的实践对接和未经转换的直接运用显然也是不可取的。

---

[143] See Guy Haarscher(dir.), *Chaim Perelman et la pensée contemporaine*, Bruxelles, Bruylant, 1993, pp. 1-491;另见 Eveline T. Feteris, *Fundamentals of Legal Argumentation: A Survey of Theories on the Justification of Judicial Decisions*, Second Edition, Dordrecht, Springer-Science + Business Media, B. V., 2017, p. 70ss。

[144] See J. Schuetz, "Perelman's Rule of Justice in Mexican Appellate Courts", in: F. H. van Eemeren et al eds., *Proceedings of the Second International Conference on Argumentation*, Amsterdam, Sicsat(International Society for the Study of Argumentation), 1991, pp. 804-812.

[145] Siehe Robert Alexy, *Theorie der juristischen Argumentation: Die Theorie des rationalen Diskurses als Theorie der juristischen Begruendung*, 2. Aufl., S. 218(汉译,见[德]罗伯特·阿列克西:《法律论证理论——作为法律证立理论的理性论辩理论》,舒国滢译,中国法制出版社2002年版,第217页).

国家与法治研究　第1卷(2018)
第74～114页

国家法学及其体系展开

王　旭*

摘要:国家法学的理论旨趣在于构建法律规范秩序意义上的国家形象,并在法秩序展开的过程中实现权力、机构和任务的规范化。国家法学发端于欧洲德意志法律传统,新中国法学曾短暂继承以暴力革命和阶级斗争为社会哲学基础的苏联"法与国家理论"。当代中国国家法学并非对上述学术传统的因袭或回归,而是在坚持立宪主义价值立场的前提下,提炼国家法学的基本范畴,形成经由理性重构的国法秩序,以妥当安排现代立宪中国的各种国家元素、现象与行为。国家－国家权力－国家机构－国家任务是国家法学理论体系的具体展开,以法教义学为核心,法哲学和社会理论作为两翼,则是国家法学的根本方法论体系。

关键词:国家　国家权力　国家机构　国家任务

引　论

"国家"(*the state*, *Lo stato*, *l' Etat*, *der Staat*)作为一种政治共同体的概念,自十五六世纪从地中海沿岸开始向

* 王旭,中国人民大学法学院教授,博士研究生导师,首批中国人民大学"杰出学者"(青年学者A岗)。

欧洲大陆传播。[①] 在一种特殊的形态——民族-国家(Nation-States)形成并扩张的过程中与所谓“国家理性”(Reason of state)的支撑下,催生了18世纪诞生于德意志,以国家有效管理为核心的国家(科)学(*Staatswissenschaft*),这又反过来加速了现代欧洲国家的形成。国家(科)学与现代国家的形成标志着现代秩序与古典自然秩序的根本断裂:“人的活着、健康、寿命与工作能力的提高”而不是“心灵的沉思与灵魂的得救”——取代古典目的论哲学与神学世界观,成为共同体的目标,并最终在理论范式上完成了从自然个体到政治人口、从共同善到个体权利、从暴力-权力到知识-权力、从自然理性到国家理性、从“人如何得救”到“人如何生存”的一系列现代性转变。[②] “国家”理念及现象成为我们理解现代性的根本钥匙。20世纪初传入中国的民族主义和国家主义思潮可以说正是这样一个欧洲文明的余绪,并深刻影响了中国从“天下-帝国观”到“单一的多民族国家观”的转变,催逼中国进入现代世界文明,直到今天我们的生活世界仍然由特定国家观深深塑造与支配。

今天宪法学所秉持的立宪主义,即以根本法授予并规范、控制国家权力,可以说一开始就与作为现代欧洲国家建构指南的包罗万象的国家科学同步孕育。[③] 在价值立场上,立宪主义属于国家科学内部一种戒备国家效用过度膨胀的力量;在方法上,现代宪法学则是一种逐渐剔除国家科学内部哲学-形而上学与经验-社会学的部分而发展出的规范性学说,并最终塑造了独特的法治国家形态。

在这个历史过程中,一门最终建立在分析和因果探究基础上,专门关注国家存在的效力前提和法律要件的“国家法学”(*Allgemeine Staatsrecht*)扮演了非常重要的角色。[④]可以说,国家法学是法治国(Rechtstaat)的见证和精神

---

① 概念梳理可以参见 K. Dyson, *The State Tradition in Western Europe*, ECPR Press, 2009, chapter 1; A. Harding, *Medieval law and the foundation of the State*, Oxford University Press, 2001, chapter 1, “word and concept”; [日]美浓部达吉:《宪法学》,欧宗佑等译,中国政法大学出版社2003年版,第74~75页。

② 有关国家理性及现代国家的兴起对于现代性的影响, See Poole, *Reason of State: law, Prerogative and Empire*, Cambridge University Press 2015. 古典自然秩序与现代国家秩序的一系列转变详细展开参考[法]米歇尔·福柯:《安全、领土与人口:法兰西学院演讲系列,1977—1978》,钱翰等译,上海人民出版社2010年版。

③ D. Canale, P. Grossi, H. Hofmann (eds), *A History of the Philosophy of Law in the Civil Law World*, 1600-1900, Springer, 2009, p. 263.

④ [德]黑勒:《国家学的危机》,刘刚译,中国法制出版社2010年版,第6页。

支撑。历经德意志各邦国的“具体国家学”到 1871 年帝国统一后的国家学,再到魏玛时期的国家法学,最终很大程度上被现代宪法学吸收,这是一个法律规范不断对国家的概念起到构成和控制双重功能的过程,既折射出等级制和绝对专制国家最终成为国民法治国(国家成为法秩序)的历史,也体现着一种纯粹的法学方法对国家理论的建构。

然而,在 21 世纪的今天,我们重拾国家法学的话题,意义绝不仅是温习法治国的精神史,更无意张扬某种国家主义,而是要直面一个今天人类的重大问题:国家法学消解于宪法学,国家消解于法秩序,就是消解了现代法治的精神基础,最终带来人类的理性危机。

20 世纪以来的宪法将国家建构成一个纯粹法律的概念,以至于我们可以通过研究和捍卫宪法而取代对国家的直接认知,这种“没有国家的精神生活”,在全球化浪潮、第四次工业革命进程、风险社会与社会碎片化的挑战下,⑤将又一次暴露启蒙思想家普芬道夫(Pufendorf)所揭示的“人类反社会的社会性”,⑥从而带来法治本身的危机。这是因为,现代法治是国家成员理性、客观的共同意志之体现,个体借由参与国家而实现自由本质。国家作为政治系统就是要通过合法垄断暴力,在最高统治权意义上承担协调不同系统,分配资源,以形成共同意志,防止经济系统和其他系统失灵的功能。消解和吸收国家法学也意味着消解和放逐国家概念本身,这使人类要么重新接受纯粹“需求体系”的经济系统安排,要么重返“没有国家的自然状态”,成为一种哈贝马斯所言的“每个人根据自己的好恶决定行为的无名世界”,⑦政治系统功能的解体也就是法治不再有安身之处,每一个人只能出于主观动机与规则而行动,不再出于可普遍化的客观法则而作为,从而丧失自由的理性本质。

进一步而言,若要避免此种危机,重建 21 世纪的国家法学,找回国家和国家意识,那么是否意味着运用纯粹法学(法教义学)的方法,即“将国家等同

⑤ 讨论全球化等条件下对国家和国家法学挑战的作品可以参见 T. Fleiner, L. B Fleiner: *Allgemeine Staatslehre: Über die konstitutionelle Demokratie in einer multikulturellen globalisierten*, Springer-Verlag Berlin Heidelberg, 2009; Poole, *Reason of State: Law, Prerogative and Empire*, Cambridge University Press, 2015。

⑥ S. Pufendorf, *On the Duty of Man and Citizen according to Natural Law*, Cambridge University Press, 1991, p. 36.

⑦ [德]尤尔根·哈贝马斯:《包容他者》,曹卫东译,上海人民出版社 2002 年版,第 147 页。

于法秩序”具有足够的正当性？国家这样一种人类理性精神与客观行动交互作用的产物，[⑧]是否真的只有客观或主观某一个面向？国家法学是否可以不要哲学为法教义学提供目的和方向，以及不要社会理论对法教义学的内容进行发展与充实？对这些问题的回答，需要我们重构国家法学的一般知识体系，并在这个过程中直面中国人迥异于西欧民族国家建构的历史，注意到从“天下-帝国观”到“民族国家观”转变，我们面临巨大的国家法理论解释与建构危机。由此本文尝试从一般性理论框架出发，建构一个初步的国家法学的知识纲要，以明确法学上的国家基本的科学含义、基本范畴、概念与方法体系，为进一步研究具体中国问题提供理论前提。

一、“国家法学”的理论脉络及其危机

要在今天重构国家法学知识体系，首先需要我们了解什么是（历史上的）国家法学，研究它的理论脉络，发现它在历史上的理论危机，才能重新建构独立的国家法学知识体系。

（一）从国家（科）学中分离（17世纪—19世纪50年代）

国家法学是欧洲的产物，[⑨]来自国家（科）学这个更久远的学术传统。所谓“科学”（Wissenschaft），按照康德学说，是按照一定原则组织的特定知识的整体。[⑩] 孕育于十七八世纪的欧洲国家（科）学一个重要的哲学背景是理性自然法。以格劳秀斯（Hugo Grotius），普芬道夫、霍布斯（Thomas Hobbes）、托马修斯（Christian Thomasius）等人为代表的自然法走出了中世纪以上帝作为事物正当性唯一来源的秩序观念，强调“人自身的理性作为事物之根据”。他们推崇通过观察、测验来探究人类社会本身经验法则和因果规律的“新的科

---

⑧ Hegel, *Elements of the Philosophy of Right*, edited by A. Wood, 中国政法大学出版社2003年版（影印本），p. 283。

⑨ 英美世界里没有“国家法学”这样的特定称谓，在需要翻译这个概念的时候学者们一般以public law或political law大略指称，见伯伦知理国家学作品译者的专门说明。J. K. Bluntschli, *The Theory of State*, Clarendon Press, 1892.

⑩ Kant, *Metaphysische Anfangsgrunde der Naturwissenschaft*, *Band* 4, p. 467.

学”,将之作为检验事物客观性新的标准。⑪ 可以说,现代理性自然法的方法论正是“强调理性的计算”、从杂乱无章的经验素材与现象中提炼事物“不可变的、永恒的、不可缺少的体系化原理”。⑫

正是在这种哲学背景下,配合民族国家扩张与竞争对国家理论的需求,17世纪与18世纪之交,欧洲大陆出现了所谓的“普遍公法学”(*ius publicum universale*),希望从现行有效的有关国家的规范之外提炼出普遍、一般的公理,精确计算出国家扩张在人口、职业、面积等方面的最佳配置并落实于规范。这种所谓的“国家科学”在内容上是包罗万象与庞杂的,实际上是一种“国家取向的综合研究”:包括文化人类学、人类学、社会学、国民经济学、统计学、财政学等这些超越了实证法律素材的学科。⑬ 在方法上,国家科学的根本目的在于建立“基础性的统一的国家原理”(fundamentally unitary doctrine of the State),⑭因此并不在意国家及相关概念的法学建构,而是综合运用了理性自然法所要求的哲学、政治学与经验科学的多种方法。

从国家科学中独立出来所谓的“国家学”(*Staatslehre*),是19世纪理性自然法向实证法的法哲学(Philosophy of Positive law)转变的结果,其最重要的推动人物是历史法学派开创人胡果(Gustav Hugo)。胡果是哥廷根学派的传人,这个学派强调对德意志社会和政治状态进行考察,反对抽象化提出超越实证规范体系之外的唯理论。他在《作为实证法哲学的自然法》中提出自然法不应该是假定的、推理的,而应该是建立在实证法的一般理论之上,⑮胡果认为只有实证法是真正的法律,所谓的自然法只能是对实证法律规范的解读,更进一步,要得到实在的自然法知识或结论,只能从实证的法律规则或概念等要素中提取。⑯胡果以罗马私法为基础,运用历史的法律素材在封闭体系里进行概念提炼的工作,这种现实主义的实证分析方法深刻影响了包括萨维

⑪ D. Canale, P. Grossi, H. Hofmann(eds.), *A History of the Philosophy of law in the civil law world*, 1600 - 1900, Springer, 2009, pp. 28 - 29.

⑫ D. Canale, P. Grossi, H. Hofmann(eds.), *A History of the Philosophy of law in the civil law world*, 1600 - 1900, Springer, 2009, p. 29.

⑬ M. Stolleis, *Public law in Germany* 1800 - 1914, Oxford University Press, 2001, p. 421.

⑭ D. Canale, P. Grossi, H. Hofmann(eds.), *A History of the Philosophy of law in the civil law world*, 1600 - 1900, Springer, 2009, p. 250.

⑮ V. Wieacker, *Privatrechysgeschichte de Neuzeit*, Vandenhoeck & Ruprecht, 1996, p. 378.

⑯ D. Canale, P. Grossi, H. Hofmann(eds.), *A History of the Philosophy of law in the civil law world*, 1600 - 1900, Springer, 2009, p. 187.

尼(Friedrich Carl Von Savigny)、普赫塔(Georg Friedrich Puchta)、盖贝尔(Carl Friedrich Wilhelm Von Gevber)、拉班德(Paul Laband)等后来的私法或国法学研究。⑰

随着实证主义对理性自然法的批评,研究国家的学者开始提出"一般国家法学"(*Allgemeine Staatsrecht*)的概念,并注意到法学方法和法律素材的独立性,1850年以后,越来越多学者将国家科学分为"一般国家法学"和"政治学"两个部分,⑱其中一个典范便是伯伦知理(J. K. Bluntschli)写的《国家科学》,它被认为是"孟德斯鸠以后解释国家最为简洁的作品"。其在1875年第五版中将"国家科学"分为三个部分:"一般国家学"(*Allgemeine Staatslehre*)、"一般国家法学"和"政治学"(*Politik*)。他指出:*Statsrecht* 处理的问题是"国家如其所是",也就是它的规范性要素,它得以存在的永恒逻辑条件。*Politik* 关乎国家的具体历史形态、条件和要素。*Staatsrecht* 部分处理的是科学知识,*Politik* 则更接近对艺术的探讨。而"一般国家学"则是对前面两个部分共同基础性问题的探讨,是有关国家的基本概念、本质与类型的框架。⑲ 在第六版中,作者更明确指出,有些学科只能作为国家法学的"附录"(auxiliary)来研究,包括国家的历史学、国民经济学、统计学等,因为它们更多是其他学科也在关注的对象。⑳

由此,耶利内克后来总结到,国家科学认识国家的方法是一种"联合理论"(Vereinigungstheorien),即把历史上存在的各种国家以及国家的各种方面杂乱并列在一起,毫无规则的连接在一起,国家学的理论功能则是"将不同的理论缩减到它们的共同的原则,然后根据上述分类方式加以审查"。斯泰因(L. Stein)也提出要从各种经验的国家生活和国家现象里提炼"纯粹的国家概念",那就是"人格化的人类共同生活体",以清晰、简明地认识实际的国家生活。㉑ 同时"国家学"是对既存国家、而非国家理念的研究,在此基础上耶利内克提出流行于19世纪的国家概念可以分为"偏重客观存在"和"偏重主

⑰ V. Wieacker, *Privatrechysgeschichte de Neuzeit*, Vandenhoeck & Ruprecht, 1996, p. 379.

⑱ M. Stolleis, *Public Law in Germany* 1800 – 1914, Oxford University Press, 2001, p. 421.

⑲ J. K. Bluntschli, *The Theory of State*, Clarendon Press, 1892, pp. 1, 6.

⑳ J. K. Bluntschli, *The Theory of State*, Clarendon Press, 1892, p. 1.

㉑ L. Stein, *System der Staatswissenschaft 2. Bd*: "*Die Gesellschaftslehre*", 431. S, Stuttgart u. Augsburg, 1856, p. 54.

观存在”两种类型。[22] “国家学”方法论的本质就是在实证材料基础上抽象概念、建构类型和体系化,此种实证材料如果是实定法,则进入到国家法学的研究领域。

(二)从19世纪60年代帝国国家法学到20世纪初国家法学

从19世纪60年代到魏玛时期,是各种版本的国家法学纷纷登场的历史时期。[23] 最早明确引入法学方法研究国家的是盖贝尔,其意图辩护的国家形象则是封建君主国家向君主立宪帝国过渡的状态。其在1880年第三版的《国家法基础》(*Grundziige des deutschen Staatsrechts*)中明确倡导以建构实证宪法的概念体系为核心的法学方法,这种方法的核心在于“提出国家是一个法律上的概念,它既不同于事实上掌握统治权的古老君主,也在法律地位上不同于一般臣民”,反对流行于十七八世纪世袭制或君主制的国家观念。同时,受黑格尔国家哲学影响,盖贝尔认为国家精神本质在于道德性,国家理念的现实化也是实现道德性的最高阶段:“在国家中,国民获得了对其集体生活的法律安排。在国家中,人们成为一种得到法律承认并获得价值的完全的道德主体(*sittlich*)”,更重要的是,与国家科学仅仅强调国家效能一面不同,国家法学已经显露出它制约、规范国家权力的一面,盖贝尔进一步指出了“国家权力的限度”这个命题:“国家的权力不是一种绝对的意志。它只能服务于国家的目的;它必须并且只能为此而存在。在国家权力中包含着一种天然的限制,它约束着国家的活动范围。只有在法律规定的权限范围内,国家的命令才享有最高的效力。”[24]

与盖贝尔仍然从形而上学的原理出发来推演国家的法律概念不同,帝国国法学真正的高峰拉班德第一次直接以帝国宪法文本为研究对象,以君主立宪帝国作为国家图像,以“作为秩序的自然”为根本理念,直接探讨从文本概念中梳理出来的法律制度,并从制度中抽象出法律教义和原则,同时他相信任何一个具体的法律概念一定是从一个上位的、更加抽象的概念中推演出来的,概念-制度-体系构成了一个完整的国家法结构,在此基础上他论证了帝国作为法律概念“联邦”的意义,并在盖贝尔提出国家是一个法人的基础上

---

[22] G. Jellinek, *Allgemeine Staatslehre*, Andesite Press, 2015, p. 172.

[23] M. Stolleis, *Public Law in Germany* 1800 - 1914, Oxford University Press, 2001, pp. 429 - 433.

[24] M. Stolleis, *Public Law in Germany* 1800 - 1914, Qxford University Press, 2001, p. 325.

进一步提出机关及其职能的分析。[25]

从盖贝尔到拉班德的国家法学在耶利内克看来仍然需要进一步发展：第一，盖贝尔和拉班德都致力于统一实然的国家活动与规范上的国家概念于一体，但受新康德主义西南学派“应然与实然二分”命题之影响，耶利内克认为国家必然具有“社会—经验”和“法律—规范”的两面性，二者不可能统一和通约，因此其在1900年出版的《一般国家学》中提出“国家社会学”和“国家法学”两个部分，国家既是一个社会事实状态，也是一个法律上的、具有人格的人；[26]第二，服务于论证立宪国家的根本使命，他必须解决盖贝尔理论中的一个关键疑难：国家凭借道德自律从而遵守自己订立的法律是否可能？为此，他提出“国家透过立法受到自我约束”：主权就是合法进行自我约束与自我决定的唯一能力，将立法（民主）与对国家的约束相勾连。第三，进一步体现其为立宪国家辩护的是，他利用法学方法解决了国家与人民的身份关系，也就是人民相对于国家在法律上有主动关系（参与国家活动）、被动关系（人民依法向国家承担义务）、消极关系（人民依法享有自由权，国家不得侵犯）和积极关系（人民依法享有给付请求权，国家要积极满足）。[27]

最终，作为集大成者的耶利内克将国家的法律概念定义为：国家是由国民所组成的法人团体。它建立在一定的领土范围内，并且被赋予一种发布命令的权力，即支配权（Herrschaft）。[28]

作为耶利内克最强有力的批评者，凯尔森一方面同样捍卫多元主义的民主体制，但他认为民主法治国家只有依靠纯粹的法秩序才能获得保障，且必须确保法秩序的效力等级，通过闭合的效力传递机制和违宪审查监督来避免法秩序被打破，这与拉班德与耶利内克时代忽视“法的位阶顺序”有重大不同；[29]另一方面，凯尔森在方法论上反对“法的二元方法”，一是其担心对国家

---

[25] M. Stolleis, *Public Law in Germany* 1800 - 1914, Oxford University Press, 2001, pp. 323 - 325.

[26] G. Jellinek, *Allgemeine Staatslehre*, 2015, p. 317.

[27] ［德］耶利内克：《主观公权利体系》，曾韬译，中国政法大学出版社2012年版，第七章。

[28] G. Jellinek, *Allgemeine Staatslehre*, Andesite Press, 2015.

[29] 参见焦洪昌：《自由主义中立性原则的虚弱：对基础规范理论政治功能的批评》，载《清华法学》2012年第3期。

的本质作非法学的理解会引起各种政治价值与意识形态冲突;[30]二是他明确指出,法的两面性理论是不能成立的,因为"认识对象的统一性只能由认识过程,也就是认识方向和方法的一致性来保证",[31]按照凯尔森的新康德主义立场,法律上的国家与经验上的国家不可能是一回事,因为规范建构的产物属于主观意志领域,遵循归属律;经验实存的国家属于客观领域,遵循因果律,因此国家的双重性理论最终是取消了研究对象的统一性。

通过梳理国家法学的历史脉络,我们或可以对国家法学下一个定义,并与国家科学和国家学做出区分:所谓国家法学,也就是从一国现行有效的全部实证(宪)法材料中运用法律方法建构国家法律上主体(人格)地位的科学。

1. 与国家科学的区别。国家法学和国家学都脱胎于国家科学,是欧洲精神科学的一部分,无论何种研究方法都在根本上致力于对国家现象进行科学化、客观化的理解。因此,国家法学的著作往往首先要讨论这个学科在精神科学中的地位,以及与国家科学的关系。例如耶利内克的《一般国家学》就是从"国家学在科学中的位置"(Die wissenschaftliche Stellung der Staatslehre)开始整个主题的讨论。[32] 国家(科)学是围绕国家现象和理念进行整体性研究,在方法上则是哲学、政治学、社会学、法学各种方法并存,它与紧紧围绕实定法进行国家规范建构的国家法学有根本不同。

2. 与国家学的区别。按照伯伦知理的看法,国家学是对国家科学纯粹研究现象和经验的体系化与类型化。它要对国家的历史类型、正当性标准类型、内部构造类型进行"概念提纯",并在此基础上形成概念体系,由此具体历史经验得以过滤,国家及相关内容的概念体系得以形成。耶利内克在这个意义上指出"国家学是纯粹理论,不具有实践功能",[33]是我们简化复杂的国家经验与现象,认识抽象意义上的国家及相关内容的思维科学。国家学的方法不一定是法学的,也不一定围绕法规范意义上的国家展开研究,它既要认识经验意义上的国家,也要认识规范意义上的国家,国家法学继承了其类型化

---

[30] [奥]汉斯·凯尔森:《法与国家的一般理论》,沈宗灵译,中国大百科全书出版社1996年版,第206~210页。

[31] See H. Kelsen, *Allgemeine Staatslehre*, Springer-Verlag, 1925.

[32] G. Jellinek, *Allgemeine Staatslehre*, Andesite Press, 2015, p. 1.

[33] G. Jellinek, *Allgemeine Staatslehre*, Andesite Press, 2015, p. 37.

与体系化的研究方法,但始终将国家在规范体系上的人格建构作为根本。

国家法学有两个最为核心的问题意识:第一,在价值立场上究竟服务于何种国家类型?这个问题也可以说是神学自然法和理性自然法先后不能再为国家提供合法性基础后,借助法律实证主义来为新的国家形态提供论证,因此每一种国家法学背后其实都有一个具体的国家图像。第二,在方法论上法学方法处在何种位置?国家科学的时代,法学方法由于实证法不发达往往隐而不彰;一般国家学诞生后,法学方法则与政治学、社会学等并列,共同构成一般国家学的方法(如耶利内克),或者成为唯一的方法,一般国家学也就是国家法学(如凯尔森)。我们也可以看到,国家法学有两条演进的线索:从服务君主立宪国到服务法治国;由于成文宪法的出现及稳定,从方法论上的杂糅走向以法学方法作为核心。而越纯粹的法学方法则越发挥了法秩序的统治功能,从而越能捍卫法治国家,这正是国家法学最隐秘的逻辑预设。㉞

二、国家本质的基本建构

国家法学以国家作为研究对象,我们首先要了解究竟什么是"国家",它的本质是什么。然而,正如耶利内克所说,"国家"这个名词在科学上有用是因为它并不包含什么,而取决于作用的特定对象。㉟ 凯尔森也认为"国家"能够成为"一门学科的主题词",其特点就在于"最空泛的含义才是最好用的词",㊱但这也带来科学地认识国家本质的大敌:"国家的概念面临偏离实质的知识,而取决于价值判断的威胁。"㊲由此,我们可以看到,认识国家本质的困难一方面在于我们的认识取决于认识客体,也就是究竟从哪些经验意义上的国家特征来抽象和概括国家本质;另一方面取决于认识主体,也就是我们究竟预设怎样的国家价值观。这也是国家(法)学属于精神科学,必然与特定

㉞ C Thornhill, *Germany political philosophy*: *The Metaphysics of law*, Routledge, 2007.

㉟ G. Jellinek, *Allgemeine Staatslehre*, Andesite Press, 2015, p. 2.

㊱ H. Kelsen, *Allgemeine Staatslehre*, Springer-Verlag, 1925, S. 1.

㊲ H. Kelsen, *Allgemeine Staatslehre*, Springer-Verlag, 1925, S. 1.

价值相关的根本体现。从国家学传统来看,大体有两条认识国家本质的路径:[38]

(一)国家实在论与国家理念论

这种分类以德国学者伯伦知理为代表,其区分意义在于国家是一种客观实在还是一种主观精神。国家实在论以历史和现实存在的国家为研究对象,理念的国家理论则以一种在哲学上具有善和圆满的国家为对象,二者都致力于得到一个关于国家的普遍性概念。[39]

国家实在论

国家实在论认为,国家首先是一种社会–经验的现象,是一种人类实际的生活方式。无论是历史上发生的,还是现实存在的,都是可以通过对既有人类经验的归纳和类型化而把握住国家本质。这种理论的基本观点是:国家是一种人类团体,具有特定的现实功能。美浓部达吉相当正确地指出"以国家为一团体的思想,可以说几乎为一般人所承认的学说"。[40] 与人类其他社会团体不同,齐佩里乌斯提出国家本质可以从如下具体功能的角度加以理解:个体人格扩展的功能;提供与维护和平秩序的功能;调和共同意志(民主)与个体自治(自由)的功能。[41]

国家实在论主张从国家的历史起源和发展来把握国家的本质,认为国家是一种历史形成的人类团体,具体性质有利益团体和法律团体两种见解。[42] 围绕这两种进路发展出耶利内克进一步总结的"社会学的国家概念"(社会实在论)和"法学的国家概念"(规范实在论)。

作为一种利益团体的国家,这种观点认为,从原始社会的部落文明开始,人类开始了通过血缘关系凝聚精神统一的过程,这尤其表现在部落、宗族、家

---

[38] 综合归纳见 G. Jellinek, *Allgemeine Staatslehre*, 1900; H. Kelsen, *Allgemeine Staatslehre*, Springer-Verlag, 1925; J. K. Bluntschli, *The Theory of State*, Clarendon Press, 1892; Otto. v. Gierke, *Die Grundlbegriffe des Staatsrechts und die neuesten Staatsrechtstheorien*, Turbingen 1915; [荷]克拉伯:《近代国家观念》,王检译,吉林出版集团有限责任公司 2009 年版;[日]美浓部达吉:《宪法学》,欧宗佑等译,中国政法大学出版社 2003 年版;[美]迦纳:《国家论》,孙寒冰译,人民东方出版传媒 2012 年版。

[39] J. K. Bluntschli, *The Theory of State*, Clarendon Press, 1892, p. 15.

[40] [日]美浓部达吉:《宪法学》,欧宗佑等译,中国政法大学出版社 2003 年版,第 97~98 页。

[41] [德]齐佩里乌斯:《德国国家学》,赵宏译,法律出版社 2011 年版,第 153 页以下。

[42] [荷]克拉伯:《近代国家观念》,王检译,吉林出版集团有限责任公司 2009 年版,第 149 页。

族对本团体利益的维系,[43]并通过通婚、迁徙乃至权力征服,逐渐形成规模化的人口、稳定的领土和对内统治关系。因此,国家学或国家法学研究的"国家"(state)本质上是一个政治概念,而非空间概念或种族概念。齐佩里乌斯概括了四种历史上的动力机制来说明对利益捍卫的方式:父权制、统治契约、财产世袭和暴力征服。[44]

从世界历史维度来看,典型的国家形态有城市国家(City-State)、帝国(Empire-State)、领土国家(Country-States)和民族国家(Nation-States)四种。但要注意,这四种形态并非历史线性演进的,而是在21世纪的今天也共存于这个世界,因为State本质上是一个政治概念,政治标准构成了各种国家形态的根本差别,而这个标准是一个与时间无关、只与实际的特定利益和权力因素紧密相关的内容。

最早的国家形态在古希腊语中为"πόλη",也即polis,英语含义为"城市",这很符合希腊的实际形态即为一种"城市国家"(city-states)。罗马人称国家为"civitas",也是指一个城市里面的全体公民,后来发展出第二个含义"status rei publicae",或者干脆简称为"res publica",开始指向一种以城邦范围内公共利益和公共福利为最高目的的政治组织,也即共和国。这种"共和国"后来也发展为一种特殊的罗马帝国形态,与欧洲早期现代性出现的领土国家(country-state)和在此基础上生发出来的民族国家(nation-states)有很大不同,其重要差异也在于利益观的转变。

所谓古代"帝国"(Empire)的特征,按照在2017年著名历史社会学刊物*Thesis Eleven*发表的一篇最新文献的概括,包括五个特征:第一,中央集权和等级制,统治者只有君主一人;第二,帝国身份等级由家族和血统决定,由此形成社会固化;第三,帝国内部的文化、宗教具有多元性;第四,对内,帝国没有固定的管辖领域,对外则没有清晰和永久的疆界;第五,帝国不承认竞争者,自己认为是唯一世界秩序代表。[45] 可以说帝国的利益观是普世的,接受帝国自我界定的世界秩序的统一调整。

罗马帝国分裂后,从条顿人(Teutons)开始,逐渐直接以State指陈"一定

---

[43] [荷]克拉伯:《近代国家观念》,王检译,吉林出版集团有限责任公司2009年版,第149页。

[44] [德]齐佩里乌斯:《德国国家学》,赵宏译,法律出版社2011年版,第140页。

[45] S. Malesevic, Empires and Nation-states: Beyond the Dichotomy, *Thesis Eleven*, March 23, 2017.

领地范围内的政治组织",欧洲成为很多个有固定疆土的 states,共同利益和自我认同也从世界秩序转变为"国家利益"。"领土国家"最早在文艺复兴时期的意大利开始使用,并从16世纪向其他地方传播,例如德国十六七世纪开始使用 staat 一词。

State 的含义逐渐强化其政治含义而非空间含义,有赖于"以维护人民的安全和生存"为核心的"国家理由"理论之兴起。这种理论立足于欧洲早期现代性催生的国家之间的战争和兼并,理论家们复兴了西塞罗的思想,将国家存在的依据"由自然秩序和正义"转向"维护人民和国家的利益与实力"。国家甚至据此可以打破道德原则和实定法律,波尔认为"紧急状态下的权力"和"国家例外"观念的出现标志着政治意义上国家的出现。㊻ 例如,马基雅维利在《君主论》第二卷开头便说"凡有统治人民的权力者,就是国家(stati),所有国家或者是君主国或者是共和国"。㊼

这种共同的政治利益伴随着统一政治秩序(包括帝国)内种族、文化、语言、风俗等内容之不同而分化,重新按照同质性标准聚拢、集中或者由于帝国对异端的排斥,而形成新的国家(Nation-State)。这个排斥、分化、重新聚拢的过程就是所谓"民族意识"兴起的历史过程。斯泰因认为,每个国家都是通过人类共同生活形成的整合性人格,但这种整合人格一定通过"个体化的社会",也就是各个局部地区展现出来,这种"个体化的社会"就是民族。㊽ "个体化社会"内部具有同质性,但对于整合人格却必然造成一定离心力。从帝国到民族国家的进程就是"民族主权"(Volkssouveraenitaet)兴起的过程。按照国际历史学界最新的研究,民族国家也有帝国形态,例如对内垂直压迫,具有等级制,文化离心力也到处存在,如19世纪末德意志帝国的出现就是典型。因此我们要区分"方法论意义上的民族国家"和"本体论意义上的民族国家",前者是学者的分析工具,有意放大了帝国与民族国家的差异,用以解释帝国崩溃的原因。因此,方法论意义上的民族国家是一个政

㊻ T. Poole, *Reason of State: Law, Prerogative and Empire*, Cambridge University Press, 2015, pp. 3 - 4.

㊼ 概括参考自[日]美浓部达吉:《宪法学》,欧宗佑等译,中国政法大学出版社2003年版,第74~75页;[美]迦纳:《国家论》,孙寒冰译,人民东方出版传媒2012年版,第64~65页。J. K. Bluntschli, *The Theory of State*, Clarendon Press 1891, pp. 176 - 179.

㊽ L. Stein, *System der Staatswissenschaft* 2. *Bd*: "*Die Gesellschaftslehre*", 431. S, Stuttgart u. Augsburg, 1856, p. 50.

治概念，而非种族概念，不能用民族学和生物学的方法，只能用政治学和法学的方法去研究。也就说这种意义上的民族国家必须有内在的政治－法律规范性条件，这既是历史上的追求，也是一种只能无限逼近的理想：这些条件包括人民主权，反对等级与压迫，维护自由民主秩序，维护文化的多样性等。核心问题则是共同意志如何形成及与个人自治（人权）的关系。大体符合这些政治要件的民族国家在“二战”以后才真正出现，它是现代性与民主政治进程的产物。[49] 这种带有特定政治条件的民族意识在帝国内部兴起，最终造成帝国的分崩离析，成为现代国家出现的前提。有学者认为，它主要针对帝国三个方面发出挑战：高压政治的科层化、离心的意识形态和对琐碎生活的无所不包。[50] 由此可见，现代民族国家首先意味着一个执行部分功能的政治系统，与经济系统等其他社会子系统分离，监督但尊重社会其他子系统，仍然捍卫国家利益，但允许社会利益和个体利益的存在；其次，它意味着政治系统内部统治权的去中心化和辅助性原则，从高压走向扁平、分权与自治；最后，它意味着国家的价值中立和多元文化观念的存在。[51]

法律团体说同样是一种历史视角，是从国家与法律的关系视角来把握国家本质，在考察历史和经验的基础上得到一个哲学命题：法律是国家本质的逻辑前提和先验基础，“国家”就是“法治国”。在这个意义上，卢曼认为“法治国”概念是“一种有意义的同意反复”，正如英国法治传统所讲的“法律与统治覆盖在同一片土地上”；但这种反复表明了法律系统和政治系统互相寄生的逻辑关系，政治国家得益于法律将正当与不正当的区分规则化并进行管理；法律系统则得益于政治系统确保的和平秩序、权力区分而带来的法律严格执行。国家与法律成为各自的外部支撑条件。[52]

法治国形成的过程，按照卡尔·施密特的讲话也就是法治国原则先后与君主制和民主制相结合的历史，法治原则成为任何一种政治形式都可以内涵

---

[49] J. Hall, Taking Megalomanias seriously: Rough Notes, *Thesis Eleven*, March 23, 2017; J. Go, Myths of Nation and Empire: The Logic of American's Liberal Empire-State, *Thesis Eleven*, March 23, 2017.

[50] S. Malesevic, The Foundation of Statehood: Empire and Nation-States in the Longue Dure'e, *Thesis Eleven*, March 23, 2017.

[51] 齐佩里乌斯在分析现代国家特征的时候同样持这种观点，参见［德］齐佩里乌斯：《德国国家学》，赵宏译，法律出版社2011年版，第159页。

[52] N. Luhmann, *Das Recht der Gesellschaft*, Suhrkamp, 1995, pp. 425－427.

的要素。[53] 因此与利益团体说不同,国家的本质不是从现实利益结构去理解,而是从规范秩序形塑国家的角度去理解,但要注意,这种法律团体说并非是从法律规范上去分析国家的构成要件,把国家塑造成一个法律上的人,而是历史地考察国家成为一个法律上的人的过程,它为学者从这种社会学的视角转移到纯粹的法律视角去认识法律提供了历史经验基础和逻辑前提。在这个学说内部国家有君主专制国家、绝对主义的警察(立宪)国家、自由法治国和社会法治国等几个基本形态。

欧洲从13世纪开始,各个分封的国家其君主专制和中央集权逐渐出现,到十七八世纪达到顶峰。这个阶段法律与国家不具有构成性的联系,仅仅是一些自然法思想在起作用,君主或贵族拥有世袭的权利,人民不具有对抗王权的主观公权利。但是由于启蒙时期理性自然法思想的影响,法治国仍然以君主的自我道德约束和限制展现出来,这就是所谓的开明专制时期。18世纪欧洲普遍进入绝对主义的警察国时代,一方面国家任务的范围和强度极大扩展,介入社会生活的方方面面,介入对个人福利的干预,因此也是所谓的"福利国家"(Wohlfahrtsstaat)阶段,但这种全面干预和对福利追求的行为仍然不受法律的明确约束,法律只是所谓的"行政手册或指南"。[54] 所谓的"国库理论"(Fiskustheorie)开始出现,个人对于君主或领主有忍受其干预的义务,只有在特定条件下才能请求补偿;另一方面,这也是君主立宪体制开始塑造的阶段,统治权内部开始建立起法律对权力的赋予和控制,立宪君主制最终通过议会成为唯一的立法机关,行政机关从立法机关中分离成为保护公共利益的执行机构,君主变成受到法律约束、只有在法律效力的角度才能理解的"国家元首",这段历史最终促使人们认识到国家的本质只有在立法团体内才能看到,法律成为唯一约束力、而承认个人享有主权的旧观念已经消灭了。[55] 19世纪的自由法治国阶段本质上是自由市民阶层反抗统治权的结果,市民阶层要求对国家进行管制和监督,要求将国家的公权力活动限制到为保护公共安全和秩序、消除危险所必要的限度之内,将君主所谓的执行权,也就是行政权,在各个领域的活动都置于法律的约束之下,政治系统要退出对经济系统的全面干预。长久以来不受限制的执行权(君主权力)受到各种基本法和人

---

[53] [德]卡尔·施密特:《宪法学说》,刘锋译,上海人民出版社2005年版,第215页。

[54] M. Stolleis, *Public law in Germany* 1800－1914, Oxford University Press, 2001, p. 477.

[55] [荷]克拉伯:《近代国家观念》,王检译,吉林出版集团有限责任公司2009年版,第149页。

民制定的法律的约束。[56] 20世纪以来的社会法治国阶段,由于工业化和技术化发展,各种社会风险和不平等鸿沟加剧,强调国家仍然需要对人民肩负起生存照顾的义务,通过社会、经济、文化等领域的供应、给付和补贴成为重要的国家任务,但这个任务已经与合法性紧密联系在一起,国家的给付活动和社会塑造活动都要遵守法律厘定的权限,并尤其强调遵守宪法上的平等原则和行政法上的信赖利益保护。[57]

正是在这种历史变迁的语境中,康德认为"国家就是依照法律组成的多数人的团体",之后的史塔尔也提出"国家是具体的法律制度"。法律成为国家的先验基础,19世纪流行的"无法律、无行政",应该说就是这种主张的最佳体现。这种法律团体说的发生学为后来在法律规范上围绕国家法律人格建构的国家法学之流行奠定了实证和哲学的基础。

国家理念论

国家理念论并非科学的国家学或国家法学研究的对象。所谓理念的国家有两重含义:第一,在客观的国家组织和制度形态出现之前、纯粹存在于精神世界中的国家形象与构想,如柏拉图曾将国家想象成一个完美、大写的人,即从人身上的精神要素去理解国家的主观方面;[58]黑格尔认为的国家是"客观精神在世界历史上的最高实现"也是这样一种学说。第二,以理念的国家指"完美的国家",以对称不完美的国家,如伯伦知理提出的"世界国家"概念,即建立在全体人类和地球全部疆域基础上的共同体。神学世界观中的所谓"国家神意说"也是此种理念论的一个理论变体。奥古斯都就在《上帝之城》中认为"世俗国家是神性的流溢。所谓人世是神世的殖民地,神世是人世的艺术品"。国家理念论离开了现存的实证材料和经验要素讨论国家的本质,更多被认为是一种纯粹哲学思辨,在19世纪后的国家学和国家法学中并没有重要的理论位置。

(二)社会学的国家概念与法学的国家概念

既然国家学主要从国家是一种人类团体的实在论角度展开,那么这个

---

[56] M. Stolleis, *Public Law in Germany* 1800 - 1914, Oxford University Press, 2001, p. 483.

[57] M. Stolleis, *Public Law in Germany* 1800 - 1914, Oxford University Press, 2001, p. 492. [德]毛雷尔:《行政法学总论》,高家伟译,法律出版社2000年版,第17页。

[58] G. Jellinek, *Allgemeine Staatslehre*, Andesite Press, 2015; H. Kelsen, *Allgemeine Staatslehre*, Springer-Verlag, 1925.

“团体”的本质是什么,有哪些具体的要素?由此分化出“社会学的国家概念”和“法学的国家概念”两条基本路径。

社会学的国家概念

耶利内克认为国家首先是一种社会实在,是一种现实的人类团体,这是研究国家本质的起点,无法绕开,至于这个团体的具体内涵,他总结19世纪以来的国家学,认为有偏向客观要素的国家概念和偏向主观要素的国家概念。

偏向客观要素的国家概念是将国家理解为某种客观的社会存在,有如下代表性主张:

(1)国家作为事实

耶利内克认为这种观点是强调国家就是一个客观存在,它就是一种特定的社会事实或社会权力关系,[59]在事实理论(Tatsachentheorie)中,一种更具体的典型观点是所谓的“国家实力说”(Machtstheorie),也就是不把国家的统治当作一种道德上正当或法律上的权利,而是视为一种事实存在的威力。[60] 马克思学说即将国家理解为经济上强势地位的阶级对弱势阶级的一种统治。耶利内克从新康德主义立场出发,认为这种学说完全混淆了国家的社会要素和法律要素,不可能发展出正确的国家法学思维。[61]

(2)国家作为状态

耶利内克认为这种观点来自自然法传统,国家被认为是与自然状态(status naturalis)相对应的公民状态(status civilis),他同时援用康德的观点“人民彼此的个体关系所构成的状态称为公民状态,人民的整体相对其个体成员,则称作国家”,认为这种理论主要表现为统治状态论或统治关系论。[62]例如,比斯科夫(Bischof)在《一般国家学》将国家理解为一种客观存在的、在某个区域里所有的个体意志服从于某个特定意志的状态。林格(Lingg)则认为国家是某一区域内的人民的统治关系。耶利内克对这种状态说的根本批评在于,这种观点对统治状态和统治关系缺乏规范链接和联合力量作为整合工具,因此是将现实的关系和状态做了纯粹事实上杂乱无章的排列,由此导致在现实生活中有多少统治者就有多少统治状态和统治关系,但对于如何实

---

[59] G. Jellinek, *Allgemeine Staatslehre*, Andesite Press, 2015, p. 140.

[60] [日]美浓部达吉:《宪法学》,欧宗佑等译,中国政法大学出版社2003年版,第90页。

[61] G. Jellinek, *Allgemeine Staatslehre*, Andesite Press, 2015, p. 142.

[62] G. Jellinek, *Allgemeine Staatslehre*, Andesite Press, 2015, p. 143.

现意志的统一服从性则在理论上无法说明。[63]

(3)国家等于某一个具体要素

耶利内克认为这种理论实际上是将国家的概念等同于他主张的三要素中的某一个具体要素,因此有三种主张:第一,国家等同于领土。这种理论实质上来自于中世纪的世袭理论,将国家等同于某种以土地为核心的世袭罔替的财产;第二,国家等同于一定数量人之集合。这种理论将国家等同于它管辖内的人民(*Der Staat als Volk*)。耶利内克认为,这种理论看起来有一定道理,尤其在近代人民主权说兴起后,人民成为国家主权者似乎也理所当然,但是这种理论任何国家是人口的集合实际上是混淆了个体的人和作为主权者整体的人,它不能解释和说明为何个体的人被组织起来成为一个最高的、共同人格的;[64]第三,国家等同于统治者(*Der Staat als Herrscher*)。这种观点实质是将国家等同于政府,等同于主权的实际行使者。这种观点尤其流行于各种契约论版本,如在霍布斯的理论中,国家就是那个经过全体公民授权之后统一、集中行使最高统治权的人。但耶利内克敏锐地指出,如果国家是一个有血有肉的统治者,那无法解决权力行使连续性的问题,因为统治者终究会死亡,也无法解释国家是如何实现统一意志的。[65]

(4)国家作为自然的有机体

国家有机体说(*organische Staatslehre*)是一个古老的、但影响巨大的解说国家本质的理论。有机体本指自然界生物,强调一个生物的各个部分组成了生命整体,但生命整体却并非各个器官或组成部分简单之叠加。按照美浓布达吉的概括,国家有机体说有三个基本理论主张:第一,国家是基于人类天性的自然的产物,而非人为制造的;第二,国家虽然由多数人组成,但它本身是一个具有独立生命的整体,具有自身的目的,国家的生命和目的并非是个体的简单叠加;第三,国家具有独立的意志,保持其生命,实现其目的。[66] 这种思想早在古希腊亚里士多德解释城邦之形成的理论的时候就已经出现,在黑

---

[63] G. Jellinek, *Allgemeine Staatslehre*, Andesite Press, 2015, p. 142.

[64] G. Jellinek, *Allgemeine Staatslehre*, Andesite Press, 2015, p. 144.

[65] G. Jellinek, *Allgemeine Staatslehre*, Andesite Press, 2015, p. 147.

[66] [日]美浓部达吉:《宪法学》,欧宗佑等译,中国政法大学出版社2003年版,第92~93页。

格尔思想中达到哲学高峰。[67] 在近代国家法学中,最重要的理论旗手则是奥托·吉尔克(Otto. Gieke)与斯泰因。

按照基尔克的解说,社会中人的本质建立在他的双重人格属性之中,他同时具有个体人格和分享某一个团体的人格,这个团体人格是全体个体人格的统一体,其有自身的物理和精神生命,可以视为一个团体人(Verbandsperson),也就是社会有机体。国家就是最高的社会有机体,它以独立的意思表示实行强制力,以实现特定的目的。[68] 斯泰因也认为每一个国家都是一个完整的有机体,这尤其以专制时代的国王最能说明问题。在法秩序之下,由于法律对国家和个人的规范连接作用,国家拥有的完整人格意志(der einheitliche, persoenliche Wille des Staates)通过法律实现对多元生活和个体人格的整合,并通过相应的国家机构来具体体现和发挥这种人格意志功能。[69] 耶利内克进一步总结,国家有机体说有自然有机体说和精神-伦理有机体说两个方面。前者视国家为一个遵循自然定律的独立、客观生命,有超越个体的物理和组织形式,主要通过国家机构来体现;后者更强调国家有机体的生命灵魂和精神一面,强调国家本质不在于组织体,而在于特定的人格意志与追求。[70]

耶利内克对自然有机体说最关键的批评有两点:第一,自然有机体说认为存在一个"社会总体有机体",在此之下,国家、教会和其他社团并行存在着,它们是同样的人不同人格属性的反映,但这恰好违反了有机体的自然含义,局部只能唯一的归属于一个整体;第二,国家不可能像真正的有机体一样,具有自我繁衍的自然天性。[71]

偏向主观要素的国家概念主要有国家作为精神-伦理的有机体和国家作为统一社团两种观点。

---

[67] 国家有机体说的理论演进史可以参见 von Krieken, *Über die Sorgenannate organische Staates Theorie*, 1893. *L. Stein*, *System der Staatswissenschaft* 2. *Bd*:"*Die Gesellschaftslehre*", 1856。Otto. v. Gierke, *Die Grundlbegriffe des Staatsrechts und die neuesten Staatsrechtstheorien*, Turbingen, 1915.

[68] Otto. v. Gierke, *Die Grundlbegriffe des Staatsrechts und die neuesten Staatsrechtstheorien*, Turbingen, 1915.

[69] L. Stein, *System der Staatswissenschaft* 2. *Bd*:"*Die Gesellschaftslehre*", 1856, p. 55.

[70] G. Jellinek, *Allgemeine Staatslehre*, Andesite Press, 2015, p. 150.

[71] G. Jellinek, *Allgemeine Staatslehre*, Andesite Press, 2015, p. 152.

（1）国家作为精神－伦理的有机体

这种理论实际上介于国家实在论和国家理念论之间，其实在性程度比较低。精神－伦理的有机体说在本质上试图回答一个问题：国家的统一人格是如何建构起来的？在方法论上它反对用机械论（*Mechanismus*）来理解国家与局部的关系，局部人格构成一个统一的国家人格是一个目的论（Zweck）范畴，也就是由于特定目的或精神的指引，各个局部在时间和空间上被连接起来，持续性地为实现特定目的而自我演变，最终成为一个整体人格。国家不是功能相关、而是目的相关的概念。国家与局部之间的联系不是机械联系，遵循因果律；而是有机联系，遵循目的论，是因为特定目的而实现了国家的整体人格。同时，这个整体人格形成的过程是自然演进、而非人为设定的。

耶利内克认为，国家的概念的确要在一种目的论范畴中去理解，也就是说，我们的局部在特定时空里持续性连接为一个整体，这个背后的秩序必然不是自然因果律，而是朝向和实现特定主观目的的。只是，这种目的论解释不能依附在“有机体”这样一个不是“实体”的“实体”之上，国家本身不可能具有自然意义上的肉身，所以没有一个物理意义上的整体来反映这个目的，这与柏拉图哲学中从人的肉身反映灵魂是根本不同的，从而会将这种目的变成神秘之物，如所谓的“民族精神”。[72] 另外，耶利内克认为，将国家当作一种自我演化的有机体实际上将这种主观目的放置在自然生物遵循的进化论法则之下，但国家实际不是依此法则而自然演化，国家的目的带有相当大的意志决断以及人为设计、选择等偶然因素，甚至带来“瞬间经历最为暴力的重构”的效果。[73]

（2）国家作为统一社团

耶利内克认为，这种观点具有极大合理性，也是近代以来讨论国家本质的基本共识。但是，他认为这种观点的理论本意并非去解说这个社团究竟在经验上包含什么具体要素，而是要确立一种思考国家本质的思考方式，也就是建立起“在多样性中建立统一组织体”作为国家的先验思考范畴，“是一种思维的必然和正当的认识论工具”。[74] 如同凯尔森所预设的“基础规范”一样，它并没有具体内容，也没有回答法的本质，但它是我们思考法律这样一种

---

[72] G. Jellinek, *Allgemeine Staatslehre*, Andesite Press, 2015, p. 159.

[73] G. Jellinek, *Allgemeine Staatslehre*, Andesite Press, 2015, p. 162.

[74] G. Jellinek, *Allgemeine Staatslehre*, Andesite Press, 2015, p. 165.

事物的先天思维条件。

国家是一个通过固定组织和持续性目的而联合起来的社团,我们只有从目的论范畴出发去思考国家,才能解释个体意志是如何整合为整体人格的,也才能解释虽然国家机构可以调整、国家公职人员可以更替,但国家依然存续。建立在中世纪社会团结理论基础上的基尔克社团理论,强调个体之间的团结、协助,以及国家对于个体的照看,都可以在追求和实现持续性目的的理论上得以解说,也孕育后来的社会国思想。但耶利内克指出,基尔克将社团理论和有机体理论结合在一起是不对的,在耶利内克看来,这就犯了范畴混淆错误,社团理论并非要证明某一个客观实存的物理空间独立于每个个体之外,而是要求我们要从国家统一的经验现象中抽象出"统一目的"这样一个"统一如何可能"的思维范畴,它沦为实体论就会出现前述对有机体学说的批评。

但耶利内克对社会学意义上的社团理论不满就在于,它不能解释国家相对于其他社团的特殊性,尤其没有看到法律在形成持续目的中的作用,由此他援用贝尔纳奇克(Bernatzik)的观点,区分了共同体(Gemeinwesen)和法人(juristische person),并指出海涅尔(Haenel-R.)的观点:作为实体社团的国家(Korporativer Verband)和作为法律人格的国家(juristische Personlichkeit)是不同的,前者其实在经验世界里无法找到一个真正的实体。[75]

法学上的国家概念

法学上的国家概念是国家法学的核心关怀。无论是耶利内克还是凯尔森都认识到,仅仅从社会学或经验观察归纳意义上来把握国家的本质,或者是不够的,或者是不可能的。虽然二人的实质主张不尽相同,但作为新康德主义哲学的传人,都与康德一样,不是去问认识得到的具体知识,而是让理性首先为自己立法,解决一个根本的前提问题:知识是如何可能的?在耶利内克看来,这个问题在国家法学里就转化为:"我怎样从法律的角度出发思考国家?"因此,要认识法学上的国家概念,必须先认识法学的一般性质。

耶利内克与凯尔森认识法学的性质是从新康德主义坚持实然和应然二分的立场出发的,认为法律世界是一个由抽象观念、概念和规则构成的应然世界,法律科学则在本质上是一门以目的论范畴为核心的规范科学,它的研

---

[75] G. Jellinek, *Allgemeine Staatslehre*, Andesite Press, 2015, p. 164.

究对象不是具体客观事物。因此法学研究人的客观外部自然现象与社会现象，以根据因果律范畴进行解释的自然科学截然不同，耶利内克谈到：

“法律的世界是一个抽象的世界，而不是虚构的世界。抽象以内心和外部世界的事实为基础，而虚构则用臆想的情形代替自然的情形并把二者等同起来。抽象植根于事实，虚构立足于臆造。对抽象和虚构之间本质区别的错误认识在很大程度上导致了对国家法基本概念之错误理解的产生。”(76)

凯尔森也认为法学的规范性就在于它是客观世界的主观表达，这种主观是一种意志的体现。法学研究的对象不是外部世界，例如耶利内克认为各种法律制度，买卖、租赁、婚姻、所有权等，都是人的心理意志的作用，“心理要素是法律制度的基础，但对它进行研究却是法学以外学科的任务。法学既不必也不能认识自然存在，它的任务不是证明具有无上权威的自然法，而是去理解那些有前提的、不以必然而以应然为内容的、支配着行为人实践性生活的规范”。(77)

因此，耶利内克认为，在法学上认识国家不能否认“生活在特定区域的、被一个统治者所统治的人民这一自然、历史的事实”，它是对国家概念进行法学研究的理论基础，(78)但国家的法学概念不是一种社会实在性，它必然与经验无关，只有人通过法律表达了对国家经验现象的主观意义才能得到国家的法律概念，是法律如何看待国家，而不是国家在经验上有哪些内涵，这个结论才是法学上的国家概念。由此，耶利内克给出了法学上国家概念的两个结论：第一，一个以领土为基础的、人的统一体(Einheit)；第二，这个统一体拥有法律上的人格(juristische Personlichkeit)。(79)

这个结论体现了耶利内克“国家的双面属性”主张，通过目的性范畴将国家的经验因素(领土、人口等)连接成法律上的人格体，尽管国家的法律概念保留了经验性要素，但通过追问国家概念得以成立的先验范畴将经验性范畴纳入了规范性秩序，这是对纯粹社会学仅仅停留在描述、观察和归纳国家现象的巨大超越。

然而，凯尔森认为这种既从社会学，又从法学的角度去认识国家概念的

---

(76) [德]耶利内克：《主观公权利体系》，曾韬译，中国政法大学出版社2012年版，第18页。
(77) [德]耶利内克：《主观公权利体系》，曾韬译，中国政法大学出版社2012年版，第17页。
(78) [德]耶利内克：《主观公权利体系》，曾韬译，中国政法大学出版社2012年版，第21页。
(79) [德]耶利内克：《主观公权利体系》，曾韬译，中国政法大学出版社2012年版，第21、27页。

努力是失败的。他认为,国家在社会学和经验维度上能够被观察到,或者说我们能够意识到某一个共同体可以称为“国家”,恰好是国家的法学概念来保证和实现的。[80] 这是因为,当人们观察到国家内部的各种统治现象和统治关系,观察到各种命令 - 服从,权威 - 受众,他们之间的关系都是规范性的,“国家只有作为规范秩序,才能是一个人可以使个人负有义务的一种权威”,[81]因此只有依靠规则(即便不是国民法治国意义上的法律)才实现物理形态的统一和连续性,法学的规范性概念必然预设到国家的概念中,成为我们对国家进行社会学思考的根本逻辑前提。凯尔森说:共同体这个事物本身就预设着“不是那个通过生物学、心理学建构起来的‘人’(Mensch)的功能,构成了法律规则——作为法律科学判断的内容。当我们意识到不是‘人’,而是‘人个体’处于法学研究的视野之中时,那么人们就会认识到,生物学 - 心理学上的人和法学上的人个体是不同的实体”。[82]

凯尔森进一步指出,国家的存在领域是规范效力领域,而不是因果的现实领域,我们赋予国家概念的独特的统一性不是处于自然现实的世界中,而是处于规范或价值的世界中,以及国家依其本质是一个规范体系或者说是此种体系的统一表达,那么我们其实就已经认识到,作为秩序的国家只能是一种法律秩序,或者说是该法律秩序的统一性的表达。[83] 由此,凯尔森认为,国家的法学概念只能理解为“集权化的法律秩序”,[84]理解为一种统一的国家人格体,排除了具体的经验 - 现实要素。

为什么耶利内克和凯尔森同为新康德主义者,在国家概念上却不同呢?这需要我们简单了解新康德主义的内部差异。

新康德主义是 19 世纪末在“返回康德”的口号下体现的一个哲学主张,它基本的理论旨趣是同时反对流行于 19 世纪的黑格尔抽象思辨哲学和实证主义(自然主义)倾向,并对科技文明隐含的工具理性消解价值保持戒备。新

[80] [奥]汉斯・凯尔森:《法与国家的一般理论》,沈宗灵译,中国大百科全书出版社 1996 年版,第 212 页。

[81] [奥]汉斯・凯尔森:《法与国家的一般理论》,沈宗灵译,中国大百科全书出版社 1996 年版,第 212 页。

[82] See H. Kelsen, *Allgemeine Staatslehre*, Springer-Verlag, 1925.

[83] See H. Kelsen, *Allgemeine Staatslehre*, Springer-Verlag, 1925.

[84] [奥]汉斯・凯尔森:《法与国家的一般理论》,沈宗灵译,中国大百科全书出版社 1996 年版,第 212 页。

康德主义有两个基本学脉:主张从认识对象入手的马堡学派,奠基人是H.柯亨;主张从认识主体入手的西南学派,以文德尔班、李凯尔特为代表。马克斯·韦伯受到西南学派重要影响,但最终走出了一条统一认识主体与认识对象、结合"理解与解释"的第三条社会科学方法论道路。[85] 马克斯·韦伯统合自然科学与文化科学的道路,应该说与他的挚友耶利内克的理论关键点极为相似。

马堡学派认为康德的纯粹理性建立起来的先验范畴可以为认识提供非实证主义的坚实基础,由此抵抗将一切认识对象进行自然化(化约为生理、心理现象)处理的倾向。这一抵抗的关键在于重建认识论工具的"纯粹性"。凯尔森正深受柯亨的影响,他的基础规范理论实际上就是康德哲学在法学领域中的先验预设,在国家学上,他认为从经验要素里导出的任何国家概念都是自然主义倾向的,都实际上以心理学作为基础,从而都导致认识对象的不纯粹,只有研究方法和研究过程的法律纯粹性,才能得到一个不受经验影响而变动的国家法概念。由此他批评国家双面性理论,实际上是从两种研究方法出发,运用了因果性和目的性两种不同的范畴,而不同的范畴是不同逻辑层次的问题,不能同时作为认识国家的根据。[86]

西南学派认为,对事物的认识不仅仅关乎认识对象,也关乎认识主体。人对外部世界的认识总是涉及特定的价值观,因此认识总是"价值关联"(Wertbeziehung)的,是我们特定的文化世界和价值体系决定了我们选定认识对象,并通过特定的价值眼光和视角将本身无意义、凌乱的经验重新组织起来。耶利内克深受这种价值哲学的影响,他一方面承认经验对于了解国家本质的重要,另一方面仍然一定要通过经验回溯国家这个现象先天预设的价值和目的。

因此,凯尔森与耶利内克的共同之处在于,都反对"方法论上的杂糅主义",都强调国家的法学概念必须通过某种先天的纯粹概念予以预设;但差别在于,凯尔森认为这个预设必须是纯粹、抽象的规范秩序,没有具体内容;而耶利内克则认为这个预设要与一定的价值或目的相关,而这个价值和目的又可以透过经验来发现,也可以将经验规范化,"因此获得与法和社会二者均相

---

[85] 新康德主义哲学概述 Neo-kantianism, edited by Miller, Alphascript Publishing 2011. F. Beiser, *The Genesis of Neo-kantianism*:1796 – 1880, Oxford, 2017.

[86] H. Kelsen, *Allgemeine Staatslehre*, Springer-Verlag, 1925.

关联的知识,对探明国家法的问题具有重要意义”。[87]

三、国家法学的基本范畴与方法体系

(一)国家概念的先验范畴

尽管耶利内克与凯尔森在具体结论上有不同,但他们超越前人的地方就在于在法学领域接续康德哲学,为国家概念确立先验范畴,摆脱直接从经验中去描述和归纳国家的现实要素,从而使纯粹、客观、科学地认识法学意义上的国家成为可能,国家法学也就成为一门科学。

按照康德哲学来说,客观的知识一定是先天判断。所谓先天判断也就是脱离了具体经验仍然在逻辑上具有普遍效力和必然性的判断。[88] 康德认为,判断有两种:

分析判断和综合判断。所谓分析判断是谓词对主语概念的解说,没有增加新的知识,它纯然是解释性的,遵循形式逻辑的同一律,例如“A 就是 A”。因此,分析判断一定是先天的,但它对于我们增进对事物的认识没有任何知识上的帮助;综合判断是谓词扩大了主语概念的含义,对原有知识进行了增添,从而是扩展性的。[89] 由此,综合判断则有可能是后天的、经验的。例如,“国家是由人口、领土和统治权构成的组织”就是一个综合判断,因为谓词增加了“国家”的内涵。那么,人要达到对外部世界的客观认识,就必须是一种先天综合判断,它既扩展了知识,又是先天的,超越于具体经验。这种先天综合判断如何可能呢?康德认为,经验是杂乱无章的,就像自然界,充满着无序,但我们可以按照一定的规则将经验重新秩序化、综合化,那么为一个判断中的各种经验表象提供统一性的功能,也为一个直观中的各种不同表象的纯粹综合提供统一性,这种功能就叫纯粹知性概念,沿用亚里士多德的术语,也

---

[87] G. Jellinek, *Allgemeine Staatslehre*, Andesite Press, 2015, p. 149.

[88] [德]伊曼努尔·康德:《纯粹理性批判》,李秋零译,中国人民大学出版社 2010 年版,第 17 页。

[89] [德]伊曼努尔·康德:《未来形而上学导论》,李秋零译,中国人民大学出版社 2010 年版,第 267 页。

叫范畴。[90]

康德进一步认为,所谓范畴就是"从普通的知识中找出一些根本不以特殊经验为基础、尽管如此却出现在一切经验知识中、仿佛是构成了经验知识的纯然联结形式的概念"。[91]

因此,人的纯粹理性中预设的先天范畴是我们将杂乱无章的经验进行秩序化的根本动力,找到国家在法学上预设的基本范畴,是我们用法律统一一切经验意义上的国家现象的前提,也是摆脱经验认识国家的唯一科学途径。那么,国家在法学上的先验范畴是什么?我们首先要看看国家处在人的认识的哪一个领域。

按照康德学说,人的知性(纯粹理性)在于认识自然,自然遵循因果律;人的(实践)理性在于实现自由,自由遵循道德律。无论是因果律还是道德律,都不以人的主观意志为转移,具有客观性。然而,我们发现,法律意义上的国家,既不是遵循因果律,也不是遵循道德律,因为法律是一种规范现象,规范是人意志的产物,那么意志在什么领域呢?康德认为,意志存在于自然向自由过渡的领域,它同时包含着自然和自由的要素。

他论证说:"作为欲求能力的意志,一方面是世界上多种多样的自然原因中的一种(有愉快或不愉快的心理基础——笔者所加);另一方面,凡是被表现为通过一个意志而可能(或必然)的东西,又都叫作实践上可能的,因此给意志的因果性提供规则的概念既是一个自然概念,又是一个自由概念。"[92]那么,意志的先天实践能力被康德称为判断力(*Urteilskraft*),这是人的高级理性能力。

所谓判断力,康德进一步解说就是"把特殊的东西当作包含在普遍的东西之下来对它进行思维的能力"。[93] 由此,我们可以发现,法律作为一种意志的实践,正是要追求把特殊的东西(如个别案件事实)涵摄到普遍规则之下,

---

[90] [德]伊曼努尔·康德:《纯粹理性批判》,李秋零译,中国人民大学出版社2010年版,第59页。

[91] [德]伊曼努尔·康德:《未来形而上学导论》,李秋零译,中国人民大学出版社2010年版,第263页。

[92] [德]伊曼努尔·康德:《判断力批判》,李秋零译,中国人民大学出版社2010年版,第181页。

[93] [德]伊曼努尔·康德:《判断力批判》,李秋零译,中国人民大学出版社2010年版,第188页。

因此它既不遵循因果律(实然,Is),也不遵循道德律(应然,Ought),而是遵循归属律(意然,Must),由此我们可以理解为什么凯尔森要既反对自然法,又反对法律的社会理论。

那么,判断力如何发生?康德认为,意志的生理基础在于愉快或不愉快,由此它一定是目的导向的(追求愉快,避免不愉快),所谓目的,就是"关于一个客体的概念,只要同时包含着这个客体的现实性的根据",任何事物的发展都是由其内在目的所支配,是对内在目的的实现。所谓"目的的实现"就是"合目的性","一个事物与各种事物的那种唯有按照目的才有可能的协调一致性,就叫该事物的形式的合目的性"。[94] 康德进一步把目的范畴分为自然领域的形式合目的性和自由领域的实践合目的性。[95]

对于法学上的国家来说,目的性正是其第一个基本范畴。也就是说能称为"国家"的事物,一定不是简单的人的聚合,它是按照一定的内在目的聚合在一起的整体,正是在这个意义上,耶利内克指出:"国家建立在空间上有界限的一部分土地的表层之上。在这个有限的领土上生存的人们追求着共同的、持续的、统一的、将人们联结在一起的、只有通过持续的制度才能实现的目的。尽管国民的构成不断改变,对我们的实践性思维而言,国家基于这些不变的目的仍然表现为一个目的论上的统一体。基于这种思维过程,追求着这些目的的国家权力最终表现为一种持续性的统一的权力。"[96]

我们只有从目的性范畴出发,才能将古往今来各种纷繁复杂的国家形态和现象进行科学的整合,它们都只有在目的性范畴里才能被规范化,形成有秩序的整体。如果说目的性是国家的内在范畴,我们就可以从目的性的外在形式上发现国家在法学上的第二个基本范畴:统一性。因为目的性意味着事物内部各要素协调一致的可能,因此预设目的性就一定在外在形式上预设着"统一性"。国家在法学上的概念可以说是内在目的性范畴和外在统一性范畴的结合。

"国家"是"目的性"与"统一性"范畴中的事物,这种哲学预设反映到法

---

[94] [德]伊曼努尔·康德:《判断力批判》,李秋零译,中国人民大学出版社 2010 年版,第 190 页。

[95] [德]伊曼努尔·康德:《判断力批判》,李秋零译,中国人民大学出版社 2010 年版,第 191 页。

[96] [德]耶利内克:《主观公权利体系》,曾韬译,中国政法大学出版社 2012 年版,第 125 页。

学思维和法律概念体系里，就是它必然预设“人格统一性”。也就是说，在法律上国家就是一个人，可以成为法律关系的主体，因为只有成为一个法律上的人，他才能有自主的目标，表达意思，并保持行为的统一和连续。

（二）国家作为法律上的人格体

1. 人格与国家的人格

“人格”（personlichkeit）是罗马私法的伟大创造，它实现了自然人与法律身份、资格的分离。所谓“人格”原意是演员演出的面具，引申为在具体社会关系中特定人体现的身份和资格。在罗马人看来，人格总是具体的，在不同的社会关系中有不同的内涵，一个人在不同的法律关系中也可以有不同的人格。因此，这个概念一开始就不是对生物意义上的人（Mensch）属性的揭示，因为很多生物意义上的人并没有人格，如奴隶；而是对某种可以享受法律上的身份和地位的人的特征概括。经过近代主体哲学和人文主义精神的洗礼，在拉伦茨看来，现代德国民法典的精神基础就是建立在从 Mensch 到 Person 的转变基础上，背后预设的是“伦理学上的人格主义”，“人格人”成为法律预设的主体，也就是“人依其本质，有能力在给定的各种可能性范围内，自主地和负责地决定他的存在和关系，为自己设定行为设定目标并对自己的行为加以限制。”[97]因此，人格这个概念不属于自然世界，而属于意志世界，是人主观拟定的概念，用以揭示人的某种地位或身份。“人格”在耶利内克看来本身就是一个法律概念，没有所谓的“天然人格”，是立法者创设出来的承担法律上权利和义务资格的主体。[98] 经过近代哲学洗礼，它与一种自由理性且自负其责的特殊“人的形象”联系在一起。

在罗马法上，具有人格的人一种是自然人，另一种就是组织体（当然，罗马法也包括物具有某种人格的说法）。国家作为非自然人的组织体，被认为是一个“法人”而存在——处在某种法律上权利义务关系或存在一定法律地位之上，是一种源远流长的观念。罗马人就曾创造出“国家作为一个自然法人”（与村庄、部落一样自然存在）的命题。欧洲大陆中世纪的团体理论也基于某种共同体意识和协作理论（theory of association），将团体区分为“法人团体和非法人团体”，前者如国家，被认为是一种具有共同意志和意思能力的团

[97] ［德］卡尔·拉伦茨：《德国民法通论》，谢怀栻等译，法律出版社 2003 年版，第 45～46 页。

[98] G. Jellinek, *Allgemeine Staatslehre*, Andesite Press, 2015, p. 359.

体法人,后者如家庭。[99] 在古老的英格兰法律传统中,早在中世纪就视王室为一个"单体法人",[100]在近代德意志罗马法传统和日耳曼传统中也分别发展出以萨维尼为代表的国家法人拟制说和以基尔克为代表的国家法人自然说。

所谓国家法人拟制说,萨维尼认为,国家具有人格,就是国家具有像人一样的行为能力,这是法律的有意创造和规定。具体统一民族是实在法的承担者,借助国家这个具有人格、从而"可见"的存在而体现自身的精神。民族共同体精神的实在形态就是国家(Staat)。法律存在于共同的民族精神中,因此就存在于国家的总体意志中。一方面,这种国家的总体意志也是每个个人的意志。另一方面,个人根据其自由,能够通过自己的意志而反对他作为整体中的一个成员所思考和意图的东西。萨维尼认为这种矛盾"就是不法,或者就是法律违反"。如果法律要继续存在或者处于支配地位,那么这种"法违反"就必须被消除。但如果这种消除应当独立于任何偶然,并获得稳定的保障,那么这只有在国家中才是可能的,因为只有在这个时候,法规则才作为外在和客观之物而面对于个人。因此在法律上必须创设出国家的意志和行动能力,像自然人一样,通过执行整体意志的行动,实现对个人意志的监督。[101]

国家法人自然说则在如下论说上与拟制说不同,第一,国家取得法律地位,但这种地位本身不是法律的创造,法律认为团体法人是权利义务的承担者是一种基于尊重事物本性的承认、发现,而非创造;[102]第二,国家作为一种有机体,并非按照法律的要求行动和发展,而是按照自身内在属性缓慢演进;[103]第三,国家乃至一般团体,作为法人,除了具备法律人格之外,还具有道德人格,这种道德人格源于一种道德情感(moral sentiment),源于一种有机体的内在团结之精神需要,因此立法要摧毁一个这样的人格,必然会遭受惩罚。[104]

按照萨维尼的论说,我们可以发现,国家人格必然包含三个法律上的构成要件:第一,意思能力。国家要有为实现目的而形成独立意思表示的可能,从一般团体的设立来说,这种目的及为实现目的而做出意思表示的规则主要

---

[99] Otto. Gierke, *Natural Law and the Theory of Society*, Cambridge University Press, 1934.

[100] F. W. Maitland, *State, Trust and Corporation*, Cambridge University Press, 2003, p. 33.

[101] [德]萨维尼:《当代罗马法体系》(第1卷),朱虎译,中国法制出版社2010年版,第25~26页。

[102] F. W. *Maitland*, *State, Trust and Corporation*, Cambridge University Press, 2003, p. 68.

[103] Otto. Gierke, *Natural Law and the Theory of Society*, Cambridge University Press, 1934.

[104] F. W. *Maitland*, *State, Trust and Corporation*, Cambridge University Press, 2003, p. 68.

体现为章程,国家则需要体现在宪法文本中。第二,人的联合。作为一种团体法人,其基本形态在于一定人的联合,对外表现为特定范围人民的联合;对内则必须有用于表现精神要件的物理性部分,对国家而言就是机关(也是一种特殊的人的联合,即公务员的联合),基尔克也把机关叫作“国家之内的团体”,类似于有机体内部的器官,他们本身也自组织为一个人格。第三,权利能力。国家必须有行使宪法和法律上允许的进行统治的资格,这不同于它在政治现实上拥有的国家权力,才能完成精神意志所设定的行动目的,即国家任务。对于私法人来说,这个权利能力取得需要国家的许可或备案,[105]而国家作为一个法人,他的统治权则归根结底需要宪法的许可或备案。

2. 国家为何需要成为“法人”

从历史和理论的双重视角看,国家之所以很早就被作为一个法人来对待,主要有三个原因:

第一,基于法律的原因。

最重要的是在法律上解决财产和继承的问题。罗马法上视国家为一个法人,就是为了明确国家作为某些共同物权的法律主体的身份,例如海洋、大地。中世纪的英格兰传统是这种原因最典型的代表。按照梅特兰的详细考证,国家(王室)作为单体法人存在,是效仿普通法对堂区主持牧师法律地位的规定。中世纪英国法律学者布洛克被认为是这种“单体法人说”的首倡者和权威解说者。布洛克指出普通法中存在着很多视主持牧师为单体法人,而非仅仅自然人,从而解决很多土地财产归属争议的规则“人们可以将土地赠与堂区主持牧师及其继任者,于是这就是普通法所规定的法人(corporation by thecommon law)”;“教会的堂区牧师是经指定产生的法人,他可以继承地产及类似财产”。柯克大法官也认为牧师是一个政治团体,而团体不是“单体法人”就是“集体法人”。[106] 也正是柯克认为,国家与牧师一样,都是一种单体法人,这主要是对中世纪早期视国王为一个彻头彻尾的自然人、独裁者和一切土地与动产当然享有者观念的一种消解。与中世纪后期兴起的、将国家理解为国王率领一群人构成的政治团体、而非将国家仅仅等同于国王一人的思想有重要关联。[107] 在民族国家形成早期以及对抗宗教团体的历史过程中,尤其

---

[105] [德]卡尔·拉伦茨:《德国民法通论》,谢怀拭等译,法律出版社2003年版,第203页。

[106] F. W. *Maitland*, *State*, *Trust and Corporation*, Cambridge University Press, 2003, p. 11.

[107] F. W. *Maitland*, *State*, *Trust and Corporation*, Cambridge University Press, 2003, p. 35.

在霍布斯的思想里,这种国家的“独体法人”形象得到极大强化,它并非个体意志的简单叠加,全体原子式的个体集合也不能视为一个国家,所以国家不能被还原为个体人格,而只能被抽象出一个整体意志享有者的形象。在绝对主义时期,国家作为一个独体法人实际上无法区分国家财富、国王财富与民众财富,也无法区分国王的权力和国家的权力。[108] 然而,这种独体法人说在围绕国王的土地问题上就遭遇了挑战。在一起典型案例中,爱德华六世在没有满21岁的时候想要转让兰开斯特公爵领地的一部分土地。这种行为是否符合国王在未成年的时候就可以转让土地的学说?土地被转让给亨利七世“及其合法方式得到的男性直系血亲后裔”,是否使他得到一种限嗣继承地产或者附条件的非限嗣继承地产?政治团体领导人能不能有自己的后嗣?国王自然人死亡,其后嗣能否继承其王位和财产?[109] 随着这类案件和争议越来越多,从16世纪中叶开始,普通法开始发展出所谓“国王的两个身体”的学说和判例。由此,国王开始拥有两个身体,一个是自然性身体(body natural),一个是政治性身体(body political),这种两种身体相互勾连,不可分割,并且这两种身体被合并到同一个法律上的人,并形成一种单一种类的身体,也就是“存在于自然性身体中的法人”或“存在于法人之中的自然性身体”。[110] 由此,国王就成为国家这个法人的首领,国家成为国王和臣民一起结合而成的法人,国王拥有国家赋予的政治性身体,也就是职位及相关财产,这与他因为自然而形成的身体并进而取得的财产,被剥离开,适用不同的规则。

第二,基于政治神学的原因。

在理论上将国家塑造成一个“人格人”,在卡尔·施密特看来,是政治神学的产物,和主权一样,是世俗化的神学的概念。与将国家处理为法律上的人,主要是为了解决国家取得确定的法律身份之问题不同,政治神学要回答的是国家的正当性。简要说来,施密特发现了国家法学作为一种实证主义的自然神论基础,那就是在非神性的现代秩序中必须假定最终秩序的根据,在自然界是自然规律,在人类社会则是作为主权象征的国家,也被称为“立法

---

[108] F. W. Maitland, *State, Trust and Corporation*, Cambridge University Press, 2003, p. 34. 另见[德]耶利内克:《主观公权利体系》,曾韬译,中国政法大学出版社2012年版,第31页。

[109] F. W. Maitland, *State, Trust and Corporation*, Cambridge University Press, 2003, pp. 34, 47.

[110] F. W. Maitland, *State, Trust and Corporation*, Cambridge University Press, 2003, p. 36. 一部阐释这一段中世纪法律史的杰作, see Kantorowicz, *The King's Two Bodies: A Study in Mediaeval Political Theology*, Princeton, 1957。

者”,“上帝在自然中建立起这些法则,就像国王在自己的王国中制定法律一样”。[11] 而上帝并不会借助神迹或奇迹来打破或干预这种秩序,只会在其中显现,从而根本上为国家秩序在实证主义和自然科学流行的时代建立起正当性。借用基督教文明“三位一体”的教义,国家必须建立起位格,所谓“位格”也就是整体秩序在局部的体现,整体只有一个,但它可以在局部显现。人格就是神在人性这种性灵中的体现。史塔尔认为“只有一个人格才能构成另一个人格的基础”,国家因此必须成为“政治秩序原初启动者”的主权的政治身份与象征,才能论证统治的正当性,在实证主义的世界代替神,建立对个体的优先性。施密特认为近代国家法学对于国家概念根本理解都是从自然神论中获得正当性,因为上帝是有位格的,因此国家必须也有位格,在法律实证主义时代,在用法学方法去建构国家概念的时代,这种位格就只能处理为一种法律上的人格。这种位格背后所依靠的神的秩序就被改造为法律的客观规范秩序。施密特认为拉班德与耶利内克为国家和主权辩护的方法就是把国家变成一种抽象人格,即 unicum sui generis,它垄断了“神秘地产生”的权力。[12] 凯尔森的国家法理论也正是如此实现了法律实证主义与神学的联合。“他把国家等同于法律秩序,在此基础上则是把自然的合规律性等同于规范的规律性的形而上学。这种思维方式是自然科学的特点。它建立在否定任何‘随意性’的基础上,并试图在人类精神领域清除一切特例。”[13]

国家作为一种体现主权的特殊、最高的位格,在实证主义的法律世界里,自然就转化为了法律上的人格,“它已经存在于法权概念中,它的根源,即国家的法律秩序必须假定自己是一切法律的主体,并因此是一个法人”。[14] 到了近代以卢梭为代表的人民主权学说里,这个政治世界“不动的原动力”的人格体就被转化为能够凝聚“公意”的人民的人格,“人民”作为一个政治秩序的开创者之神像也就被矗立,而西耶斯所讲的“人民不会犯错”与中世纪“国王不能为非”在本质上也就又一次分享了神学的基础(卢梭:“上帝无所不能,但他并不对邪恶之事感兴趣”)。这种“移情”最终在一个实证主义流行的世界为国家找到了新的正当性基础。

---

[11] [德]卡尔·施密特:《政治的概念》,刘宗坤译,世纪出版集团2004年版,第24页。

[12] [德]卡尔·施密特:《政治的概念》,刘宗坤译,世纪出版集团2004年版,第26页。

[13] [德]卡尔·施密特:《政治的概念》,刘宗坤译,世纪出版集团2004年版,第27页。

[14] [德]卡尔·施密特:《政治的概念》,刘宗坤译,世纪出版集团2004年版,第27页。

第三,基于民族国家形成的原因。

国家被拟制为一个法律上的人格人,还有第三个重要原因,就是解释民族国家兴起的历史进程。这里最关键的一个问题就是,如果说国家表现为一种在特定疆域和人口范围内享有最高统治权的共同体,那这种共同体是何以可能的?尤其是原子式的、分散的个体意志是如何抽象出、而非简单叠加成一个共同意志的?在现代国家理论的语境里,这种共同意志一定是客观而普遍的,因为它必须体现为法律规则,而非政治决断、主观道德或民族伦理,法律上的人格概念正是一种整体性的、客观的主体资格,因此国家建立起法律上的人格的历史过程也就是让每一个人在保持其个体人格的同时又通过种种"逻辑中介"凝聚起共同抽象人格的过程,在近代也就是"国民主权"或"民族主权"主观建构的过程。

这个过程有两个基本的模型,以苏格兰哲学和德意志浪漫派为代表的保守主义和以社会契约论为代表的建构主义。前者如英国的伯克,法国的托克维尔,德国的赫尔德、萨维尼,或者从政治习俗与贵族传统内部的缓慢演变来揭示民族国家逐渐形成的过程,或者从带有神秘色彩的民族精神来论证国家作为这种客观精神的外部表征。在这里,从个体意志抽象出共同意志的"逻辑中介"是风俗、传统和共同情感;后者则通过拟制哲学上的"自然状态",论证个体通过转让与授权产生超越每一个个体之上的普遍人格,这里的"逻辑中介"则是哲学上虚拟的所谓"契约"。从具体的历史进程考察,从中世纪封建主义到绝对主义国家,再到君主立宪国家和国民法治国,反抗宗教统一秩序、领地兼并战争、海外殖民与国家财富追求、革命与民主原则乃至法治,都曾经在历史上起到过这种凝聚的作用。

然而,不管是何种路径,现代国家的共同意志必须是普遍、客观而共同的,这是现代国家哲学的基本色调,它构成了现实地论证民族国家保持一体性和国家认同的根本理论基础。正因如此,我们才能理解霍布斯为何会从论证国家人格产生时自然科学式的机械论哲学,转向论证契约缔结后国家必须存续的决断论,正如他在《利维坦》中所说的"是权力、而不是真理,造就了法律",以及反对个体有议论国家的言论自由,主张国家的公共理性高于私人理性。可以说,正因为国家是一个统一人格,没有其他任何一个部分或部分的简单叠加可以代替国家,所以国家的意志必须具有普遍和客观性,这也是国家法学必须关注国家认同的重要原因。这种根本性的理论立场早在对社会契约论哲学影响甚大的斯宾诺莎那就体现得非常明显。在《政治学》中解释“人民主权”或“民族主权”产生的过程，他认为国家共同意志(General-Will)就是由“战胜恐惧”“热爱他人”“接受理性规制”三个阶段的不同目的逐渐演进而生成。他认为初级的共同意志就是一种个体化的自然情感，那就是处于对国家制裁的恐惧。个体往往互相倾轧，国家首先要实现自我保存，就要形成所有公民对国家和法律的恐惧这样的共同意志，每一个人都恐惧外部制裁，才能实现秩序。但与霍布斯不同，斯宾诺莎认为建立在恐惧基础上的共同意志不是国家自然演进的最终目的，他认为共同体还需要通过共同善的引导凝聚出成员“应该彼此互爱”的共同意志，这虽然仍然是一种自然情感，但已经包含国家可以引导和提升公民德性的古典精神；最后，国家作为理性存在物，最终目的是用国家的理性去克服自然情感，合理节制、规范情感，通过共同制宪的活动将“接受理性规制、依理性生活”生成为共同意志。从而最终将人民主权建立在客观、普遍的理性基础之上。[115]

(三)国家法学基本范畴体系的展开

国家法学首先要确立国家作为一种人格体的存在，而这个人格体必须有权力、功能和意志要具体实现的目标，由此国家法学知识体系的展开必须围绕“国家权力”“国家机构”和“国家任务”进行概念与规范建构。

1. 国家权力。

无论是实现特定国家目的，还是保持国家的统一，国家必须具有现实的支配力和能力。因此，国家概念必然预设国家权力(统治权)这个要素。任何一个国家权力首先具有整体性和统一性，如博丹对于国家权力的最高形态——主权的表达，在近代国家权力则与人民(民族)具有高度同一性，成为“民族主权”；但同时，任何国家权力又都不可能由权力自身来直接体现，正如卡尔·施密特所说，国家权力与抽象人民的同一只有通过代表才能实现，也就是说“存在者”(代表)的在场其实创造和见证了“不在场者”(政治统一体)。即便是君主制的国家，也仅仅是一种绝对代表制，“朕即国家”正是指“只有我才能代表国家行使权力”，从而通过这个代表者肉身，我们才能真正感受到政治统一体的存在。[116] 由此，国家权力这个概念先天预设着“同一与代表”这对范畴。

---

[115] D. Williams, "Spinoza and the General Will", in: *The General Will-The Evolution of a Concept*, Edited by J. Farr, D. Williams, Cambridge University Press, 2015.

[116] [德]卡尔·施密特:《宪法学说》，刘锋译，上海人民出版社2005年版，第219、224页。

然而,我们也要注意到,国家权力是一个整体的、政治的概念,它有深刻的历史语境,那就是在欧洲中世纪,随着封建主义国家向绝对主义国家过渡的历史过程而产生。按照博丹的解说,最高的国家主权是"国家绝对且永恒的权力",它是在法国国王与教皇、皇帝、贵族的斗争中获得的立法权、宣战与媾和权、官吏任命权、恩赦权、铸币权等。[117] 他把这种权力叫作"主权"(souverainete);主权的形成是世俗秩序反抗罗马教廷和神圣罗马帝国普遍、一元的支配、权威抗争,对内封建领主社会解体,服从国王直接支配的中央集权国家,从而使对外独立与对内最高的用语。[118] 近代的法国大革命和美国独立战争则将民主主义原则注入到主权思想之中,形成了所谓的"国民主权学说与制度",并在此基础上建立权力区分制度。

但是,权力区分制度在宪法学上不意味着是对主权直接的分解。作为最高、不可分的政治权力,"整体性"和"统一性"是其存在的本质。因此,在国家权力的谱系里必须发掘出其他的概念,在这里法治国原则就起到了关键作用。近代国民主权和民主原则,配合法治国原则一起建立,形成国民法治国家,由此一国宪法必然要创设出实施宪法自身的"法定的机构化的政治权力",这种权力最大的特点在于:第一,它不是政治权力,而是(宪)法定权力;第二,属于宪法规定的最高国家机关,对于宪法规范和其他国家机关所享有的权力享有创设、确定权力范围、处分权力内容的权力。齐佩里乌斯把这种由宪法创设、并赋予最高国家权力机关的"国家权力"叫"机构主权"或"权限高权"。[119] 政治主权与机构主权(统治权)的关系类似于凯尔森"基础规范"与"实定宪法"的关系,前者是逻辑上必然限定的力量,是一种事实,主权就是一种政治共同体必然具有的政治共同意志的决断能力;后者是根据整体性决断产生的宪法,组建的最高国家机关所享有的权力,尤其是产生、处分其他国家机关的权力。

在国民主权原则的决断下,机构统治权按照民主要求与功能目标可以进一步分为机构统治权的各种"机构执行权",这里的"执行权"是洛克意义上

---

[117] [日]阿布照哉等:《宪法:总论篇、统治机构篇》,周宗宪译,中国政法大学出版社2006年版,第55页。

[118] [日]阿布照哉等:《宪法:总论篇、统治机构篇》,周宗宪译,中国政法大学出版社2006年版,第56页。

[119] [德]齐佩里乌斯:《德国国家学》,赵宏译,法律出版社2011年版,第82页。

的，即体现、执行“法律主权者”（广义的政府）意志的各种具体政府权能，包括立法权、行政权、司法权等。[120] 机构统治权与机构执行权在规范体系上表现为上下级规范的关系，机构统治权里最重要的目的是将政治主权意志转化为宪法，然后根据宪法制定法律，从而体现同一性原则，因此“立宪权”和“立法权”是机构统治权最重要的两项权能并产生其他国家权力，其对应的规范则是凯尔森所讲的“一般规范”；机构执行权则在不同方面代表机构统治权，落实、体现此种国民共同意志，因此对应的规范是凯尔森所讲的“具体规范”（凯尔森指出包括行政决定和司法裁判两种形态）。[121]

由此，“同一与代表”这对范畴具体可以按照（人民）主权—机构统治权—机构执行权三个层次来加以理解和展开，国家权力也就可以分为这样三个层次。

2. 国家机构。

耶利内克和凯尔森都相当正确地指出，机构是国家在法律上人格的具体承担者，它是国家权力的具体行使体现，国家权力需要区分为不同的功能区域，在这些区域里建立起具体人和物的结合，也就构成了职位，完成同一功能的职位按照一定秩序构成的整体，被分配到特定国家权力，并通过一定机制程序来行使权力，体现整体的国家意志，这就形成了一个国家机构。由此，国家机构包括功能、职位、具体权能和意志四个法律上的构成要件。[122] 从目的性范畴来推导，国家特定目的之实现必须通过具体人格的执行来完成，因此国家权力必须遵循一定分配原则，“授权”成为国家机构预设的先验前提，国家机构的成立和授权的发生是同一个逻辑过程，从经验来讲，格林（Dieter Grimm）也相当正确指出，宪法首先是授权法，构成一个法律上的国家并将权力授予具体机构来行使；从统一性范畴来推导，代表统一国家的国家权力也要根据法律规定产生法律效果，这种效果抽象的国家和整体的国家权力无法在经验中承担和体现，必须通过“转化规则”（如各种国家组织法对特定机关权限和义务的规定）归属到具体的机构来承担，而国家机构工作人员的职务活动产生的效果最终也因为法律的指引而归属于国家。由此，国家机构在逻辑上也预设了“归责”概念，这是一种思维的简化模式：“由法律或自治规章规

[120] See Lock, *Two Treaties of Government*(2), Createspace Independent Pub, 2014.

[121] H. Kelsen, *Allgemeine Staatslehre*, Springer-Verlag, 1925, p. 335.

[122] ［德］齐佩里乌斯：《德国国家学》，赵宏译，法律出版社2011年版，第131页。

范的联合体或机构,被作为责任归属的统一体而对待”。[123] 凯尔森把这种由国家机构组成的、由法律赋予其履行国家职能资格、由此承担具体归属责任的联合体叫做“国家的实质概念”。[124] 所以,我们说国家机构这个概念背后所预设的基本范畴是“授权与归责”。

3. 国家任务。

从目的性范畴和统一性范畴出发,我们可以发现国家还需要将“统一的目的体系”通过法律上设定的任务来具体实现。从系统论的角度来说,国家是一种社会系统,其通过权力分配和具体统治关系来实现自我创生。任何一种社会系统都有两种执行任务的方式:功能和服务。功能是该系统从社会系统里分化出来执行的不可替代的任务,如法律系统就是提供规范性期待;服务则是该系统为环境提供的可代替的任务,如法律系统为社会系统提供的调解行为和化解冲突,其他社会系统同样有这样的服务。[125] 同样,国家的功能就在于通过最高统治权合法垄断暴力,协调其他系统沟通中的偶然性;同时也有服务的任务,如国家也可以为经济系统分配、创造财富(税收政策和国有企业),为法律系统保障执行,等等。国家任务在实定宪法中往往就表现为宪法规定的各种国家原则、国家制度与国家政策。由此,国家任务也必然预设“功能(自身分化的独有任务)和服务(可被替代的、执行其他系统任务的功能)”这样一对基本范畴。

由此,国家法学的研究对象是由国家—国家权力—国家机构—国家任务这样四个基本概念构成的整体。从国家的基本范畴“目的与统一”出发,我们可以推导出“同一与代表”“授权与归责”和“功能与服务”分别作为国家权力、国家机构和国家任务领域的基本范畴。国家法学的核心目的就是要在规范论和法教义学意义上构建一个基本概念和基本范畴的体系。

(四)国家法学的方法论体系

1. 法教义学方法作为核心

国家法学的根本使命是建构国家—国家权力—国家机构—国家任务的规范体系,这个体系以一国之宪法文本为核心,要扩展到与上述基本概念相

---

[123] [德]齐佩里乌斯:《德国国家学》,赵宏译,法律出版社2011年版,第127页。

[124] [奥]汉斯·凯尔森:《法与国家的一般理论》,沈宗灵译,中国大百科全书出版社1996年版,第218页。

[125] N. Luhmann, *Das Recht der Gesellschaft*, Suhrkamp, 1995, p. 157.

关的法律的研究，具体包括国籍法、国家组织法、国家行为法（如我国的《选举法》《预算法》《监督法》等）、国家责任法四个部分。因此法教义学的方法无疑处在核心地位，具体说来包括解释和体系化两个部分。由于本文的论纲性质，主要讨论宪法文本作为基础的国家法教义学。

所谓解释的部分，就是要以一国宪法文本为基础，建构出国家、国家权力、国家机构和国家任务的法律概念，其关键是通过赋予国家"人格体"的法律概念，具体展开其他相关概念的法律内涵。通过坚持法学的预设范畴，在概念论部分清除哲学、政治学和社会学的影响。

所谓体系化的部分，按照拉伦茨的解说，可以分为外部概念体系和内部意义体系。在概念体系部分，需要将上述四个基本概念的法律要件做进一步展开，并获得实定宪法上的规范说明。例如，国家在宪法上的构成要件是什么，国家权力的具体宪法形态为何，国家机构在逻辑上的基本构成单位以及国家任务的规范形态等。内部意义体系侧重于一国之国家法学实践所积淀下来的基本价值秩序和原理，如国家在实定宪法上的"形象"和"原则"，国家权力与国家机构分配与设置的基本原理，国家任务展开的基本原理。尤其是国家在实定宪法上的"形象"，是决定国家权力、国家机构和国家任务具体原理的基础性原理，也可以说是某一"法治国"的具体精神内涵。当然，按照阿列克西的说法，体系化的过程也包括立足于法律文本而进行体制内的反思与发展，法教义学的开放性就在于我们也可以检讨既有原理的保守与不足。

以法教义学方法为核心，除了确保以一种法律的思维来看待国家现象之外，还有一个重要的价值考量，那就是如黑勒所言："这种国家法学包含的看似永恒的那些真理，乃是建立在对自由法治国原则进行绝对化的基础上，首当其冲的这类原则是，法律秩序的封闭性这个支撑性教条，这个教条又可以回溯到这样一种观念上，即在分权体制中，若想保证法律适用严格受立法约束，就必须通过一套完全不受个人意志左右的法律秩序把任何形式的机关恣意行为排除出去。"[126]可以说，国家的法教义学思考在某种意义上是防止以一种纯粹事实性的强权逻辑来思考国家，进而为某种绝对主义的国家思想招魂的根本途径。

---

[126] ［德］黑勒：《国家学的危机》，刘刚译，中国法制出版社2010年版，第17页。

2. 法教义学方法的局限

然而,我们对国家法教义学方法也绝不能理解为一种纯而又纯的方法论体系,或者把“国家等同于一种法秩序”,否则只能如黑勒对凯尔森的批评,“用一种纯粹的方法埋葬了国家法学”。这里的原因在于:

第一,国家的法学品性并非由其使用的方法、而是由其思考的范畴所决定。很多将法教义学理解为一种“纯粹法学”方法的人都认为,如果不能保持研究方法的纯粹就不能保持研究对象的纯粹。[127] 然而,正如我们前面论证,国家之所以能成为一个法学的概念,关键是我们坚持对它进行目的论的思考,目的论范畴是法学思考作为判断力的第一先验范畴。我们思考任何一个经验的国家现象,只要能坚持把这个现象与某种法律上设定的目的联系在一起,就是法学的研究,得到的就是法学的概念。例如,中国共产党是中国国家建设中的一个不可回避的事实,但只要我们把中国宪法序言里“共产党的领导”和宪法文本里呈现的“人民主权原则”“法治国原则”“人权保障原则”等目的关联在一起,我们就可以结论,作为宪法上的概念,中国共产党就是一个实现这些目的的“人”,其所有行为只有在目的论思考下得以解释或得到辩护,才是在规范上有效力的。相反,不坚持目的论范畴,哪怕是运用法学的方法,也无法得到法学上的国家概念。正如阿列克西所区分的“观察者视角”与“参与者视角”,[128]观察者视角是指认识者对法律上概念和规范的思考是非目的论的,他不会去理解法律现象的背后目的,因此不会对法律命题本身提出对错判断,他只是客观描述和建构某一个法律概念、规范的构成要件,但这不妨碍这个描述和建构也是他运用法教义学方法的结果。从而,他思考国家在法律上的概念其实仍然是在“实然”层面,而非在规范思维的层面来理解国家这个事物,因为他对国家没有正当性和目的性期待。

第二,国家不是纯粹知性直观的产物。我们不能否认国家是一个经验的现象,认识这个现象取决于认识主体的价值关联。正如李凯尔特所说,人的外部现实世界是混杂、无序的,每一个“现实”在下一秒都与之前不再相同,这就是现实的“连续差异性”。李凯尔特认为,这种现实无边无际的“连续差异性”和瞬息万变,导致人的认识能力与现实存在“思维断层”。他认为我们可

[127] See H. Kelsen, *Allgemeine Staatslehre*, Springer-Verlag, 1925.

[128] R. Alexy, *Begriff und Geltung des Rechts*, Verlag Karl Alber, 1992.

以划定一个范围,在有限的范围内去逐一认识经验背后的连续性(规律性),而这个选定范围的过程就是所谓"价值关联"的过程。国家的现象也是纷繁复杂,古往今来充满着"连续差异性",不同的人认识国家的本质,必须通过价值关联实现。凯尔森认为"国家是一种法秩序",其本质也就是在各种经验的、历史的国家现象里,选定了法律与国家的价值关联,这说明认识国家本质的方法必然是建立在最基本的经验基础上,只有经验才能为认识者提供价值关联的对象;但耶利内克相当深刻指出,建立在经验基础上并不意味着认识的不可靠,因为人的理性可以在这些经验中发现先天纯粹的范畴,这些范畴一方面实现了对杂乱无章的经验的秩序化(李凯尔特叫作"认识就是建构"),另一方面也保证了认识的客观。

第三,国家的纯粹法学方法既带来概念的盲目,也带来概念的空洞。

由此,把握国家的法学本质必然要坚持法学的目的论思维,如果不去追问国家法学每一个概念的目的,那这些概念就是盲目的,还原为了纯粹的经验,成为了描述、而不是规范与评价的对象;那么更加具体的国家权力的配置,国家机构的设置乃至国家任务的完成,都成为了无的放矢、失去方向的纯粹概念游戏。另外,如果拒绝对经验的有效输入,不能从具体经验中去寻找价值关联,则国家法教义学的操作也是空洞的,因为缺乏具体的材料来进行规范化。而之所以国家需要社会的经验材料就在于它要获得社会系统的"时间刺激"。卢曼相当深刻地指出,从绝对意义上说,政治系统与社会系统都处在均质的时间老化之中,但每一个系统由于有自己的时间计数系统(如经济系统经常讲"五年规划"),因此每个系统对于时间的相对感受是不同的。[129]在第一次工业革命时期社会对于国家的期待,与即将到来的全面 AI 时代社会对国家的期待显然有了重大差别,如果政治系统拒绝经验材料的输入,则必然会与社会系统本身需求脱节。只有经验信息的有效输入,国家作为一种政治系统才能与其他社会系统保持结构性联系,并按照政治系统的符码对信息进行规范化处理,从而以政治国家系统的特有功能反哺于社会,而不至于在"概念天国"里与真实、变化的社会系统脱节、失联。

3. 国家法学的三层方法论:法教义学、法哲学与社会理论

综上所述,尽管法教义学是直接以法律材料来呈现国家的本质,因而在

---

[129] N. Luhmann, *Das Recht der Gesellschaft*, Suhrkamp, 1995, p. 442.

国家法学方法上具有核心地位,但必须依靠国家的法哲学研究来为它提供目的论支撑,依靠国家的社会理论为它输入有效经验,以实现法教义学材料的更新。因此,国家法学的方法论体系是三层次的,法教义学作为中心,法哲学和社会理论作为两翼,就成为最为科学的建构。我们由此也可以把国家法学的研究范围分为国家的规范论(法教义学)、国家的目的论(法哲学)和国家的社会论(社会理论)三个部分。对于这些部分的研究,则不再属于本文的处理范围,而需要将来进一步具体展开,某种意义上也就构成了当代国家法学的分论。

结　语

本文以简短的篇幅勾勒了国家法学的知识传统与理论框架,围绕这个框架所展开的国家规范论、目的论和社会理论则将是对这个论纲的进一步展开与申说。国家与法律的理论联系既是人类历史的真实画卷,也蕴含着作为主体的人通过一种客观、理性的规范性秩序克服自身主观任意的期待,因此国家法学并非是为某种国家主义的价值立场“招魂”,相反,诚如德国哲学家韦尔默所讲,人类一切共识的获得都需要某种决断论意义上的“介入权威”,国家就是一种人类生活必须要有的“介入权威”,但法律为这个权威发挥效力提供基本程序和约束,成为一种对“介入权威”的“介入”;国家也可以理解为是一种人类“个体意识的普遍化”,但如何在普遍化的效果中仍然保有个体直观到自己作为主体存在的可能,法律也提供了最佳之担保,因此,国家法学不仅仅关乎秩序,最终指向一种理性的自由。

国家与法治研究　第1卷(2018)
第115~177页

第一修正案视野下的美国竞选资金监管研究

——一个公共选择的分析

敖海静*

摘要:美国在建国初期就开始试图规范金钱在政治中的作用,尤其努力建立起了用以规制竞选资金的不同规则,建构了这一领域的立法规制体系,但自1976年以来,更有趣和更重要的规制力量和规则则来自最高法院在竞选资金问题上的司法立场的演变。从传统的宪法学角度来看,竞选资金监管的历程就是促进公共利益的历程:防止政治腐败,并且促进政治平等。但本文将对这一观点展开质疑,并提出一个替代性的解释视角,即公共选择的视角。在美国,任何有关竞选资金规制的法律措施所面临的第一个挑战都必然是合宪性问题——它是否限制了人们以捐赠和开支竞选资金的形式享有第一修正案所保障的言论自由。事实上,当我们将有关竞选资金的开支和捐赠规则,以及公共资助制度放置于公共选择的视角下进行检验时,就可以理解那些努力维持在政治市场中的现有职位以阻止其他挑战者进入的当政者为何对建立复杂、严格的竞选资金监管规则保持浓厚的兴趣。这些规制性措施实

* 敖海静,法学博士,中国人民大学法学院博士后。感谢美国密西西比大学陈心想教授、武汉大学法学院项焱教授、陈晓枫教授、武汉大学政治学系刘伟教授和重庆大学人文社会科学高等研究院田雷教授的建议,同时也要感谢匿名审稿人的意见,一如成例,文责自负。

际上既没有实现所谓的政策目标,也抑制了选举过程中的政治表达。更重要的是,当通过实证视角分析政治过程时,这种解释逻辑不仅是有用的,而且从规范视角来说,对理解最高法院关于竞选资金监管规则的司法审查也不无裨益。在这一语境下,本文拟在评估美国法学界关于竞选资金监管的争论的基础上,借助公共选择理论对这一议题展开初步的理解和分析,并认为这一理论进路有助于深化我们对美国宪政运作的认识。

关键词:竞选资金　第一修正案　公共选择　言论自由

一、导论:问题与方法

2016年4月11日,美国首都华盛顿特区爆发了名为"民主之春"的大规模游行抗议活动,300多个民权和社会团体组织了近万人走上华盛顿特区的交通要道,挥舞旗帜标语,高喊着抗议口号,以此来表达自己的不满和主张。与以往抗议增税、医保、控枪和堕胎等社会和经济政策不同,这场名为"民主之春"的抗议活动的诉求主要是政治性的。"民主之春",顾名思义,抗议者认为美国的民主体制早已弊病缠身,堕落成为十足的"金钱政治",各类政治选举完全沦为腐败的权钱交易,期望通过抗议来推动改革,使美国的民主重返"春天"。

在政治竞选中,为了让自己的声音盖过其他候选人,候选人需要进行组织化的竞选活动,这包括组建竞选班子、进行辩论演说、发布竞选广告等,而这一切活动都离不开对竞选资金的使用。这些因素使竞选资金在很大程度上成为决定竞选胜败的关键条件。而在美国,各类候选人的竞选资金主要来源于支持者的政治捐赠,因此竞选捐赠的多寡将直接制约政党和候选人为这些活动所能开支的金钱数量,谁为竞选花的钱越多,谁就越有可能当选。在这种背景下,民主、共和两党及其候选人越来越重视各种竞选募款活动。为了募集更多的竞选资金,很多政治候选人也越来越向大财团和有钱人靠拢,甚至公开出售"接近机会"(access),即以与这些捐赠者见面倾听他们的政策诉求来换取竞选捐赠。

另外,政客们和候选人也主动调整自己的政策以迎合那些大额捐赠人的诉求。原本有钱人进行政治捐赠还有些遮遮掩掩,但自从2014年最高法院

在 *McCutcheon v. FEC* 案以 5:4 判决限制个人捐赠总额上限的联邦法律违宪，这些有钱人就更加毫无顾忌、明目张胆地进行“政治投资”了。据美国民间组织“代表我们”统计，2007 年至 2012 年，政治上最活跃的 200 家公司共捐赠了 58 亿美元用于联邦选举，而它们最终从联邦政府的项目和支持中共获得了 4.4 万亿美元的回报。《华盛顿邮报》4 月 15 日的报道则显示，截至 2016 年 2 月，大公司和富人阶层在 2016 年大选年向超级政治行动委员会的捐款数额高达 6 亿美元，其中超过 40% 的款项来自 50 个超级富豪家族。[①] 选举俨然成了通过金钱来角逐权力的富人游戏。前总统卡特就警告说，“美国的政治体系已经被颠覆为向大额政治捐赠人提供回报的工具”。奥巴马也曾在国情咨文中称美国的选举已经完全被最有权势的利益集团和外国企业所支配。正是在这种社会背景下，人们走上街头进行抗议，呼吁通过改革竞选资金监管体系使美国重回“民主之春”。这场规模浩大的抗议活动再一次将人们的注意力吸引到竞选资金问题——或者说金钱与民主政治的关系——但事情似乎并不像人们想象的那样简单。本文研究的主题正是美国的竞选资金问题，笔者拟在前人研究的基础上对美国竞选资金监管的发展历程进行初步的梳理和分析。与其他国家政治献金监管所不同的是，宪法第一修正案的介入使这一问题变得更加复杂和扑朔迷离，也成为美国宪法学中一个重大的理论难题。

关于金钱对政治的影响，一直以来都体现为对政治自由和政治平等两种互存张力的观念之间的调和。这种张力一方面源自人们认为的金钱政治对选举平等性的腐化，富人由于拥有更多的财富便也拥有了更多影响候选人的政策的机会，这就使得传统的“一人一票”原则在竞选对金钱越来越严重的依赖中遭到严重威胁；另一方面，从行为特征上看，捐赠人之所以向某政党或候选人进行捐赠，是因为赞同他们的政治理念和政策，这种捐赠是对政治认同的直接表达，因此必须受到第一修正案言论自由条款的保障。政党和候选人花钱进行政治宣传，发布政治广告更是行使言论自由权的表现。这种观点不仅存在广泛的民众基础，也自始至终都是最高法院的基本立场。这种基本观念之间的张力也深刻影响了美国人自相矛盾的政治心理——正如弗兰克·索洛夫所指出的，“美国人既鼓励了一种竞选资金制度，又十分不信任这一体制。他们排斥，甚至鄙

① 参见汪亭友：《西方“宪政民主”怎么了？——对“黑夜站立”“民主之春”运动的分析》，载《理论导报》2016 年第 7 期。

视这一体制,但却又让它成为实际上基础最广泛的制度”,[②]而这一基础正是被美国人民视为“政治圣经”的第一修正案。

尽管近些年来关于竞选资金制度的公共批评尤为激烈,“但这些批评所指出的问题,以及随之所要求的改革仍能追溯至南北战争以前”。[③] 其中,争论的核心问题之一就是金钱在政治中的价值,或者说,是什么决定了金钱成为一种特别的政治工具?它的特别之处在于既能“俘获”政治权力,也能表达人们的政治观点。相较于其他的政治工具,金钱的优势在于普遍的可量化特征。因此,当对某人的言论技巧、个人魅力,抑或是美貌进行管制意味着对个人自主的更大侵犯时,立法者通常就更愿意采取征税、再分配和限制使用财金资源这样的措施。与其他的政治工具不同,财富能够驱动政府决策,并进一步强化当权者的政治权力。然而,最重要的原因或许是经济市场是我们社会的主要领域,而合法性问题则与以下问题息息相关,即政治影响是否应当是经济领域的成功带来的另一个商品化的附加利益。但如果有人盲目地给予否定性的回答,那就显得过于“幼稚”了。我们禁止直接以金钱购买选票,进而收买政治权力,但当涉及金钱的捐赠和开支行为是对某种政治理念的表达时,问题就显得异常复杂了。就金钱在美国政治中的角色这一问题的争论而言,它通常与一个严格的竞选资金监管框架的存在密切相关。在有关这一问题的争论中,既有严谨规范的讨论,也存在意识形态站队。但对于用以解决这一问题的不同规则的解释论证来说,竞选捐赠和开支与第一修正案的关系始终都是极为核心的问题。世界上很多国家都颁布了规范政治献金的法律,他们所面临的问题大多是法律的实效性问题,然而在美国任何有关竞选资金规制的法律措施所面临的第一个挑战都必然是合宪性问题——它是否限制了人们以捐赠和开支竞选资金的形式享有第一修正案所保障的言论自由。

在这个意义上,我们可以说竞选资金监管既是政治问题,更是法律问题,既涉及法律的实效性问题,更涉及法律的合宪性问题。同时,由于这一问题涉及的宪法条款是第一修正案,这就使在制定任何规制竞选资金的法律时都必须先

---

② Frank J. Sorauf, *Inside Campaign Finance: Myths and Realities*, New Haven, Yale University Press, 1992, p. 1.

③ Anthony Corrado, “Money and Politics: A History of Federal Campaign Finance Law”, in Anthony Corrado et al., *The New Campaign Finance Sourcebook: Money, Political Parties, and Campaign Finance Reform*, Washington D. C., Brookings Institution Press, 2005, p. 7.

暂时放弃有关政策选择的讨论，而首先接受第一修正案的检验。这也就是说，竞选资金规制问题的“七寸”就在于以竞选为代表形式的民主代议制与言论自由原则存在交错冲突之处。在当下美国政治和法律学界，有关竞选资金监管的讨论大多聚焦于2010年的*Citizen United v. FEC*案，改革方案也多围绕限制公司法人的政治言论自由、强化公开披露制度以及增加选举的公共资助等建议展开。④ 但正如有学者所指出的，这些改革建议都没有触及这一议题的真正核心，即根据竞选资金第一案——Buckley案——无论是竞选资金的捐赠还是开支，都直接涉及政治言论的自由表达这一核心的宪法问题。⑤ 本文正是在这个意义上对竞选资金问题展开理论探讨，而不是对美国竞选资金监管法制的政策得失进行专门比较。当然，从研究的具体内容的角度看，本文不可避免地涉及某些国会立法是否真的能够实现特定政策目标的问题，但即便如此，本文关注的核心问题依然是这些政策目标是否容于宪法第一修正案——当然，这与传统的第一修正案研究必然存在极大的不同。

联邦竞选委员会（Federal Election Commission，FEC）曾指出，民主、共和两党的竞选经费从1996年的44,890万美元攀升至2008年的183,000万美元，⑥ 而到2012年的总统大选时，这一数据更高达194,800万美元，最新的2016年总统大选时两党竞选总费用虽然有所下降，但也大约花费了16亿美元。⑦ 这种高昂的竞选成本使很多学者认为美国的民主制已经远离普通大众的政治实

---

④ 这一类的文献可参见 Molly J. Walker Wilson，“Too Much of a Good Thing：Campaign Speech After Citizens United”，*Cardozo Law Review*，Vol. 31，2010，pp. 2385 - 2389；Richard Briffault，“Updating Disclosure for the New Era of Independent Spending”，*Journal of Law and Politics* 27，2012，pp. 691 - 713；Nicholas Bamman，“Campaign Finance：Public Funding After Bennett”，*Journal of Law and Politics* 27，2012，pp. 344 - 352。

⑤ See Erwin Chemerinsky，“Not a Free Speech Court”，*Arizona Law Review* 53，2011，pp. 723 - 734；Jessica A. Levinson，“*The Original Sin of Campaign Finance Law*：*Why Buckley v. Valeo is Wrong*”，*University of Richmond Law Review* 47，2013，pp. 881 - 937；Jim Leach，“Citizens United：Robbing America of Its Democratic Idealism”，*Daedalus*，*The Journal of the American Academy of Arts and Sciences* 142(2)，2013，pp. 95 - 101.

⑥ 参见 http://www.fec.gov/press/press2009/20090608Pres/1_OveriewPresinActivity1996 - 2008.pdf，最后访问时间：2017年3月3日。

⑦ 参见中国日报网，http://www.chinadaily.com.cn/interface/zaker/1142822/2016 - 12 - 11/cd_27635647.html，最后访问时间：2017年3月5日。

践,越来越成为专属于富人的游戏,因此正处于危机之中,[⑧]当权者必然要花费大量的时间用以募集资金,而这是以牺牲他们的公共职责和与选民的关系为代价的。另外,尽管从选举的角度来看,并不存在一个正式的以金钱或者其他有价值的物品换取选票的市场,但金钱依然可对公共决策机构产生潜在的非法影响。利益集团——尤其是政治行动委员会——通常就是这方面的"嫌疑人"。

从理论上看,并不难理解为何有那么多人和组织对俘获立法者和官僚充满兴趣——国家的规模及其庞大的立法和行政体系就意味着大量以补贴、税收和竞争限制为形式的资源。因此,在缺乏适当的制度机制来加以规范时,国家的经济权力就可能对社会产生有害的后果。[⑨] 问题是,在设计和论证政治竞选资金监管框架的过程中,法学界的讨论仅仅集中在第一修正案、反腐败和社会组织间资源的不平等这几个议题上,也就是说,反腐败和政治平等的逻辑支配了过去几十年的学术讨论。这反映了一种将政治视作对公共利益追求的观念。正如雷蒙德·拉贾所言,在这些讨论中,竞选资金监管对政治组织和竞选带来的各种后果经常遭到忽视:

> 这些监管措施之所以重要,不仅是因为它们阻止了招权纳贿的行为,而且还影响了那些在选举政治中拥有权力的人。竞选资金法使一些组织和候选人比其他人更容易地筹集和使用政治资金。反过来,这些法律又影响到谁会赢得选举。从选举参与的角度讲,监管竞选资金不仅关涉反腐败问题,而且在更广泛的意义上还衍生出公平问题。谁受益于这些不断变化的竞选资金规则?它

⑧ 例如,一直致力于国会改革和重塑美国民主的劳伦斯·莱斯格(Lawrence Lessig)教授指出,宣布规制公司和组织进行政治捐款的《联邦竞选运动法》(Federal Elections Campaign Act, FECA)违宪的 *Citizens United v. Federal Election Commission* 案最大的危险是分散了精力——人们忙于批评该案,认为它将会对美国的民主产生重大威胁,然而却忽略了美国的民主早已出现了根本性问题。参见左亦鲁:《钱能讲话?——*Citizens United v. Federal Election Commission* 案》,载强世功主编:《政治与法律评论》(2010 年卷),法律出版社 2011 年版,第 286 页。

⑨ 关于规制和俘获问题更加精细的理论建构是由芝加哥学派在 20 世纪 70 年代完成的。有关这一理论的变迁史,可参见倪子靖:《规制俘获理论的变迁》,载《制度经济学研究》2008 年第 4 期,第 94~115 页。有关规制俘获理论的经典文献,可参见[美]施蒂格勒:《经济管制理论》,载[美]库尔特·勒布、托马斯·盖尔·穆尔编:《施蒂格勒论文精粹》,吴珠华译,商务印书馆 1999 年版,第 308~337 页;Sam Peltzman, "Towards a More General Theory of Regulation", *Journal of Law and Economics* 19(2), 1976, pp. 211-240; William M. Landes, Richard A. Posner, "The Independent Judiciary in an Interest Group Perspective", *The Journal of Law and Economics* 18(3), 1975, pp. 875-901; Gary Becker, "A Theory of Competition Among Pressure Groups for Political Influence", *The Quarterly Journal of Economics* 98(3), 1983, pp. 371-400。

们又怎样影响了不同群体?[10]

之所以造成这种局面,是因为传统宪法学研究在方法论上的解释学传统。长期以来,原意主义解释论都是美国宪法学颇具影响力的宪法解释理论。这种理论主张认真对待宪法文本,切实尊重制宪者原意,强调司法克制。那么它的另一面就是主张尽可能尊重代议制民主多数的决定,民主政治应当是国会的专属领域,而不是司法的战场。然而,这种理论实际上暗含了一种前提性假设,即民主代议制本身是实现多数人利益的有效机制。具体到竞选资金监管问题,这种前提性假设意味着国会既在主观上愿意为了政治平等这种公共利益而限制金钱对选举的腐蚀性影响,又能够在客观上制定出发挥这种效果的法律。这种作为传统宪法学建构核心的分析模式实际上是一种"代议制政府 - 公民"和"公共利益 - 个人利益"关系的二元结构。主流宪法学界将这个属于规范评价领域的理论框架未加思索地推向了真实世界,导致了一个致命的后果,即学界在实证理论上面临的困境过去是,现在仍然是行为动机双重性假设造成的分析基础的断裂——将立法机关视作超越于个人之上的有机整体,或者将公共官员视作具有集体身份的个人,这些机关和官员都具备不同于普通人的利益诉求和行为动机。前者是或者应当是受利他主义动机支配的,并寻求公共利益的立法者和公仆,后者才是追求个人利益的利己主义者。这种分析模式实际上撕裂了人的本质,使制度分析无法在一个统一的基础上展开。如果假定人都是利他主义者,那就不会存在坏的体制,也无法解释坏政策的产生了。[11] 根据契约论和权力分立的国家学说,政府本身就应当是人民防范的对象。然而,我们一方面时常高喊要警惕政府对人民权利的侵犯,另一方面却又认为由单个议员组成的立法机关能够制定出符合公共利益的法律,这显然是一个悖论。

从另一个方面来看,很多自由派的理论家——如罗纳德·德沃金、欧文·费斯等——认识到了竞选资金领域出现的不平等现象,某些群体和阶层的声音盖过了另外一些阶层的声音,而他们所依赖的只不过是更多的财富。然而,总体上看,他们的解决方案却仍然是寄希望于国家对言论市场的干预,如德沃金除了主张以法律强制规定捐赠和开支限额外,还认为应当给予那些同意在选举期不从事竞选商业广告宣传的人以公共资金支持,用以保障他们进行时间更长、

---

⑩ Raymond La Raja, *Small Change: Money, Political Parties, and Campaign Finance Reform*, Michigan, The University of Michigan Press, 2008, p. 1.

⑪ 参见许云霄编著:《公共选择理论》,北京大学出版社 2006 年版,第 22 ~ 23 页。

更有实质内容的政治广告。费斯则指出了这一领域的言论"沉寂化效应"(silencing effective),而他的解决方案就是国家要像"不偏不倚的议员"那样作为"配给者"干预言论自由,不受"内容中立原则"的约束,通过"冷淡特定的发言者"而且依据内容作出判决,确保各方的声音都能得到呈现。⑫ 且先不论国家是否具备观察和验证言论"沉寂化"的机制和能力,单从行为动机方面看,那些控制国家权力的人也极有可能为了自身的既得利益而利用所谓"配给者"的身份来影响公共辩论的结果,而不是忠实地履行促进言论自由的职责,确保公众能听到各方的声音。

然而,公共选择理论与此不同。这一理论是经济学在政治领域的应用和分析,它坚持了以下两个基本的前提性假设,即理性人假设和方法论的个人主义。根据这一理论,我们的确有望在政治市场中发现那些存在于任何市场环境中的自利的个人。⑬ 如此一来,政治人这个在传统政治科学文献中被描述为在集体行动中体现了公共精神的利他主义者就应当被视作政治市场中理性自利的决策个体,诸如议员、选民以及官僚等概莫能外。换言之,这就表明了一种方法论上的一致性,即无论是在私人领域,还是在公共领域的制度环境下,我们都有望在自利的个人中间找到一种同等的行为动力机制。

就公共选择理论而言,政治往往被视为一个过程,理性的政治行动者如同市场经济中的经济人一般行为,目的都在于追求个人利益。这种理论预设产生了多重效应,其中之一就是政客们完全是在给自己立法。那么,在事实上,我们又该如何理解那种限制一个人为另一个人的竞选活动捐款的规则呢?这些规则减少腐败了吗?抑或是它们为政治进程的参与者创造了独立于财富的平等条件了吗?对于公共选择论者来说,这些似乎都不是答案。一个更加可信的假

⑫　参见[美]罗纳德·德沃金:《至上的美德:平等的理论与实践》,冯克利译,江苏人民出版社2003年版,第411页;[美]欧文·M.费斯:《言论自由的反讽》,刘擎、殷莹译,新星出版社2005年版,第13~14、19~20页。

⑬　从学术传统上看,关于个人自利的假设可以追溯到亚当·斯密的以下这段名言:"人总是需要有其他同胞的帮助,单凭他们的善意,他是无法得到这种帮助的。他如果诉诸他们的自利之心,向他们表明,他要求他们所做的事情是于他们自己有好处的,那他就更有可能如愿以偿。任何想要同他人做买卖的人,都是这样提议的。给我那个我想要的东西,就能得这个你想要的东西,这就是每项交易的意义;正是用这种方式,我们彼此得到自己所需要的帮助的绝大部分。不是从屠夫、酿酒师和面包师的恩惠,我们期望得到自己的饭食,而是从他们自利的打算。我们不是向他们乞求仁慈,而是诉诸他们的自利之心,从来不向他们谈自己的需要,而只是谈对他们的好处。"参见[英]亚当·斯密:《国富论》,杨敬年译,陕西人民出版社2008年版,第18页。

设是所有政治进程的参与人都试图保有他们的政治地位，并使潜在的挑战者面临更大的困难。从这个意义上说，如果我们希望探究那些规制竞选资金的法律是否能够有效地实现政策目标，以及在这一过程中与第一修正案的真实关联，那么，作为公共选择理论核心基础的理性人假设、方法论的个人主义以及将政治视作交易的观点同样可以，并且应当成为我们适手的理论工具。

长久以来，传统的宪法学都将国会和最高法院对竞选资金的规制解释为对公共利益的追求。但当我们从公共选择理论的视角进行观察时，另一种与之不同的解释便会跃然纸上。这种解释版本叙说着一套完全不同的理论逻辑，它告诉我们这些规制性法律的出台与在任者的特殊利益密切相关，正是他们为了给职位的挑战者设置进入政治选举的壁垒才制造了这些规制措施，而最高法院里保守派以第一修正案的名义推行的竞选资金去监管化政策反倒客观上促进了竞选公平。从宪法学的角度看，这一进路也与对第一修正案的自由主义解释不谋而合。正如拉蒂什所言：

> 对于人们之间有效的交流沟通来说，金钱的作用通常必不可少。因而在竞选活动中限制金钱的获取和使用将不可避免地缩减信息所能传播至选民的范围和数量。正是这一简单的事实使对竞选开支和捐赠的限制造成了对言论自由这一基本价值的破坏。事实上，正如已经指出的，从资金方面获取的交际优势极大地推动了竞选资金改革运动。这一结果严重妨害了言论自由，主要不是因为它干预了个人的言论自主，而是因为它促进了选民的矇昧，并因此妨碍了民主的有效运转。⑭

类似地，史密斯也认为，并不能将第一修正案视为自由主义宪法对必要监管所设置的障碍，“它毋宁应该被视为对政治腐败和政治平等问题，因此也是竞选资金所带来问题的深思熟虑的回应”。在这一语境下，本文拟借助公共选择理论对第一修正案视野下的美国竞选资金监管问题展开初步的理解和分析，并认为这一理论进路有助于深化我们对美国宪政运作的认识。

二、作为市场的政治

在美国，将各种政治言论的相互交锋类比为一个思想市场具备深厚的传

⑭ Martin H. Redish, *Money Talks: Speech, Economic Power, and the Values of Democracy*, New York, New York University Press, 2001, p. 135.

统。联邦宪法第一修正案长期以来均予认同的一项原则就是,"对于公共事务的辩论,应当是毫无拘束、富有活力和广泛公开的"。⑮ 正如伊萨查罗夫等人所指出的,竞选资金监管之争包含了市场监管的核心特征——

将政治舞台看作用以获取选举收益的市场的观念意味着国家应扮演相应的角色来确保这个市场是开放的。通过对商业市场中反垄断规制的类比,竞选资金监管之争证明了权力集中垄断的危险。如果不能保证竞争者也能接触到普通大众,那就等于宣告政治过程受到了腐化,这不是因为存在一些专横霸道的政治行动者,而是因为存在如此强大的市场参与者能够从容易受到诱惑的公共官员那里索取特殊的好处。由此,可以认为竞选资金监管维护了一个开放的政治市场的运转,而这不是通过限制经济权力在政治上的集中,就是通过限制那种可能诱发经济权力集中的政府决策办到的。⑯

因此,如果从"作为市场的政治"的研究进路来考察对政治竞选资金的监管是恰当的,那么,在这一过程中正视公共选择理论的重要性就是显而易见的。当代美国最重要的第一修正案学者拉蒂什对此评论道,"虽然人们可以质疑现实是否真的像公共选择理论假定的那般简单,但可以确定的是,假定立法者具有坚定纯洁的立法动机显然是太过天真了……当立法者自身的任期也受到直接影响时,问题就变得更复杂了。根据这一进路的研究表明,监管者之所以对竞选资金开支或捐赠强加限制是基于最明显的自利动机——保持在任的优势"。⑰ 从"作为市场的政治"的研究进路来观察这场争论意味着民主政治应当类似于一个竞争激烈的市场,而市场的活力取决于明确的参与规则和公平竞争规则。"只有通过适当竞争性的政党环境,作为民主政治的核心目标之一——政治过程的政策结果应当是对公民的利益和观点的回应——才能得以实现。但是,与所有其他市场一样,在面对反竞争的行为时,政治市场同样具有脆弱性。在政治市场中,为了避免对已经建立起来的权力的成功挑战,反竞争的政治主体不惜改变了市场的参与规则。"⑱

---

⑮ *New York Times v. Sullivan*, 376 U. S. 254, 270 (1964).

⑯ Samuel Issacharoff et al., *The Law of Democracy: Legal Structure of the Political Process*, New York, Foundation Press, 2007, p. 333.

⑰ Martin H. Redish, *Money Talks: Speech, Economic Power, and the Vales of Democracy*, New York, New York University Press, 2001, p. 132.

⑱ Samuel Issacharoff, Richard Pildes, "Politics as Markets: Partisan Lockups of the Democratic Process", *Stanford Law Review* 50(3), 1998, p. 646.

此外,在伊萨查罗夫和皮德斯看来,政治垄断问题的内在逻辑基本上与经济权力垄断并无二致。维持当前的职位和权力并不是毫无成本的,在任官员同样是理性的计算者。"只要他们有足够的力量阻止新的职位和权力的挑战者,这些在任官员就不会轻易改变现存的竞争规则。"⑲因为改变也意味着利益格局的变化,不仅可能带来某种程度的不确定性,而且需要耗费成本。从这个意义上讲,公共选择理论家普遍认为,传统的关于政治竞选资金监管的公共利益解释进路根本无法解释政治过程的复杂性。正如立法的交易模型所揭示的,在立法过程中,供给方和需求方都是追求自身利益的理性行动者。因此,根据这一模型,公共选择理论认为,我们应当把竞选资金监管看作一个在任官员如何利用自身权力为挑战者设置进入壁垒的故事。

在理论上,哈佛法学院的卡拉曼和拉贾先后强调了将竞选资金监管看作保护在任官员的一个手段的重要性。议员们期望能长久保持自己的公共职位。"这种期望诱使他们在众多议题上采取违反选民偏好的行为;我们可以把这种现象称为代议制政府的'代理问题'或'立法堑壕'(legislative entrenchment)。"⑳拉贾则说的更直白:

在推进改革的过程中,在任官员倾向于接受一种自利版本的"希波克拉底誓言"(Hippocratic oath):"首先,切勿伤害自己。"再清楚不过的是,国会成员根本不打算通过不利于他们的连任前景的改革方案。相反,他们所呼吁的联邦竞选资金改革看上去似乎限制了政治生活中的资金流,但实际上很容易就被规避掉。但可以肯定的是,新规定将使竞选更加复杂和昂贵。然而,对挑战者来说,克服新增成本的难度通常比在任官员大得多。事实上,挑战者更难以通过

⑲ Samuel Issacharoff, Richard Pildes, "Politics as Markets: Partisan Lockups of the Democratic Process", *Stanford Law Review* 50(3), 1998, p. 709.

⑳ Michael Klarman, "Majoritarian Judicial Review: The Entrenchment Problem", *Georgetown Law Journal* 85(3), 1997, p. 536. 关于"立法堑壕"这一概念的含义,卡拉曼用以指称在任官员利用操纵选举规则、限制政治言论等手段为挑战者——如潜在的候选人——设置竞选方面的障碍。埃里克·波斯纳和阿德里安·沃缪勒也在一篇论文中指出大多数学者忽视了卡拉曼对"立法堑壕"的这种理解,但同时也指出了这一概念的通常含义,即一般指现在的立法机关设置了某种立法程序,使自身的行为或立法免于被下届立法机关废除或修改。See Eric A. Posner, Adrian Vermeule, "Legislative Entrenchment: A Reappraisal", *The Yale Law Journal* 111(7), 2002, p. 1167.

筹集和花费竞选资金来反对在任者,这使得在任官员从中受益颇多。㉑

从另一个更深层的意义上讲,在任者保护的解释逻辑也是极有价值的。正如丹尼尔·奥尔蒂斯所指出的,实际的竞选资金监管改革是以质疑选民——至少是部分选民——的公民能力为前提的。比如,含蓄地质疑选民花费必要时间发展公民美德的能力和兴趣。从民主的视角来看,这可以说是一个悖论。㉒ 因为如果选民都能根据民主理论假定的方式——明智、谨慎和独立的判断——来思考政治决策,那么,候选人之间在经济上的不平等对选举结果的影响就微乎其微。但对政治行动者将经济优势转化为政治权力的担忧实际上暗含着这种规范的民主理论的失败。

正是由于上述这些因素,司法审查就扮演了一个关键性的角色,不仅要通过对个人权利的集中实施来直接控制政治,而且——正如伊萨查罗夫和皮德斯所说的那样——还要审查政治竞争的背景结构。“一个自觉的司法系统应该打破对政治职位的垄断,保障选举过程中的竞争活力,促进更具回应性的代议制度。”这种司法审查方式非常类似于多年前著名宪法学家约翰·哈特·伊利提出的司法审查理论——法院不是要表明它所确定的特定实体价值才是重要的和基本的,而是要确保政治程序对持有不同观点的所有人近乎平等地开放。因为只有通过这种程序来确认、衡量和协调此类价值才是正当的。㉓ 在确保政治程序的完整性方面,司法部门负有特殊的责任,但正类似于经济领域中的所谓反垄断,只有政治市场发生了“机制失灵”的时候,司法干预才是正当的——就好比裁判员只在某个比赛队伍不当得利时才会介入,如果某个“不该得分的”队伍得分了,那是不会干涉的——而政府的“失灵”并不是指有时产生了我们所不赞同的结果,而是发生在代议程序不值得新任之时,它要么是指体制内

㉑ Raymond La Raja, *Small Change: Money, Political Parties, and Campaign Finance Reform*, Michigan, The University of Michigan Press, 2008, p. 43. 拉贾的完整说法是政治竞选资金改革不仅只是简单的维护在任官员。“因为个人也有激励去促进所在政党的地位和所在派系在党内的影响,所以改革的动力是来自多方面的。每个主要政党都拥有来自支持他们的不同的选民群体的选举资源。政党领袖必须确保这些资源不会受到‘有害’改革的影响,因为这些改革通常会强加一些损害主要政党的资源的监管措施。”See Raymond La Raja, *Small Change: Money, Political Parties, and Campaign Finance Reform*, Michigan, The University of Michigan Press, 2008, p. 43.

㉒ See Daniel Oritz, "The Democratic Paradox of Campaign Finance Reform", *Stanford Law Review* 50 (3), 1998, pp. 893 - 914.

㉓ 参见[美]约翰·哈特·伊利:《民主与不信任——司法审查的一个理论》,张卓明译,法律出版社2011年版,第72页。

的掌权者阻塞了政治变革的渠道以确保他们自己能够继续掌权，并组织体制外的无权者进入体制内，要么就是指政治上的多数出于单纯的敌意或偏见而使某个少数群体处于不利地位，并拒绝给予代表制下的同等保护。㉔

虽然在核心观点上，皮德斯并不认同伊利所主张的司法应当尽可能地尊重代议制的政治程序，他的研究也清晰地显示了“民主的不可信”，但在主张应当对民主程序进行司法审查方面却与伊利有一定的共同之处，只不过他主张的审查强度更大，范围更广。在2004年发表的《民主政治的宪法化》一文中，皮德斯颇具针对性地指出，在过去的20年当中，美国民主政治中反竞争的倾向越发明显，“政党或在职者为了自我保护不适当地操纵着民主的背景规则”，以保证自己当选或连任概率的最大化。为此，作为民主政体中的中间机构的最高法院必须在一定程度上将关注的焦点从“直接保护政治中的权利和平等的利益”转移至对民主政治的结构和过程的监督。如果民主政治过程缺乏公平的竞争性，个人权利也终将受到侵害，因为相较而言，“政治竞争本身的过程可能更为有效地保证这些利益”。㉕ 由此可以看出，皮德斯所强调的司法对民主政治的审查也并非对政治过程结果的价值判断，而是说最高法院对选举等政治过程中的公平竞争性负有保障责任。

正是在这个意义上，我们应当重新认真对待斯卡利亚大法官对《跨党派竞选改革法》背后立法意图的评价，它们已经精辟地体现在斯卡利亚大法官在2003年的 *McConnell v. FEC* 案所发表的异议意见当中：

可以肯定的是，这部立法是不偏不倚的：它同样禁止批评那些反对国会议员寻求连任的候选人。但正如每个人都心如明镜，在有关这个议题的领域，不偏不倚并不意味着公平。如果所有的竞选活动都不偏不倚地遭到禁止，在任官员必然获得巨大的优势。同样地，如果在任者和挑战者的竞选活动受制于同样的数量限制，受到青睐的还是在任者。换句话说，任何同等地施之于挑战者和在任者的有关某种竞选言论的限制往往有利于在任者……当前这部立法就以禁止某些尤其不利于在任官员的竞选言论为目标。大家可以试想一下，在任官员筹集的“硬钱”——一种基本上不受当前这部立法限制的资金——大概是挑

㉔ 参见[美]约翰·哈特·伊利：《民主与不信任——司法审查的一个理论》，张卓明译，法律出版社2011年版，第100页。

㉕ 参见[美]理查德·皮德斯：《民主政治的宪法化》，田雷译，载张千帆组织编译：《哈佛法律评论·宪法学精粹》，法律出版社2005年版，第296页。

战他们的候选人的3倍,这是偶然的吗?那些说客(他们寻求在任官员的支持)为在任者接受的“硬钱”捐赠贡献了92%,这是偶然的吗?你们以为所谓的“百万富翁条款”只提高了针对那些遭到为竞选支出大笔个人财富的挑战者(因为新的公职挑战者通常这样做)的竞争的候选人的捐赠限额,却将针对那些与筹集到大量竞选资金的人(在任官员通常是这样的)进行竞争的候选人的捐赠限额维持不变,就真的是立法上的疏忽吗?你们再判断一下,本来更可能帮助资金短缺的挑战者而不是硬钱充裕的在任者的国家政党基金却受到《跨党派竞选改革法》的严格限制,难道真的纯粹是偶然吗?㉖

这种思考进路与近些年最高法院有关竞选资金监管的判例是一致的。例如,在2006年的 *Randall v. Sorrell* 案中,最高法院以6:3的投票比例否决了佛蒙特州一项限制竞选捐赠的州法,因为它将捐赠限额定得如此之低,以至于“因为阻碍了新的公职挑战者有效开展针对在任官员的竞选活动而危害到了选举过程,并因此减弱了民主问责制”。*Davis v. FEC* 案则直接为斯卡利亚这样的保守派大法官提供了废除“百万富翁条款”的机会。在著名的 *Citizens United v. FEC* 案中,肯尼迪大法官代表多数派重申了最高法院在Buckley案中阐发的第一修正案的核心原则,即禁止政府为了增强某些言论的权重而限制其他人的言论自由。为此,他还反复多次引用霍姆斯大法官的“思想市场”理论来强化自己的论证。这也就是说,第一修正案预设了竞选言论市场的自由竞争态势,至于该言论是以金钱“表达”,还是由公司说出,在所不问。在第二年的 *Arizona Free Enterprise Club v. Bennett* 案中,最高法院同样废止了一条规定向接受公共资助的候选人提供配比资金的州法,理由不外乎是妨碍了选举过程中的公平竞争环境,违反了第一修正案。而最近一例竞选资金判例—— *McCutcheon v. FEC* 案——则在竞选资金领域推行了彻底的去监管化和自由化,连保守派一直引以为据的Buckley案中对竞选捐赠的唯一限制也被推翻,也就是说,以后选举活动中的个人将可以不再受到任何总额限制地向自己心仪的候选人进行竞选捐赠。

不难想象,McCutcheon案的判决一经作出就遭到了自由派政治团体和民主党的激烈抨击,认为这将使有钱人对政治选举的影响力更加明显。他们甚至

㉖ *McConnell v. Federal Election Commission*, 540 U. S. 93, 249 - 250 (2003), Scalia, J., dissenting.

在宣传攻势中将共和党人与在《福布斯》全球富豪榜上名列前茅的科赫兄弟联系在一起，呼吁人们不要让富人通过共和党掌握美国的政治命脉。[27] 判决的影响很快就在当年的国会中期选举中显现出来。尽管民主党进行了上述宣传，但共和党在参众两院选举中都大胜民主党，不仅改变了以往在参议院的少数地位，成功赢得参议院控制权，而且在众议院的多数席位也有所增加，自 2006 年以来首次取得参众两院的控制权。这种现实结果力证了 McCutcheon 案的重大影响，说明该案的判决使得公职挑战者比以前更有可能在竞选中击败在任者。如果我们同时再考虑到 2003 年的 McConnell 案的判决和斯卡利亚大法官的异议，那么似乎可以较为合理地推测 McCutcheon 案促进了竞选过程中的公平竞争。因为第一修正案的目的和意义就在于通过促进并保护对政治性议题的讨论从而增进代议制民主（representative democracy）。所谓"代议制民主"，在罗伯特·博克看来，就是一种如果公共职位和公共政策不予开放，活跃的公共讨论就没有任何意义的政府形式。那么从这个角度看，第一修正案就应当对"清晰且明显的政治言论"（explicitly and predominantly political speech）给予唯一保护。[28] 而竞选资金的捐赠和开支不仅是言论，而且由于表达了某种政治理念和观点，还是应受第一修正案保护的核心言论。这一基本立场不仅在 Buckley 案中得到了最高法院的支持，事实上也长期得到自由派和保守派的共同认可。因此，上述一系列判例背后所隐含的逻辑不过是通过对第一修正案的自由放任式理解——促进平等并不容于言论自由，第一修正案断然拒绝政府可以通过限制某些言论来增强另一些言论的概念——来促进竞选过程的竞争性。然而，正如纳撒尼尔·佩尔西利所指出的，我们也不应当忘记政治竞争"首先只是一种手段，以下这些才是目的——更大的责任、回应性、代表制，以及政治参与"。[29]

在这种背景下，通过分析三种特殊的规则形式，即开支限制、捐赠限制和公共基金，本文首先试图证明从公共选择理论的视角审视竞选资金规制问题可以提供若干不同于传统研究的洞见，也有助于更全面地理解和改善这一领域存在

---

[27] 参见刁大明：《"麦卡琴诉联邦选举委员会"案的背后》，载《世界知识》2014 年第 9 期，第 43 页。

[28] See Robert H. Bork, "Neutral Principles and Some First Amendment Problems", *Indiana Law Journal* 47(1), 1998, pp. 1 – 35.

[29] Nathaniel Persily, "The Place of Competition in American Election Law", in Michael McDonald, John Samples eds., *The Marketplace of Democracy*, Washington D. C., Brookings Press, 2006, p. 173.

的问题,从而也应当受到法学界的更多关注。当然,这并不意味着本文所有引用到的文献的作者都自觉地视自己为公共选择论者,只不过他们处理竞选资金监管问题的进路要么与之类似,要么对之富有启发。其次,本文还将根据最高法院对这些监管措施的司法审查情况对上述“洞见”进行简单的检验。在这种意义上,美国法学界已经有了一些极有价值的文献就该领域的司法审查强度及其对特殊利益立法——根据立法的交易模型,这是一种极有可能被过度滥用的管制立法类型——的屈从进行了分析。如果我们认为竞选资金监管是一种特殊利益管制,那么就有充足的理由对法院在审查捐赠和开支限制时应如何行为展开探究。因此,从基本的学术倾向角度讲,本文也是希望借助竞选资金问题在一定程度上说明公共选择理论的洞见如何丰富了传统的公法研究,同时,在某些具体的管制领域,“可以说,重新建立一般理论是公共选择理论可能影响广泛的公法领域的最可能的方式”。[30]

三、开支限制

如前所述,从支持竞选资金改革的视角来看,支持者们可以提出很多种论据——尤其是对政治平等的追求,换句直白的话来说就是,那种公共职位决不能用钱来“买”的观念——来论证开支限制措施的正当性。然而,如果以公共选择理论的视角进行审视,那么,对开支竞选资金的限制就必然会被视为由在任官员建立的一种监管措施,目的是为公共职位的挑战者设置进入壁垒。

(一)竞选资金开支的经济学

公共选择理论实际上是用新古典经济学的理论假设和研究方法分析政治现象的产物。这一点已经在前面的章节中作了较多阐述。其中,将政治模拟为——或者说视作——与经济市场具有类似运作逻辑的领域是这一理论的基本立场,也是其最引人注目的理论视角。具体到竞选资金问题上,经济学家和政治学家山姆·卡兹曼在20世纪70年代建立了竞选资金开支经济学的基本框架。在他看来,“生产者和政治家的成功都最终取决于消费者的选择——购

---

[30] Daniel A. Farber, Philip P. Frickey, *Law and Public Choice: A Critical Introduction*, Chicago, The University of Chicago Press, 1991, p. 132.

买商品的经济选择和竞选投票的政治选择。两者都试图通过广告来影响消费者的选择。对他们而言,从来都不存在随随便便的成功——在理论上,他们总是受到竞争的威胁"。[31] 因此,从这个角度看,政治上新的挑战者所面临的游戏规则与经济市场中的新进入者面临的规则极其相似。在这两个领域,信息成本都发挥着至关重要的作用。然而,问题在于信息并不是免费的,"为了获取它,需要付出时间、精力,通常还得花费金钱。对一个消费者来说,关于某个商品的信息成本就是他为该商品支付的成本的一部分。在购买之前,他必须搞清楚以下信息——商品是否存在,哪里可以购买,以及它的卖点在哪里"。[32] 卡兹曼还指出,对于新进入市场的生产者而言,消费者的信息成本可能就是他们所面临的最大的竞争障碍。而广告就是用以克服这种壁垒的基本手段。在类比的意义上,政治市场中的购买行为就是投票。具体来说,就任何一个选民而言,无论他将选票投给谁,投票本身的成本(如去投票站等)都是一样的。然而,当具体到候选人甲的某个潜在选民时,该选民投票给候选人甲的成本不仅包括投票本身的成本,还会涉及为获取关于候选人甲的足够信息以决定是否将选票投给他而支付的成本。尤其当候选人甲是一名初涉政坛、名气不大的新人时,这种成本在总量的意义上将是巨大的。这种成本要么必然由他通过竞选活动的形式承担,要么必然落在他的潜在选民的身上。潜在的选民承担的这种成本越大,最后投给候选人甲的选票就会越少。[33] 在政治市场,也有一只"看不见的手"在调节着选民的选票,信息成本就是这只手的一个手指,而上述过程可以说就是经济市场中的信息成本规律在政治市场中的基本推演。

事实上,正如著名的公共选择理论家丹尼斯·C.缪勒所指出的,"对于一名政治经济学家来说,将这种'政治广告'类比为消费者广告是一种自然而然的思考方式"。[34] 在研究广告现象的文献中,信息型广告和诱导型广告是对广告最常见的分类,两者之间存在重要的、显著的差异。这种分类同样可以应用到对政治广告的分析当中。对此,缪勒给予了十分详细的阐释:

---

[31] Sam Kazman,"The Economics of the 1974 Federal Election Campaign Act Amendment", *Buffalo Law Review* 25,1975,p.533.

[32] Sam Kazman,"The Economics of the 1974 Federal Election Campaign Act Amendment", *Buffalo Law Review* 25,1975,p.533.

[33] Sam Kazman,"The Economics of the 1974 Federal Election Campaign Act Amendment", *Buffalo Law Review* 25,1975,p.534.

[34] Dennis C. Mueller, *Public Choice* III, Cambridge, Cambridge University Press, 2003, p.476.

通过发布纯粹的信息型政治广告，候选人能够让选民了解自己的政治观点，因此，这既会增加某些选民投票支持他/她的可能性，同时也会降低另一部分选民投票给他/她的可能性。很显然，如果存在一种能够增加所有选民投票支持他/她的可能性的广告信息，该候选人毫无疑问会选择这种广告。让我们再次用消费者广告做一个类比，我们可以将这种类型的竞选开支定义为一种诱导型竞选行为。当一家软饮料公司通过广告向潜在的消费者表示，它们主营柠檬/石灰苏打，这将在增加那些喜欢柠檬/石灰口味的消费者的购买概率的同时，也会降低另一些喜欢橙子、樱桃或可乐的消费者的购买概率。然而，当同样一家公司用广告宣传说自己的软饮“口感最佳”(tastes the best)或者“最好喝”(better than the rest)时，反而会提高所有潜在消费者的购买概率。㉟

此外，某些经验证据也显示，竞选开支似乎成功地强化了选民们的知觉(awareness of the election)，并且提高了他们承担与投票相关成本的意愿。㊱ 选举实践中，那些初涉政坛的新手们所面临的最严峻的挑战莫过于怎样才能让选民们记住他们的名字和面孔，除非——正如缪勒所述——“他们是某个前总统或某个前摔跤运动员的儿子。”正是因为多数挑战者起步时的知名度都极低，他们的竞选资金开支往往比在任者更要讲求成本收益上的效用。㊲ 从这个意义上来说，“在竞选初期，因为候选人成功地让那些一旦熟悉了他便会把选票投给他的那些选民获取了他本人的相关信息，竞选开支的功能无疑得到了相当高效的发挥。随着越来越多的选民认识他，了解他在某些议题上的立场，竞选开支中的每一美元所赢得的新选票数量就将减少”。㊳ 在缪勒看来，这种现象蕴含着两方面的含义：首先，候选人有很大的激励花掉在竞选中接受到的所有政治捐赠；其次，候选人的目标是要筹集足够的资金，直至其中的每一美元在竞

㉟ Dennis C. Mueller, *Public Choice* III, Cambridge, Cambridge University Press, 2003, p. 476. 关于这种观点更详细的理论阐述，可参见缪勒与另一名公共选择理论家托马斯·施特拉特曼合作撰写的论文。See Dennis C. Mueller, Thomas Stratmann, “Informative and Persuasive Campaigning”, *Public Choice* 81(1), 1994, p. 55.

㊱ See Burton A. Abrams, Russell F. Settle, “Campaigning-Finance Reform: A Public Choice Perspective”, *Public Choice* 120(1), 2004, p. 381.

㊲ [美]罗杰·H. 戴维森等：《美国国会：代议政治与议员行为》，刁大明译，社会科学文献出版社2016年版，第88页。

㊳ Dennis C. Mueller, *Public Choice* III, Cambridge, Cambridge University Press, 2003, p. 482.

选中的边际回报为零。[39] 但问题是，说服捐赠者相信自己具有一定的获胜机会，对于挑战者而言是件很困难的事情。在某种意义上，竞选过程对挑战者来说更像是一个环环相扣的循环链条。在这方面，像很多其他方面一样，可谓一顺百顺，一损俱损。"筹款的失败将导致恶性循环，在一些选举中，捐赠者不愿意掏钱，于是各州和全国层次的政党组织就不大可能专注投入，所以也就无法实现政党整合以及催票等战略。"[40]所以，挑战者的竞选资金经济学中时常存在一种有趣的紧张关系——正是因为他们筹集资金的成本和难度更大，所以才要更加精打细算；但是，也正是因为他们是选举活动中的新面孔，因此只有花销越多——尤其是广告宣传方面的开支——才有可能吸引到越多的选民关注。

如果有人问在竞选公职的过程中，一名候选人及其背后的竞选团队将会花费多少钱。这的确是一个难以精确度量并回答的问题。因为这将在很大程度上取决于所竞选职位的价值、竞选开支的效益，以及筹集竞选资金的成本等多重因素的相互作用。在艾布拉姆斯和塞特尔看来，当其他条件相同时，通过强行规定一个上限额度来限制竞选开支"将迫使开支低于均衡水平，进而导致竞选开支的边际收益超过边际成本"。在这种情况下，竞选联盟的成员就会寻求其他的替代方式来花钱，竞选资金将重新分流到其他渠道——"某些替代方式即便不遵守法律的意图，也会遵守法律的字面含义；另一些则肯定会超越法律的字面含义。"[41]这正是后文将会提到的竞选资金的"水力学效应"(hydraulics effect)。

(二)开支限制与在任者优势

在这样的背景下，对公共选择学界来说，十分清楚的一点就是，通过限制"在竞选活动中花费的资金数量"，开支限制措施抑制了政治市场中的新产品广告，"并因此限制了新进入者可以发布的广告总量"。[42] 就政治广告而言，有学者认为，因为它向选民传达了有关候选人政治纲领的信息，因此是一

---

[39] See Dennis C. Mueller, *Public Choice* III, Cambridge, Cambridge University Press, 2003, p. 482.

[40] [美]罗杰·H. 戴维森等:《美国国会:代议政治与议员行为》,刁大明译,社会科学文献出版社2016年版,第88~89页。

[41] Burton A. Abrams, Russell F. Settle, "Campaigning-Finance Reform: A Public Choice Perspective", *Public Choice* 120(1), 2004, pp. 381, 384.

[42] Sam Kazman, "The Economics of the 1974 Federal Election Campaign Act Amendment", *Buffalo Law Review* 25, 1975, p. 535.

种公共物品。那么,对竞选资金的限制"就可能加剧政治信息的短缺状况"。[43] 此外,开支限制导致了垄断政治职位的现象。当相对于职位挑战者而言,在任官员本来就享有竞争优势时,立法强加的限制措施现如今又事实上阻碍了对这种优势的克服。在描述20世纪70年代的竞选资金监管状况时,卡兹曼就解释道,"在任官员的竞争优势在政治上始终发挥着进入壁垒的作用;在某种程度上,可以极其正确地将1974年《联邦竞选运动法》修订之前的状况描述为在任者垄断。然而,1974年的法律修订绝不仅仅只是强化了这种垄断的程度……对所有的新进入的竞争者而言,这些措施几乎完全创造了一个封闭的垄断环境,即便对那些更具优势的新人来说也很可能是这样的"。[44]

就波斯纳看来,这些限制性措施使选举活动中的新手更难以挑战在任官员,从而扭曲了思想市场的自身机制。这里面的逻辑其实并不复杂——"一个新产品要在市场中获得立足之地,就不得不比消费者已经熟悉的现存产品做更多的广告。因此,限制为产品做广告的花费,会削弱产品市场上的竞争,而当竞选花费被封顶时,也潜伏着同样的可能性。"[45]同时,他还警告说降低政治过程的公开程度"实际上会弱化利益集团受到的审查,以及政治家本来就很微弱的

---

[43] Robert D. Cooter, *The Strategic Constitution*, New Jersy, Princeton University Press, 2000, p. 314. 因此,考特指出,从监管的角度看,要找到政治竞选资金开支的最佳上限,就必须"平衡好更少的再分配竞争投资所带来的收益和政治信息的更少传播所造成的损失之间的关系"。See Robert D. Cooter, *The Strategic Constitution*, New Jersey, Princeton University Press, 2000, p. 314.

[44] Sam Kazman, "The Economics of the 1974 Federal Election Campaign Act Amendment", *Buffalo Law Review* 25, 1975, p. 536.

[45] [美]理查德·A. 波斯纳:《法律理论的前沿》,武欣、凌斌译,中国政法大学出版社2003年版,第95页。但是,波斯纳也指出,"花费限制也许实际上比挑战者更能伤害在职者,因为,在职者通常都能募集到更多的钱——这一天然优势将会由于花费限制而遭到挫折"。然而事实上,这里面的逻辑远比想象的更复杂。在任者能够比挑战者更容易获得捐赠的原因之一是,捐赠者将其视为更好的投资对象。因为向国会竞选捐赠的多数人试图与那些在位的掌权者发展更为密切的关系。从另一个角度看,也不能完全肯定地说开支限制对在任者的伤害更大。因为对于挑战者来说,只有开支越多,才会吸引到越多的选民关注,但这一直接效应在在任者那里却并不肯定。对在任者而言,竞选开支和选举胜算之间是负相关关系,选举成败更少取决于筹集到的资金的多寡。但在实际选举中,仍有在任者努力筹集并开支比实际需要更多的资金,这主要是基于以下两个原因:第一,在任者的超额开支往往是出于一种对于不确定性和风险的感知;第二,在任者时常在筹款方面具有超越竞选财政的战略目标(如谋求诸如党团领袖这一类的更高职位),先发制人的筹款就是为了劝阻那些重要对手而进行的。参见[美]罗杰·H. 戴维森等:《美国国会:代议政治与议员行为》,刁大明译,社会科学文献出版社2016年版,第88、90页。

密切关注普通投票者政策观点的激励,从而强化了利益集团的政策”。㊻

由此,公共选择理论家特意努力对以下两个问题进行了经验论证:第一,金钱并不能“买到”国会席位;第二,竞选开支限制对政治竞争产生了负面影响——实际上就是指新的政治挑战者所面临的不利局面。尽管布里福已经明确指出,“大多数研究竞选资金问题的文献的核心命题不过就是我们对于特定竞选资金法规的影响是多么地不确定”,并且同时还存在这样的现实情况——“政治科学界的期刊充斥着各种批斗性研究,每一种发现都会立即遭到另一种‘相反的发现’(counter-finding)的反驳”,㊼但运用公共选择理论得出的研究结果却似乎具有很大的确定性,并且受到经济学和政治学领域多种方法的普遍支持。

在一项有关国会众议院选举非常全面的研究中,莱维特发现,无论钱是哪一方开支的,竞选开支对选举结果的影响非常小。因为数据显示,相互竞争的候选人之间在可用资源方面的差异最多只能解释投票结果中5%的分歧票。另外的95%则是从候选人到特定地区因素等一系列特征的反映。㊽ 在他看来,这项研究的结果表明,“通常所认为的我们当前政治体制的诸多弊病其实并不存在。如果竞选开支几乎没有影响到选举结果,那么代表们也不应该觉得受到了政治委员会的过度影响。如果选举过程不是那么容易就能被金钱‘扭曲’的,竞选资金的滥用——比如‘软钱’问题——看起来就不再令人担忧了。”㊾除此之外,莱维特还发现,在任官员在竞选中的优势是明显的,用指数表示的话,在3%—4%——或许只有我们同时再考虑到莱维特认为相互竞争的候选人之

㊻ [美]理查德·A. 波斯纳:《法律理论的前沿》,武欣、凌斌译,中国政法大学出版社2003年版,第96页。

㊼ Richard Briffault,“WRTL and Randall:The Roberts' Court and the Unsettling of Campaign Finance Law”,*Ohio State Law Journal* 68,2007,p. 831.

㊽ See Steven D. Levitt,“Using Repeat Challengers to Estimate the Effect of Campaign Spending on Election Outcomes in the U. S. House”,*Journal of Political Economy* 102(4),1994,p. 789. 既然如此,那为什么政客们仍然如此卖力地筹钱和花钱呢?对此,莱维特给出了两个可能的解释:第一,筹集资金的机会成本可能远低于赢得选举的价值,因此即便竞选开支对选举结果的实际影响不大,但仍然是值得的;第二,政客们在考量竞选开支和竞选成功之间的关系时,可能只是混淆了相关性和因果性两个概念。See Steven D. Levitt,“Using Repeat Challengers to Estimate the Effect of Campaign Spending on Election Outcomes in the U. S. House”,*Journal of Political Economy* 102(4),1994,p. 795.

㊾ Steven D. Levitt,“Using Repeat Challengers to Estimate the Effect of Campaign Spending on Election Outcomes in the U. S. House”,*Journal of Political Economy* 102(4),1994,p. 796.

间在可用资源方面的差异最多只能解释投票结果中 5% 的分歧票，才能理解 3% 或 4% 的重大意义——与此同时，竞选开支限制的确更有利于在任者，但这种效应也只是“边际”意义上的。[50]

多年后，施特拉特曼对这一领域的相关文献进行了回顾和梳理。他也认为，有证据表明在国会众议院选举中，在任议员的竞选开支并没有产生积极的、具有统计学意义的重要影响。但议员席位的新挑战者的竞选开支的确增加了自己的选票份额。与此同时，作者也指出，与众议院的情况相反，在研究参议院选举的文献中，大多数经验研究的发现在任者的竞选开支在很大程度上会影响到他的选票份额。然而，类似于对众议院选举的评估，参议院选举中挑战者竞选开支的边际产出要高于在任者。[51] 施特拉特曼的这篇综述性的论文很好地总结了学界有关这一论题的主流观点，但也正如作者本人所强调的，篇幅因素也使他只能集中关注以往的部分研究，这也是我们需要注意的。

（三）其他考量因素

正如前所述，有不少学者和政治家将对竞选开支的限制建立在政治平等基础上，期望以此遏制金钱对选举过程的腐蚀和扭曲。但即便从这个角度来看，通过限制竞选开支来追求政治竞争中平等很可能产生恰好相反的效应——虽然限制了言论表达的数量，但它最终损害了它本意图捍卫的集体审议过程的质量。对此，西班牙裔学者卡洛斯·佩尼亚·冈萨雷斯也指出，

> 可以预测，限制竞选开支将会抑制竞争对手的表达能力——原本候选人甲的宣传表达能力处于第 3 等级，而候选人乙位于最低的第 1 等级，现在甲将降至第 2 等级，乙仍然位于第 1 等级——而不是改善辩论的质量。这完全是一种逆向的帕累托最优：损害一部分人，同时另一部分保持稳定。然而，也有人完全可以反驳说乙并没有原地踏步，他缩小了与甲在资源方面的差距。的确如此，但这却是以牺牲选民的自治能力为代价的，而这种能力正是我们应当促进的。[52]

事实上，这个例子不过是更生动地为拉蒂什的观点作了背书。“限制那些

---

[50] See Steven D. Levitt, “Using Repeat Challengers to Estimate the Effect of Campaign Spending on Election Outcomes in the U. S. House”, *Journal of Political Economy* 102(4), 1994, pp. 788 – 793.

[51] See Thomas Stratmann, “Some Talk: Money in Politics. A (Partial) Review of the Literature”, *Public Choice* 124, 2005, pp. 137 – 138.

[52] Carlos Peña González, “The Sounds of Money: The Campaign Spending and Freedom of Expression”, *Public Studies* 87, 2002, p. 166.

具有经济实力的人为政治竞选花钱或捐钱的能力绝不可能强化那些缺乏经济实力的人传播他们的政治观点的能力。”[53]此外,从对言论市场造成了逆向帕累托最优(实际上跟帕累托最优毫无关系,恰恰是帕累托最优的反面结果)的影响来看,限制竞选资金不可避免的结果就是选民的确更加“平等”了,因为他们变得普遍地无知了[54]——现在他们对候选人甲的信息也一无所知,正如从始至终对乙的情况一无所知一样。这种逻辑也正从反面论证了,清除某些言论的弊害,扩展人民对政治过程更大参与的正确方式不是压制一部分言论,而是鼓励更多的言论。

除了上述从言论压制的角度展开的批评之外,竞选开支管制的批评者还提出了另一个相关的论据。这个论据既有实用操作上的考虑,也有制度上的考量,它与对这些限制性规则的合理且符合成本-效益原则的执行的必要性有关。这就至少涉及以下两个方面的问题。首先,对竞选开支这一概念进行具体的界定是很困难的。在这个过程中不可避免地会产生将特定类型的开支排除出去的激励。正如后文所要提到的,有关竞选开支概念的争议实际上也与界定哪些类型的竞选捐赠应受到限制,而哪些捐赠不受限制密切相关的。

其次,政治竞选资金监管所产生的“水力学效应”——这正是巴斯夏意义上的非预期后果(unintended consequence)的典型例子——往往也强化了公共选择理论对这种监管措施的怀疑倾向。简单来说,竞选资金监管往往会产生将资金重新分流到其他渠道的作用,这就是伊萨查罗夫和卡兰所提出的竞选资金的“水力学效应”。[55] 具体来说,

就在公共政治领域内应受管制的言论范围的问题来说,只要第一修正案对此强加了规定和限制,不完全监管造成两个领域——一个受到监管,另一个不受监管——的风险就产生了。政治竞选体系就好比处在一种液压压力之下,受到监管的领域中的加紧控制并不能减少金钱在整个体系中的数量和影响,而不过是改变了它的流向,使它流向了那些更少受到监管的企业和行动者那里……这里存在一个悖论,而这个悖论与这样一种关键性的主张有关,即金钱有能力

[53] Martin H. Redish, *Money Talks: Speech, Economic Power, and the Vales of Democracy*, New York, New York University Press, 2001, p. 139.

[54] See Martin H. Redish, *Money Talks: Speech, Economic Power, and the Vales of Democracy*, New York, New York University Press, 2001, p. 136.

[55] [美]优思明·达乌德:《竞选资金与美国民主》,赵开开、朱玉雨译,载《国外理论动态》2016 年第 4 期。

支配意志,并且扭曲了政治过程的结果。在这个观念之下,即便改革的支持者们有自己的主张,他们也会发现工程师协会从多年来试图让密西西比河改道的过程中学到了什么。金钱就跟水一样,会寻找它自己的平衡。从表面上进行遏制的代价就是其他地方的洪水泛滥。[56]

在文献中,法律学者经常用以上两个概念——竞选资金监管的“水力学效应”和“非预期后果”——来解释改变资源用途的悠久传统,以及寻找此种监管中的漏洞(如软钱、观点宣传广告、独立和协调开支以及所谓的527组织)的做法。罗伯特·考特就指出,遏制某种形式的竞争的结果通常是导向另一种形式的竞争。“当政治家们无法通过媒体竞争时,他们就需要通过政党组织进行竞争……一般来说,有效的竞选开支限制会将政党之间的竞争从媒体领域导向人力领域。相反,效果不好的限制措施就会将竞争从人力导向媒体。”[57]这实际上进一步论证了竞选资金监管将导致新的制度形式出现,而资金则会通过这些新的制度形式进行流动,以此应对监管规定。例如,在2004年大选之后,学者们开始集中关注所谓的“527组织”(527s organizations)的行动。所谓“527组织”是指这样一种组织,它们适用《国内税收法》(Internal Revenue Code)第527条关于为政治行动委员会免税的规定,但又不属于《联邦竞选运动法》所管制的那类政治行动委员会。正如沙利文所警告的那样,这种“替代效应”(substitution effects,如将资金从直接捐赠转为软钱和独立开支)[58]的问题正是弱化了政治问责。

---

[56] Samuel Issacharoff, Pamela S. Karlan, “The Hydraulics of Campaign Finance Regulation”, *Texas Law Review* 77(7), 1999, pp. 1713 – 1714.

[57] Robert D. Cooter, *The Strategic Constitution*, New Jersey, Princeton University Press, 2000, p. 314.

[58] 比如,2010年的 *Citizen United v. FEC* 案就为超级政治行动委员会的出现铺平了道路。该案的一个重要特征就是,最高法院确定独立开支不会导致利益交换式的腐败或腐败的表象,所以不应管制独立开支。紧接着最高法院又判决了 *Speechnow. org. v. FEC* 案,此后,大量在联邦候选人控制之外运行的组织化的团体得以涌现。正是由于这两个判例提供的机会,数以百计的全新的支持巨额开支的所谓的超级政治行动委员会得以纷纷成立。按照联邦选举委员会的界定,超级政治行动委员会是“非关联的政治行动委员会”。这些政治行动委员会不但不能直接向联邦候选人的竞选提供捐赠,而且不能进行配合候选人竞选的任何开支。但它们被允许可以通过几乎毫无限制地开支来影响选举结果。在2010年之前,公司、非营利组织以及工会的捐赠不能用于支付支持某位候选人的竞选广告。在 Citizen United 案中,最高法院将该限制视为对政治言论的一种审查,进而将其推翻。参见[美]罗杰·H. 戴维森等:《美国国会:代议政治与议员行为》,刁大明译,社会科学文献出版社2016年版,第85~86页。

（四）本文立场

那么，基于以上对开支限制的分析，公共选择理论会给出什么样的政策建议呢？事实上，公共选择理论给出的答案正是最高法院在Buckley案以及后来一系列判例中对竞选开支所展现出来的政策态度——自由放任。在这意义上，公共选择的进路恰与某些第一修正案学者的主张是一致和融贯的。正如宪法学者布拉德利·史密斯所述：

通过保障言论和新闻自由，第一修正案为曝光政府的腐败和不当偏袒留出了余地，并且使公民能够获取有关资金支持来源的信息。报纸上从来不缺有关候选人开支和竞选捐赠的报道，候选人通常也会在竞选中使这种信息成为讨论的议题。通过将政府隔离在选举活动的领域之外，第一修正案保证了各种不同的政治理念之间的充分交锋，并且禁止困扰改革运动的在任者的假公济私行为。它允许挑战者筹集竞选成功所必需的资金，同时确保政治变革的渠道是开放的。通过禁止对政治言论和政治过程的过度管制，第一修正案的恰当解释如愿让个人免于现如今制约基层政治活动的管制措施，自由地参与政治讨论。这一切恰如其分，均仰赖第一修正案的雨泽。[59]

无独有偶，另一位法学家莉莲·贝芙尔也说道，“我们很享受当下这个自由并且基本不受监管的思想市场。源自市场自身力量的协商对话的机会不仅很多，而且形式多样”。[60] 此外，“当有人在信息生产者、公民消费者和政治行动者的激励下审视思想市场时，那么看起来市场竞争将会造就一种无须政府干预或指导的健康且实质的对话。毫无疑问，如果市场力量间的自由竞争被政府监管所取代，那么由此产生的对话的质量将更有可能倒退而不是获得改善”。[61]

在这种理论背景下，与某些第一修正案学者的意见一样，公共选择理论家认为无须政府的干预就可以在公共辩论的领域实现更充分的市场竞争。一般来说，清除某些言论弊害的方式不是压制言论，而是要鼓励更多的言论，抑制言论自由副作用的途径也不是压制自由，而是要促进更大更广泛的自由，通过言论间的自由交锋以及在这一过程中所迸发出的人类理性与智慧来达到激浊扬

---

[59] Bradley Smith, “Faulty Assumptions and Undemocratic Consequences of Campaign Finance Reform”, *Yale Law Journal* 105(4), 1996, p. 1090.

[60] Lillian R. BeVier, “Campaign Finance Reform: Specious Arguments, Intractable Dilemmas”, *Columbia Law Review* 94(4), 1994, p. 1260.

[61] Lillian R. BeVier, “Campaign Finance Reform: Specious Arguments, Intractable Dilemmas”, *Columbia Law Review* 94(4), 1994, pp. 1260 - 1261, note. 18.

清、自我净化的目的。托克维尔就曾发现,“美国政治学有一项原理:冲淡报刊影响的唯一办法,是增加报刊的样数”。[62] 即便对人类理性持怀疑主义的哲学相对论者也毋需担心普通大众在这种信息爆炸的状态中陷入理性的平庸和无知的盲从。因为更少的言论自由在逻辑上更可能造成人类“平等”的无知——这是一种让社会普遍向下看齐的状态,既不符合理性,也有违社会效率。再者,更多言论并不必然意味着无限的言论自由。由于信息通常都不是免费的,因此与一般商品市场类似,言论市场也能够自己决定最佳的信息水平。这是一种基于言论自身的内在特质而产生的限制,很难予以彻底消除。事实上,也无须予以消除——即便风险厌恶型的行动者通常也不会追求彻底的完全信息。根据上述逻辑,我们可以推论,限制竞选开支的管制措施不仅提高了进入自由讨论和信息流通程序的成本,而且正如本文所试图论证的那样,也是一种特殊利益立法。因为它主要损害了政治选举程序中新进入者的利益——作为政治市场的后来者,这些人往往不为选民所知。要想获得选民的投票,他们需要更多的时间和资源向选民展示自己的性格特征和政治理念。而对竞选开支的限制往往使得他们的展示不够充分,这不仅让在任者获得了不正当的竞争优势,也导致选民更可能在信息短缺的情况下进行政治选择,从而整体上使社会处于一个更糟的境地。

四、捐赠限制

有一种看法认为,筹款压力可能会导致候选人调整他们的吁求方向,更多地向资金最充裕,同时利益也最狭隘的部门靠近。这种看法就提出了一些事关代议制基本特质的重要问题。这些问题实际上对利益集团和政治行动委员会在竞选资金领域的功能提出了根本性的质疑。事实上,正如卡兹曼所说的,那些竞选改革的支持者们关注的主要问题始终都是利益交换式腐败(*quid pro quo*,即以换取政治影响为目的的政治捐赠)的政治影响,而不是意识形态型的政治捐赠(捐赠的目的在于最大化那些持有自己所青睐的政治立场的候选人

---

[62] [法]托克维尔:《论美国的民主》,董果良译,商务印书馆1965年版,第208页。

的当选概率)。[63] 因此,那些进行利益交换式的政治捐赠者通常被视为政治腐败的诱因。

这种利益交换式腐败及其腐败的表象正是国会通过立法采取竞选资金捐赠限制的缘由,而这种限制措施也在 1976 年的竞选资金第一案——Buckley 案——中得到了最高法院的支持。捐赠限制的目的是在政治市场中禁止特定类型的交易。国会通过《联邦竞选运动法》将那种所涉资金总额超过规定上限的捐赠交易界定为非法行为,从事了此种交易的人将受到刑事处罚。从国会的立法目的来看,该法的预期效果就是威慑这一类的政治捐赠者,希望通过刑事处罚的手段大大遏制这种更可能腐化选举过程的交易的政治影响力。然而,从公共选择理论的视角来看,与开支限制一样,作为由在任官员主导建立的管制措施,捐赠限制仍然是首先作为一种针对政治选举过程的新人设置的进入壁垒而存在的。因此,在对捐赠限制的分析上,本文仍然遵循了之前的进路。

(一)竞选捐赠(限制)的政治经济逻辑

在政治选举中,候选人筹集和使用竞选资金的目的是争取赢得选举。在公共选择理论看来,这一点也是毫无争议的,有争议的是应当如何解释这些捐赠者的行为逻辑。关于这一问题,学界目前存在两种不同的解释框架——"政治人"理论(political man theory)和"经济人"理论(economic man theory)。

根据丹尼斯·缪勒的解释,政治人理论认为,竞选捐赠的目的就在于决定选举的最终结果。"候选人预先选择并阐述自己的政治立场,利益集团则将资金捐赠给在某些政治议题上与他们的立场最为接近的候选人。选举则最终决定了谁生谁负。"这种理论将捐赠者视为由候选人提供的各种政治立场的被动消费者。与之相反,政治的经济人模型则将捐赠者看作购买候选人政治立场的"投资者"(investors)。根据这一理论,在提供资金帮助候选的参加竞选的利益集团和向利益集团"供给"(supply)政治立场的候选人之间存在利益交换关系(a *quid pro quo*)。[64]

后来的一些文献进一步发展和丰富了"经济人"理论,即投资者模型。它们检验了那些向政治竞选和游说领域分配资源的决策。这一研究进路最基本的发现就是,流向竞选活动和各大政党的资金的主要目标并不一定是在国会或

---

[63] See Sam Kazman, "The Economics of the 1974 Federal Election Campaign Act Amendment", *Buffalo Law Review* 25, 1975, p. 524.

[64] Dennis C. Mueller, *Public Choice* III, Cambridge, Cambridge University Press, 2003, p. 476.

其他政治结构中寻求有利的投票结果,也可能是为了获得、强化或者确保接近这些决策的渠道。

这种接近的表现之一就是国会资源的流动。这种资源流动包括但绝不限于以下活动方式:发起或阻止一项立法;幕后的,尤其是幕僚智囊层面的谈判妥协;提供友好的修正案或者积极反对不友好的修正案;游说同僚;规划战略;以及最后的,有时也最少用的投票赞成利益集团的立场。政治资金还能够激活一些通过政治游说而获得采纳的选择。因为一个理性的政治行动委员会的分配战略的目标不仅仅只是立法者偏好的取向,同时还包括这些偏好在政治决策过程中所展现出的活力程度。[65]

通常,国会议员会以选择性的方式来处理信息问题。在这种选择性的过程中,政治资金实际上就在寻找它的负担者。奥斯丁-史密斯提出,根据信息成本模型,国会议员必然会对利益集团的政治立场存有一定的不确定性,所以,竞选捐赠就意味着捐赠者还有一些战略价值。如果某个国会议员需要一些有关他不太了解的议题的信息,他首先会求助于那些他最信赖的信息来源,也就是那些与他的偏好相一致的信息来源。

这种以信息为基础的分析进路表明,国会议员将确保与那些没有进行任何形式的竞选捐赠的利益集团进行接触的渠道通畅。同时,也必然存在信息与捐赠之间的交易,因为只有当议员收到的捐赠越多,他才可能有接受那些他本能上不会接触的那些人的信息。如果国会议员倾向于与那些对他有好感的团体保持接触,但却对这些团体在具体议题方面的偏好信息了解不够,那么这些团体就有激励通过竞选捐赠向该议员表明他们所怀有的发展更紧密关系的意愿。"因此,对于持有一种极端观念的团体来说,存在一种激励促使他们模仿那些与立法者的观念更加接近的团体的捐赠行为。"[66]可以说,对奥斯丁-史密斯来说,"这一模型的重点在于竞选捐赠、偏好和保持接触的意愿之间的关系",它证实了国会议员们实际上对利益集团关于特定议题的政治立场处于一种不完全信息状态。"竞选捐赠并不能完全揭示出利益集团的偏好;所以当接触获得

---

[65] Richard Hall, Frank Wayman, "Buying Time: Moneyed Interests and the Mobilization of Bias in Congressional Committees", *American Political Science Review* 84(3), 1990, p. 802.

[66] David Austen-Smith, "Campaign Contributions and Access", *American Political Science Review* 89(3), 1995, p. 572.

准允时,立法者对于游说者的确切偏好仍然抱有某种程度的不确定性。”[67]

从另一个角度来说,从 Buckley 案的司法意见中,我们可以看到,最高法院之所以维持了《联邦竞选运动法》关于捐赠限制的规定,但却驳回了支出限制的合宪性是基于以下三个方面的理由:首先,《联邦竞选运动法》关于捐赠的限制并没有严苛到使候选人筹集不到足够资金的程度,国会只是希望减少大额捐赠人对选举的影响;其次,只有捐赠行为本身,而不是捐赠数额关涉言论,因此,捐赠限制对言论自由的影响是微乎其微的;最后,尽管捐赠可以带来政治表达,但从捐赠到政治辩论的转化中涉及的是候选人及其政治团体的,而不是捐赠人的言论。[68] 如果我们在研究判决之前尚没有仔细辨析捐赠和开支的复杂关系的话,那么很可能会被最高法院层层递进、环环相扣的逻辑链条所征服。的确,这三条理论本身不无道理,但问题是,这些论据都必须建立在一个逻辑前提之上,那就是在政治竞选当中,我们可以对资金捐赠和开支作出清晰的划分。否则,最高法院在本案中开创的“捐赠/开支”的二分法就是无源之水、无本之木。首席大法官伯格在 Buckley 案的异议意见中就指出,竞选资金捐赠和开支犹如一枚硬币的正反两面,如果说限制开支侵犯了第一修正案保护的言论自由,那么也就不得准许对捐赠的限制。[69] 他的潜台词实际上就是说这两者不可能在完全分离的状态下受到法院的不同处置。另一位大法官布莱克门即便加入了法院的多数意见,但也表达了对“捐赠/开支”二分法的保留态度。他说,“我难以相信就本案来说,最高法院在捐赠限制和开支限制之间作出了,或者说确实有能力作出合乎联邦宪法的区分”。[70] 马歇尔大法官也在后来的 *FEC v. National Conservative PAC* 案的异议意见中表示,Buckley 案开创的“捐赠/开支”二分法的确有待商榷,它在建构之初就不是立基于融贯的宪法解释,这就导致并无任何本质性差异的竞选资金形式却受到相差甚远的管制。[71]

事实上,强行区分捐赠和开支不仅在概念上问题重重,当进入具体的竞选

---

[67] David Austen-Smith, “Campaign Contributions and Access”, *American Political Science Review* 89(3),1995,pp. 567 -568.

[68] 参见张福建:《美国选举经费规范的宪政争议:防止腐化、言论自由与政治平等》,载李强主编:《民主与现代社会》,北京大学出版社 2014 年版,第 74 页。

[69] See *Buckley v. Valeo*,424 U. S. 1,242 -247(1976),Burger,J. ,dissenting.

[70] *Buckley v. Valeo*,424 U. S. 1,290(1976).

[71] See *FEC v. National Conservative PAC*,470 U. S. 480,519 - 520(1985),Marshall,J. , dissenting.

实践时两者之间的界限就更难以确定了。因为捐赠会受到数额限制,而资金的开支却可以是无限的,这种规定将导致难以自恰的法律漏洞。比如,甲捐赠了100万美元给候选人乙用以竞选宣传,说服50,000名选民将选票投给乙,此时就违反了《联邦竞选运动法》关于捐赠限制的规定,但假如甲直接花费100万美元说服了50,000名选民投票给候选人乙,就将受到第一修正案的保护,但实际上两种作法的目的和效果完全一致。用波斯纳的话说就是,"我不知道这有什么意义!"事实上,这种情况并非虚构。实践中许多公司或财团在没有事先与候选人打招呼的情况下,就直接进行各种竞选开支,那么这究竟是一种捐赠还是一种开支呢?如果是捐赠,就要受到《联邦竞选运动法》的规制,但如果视之为一种开支,联邦政府就不得限制。正是这种实践中的模糊给予许多公司和财团游走的空间。[72]

除此之外,最高法院还特意提到了对以自有资金开展竞选进行限制不仅无助于防止腐败的目的,而且限制了候选人进行政治表达的能力,构成对言论自由的严重侵害,由此同时推翻了国会对使用自有资金参与竞选的上限规定。这就为像德克萨斯的石油大亨罗斯·佩洛(Ross Perot)这样的人创造了有利条件。他曾三度参与总统竞选,而且几乎完全是自掏腰包。但其中的问题似乎遭到了普遍忽略——这种自掏腰包究竟是捐赠还是开支?然而这种自掏腰包的富裕候选人在政治选举中所利用的不正是最高法院在 *Austin v. MCC* 案中所批判的从经济市场中积累起来的大量财富和优势吗?既然公司的财富多寡并不是基于公众对其政治理念的支持度,一个亿万富翁所拥有的财富就能代表公众对其政治理念的支持吗?再者,以自有资金就真如最高法院所说的那样与"利益交换式的腐败或腐败表象"无涉吗?最高法院的逻辑实际上是将自有资金视为竞选开支,前提是默认自有资金竞选人在当选前后并无实质区别。但这种默示性前提显然是过于幼稚的——难道以自有资金竞选成功的人就一定更具政治道德,而不滥用权力收回前期的政治投资吗?捐赠金钱给他人进行竞选可能是基于对方当选后的利益回馈,难道以自有资金竞选成功就不存在对自己的利益回馈吗?实际上,这种可能的腐败不是成本更低吗——相较于普通的利益交换式腐败,它还省去了捐赠人和候选人之间的信息沟通和讨价还价的成本。

---

[72] 参见张福建:《美国选举经费规范的宪政争议:防止腐化、言论自由与政治平等》,载李强主编:《民主与现代社会》,北京大学出版社2014年版,第74~75页。

所以,从这个角度来说,候选人以自有资金进行竞选开支实质上就是对自己的竞选捐赠。

对竞选捐赠的限制还忽视了竞选资金背后利益集团的行为逻辑。从根本上说,利益集团是追求狭隘的集团利益的,往往不惜以给社会造成100元损失的代价来获取1元的利益,因为整个社会的损失会平均分摊到全体社会成员身上,但特殊利益却只会由利益集团成员独自享有。[73] 由于从最早的1907年《蒂尔曼法》到后来的《联邦竞选运动法》及其历次修订都禁止公司法人和工会向国会和总统候选人进行直接的政治捐赠,所以各种工会组织在20世纪四五十年代逐步成立了政治行动委员会,利用独立的资金账户进行竞选捐赠。但由于之前诸多法律实效不彰,政治行动委员会并没有作为一种募资渠道而大规模出现。

然而在最高法院维持《联邦竞选运动法》关于捐赠限制的规定后,尤其是该法经过1974年和1979年两次修订之后,各大公司、行业协会,以及各类意识形态团体纷纷成立政治行动委员会,从1974年到1986年,政治行动委员会的数量从1146个暴增至4157个,而政治行动委员会的捐赠也从1250万美元飙升至10,005亿美元,由此可见政治行动委员会的重要性在《联邦竞选运动法》通过和修订后得到了显著提升。这种现象之所以出现,乃是因为法律规定个人对每个候选人的捐赠不得超过1000美元,但向单个政治行动委员会的捐赠却可达5000美元,而政治行动委员在每次竞选中向每个候选人的捐赠上限也高达5000美元,且并未对捐赠总额作出限制,这促使许多利益集团利用了法律漏洞,纷纷成立以单一政治争论为宗旨的政治行动委员会,[74]因为这样不仅合理地规避了关于捐赠限额的规定,而且对每一位候选人的筹款效果来讲,可谓本小利多、事半功倍。

与此同时,出于方便与国会议员和联邦官员的接触和政治游说,大多数政治行动委员会都选址华盛顿特区,这里自然成为各大候选人募集竞选资金的重要场合,反而造成候选人与原选区选民的日渐疏离。那么,如果一名候选人将竞选活动的重心越多地放在华盛顿特区而不是自己的原选区,则越说明该候选

---

[73] 参见郑戈:《法治的可能性及其限度——一个“公共选择理论”的分析模型》,载北京大学法学院人权研究中心编:《司法公正与权利保障》,中国法制出版社2001年版,第55~56页。

[74] 王鼎铭、侯萱莹:《美国国会选举政治献金的探究:政治行动委员会的Tobit分析》,载《选举研究》2006年第13卷第2期。

人可能代表了某种特殊利益而不是选区利益。华盛顿特区的政治生态环境也由此成为利益集团政治的晴雨表，在某种程度上反映了原初立法意图——希望候选人逐渐摆脱对大额捐赠的依赖，更多地接近大多数普通选民——的扭曲程度。因此，对竞选捐赠的限制事实上难以达到"高尚"的立法目的，这背后的深层原因正是对金钱本身行为逻辑的硬性颠覆。要知道金钱永远随着利益走，只要利益还在，它就总能找到另一种规避限制的变通之道，这也是竞选资金的"水力学"。捐赠限制或许具备一定的反腐败功效，但本身也会有诸多难以预料的副作用。

2014年，最高法院在McCutcheon案中彻底推翻了现行法律为个人竞选捐赠设置的总额上限。对此，有学者不无忧虑地表示，一个初来乍到的政治新手将更难得到竞选捐赠，"权力的个人化倾向加剧，腐败滋生的土壤也势必会有所增加……（McCutcheon案）的判决及其后续影响可以说是一种赤裸裸的倒退……是金钱对政治的操纵走向极端的恶性表现"。[75] 然而，现实的情况却是共和党在随后的参众两院选举中都大胜民主党，不仅改变了以往在参议院的少数地位，成功赢得参议院控制权，而且在众议院的多数席位也有所增加，自2006年以来首次取得参众两院的控制权，也就是说更多的在任议员被击败，挑战者成功当选。并且，在最近的2016年总统大选中，两党筹集的竞选资金总额反而比上一届大选缩水不少，被认为"金主"选民更多的共和党及其富豪候选人特朗普的筹款总额也比民主党的希拉里要低。[76] 事实证明，废除捐赠限制不仅没有让政治选举更加腐化，反而在某种程度上抑制了在任者的优势，使选举更具竞争性。这不能不说是一个讽刺！

（二）作为进入壁垒的捐赠限制

从经济学的角度讲，竞选捐赠限制的法律规定所追求的威慑效应源自最基本的需求定律，即在其他因素不变的条件下，价格与消费之间呈负相关关系，价格升高，消费率就下降。学者卡兹曼的研究证实，对于捐赠者而言，刑事处罚的威胁抬高了政治影响力的价格。对政治家来说，利益交换式捐赠的价格也同样上涨。即便在可通过一些选举方面的计谋来规避这些处罚，这些规避行为本身也会表现为获取所追求的资金影响过程中的一种额外成本。然而，卡兹曼也同

---

[75] 刁大明：《"麦卡琴诉联邦选举委员会"案的背后》，载《世界知识》2014年第9期。

[76] 参见中国日报网，http://www.chinadaily.com.cn/interface/zaker/1142822/2016-12-11/cd_27635647.html，最后访问时间：2017年3月5日。

时指出,即便价格高昂,仍然会有人觉得这样的交易是值得的:“作为竞选捐赠限制的结果,这种类型的交易会变少。同时,无论政治腐败在何种程度上源自这种交易,腐败的情况同样会减少。从这个方面来看,国会的新立法成功地实现了目标。”(77)限制个人在竞选活动中可捐赠的资金总额的措施提高了竞选筹款的边际成本,从而也减少了用于竞选的合法开支。

然而,卡兹曼也警告说,这些限制措施也产生了副作用。首先,那些政治影响的供给方之间的歧视将会增多。其次,某些特定类型的捐赠者将以他人的利益受损为代价而获益。因此,从一开始捐赠限制就没有覆盖所有涉及政治影响的交易类型:“志愿服务;民间组织的背书;有影响力的组织作出的不明确支持的承诺;承诺动员基层的政治捐赠。”(78)虽然这些交易并不一定被视为腐败,但不可否认的是在利益集团和个人作出的为候选人提供此类支持的决策中,对政治影响的追求是一种激励因素。简言之,货币市场中受到限制的活动的后果之一就是非货币市场活跃度的上升。

捐赠限制还导致了不同来源的捐赠资金的政治影响力的相对变化。对个人捐赠额度的限制便相应地强化了特定组织和行业的资产的政治重要性。这是一种相对的关系,任何一种资金来源受到限制,都会刺激其他渠道资金的流入——因为资金的短缺意味着有利可图。这既是前文提到的竞选资金的水力学效应,也是投资市场自身的逻辑使然。因为任何资本投资行为都是因为投资人认为这一领域的资本回报率高于平均水平。反之,当资本回报率低于平均水平时,资本便会推出某一领域。捐赠限制将特定类别的投资者(主要是个人捐赠者)排除在大规模的政治投资领域之外,其效果就是对于没有被排斥在这一领域之外的政治投资者来说,资本的回报率增加了。

而在波斯纳看来,最高法院原来所采取的限制个人的竞选捐赠的立场使竞选资金问题更加恶化了。因为在 Buckley 案中,最高法院不仅创造了“捐赠/开支”的二分法,而且通过判决把支持限制个人捐赠不得超过 1000 美元与宣布限制自己开支为无效这两者结合了起来,事实上产生了极其错误的激励。他驳斥了那些从道德立场为判决,尤其是捐赠限制所做的辩护,认为在像竞选筹款这

(77) Sam Kazman, “The Economics of the 1974 Federal Election Campaign Act Amendment”, *Buffalo Law Review* 25, 1975, p. 525.

(78) Sam Kazman, “The Economics of the 1974 Federal Election Campaign Act Amendment”, *Buffalo Law Review* 25, 1975, p. 526.

样一个如此专门的,甚至是深奥的领域,平等对于工具主义的思想家来说太抽象了,以至于根本不能把它看作一个目的。因为工具主义的思想家会坚持要求,那些支持竞选筹款平等的人,应该解释这种平等可以带来什么切实的好处。根据波斯纳的一贯立场,他对竞选资金问题的思考路径就是这种工具主义的,或者说实用主义的。他关注的是如果竞选捐赠和开支受到限制,美国人会不会更幸福?说更加可量度一些,那就是犯罪、歧视甚至环境污染会不会更少?政府是更大了还是更小了,是效率更高了还是更低了?

根据这种立场和逻辑,波斯纳认为限制个人的竞选捐赠产生了三个方面的重要后果。第一,这一限制赋予了那些得到富贾经营的大商业支持的候选人一个专断的优势,因为这些商业可以轻易为该候选人创造一大笔钱。第二,这一限制通过要求候选人以零售的方式来筹集竞选资金,实际上禁止了他们依赖于相对少数的大额捐赠者,这是使得筹集资金成为一件费时费力的繁重工作,同时也潜在地阻碍了很多有能力的人参与政治竞选。第三,这一限制武断地支持了那些用雇主从劳工工资中扣除的费用进行竞选捐赠的协会。尽管劳工有权拒绝这样做,但惯性作用是有利于协会的,然而与此相应的是,公司就没有从雇员工资中扣钱用作政治活动的权利。[79] 从这种批判路径出发,事实上脑袋聪明的波斯纳很难理解为什么一个人不能用另一个人的钱参与政治竞选。他特意举了一个例子来进行反问:如果A很富有并对公共政策持有强烈的观点但没有政治技术,而B不富有但分享A的观点并有政治技术,根据之前的《联邦竞选运动法》和Buckley案的判决,A就不能向B提供若A自己参加竞选就将花出去的钱。这种限制究竟有什么意义?

总体来讲,以政治平等为论据的改革派并没有直接回答波斯纳的问题。这既是因为主张平等的改革派并不是工具主义和实用主义者,他们更多地擅长宏大叙事,更多地从应然的道德原则出发,认为应当努力促进平等这一基本的人类价值。有改革派的学者认为最高法院没有从宪法要求将政治平等作为一项基本权利的角度对其进行解释是一个错误,甚至因此主张公众应当寻求通过第二十八修正案,专门赋予不受经济环境影响的政治平等以宪法基本权利的地位。[80] 然而

---

[79] [美]理查德·A.波斯纳:《法律理论的前沿》,武欣、凌斌译,中国政法大学出版社2003年版,第96~97页。

[80] See Tom De Luca,"Free Speech, Political Equality, and Campaign Finance Reform: A Paradox for Democracy?", *New Political Science* 29(2), 2007, p. 145.

问题在于,即便道德和原则论证能够接近形而上的正当性问题,但是否能够解决实践政策上的效果性问题仍然不得而知——事实上,没有人反对政治平等,只是我们所讨论的是强化对竞选资金的捐赠是否能够在政策效果上促进政治平等。

对此,改革派并没有给出令人信服的论证。没有人否认金钱确实会对选举造成影响,但要确定金钱的影响到底有多大就远不是那么容易了。从逻辑上讲,如果改革派认为这种影响应当受到规制,就需要给出强有力的说理和论证——这不正是第一修正案的要义所在吗:充分辩论、以理服人——而且这种说理和论证不仅应当是定性的,同时还必须是定量的——金钱在多大程度上妨碍了政治选举中的平等,否则法律规定的捐赠/开支的上限何以获得正当性?然而,可惜的是,“迄今为止,还没有哪一种定理分析模式,不论它是多么高级复杂,能够精确地计算出金钱与选举结果这一因果关系的确切函数值。”[81]这不仅只是一种“只可意会,不可言传”的感觉,甚至根本就是不足意会的——总是能朦胧地感觉到,但却无法确切地加以感知和认知。事实上,这种论证上的不足也得到了最高法院的坦率承认——在 Buckley 案中,法院承认“无法确切地断定此种危险(指利益交换式的捐赠和政治交易)的实践的范围”,所以,判决也就只能建立在“经证实的交易安排或者交易安排嫌疑”的基础上。

在 2003 年的 McConnell 案中,最高法院倒是认为诉讼记录已经提供了充足的证据,令人信服地展示出政党的软钱捐赠本身就带有试图购买对联邦官员的影响力的目的。但法院的这些“充足证据”都是全国政党委员为换取大额软钱捐赠而出卖接近联邦候选人和官员的机会的例子。问题的关键就在这里,如果充足的证据依赖于这些“例子”,那么,必需有多少例子才具有统计学上的意义?事实上,这种腐败不同于直接的现金与选票之间的交易,更加难以察觉和发现,基本上依赖于这些大额捐赠人“坦率的承认”,否则就只能依赖于国会对捐赠者动机的推定。这就将出现这种腐败的定义所无法清除定性的广阔灰色地带,“在该灰色地带上,无论从理论上还是实践上都无法清楚地说明金钱对政治的介入是否一定会造成腐败的发生”。[82] 然而,对于言论自由原则来说,即

---

[81] 张毅:《国会选举与金钱》,载《美国研究》1990 年第 2 期。

[82] 程迈:《政党公共资助法律制度研究》,载《人大法律评论》(2014 年卷第 2 辑 · 总第 17 辑),法律出版社 2015 年版,第 291 ~ 292 页。事实上,即便在 McConnell 案中,肯尼迪大法官也在部分赞同部分异议的司法意见中表达了类似的观点。他说,“同样地,没有迹象表明,他投票支持某个公司就是因为该公司为他所在的政党提供了资金”。See *McConnell v. FEC*, 540 U. S. 93, 304 (2003), Kennedy, J., dissenting.

便有着诸多的例子能够证明这种不良动机和非法目的的存在,也永远无法排除还有选民可能基于意识形态和政治理念的认同而在选举中为他所支持的候选人进行捐赠。也就是说,主张捐赠限制的改革派仍然无法解决说理论证的定量和确定性问题。基于此,作为一种至少不逊于政治平等的人类价值,言论自由绝无可能为某种莫须有的目标而妥协。

而与此相反的是,公共选择学者却在相当大的实证经验的程度上论证了捐赠限制是在任者基于自身利益的政策选择,目的是为挑战者进入选举程序设置壁垒,以此增加连任的机会。对于竞选资金监管的公共选择分析来说,这一论点是基础性的。竞选捐赠限制很可能会抑制那些资金雄厚,已经准备好参与竞争的挑战者——正因此,他们也对大额捐赠人充满了吸引力——实际赶超在任者的能力,继而破坏了他们参与公平竞争的机制。学者布里福指出,判决开支限制违宪,但捐赠限制合宪的 Buckley 案的后果之一就是迫使候选人不得不投入大量的时间和精力用于筹集竞选资金,使筹款本身的成本急剧提高——原本一个候选人可以只依赖于少数大额捐赠人就可以了,现如今却需要广泛接触和讨好尽可能多的小额捐赠人。筹款成本的升高实际上也在政治市场产生了人才溢出效应。因为这导致"筹款能力本身成为某人获取候选人资格的前提条件,也间接地强化了在任者的优势地位,为那些缺乏在任者那样的主要捐赠来源的潜在的候选人——尤其是挑战者设置了进入壁垒"。[83] 如此一来,政治新人往往在最初就缺乏机会进入政党的考虑范围,即便他拥有良好的政治技术,甚至无私的政治公心——毫无疑问,选择一名多数选民都不认识的新人,就意味着他所在的政党要冒筹不到竞选资金的巨大风险,而筹款的失败将直接导致一个难以阻止的恶性循环——没钱就无法进行广告宣传,没有大量的广告宣传就无法激活潜在的选民,进而无法进行政治动员和催票,而实际上越是如此恶性循环下去,最终也会越发难以筹集资金。

因此,从逻辑上来讲,在选择候选人时,政党从一开始就不会倾向于选择政治新人,政治才能和品行也将让位于资金储备和筹款能力,一大批潜在的政治人才将被挤出这个市场。从实际效果来看,原本意在抑制金钱对政治选举的影响的措施反而进一步强化了对筹款能力,继而对金钱本身的依赖。同时,政治

[83] Richard Briffault,"WRTL and Randall:The Roberts' Court and the Unsettling of Campaign Finance Law",*Ohio State Law Journal* 68,2007,p. 840.

市场中的职位垄断现象也将进一步加剧，理性的政党为了维持既有席位，将越发依赖于本党的在任官员，支持他们寻求连任。反过来，从选民的角度来看，这也造成了一个有趣的循环：虽然不能完全排除存在出于反对职位垄断的政治理想而将钱捐给挑战者的选民，但多数选民为了使自己的钱不至于白白打了水漂儿，一般都会把钱捐给连任率很高的在任者，而不是胜选概率很小的挑战者。此外，从参与竞选捐赠的选民比例来看，主张对捐赠数额进行限制的人显然是希望通过这些措施能够促使大批普通的选民参与竞选捐赠，减少候选人对少数大额捐赠人的依赖，但有学者后来的实证研究表明，真实的情况依旧是"捐赠者是政治上积极的人中的少数，而政治上积极的人也只是整个成年人口的少数"。[84] 随着这些恶性循环的不断循环，政治平等的理想也越发变得遥不可及。

上述论述实际上也得到了众多实证研究和统计数据的支持。在国会于20世纪70年代通过《联邦竞选运动法》及其修正案，最高法院判决了奠基性的Buckley案大约十多年之后，在诺曼·奥尔斯坦因、托马斯·曼恩和迈尔克·马宾三人长年主持的关于国会参众两院选举情况年度例行统计分析中，学者们对1966年至1986年20年间的数据进行了实证研究，以检验从70年开始推行的竞选改革的实际效果。然而，他们的最终结论是，20世纪70年代的改革非但没有提高，反而更加降低了国会选举中的竞争程度。从他们的统计中(表1)可以看出，国会议员的连任率非常高，参议员一般在70%以上，众议员更普遍超过90%的比例。另外，他们的研究(表2)还显示，绝大多数在任议员不仅可以成功赢得连任，而且赢得越来越轻松，因为他们在越来越多的选区可以不必花费太多力气就能获得超过60%的高额选票，就好比上了保险一般，绝不会出现差池——根据美国政治学界的通行标准，如果某议员在某个选区能够获得超过60%的选票份额，这个选区就被称为该议员的"保险"选区。随着这样的"保险"选区比例的连续扩大(众议员保险选区比例多在70%以上，参议员保险选区数量也至少超过4成)，再加上议员个人的超高连任率，以至于前著名民主党人科文宣称挑战者根本不可能在竞选中掀翻在任议员。而罗杰·戴维森等人通过对半个多世纪以来国会选举情况的统计(表3)，发现众议员和参议员的连任率分别普遍高达90%和80%(仅20世纪50年代和70年代例外)以上，甚至比奥尔斯坦因等人得出的数据还要高。后来施特拉特曼和阿帕里西奥－卡

[84] 转引自张毅：《国会选举与金钱》，载《美国研究》1990年第2期。

斯蒂略对1980年至2001年的州单一选区的竞选数据进行了统计分析,最终也基本印证了这种看法,即捐赠限制措施强化了选举的封闭性,并没有导致在任者落选率的上升。据此,他们也推断2002年的《跨党派竞选改革法》所推行的个人捐赠限制最有可能以牺牲挑战者利益为代价使在任者受益。[85]

对此,另一位学者小约翰·洛特则给出了背书性的论证。他分析了1984年至2002年年初的参议院选举数据,《跨党派竞选改革法》关于捐赠限制的规定显著降低了政治竞选的竞争性。这反映在以下几个方面:首先,它戏剧性地快速提高了选举结果中的净胜份额;其次,它也倾向于减少候选人的数量,甚至导致某些职位可能只有一个候选人竞选的情况增多;最后,这些限制提升了在任者的连任概率。同时,在这些经验性发现背后的理论却是相当直白的。在任者已经拥有了大量的政治声誉,而这些限制却导致挑战者的筹款成本高居不下,竞选开支的效益也变得更差,在任者实际上从中受益。尽管这些限制同等地适用于在任者和挑战者,但事实上昂贵的竞选活动对在任者接触选民的必要性却小得多。[86] 这说明竞选捐赠限制的实际效果的确在较大程度上偏离了制度设计时的理想,但实际上这种说法或许仅仅只是出于对改革派礼貌而已,因为从公共选择理论的立场来看,这种实效本身就是作为在任官僚的立法者的理性选择。

表1 国会参众两院议员连任情况统计(1966年至1986年)[87]

年份	众议院议员		参议院议员	
	谋求连任人数	成功连任比例	谋求连任人数	成功连任比例
1966年	411	88.1%	32	87.5%
1968年	409	96.8%	28	71.4%
1970年	401	94.5%	31	71.4%
1972年	390	93.6%	27	74.1%

[85] See Thomas Stratmann, Francisco J. Aparicio-Castillo, "Competition Policy for Elections: Do Campaign Contribution Limits Matter?", *Public Choice* 127, 2006, p. 199.

[86] See John R. Lott, Jr., "Campaign Finance Reform and Electoral Competition", 129 *Public Choice* 129, 2006, p. 292.

[87] Norman J. Ornstein et al., *Vital Statistics on Congress*, 1987 - 1988, Washington, D. C., American Enterprise Institute, 1988, p. 78.

续表

年份	众议院议员		参议院议员	
	谋求连任人数	成功连任比例	谋求连任人数	成功连任比例
1974 年	391	87.7%	27	85.2%
1976 年	384	95.8%	25	64.0%
1978 年	382	93.7%	25	60.0%
1980 年	398	90.7%	29	55.2%
1982 年	393	90.1%	30	93.3%
1984 年	409	95.4%	29	89.6%
1986 年	393	98.0%	28	75.0%

表 2 所有选区中的保险选区比例(1966 年至 1986 年)[88]

年份	众议院议员	参议院议员
1966 年	67.7%	44.2%
1968 年	72.2%	
1970 年	77.3%	
1972 年	77.8%	44.6%
1974 年	66.4%	
1976 年	71.9%	
1978 年	78.0%	41.1%
1980 年	72.9%	
1982 年	68.9%	
1984 年	74.6%	54.1%
1986 年	86.4%	50.0%

注:除 1986 年的数据外,关于参议员保险选区的统计以参议员的 6 年任期为一个周期。

---

[88] Norman J. Ornstein et al., *Vital Statistics on Congress*, 1987 – 1988, Washington, D. C., American Enterprise Institute, 1988, p. 80.

表 3　国会参众两院议员连选连任情况统计

(20 世纪 50 年代至 21 世纪头 10 年,以及 2012 年) ⑧⑨

年代	众议院议员					参议院议员				
	谋求连任	无竞争对手	初选失败	大选失败	连任比率	谋求连任	无竞争对手	初选失败	大选失败	连任比率
20 世纪 50 年代	402	85	6	25	93.2%	30	4	1	6	77.3%
20 世纪 60 年代	404	52	8	26	91.5%	32	1	2	4	80.8%
20 世纪 70 年代	389	57	2	23	92.3%	27	1	2	6	67.7%
20 世纪 80 年代	403	67	13	15	95.7%	29	1	0	3	88.0%
20 世纪 90 年代	385	36	8	18	93.6%	26	0	0	3	87.4%
21 世纪 00 年代	395	40	3	24	93.2%	28	1	1	4	87.9%
2012 年	393	10	13	26	90.0%	23	0	1	1	91.0%

注:每个年代的统计是根据当时国会众议院席位分配情况的五次选举的平均水平。例如,20 世纪 50 年代的数据就是 1952 年至 1960 年五次选举的平均值。“连任率”将初选失败和大选失败同时计算在内。“无竞争对手”意味着没有主要政党的竞争挑战者。2000 年至 2008 年的数据基于 2000 年、2004 年、2006 年以及 2008 年的选举。

(三)本文立场

那么,针对捐赠限制引发的问题,如果我们求助于公共选择理论的分析,会得到什么样的回答呢? 答案还是自由放任。更重要的是——正如拉蒂什所阐释的——完全没有理由认为现行的反贿赂的制定法不足以有效应对利益交换式腐败——在这种交易安排下,公共官员将以权谋私,这是一种最典型的腐败和贿赂犯罪——所带来的各种问题。事实上,这也正是原告方在 Buckley 案中所提出的诉讼理由。“既然如此,运用对竞选捐赠的限制来遏制这种类型的腐败简直就是对言论自由的毫无端由的侵害。”此外,拉蒂什还进

⑧⑨　[美]罗杰·H. 戴维森等:《美国国会:代议政治与议员行为》,刁大明译,社会科学文献出版社 2016 年版,第 112 页。

一步论述道：

即便出于某种原因，现行的反贿赂法律在一定程度上不能充分防止这种非法的交易安排，也仍然存在一些替代性的机制可以预防和处理这些问题，并且尽可能不侵犯到第一修正案所保护的利益。例如，政府可以立法禁止，一旦某个候选人当选，任何给他捐赠过竞选资金的人都不得从他那里获得任何合同。比起全面限制所有的竞选捐赠，这样的法律显然更少侵犯到言论自由的权利。那种"毫无限制"的限制措施是在用斧头(axe)解决问题，而第一修正案要求的却是手术刀(scalpel)。[90]

自1976年的Buckley案以来，防止"利益交换式的腐败或腐败表象"在很长的一段时间都是最高法院反复用来论证捐赠限制合宪的基本论据，在不得限制竞选开支的情况下，可以说它已成为国会介入并规制竞选资金问题的最重要的手段。但是，正如我们所看到的，新千年之后不久所诞生的罗伯茨法院已经在这一领域开启了彻底的去监管化和自由化历程。由于McCutcheon案的存在，我们现在似乎可以说这一历程已经接近尾声了。但当我们逆着历史的方向，回顾这一历程逐步展开的过程时，也会发现法院也在对先前的判例进行着小心翼翼的选择性回访。正是在这个意义上，Randall案中的多元意见"恰如其分"地将关注的焦点放在了过低的捐赠限额对竞争性的选举和民主过程带来的消极后果上。但如果我们再进一步"逆流而上"，便会发现托马斯和斯卡利亚两位大法官早已在之前的竞选资金判例——如Shrink Missouri Government PAC案和McConnell案——中阐述了这种理论逻辑。的确，从来没有横空出世的判决，最高法院的历史长河虽有改道，但没有过断流。

此外，罗伯茨法院的保守派法官们已经明确捐赠限制必须接受严格审查，这种司法立场更是面向未来的。众所周知，最高法院对国会立法的审查标准可以分为一般理性检验标准与"严格审查"理性检验标准，后者的结果是显而易见的。正如杰里·马肖所解释的那样，

最高法院往往将理性审查问题归为两类：一类是那些与一般的社会和经

---

[90] Martin H. Redish, *Money Talks: Speech, Economic Power, and the Values of Democracy*, New York, New York University Press, 2001, p. 142. 在2010年的Citizens United案中，斯蒂文森大法官就在异议中批评多数意见推翻《跨党派竞选改革法》对"软钱"的规制是"用斧头而不是手术刀摧毁了国会试图管制政治过程的最重要立法"，他的这一说法可能就是来自这里，只不过表达的意思似乎正相反。See *Citizens United v. FEC*, 558 U. S. 310, 396 (2010), Stevens, J., dissenting.

济管制问题有关的法律。最高法院针对这些法律运用的是一般理性检验标准,这种标准如此不严格以至于实际上就不存在。另一类是公民自由的保护。除非政府满足下述苛刻的理性检验标准,这种标准往往被表述为通过“认真量身定做的”与“限制性最低”的法律手段追求“根本的国家利益”,否则这些自由就可以在与政府权力的较量中胜出。实际上,一旦最高法院将案件归入这种或另一种宪法类型,结果基本上就预先确定好了。除了特殊的情形,被归入第一类的法律是合宪的,而被归入第二类的法律则是违宪的。[91]

既然如此,那么在这个思想和言论不受管制的自由市场中,应当如何看待各种利益集团和政治行动委员会的作用呢?应当为它们的存在感到担忧吗?公共选择理论又能提供什么样的智慧呢?在这个问题上,莉莲·贝芙尔凭借对公共选择理论敏锐的洞察力为我们提供了一种可能的解答。在代议制政体中,委托-代理关系或者说如何确保代议士始终代表选民的利益是一个永恒的核心问题。贝芙尔认为,在对代议士的监督方面,特殊利益集团的存在有助于解决集体行动的难题。当我们通过代理理论(agency theory)的视角来审视公民和代议士之间的关系时,就可以分别将公民和代议士概念化为委托人和代理人,可以预料到前者所要承担的监督后者的成本是很大的,而且其中还存在巨大的“搭便车”激励。因此,政治市场中的特殊利益集团和政治行动委员会是一条用来克服集体行动难题的路径。正因如此,即便不能将它们视作民主过程中必不可少的“玩家”(players),至少也可以看作一种良性的因素。至少就它们的自己的特定利益而言,这些团体存在监督立法行为的强大激励,因此也减少了立法怠惰。事实上,它们还起到了信息传递的作用,一方面,将立法活动的信息传递给处于信息短缺状况的弱势群体成员,反过来也将从这些群体汇集来的信息反馈给立法机关。[92] 另一方面,贝芙尔也警告说,利益集团也会带来一些威胁,如极具破坏性的派系斗争和可能的腐败现象。但即便如此,我们也不是毫无对策——我们不应当忘记经典的芝加哥公共选择学派所提供的理论进路将使得利益集团间的竞争加剧,而该学派的加里·贝克尔所论证的,竞争性的政治力量会有效地减少由管制造成的无谓

---

[91] [美]杰里·马肖:《贪婪、混沌和治理——利用公共选择改良公法》,宋功德译,毕洪海校,商务印书馆2009年版,第85页。

[92] See Lillian R. BeVier, “Campaign Finance Reform: Specious Arguments, Intractable Dilemmas”, *Columbia Law Review* 94(4), 1994, pp. 1273-1275.

的社会损失。[93]

当然,如果我们将理论的视野放的更开阔一些,从一个次佳的角度考察,便会发现除了所谓的自由放任的政策立场以外,其实还有两种有趣的政策路径可以通过公共选择理论进行一番审视。首先,第一条政策路径是由约翰·C. 内格尔提出的,总的观点是呼吁建立一套竞选捐赠不受限制,但相关信息必须充分披露的竞选资金制度体系。另外,他还建议在直接关涉他们的捐赠人的事务方面,立法者应当回避参与和投票程序。[94] 从其主张对竞选捐赠不予限制这一点来看,这一政策路径与自由放任的立场是相似的,但它关于竞选资金信息应当完全公开的主张也滋生了诸多问题。

根据哈耶克的观点,一个竞争性市场存在的必要条件就是有大量的信息分布于各种不同的市场中介组织之中。因为没有任何个人和组织有能力聚集起并有效分析所有的市场信息,信息和知识必然是分散的,任何中央计划的体制都是不理性的,不可能产生更高的效率和更多的社会财富。同样的道理在政治市场也是适用的。实际上,关于竞选开支信息的完全披露规则似乎是要在介入选举过程中的所有代理人——代表、选民和捐赠人——之间建立最大程度的信息对称关系。在这个意义上,从《联邦竞选运动法》到后来的《跨党派竞选改革法》所建立的披露规则就类似于某种中央计划的机制,它的确在一定程度上强化了政治选举的透明度,遏制了腐败,但它也增大了针对公共官员、政府承包商等的敲诈。同时,完全的信息披露也使得强势的政治家有可能获悉哪些下属或捐赠人为政治选举中的对手提供了资金,增加了政治报复的可能性。

此外,完全的信息披露还附加了其他成本。首先,它向大额捐赠强加了一种间接税收。其次,这种规则要求候选人或捐赠人负担了高昂的行政成本——如保持记录完整,填写各种规定的表格等。最后,它也产生了信息量方面的问题,这是指大量的信息披露义务既没有任何效率,也与普通公众没有太密切的关系。普通公众既没有兴趣,实际上也没有能力处理这些信息,以在它们之间建立相关的逻辑关系并得出某种结论。但至少在这一点上,利

---

[93] See Gary Becker, "A Theory of Competition Among Pressure Groups for Political Influence", *Quarterly Journal of Economics* 98(3), 1983, p. 395.

[94] See John Copeland Nagle, "The Recusal Alternative to Campaign Finance Legislation", *Harvard Journal on Legislation* 37, 2000, pp. 69 - 103.

益集团、政治行动委员会以及那些监督组织(watchdog organizations)的存在能够部分改变这种现状,因为它们也在这些信息和公众之间充当了某种中介机制。

考虑到内格尔的全面公开和披露规则所引起的问题,耶鲁大学法学院的阿克曼和艾尔斯提供了另一种解决方案,很多公共选择理论家认为这一方案是次佳选择。阿克曼和艾尔斯的方案实际上开始于对什么才是政治家与选民之间的信息对称的反思。在竞争性市场中,信息并不是免费的。如果信息公开和披露的程度过高,事实上是为捐赠人和候选人之间达成政治交易降低了信息成本,便于他们更迅速地建立信任关系。尽管信息的公开也有助于公众的监督,但集体行动中的"搭便车"难题也为这种监督带来了难以克服的困境。因此,合理的信息披露规则应当为潜在的腐败交易双方建立信任关系带来成本,同时难以将这种成本外部化,继而有效抑制腐败的冲动。其实,阿克曼和艾尔斯的方案并不复杂,十分类似于19世纪起源于澳大利亚的秘密投票制度。在这一制度诞生前,选民们的投票过程都是公开的,相互竞争的政党对每一票的去向都十分清楚。可想而知,在这种情况下买卖选票是司空见惯的。对此,阿克曼和艾尔斯说道,

正是秘密投票制,而不是公民美德的突然改观让这一切有了变化。一旦某个选民可能承诺按照一种方式投票,然而实际上却根据另一种方式投票,那么他再想出卖选票就不太容易了。即便他真诚地试图履行讨价还价后的条件,花钱买票的人也根本无法验证这项承诺的可信性。突然,选民为钱出售选举权的承诺变得一文不值了,而由此带来的结果就是买卖选票的交易急剧下降。[95]

阿克曼和艾尔斯运用了同样的逻辑来处理竞选捐赠问题。根据他们的方案,竞选捐赠资金应当存入不对政党和候选人公开的信托账户,但他们可以使用这些资金开展竞选活动。法律也应禁止账户管理人向政党和候选人披露有关资金来源和数额的任何信息,但同时并不禁止选民向政党和候选人告知这些信息,但他们实际上并无确切的方式予以证明。在这种信息状况下,"很多并没有捐赠资金的选民和团体也会声称捐赠了大量资金,然而政客

[95] Bruce Ackerman, Ian Ayres, *Voting with Dollars: A New Paradigm for Campaign Finance*, New Haven, Yale University Press, 2002, p. 6.

们却没有办法辨别真假。正如秘密投票制度使得政党难以贿买选票,秘密的捐赠账户也让政党们难以出卖接触权(access)和政治影响”。[96] 阿克曼和艾尔斯的方案从反方向对信息经济学中分离均衡原理进行了创造性的运用,极大地提高了政党和候选人辨别真话和假话的成本,是一种内生的腐败抑制机制。

五、公共基金资助

1973 年发生的“水门事件”暴露了《联邦竞选运动法》的诸多不足,众多违法捐赠相继被揭露出来,这促使国会在 1974 年对该法进行第一次重大修订,建立了若干新制度,其中一项新制度就是总统公费选举制度。国会专门设立了公费支持的“总统竞选运动基金”,资金来源于每年每一位纳税人于缴纳所得税时,以自愿方式扣除 3 美元,缴付累积而成。公费基金只用于支付总统选举年的总统初选、普选以及主要政党全国代表大会的费用。[97] 在 Buckley 案中,原告也同时诉称以公共基金资助总统选举只有利于大党和知名度高的候选人,涉嫌歧视小党派和没有知名度的候选人,但最高法院的多数意见认为,自 1860 年以来就没有第三党能在总统选举中对民主、共和两党构成真正有意义的挑战,因此国会将有限的财政资源用于大党,不为小党的一些毫无意义的竞选行为浪费资源的政策完全符合联邦宪法。尽管如此,这一制度在政策和学术层面所引发的争论始终没有停止过。

(一)政策和学术争论

Buckley 案虽然在一锤定音的意义上解决了竞选开支限制是否合宪的问题,但就公共基金资助与竞选开支的关系而言,它对总统竞选开支最重要的影响是,公共资助开支必须受到限制,但不接受“总统竞选运动基金”资助的

---

[96] Bruce Ackerman, Ian Ayres, *Voting with Dollars: A New Paradigm for Campaign Finance*, New Haven, Yale University Press, 2002, p. 6.

[97] 参见陈恒钧:《政党竞选经费策略之规划》,载《中国行政评论》1998 年第 7 卷第 2 期,第 129 页。美国《国内税收法》§ 6096.(a)节规定:在一个应纳税年度内所得税负债不低于 3 美元的每一个人(除非居民是外国人),可以按照 § 9006.(a)节条款的规定,指定向总统竞选运动基金支付 3 美元。对于所得税负债不低于 6 美元的夫妻联合报税来说,每一方均可指定向总统竞选运动基金支付 3 美元。

自筹资金候选人的开支却不受限制。[98] 这样,在每次总统选举中,不同党派的候选人都要决定是否接受公共基金的资助。对不同的候选人来说,公共基金资助制度可能具有不同的意涵。有些人认为它对于净化政治过程和政治风气是绝对必要的,应当支持这一制度以隔绝金钱对政治的过度影响,从恶遏制腐败和非法交易。另一些候选人可能强调这一制度的背后蕴含着更深层次的政策考量,即将政治过程从社会生活的其他领域,尤其是经济领域中隔离出来,在保护政治过程自治性的同时营造出一个公民相互之间绝对平等的政治活动空间。还有人则看到了它在扩大和保障少数群体平等参与政治方面的潜力,认为以公共基金资助竞选能够让更多不同的政治理念进入选举过程,充分发挥政治辩论和政治审议的交涉功能。甚至很多人呼吁参众两院也能对此比照办理,在议员选举中推行公共基金资助制度。

然而,这一制度本身也蕴含着巨大的合法性风险,且不说由于国会往往是被大党所控制,在公共基金资助选举问题上,这些政党就是在利用国会权力为自身立法,是典型的寻租型立法,另外,正如前首席大法官伯格在Buckley案的异议意见中所警告的,这种制度在实质上是一种“乱伦”(incest),政府本身是政党活动的结果,如果用运用政府的一般预算来资助政党及其候选人的竞选活动,无疑是颠倒了两者的主从关系,在民主国家,应当是选民自下而上地对政府和官僚机构施加影响,而不是相反,第一修正案确立的政教分离原则为此提供了极富启发和令人警醒的例子。[99]

从现实的选举实践来看,公共基金资助制度的实际效果——公共基金完全不够支付候选人的竞选开支——也给它自己的前景蒙上了阴影。例如,2000年,布什在总统预选中不接受公共基金资助,自筹竞选资金近1亿美元,而接受公共资助的戈尔却只得到该基金1000多万美元的补助,与布什相差甚远。2004年,布什和克里在预选中分别筹集资金2.7亿美元和2.35亿美元,而当年的公共基金开支限制仅有4500万美元,显然只是杯水车薪。2008年大选,作为《跨党派竞选改革法》推动人之一的麦凯恩宣布接受公共基金资助,当年的大选基金为8410万美元,而出尔反尔的奥巴马则自筹到6亿多美元,胜负事实上早已确定。这些选举实践充分说明,选择接受政府的公共资

---

[98] 参见吕芳:《“巴克利诉瓦奥案”与竞选开支限制——以2008年美国总统大选为例》,载《环球法律评论》2010年第3期。

[99] See *Buckley v. Valeo*, 424 U. S. 1, 247(1976), Burger, J., dissenting.

助将会面临重大风险:如果竞选对手有能力筹集到庞大的竞选资金,那么接受公共基金资助的候选人将在竞选中处于绝对的劣势。[100]

这种政策层面的争论也逐渐进入了学术领域,引发了支持者和批评者更加旷日持久的争论。例如,较早的时候,拉斯金和博尼法斯撰文认为联邦宪法实际上要求对选举进行公共资助,[101]无疑,这种观点会遭受到激烈的批评,因为联邦宪法预设的是一个政治和言论均应自由的社会,政府是由人民自主选举而来,而不是在政府的帮助下建立的。纳尔逊则讨论了与公共资助制度紧密相关的重要问题,即它会对公共财产带来怎样的影响,进一步说公共基金是否足够作为私人竞选捐赠体系的一种现实的替代方案。[102] 进入新千年之后,阿克曼和艾尔斯则提出了一种更加激进的改革方案。他们主张发行一种只能用于与选举相关的活动的特殊货币——"爱国"美元("red-white-and-blue"dollars),[103]每个公民都能接收到同等数量的"爱国"美元。这种货币不能出售以换取普通钞票(green dollars),但可以作为资金捐赠给候选人用于竞选,也可用于购买独立广告,或者由政治行动委员会加以积聚以表达一组选民对某种政治观点或某个候选人的支持。[104] 尽管在一种分散的竞选资金体制中,选民在输送资金方面具有决定权,但这种方案实际上支持一种公共财政资助体制,也符合某些选举权判例中的平等主义论点。

此外,公共资助制度的支持者还提出四个有关以纳税人的钱资助选举的后果的论点。首先,公共资助能够帮助潜在的候选人克服一些阻碍他们参与竞选的障碍。其次,公共补助有助于选举更具竞争性和公平性。再次,这一制度可以减少个人捐赠对候选人和在任官员带来的影响。最后,公共资助制

---

[100] 参见吕芳:《"巴克利诉瓦奥案"与竞选开支限制——以2008年美国总统大选为例》,载《环球法律评论》2010年第3期。

[101] See Jamin Razkin, John Bonifaz, "The Constitutional Imperative and Practical Superiority of Democratically Financed Elections", *Columbia Law Review* 94(4), 1994, pp. 1174 – 1288.

[102] See Justin Nelson, "The Supply and Demand of Campaign Finance Reform", *Columbia Law Review* 100(2), 2000, p. 539.

[103] 由于美国的国旗是由红白蓝三种颜色构成,所以在美式英语的俚语中,有时候用red-white-and-blue表示"美国的",更可以引申为"爱国的"。后文中的green dollar是美国式俚语,指钞票。

[104] See Bruce Ackerman, Ian Ayres, *Voting with Dollars: A New Paradigm for Campaign Finance*, New Haven, Yale University Press, 2002, p. 118.

度还有利于控制竞选成本。[105] 在这同一项实证研究中,迈尔等人还分析了缅因州和亚利桑那州在2000年选举周期中针对州立法机关的选举所采纳的全额公共资助制度。他们认为,这种制度导致了以下几种后果:第一,增加了愿意并且有能力参与州立法机构职位的候选人人数,其中对挑战者的影响最为明显,相较于在任者,挑战者更可能接受公共资助;第二,使在任者更有可能面对一项竞争性的选举;第三,降低了在任者的连任率,尽管这种影响只是边际意义上的,但至少公共资助制度并没使在任者感到更安全;第四,公共资助制度也具有一种门槛效应(threshold effect),即如果补助金数额和开支限制与候选人的实际需求之间缺乏现实的关联,这种制度也就发挥不了任何效果。[106] 更有意思的是,我们不应当忘记,判决Buckley案时的最高法院除了在形式上认为这一公共基金与国会的其他拨款并无实质不同,完全属于国会权力范围,还宣称公共基金资助制度并没有减少政治活动的数量。不仅如此,法院认为国会创设的这项制度正是在为"公共福利"(general welfare)立法,既减弱了大额捐赠对政治过程的影响,又将候选人从繁难的筹款活动中解放出来,促进了候选人和选民之间的交流。[107] 另外,学者布里福则评论道,Randall案的多元意见强调了竞选过程的竞争性,而公共基金资助制度则恰好与这一点紧密契合。"对竞争性选举来说,最大的资金障碍就是在任者在筹款方面的内在优势。捐赠和开支两方面的限制都不利于挑战者筹集竞选资金。在这种法律状况下,公共基金是唯一有可能通过提供竞争所需资金而切实帮助到挑战者的竞选资金渠道。这项制度不论在字面上还是在实质精神上都完全符合Randall案的多元意见。"[108]

然而,这项制度的推进本身也是困难重重。资金短缺,完全不能为候选人提供足额的竞选资金保障,这就是最致命的缺陷。因此,这项制度还有多

---

[105] See Kenneth R. Mayer, Timothy Werner, Amanda Williams, "Do Public Funding Program Enhance Electoral Competition?", in Michael McDonald, John Samples eds., *The Marketplace of Democracy*, Washington D. C., Brookings Press, 2006, pp. 245 – 246.

[106] See Kenneth R. Mayer, Timothy Werner, Amanda Williams, "Do Public Funding Program Enhance Electoral Competition?", in Michael McDonald, John Samples eds., *The Marketplace of Democracy*, Washington D. C., Brookings Press, 2006, pp. 248 – 249.

[107] See *Buckley v. Valeo*, 424 U. S. 1, 247(1976).

[108] Richard Briffault, "WRTL and Randall: The Roberts' Court and the Unsettling of Campaign Finance Law", *Ohio State Law Journal* 68, 2007, pp. 845 – 846.

长的生命期的确是个未知数。即便有一些议员还在呼吁在议员选举中也推行类似的作法,但国会已经明确表示对此毫无兴趣。另外,从政党立场来讲,民主党通常是支持竞选资金改革和以公共基金资助选举的主要力量——例如,早先的民主党总统候选人戈尔就接受了公共资助——因此,布什选择自筹资金并不奇怪,但在麦凯恩已主动宣布接受公共基金资助的情况下,作为改革运动的重要旗手的奥巴马却出尔反尔,在 2008 年的总统预选和大选中拒绝公共资助,选择自筹资金,无疑是对这一制度的重要一击。难怪乎有人评论道,奥巴马的成功已经把水门事件之后建立起来的总统选举公共资助体系推到了分崩离析的边缘。[109] 事实上,这一制度长期以来也受到激烈的批评。布拉德利·史密斯就指出,公共资助制度不仅不太可能实现改革者的预定目标,而且自身也引发了诸多重大问题。他尤其批评了国会将公共资助与对个人资金开支的自愿限制联系在一起的作法,认为这违反了禁止国会直接限制候选人竞选开支的最高法院判决。

从公共选择理论的视角来看,史密斯发现,通过设置开支上限,公共基金也向其他的监管措施一样进一步增强了在任者内在优势而不利于公职的挑战者。因此,“在任者将有很大的激励将开支限制设置了一个对自己最有利的水平线上。”另外,与在个人筹款体系中强行规定捐赠限制一样,迈向一个使个人开支毫无意义的选举公共资助体系也导致许多同样的“不民主的后果”。“它将消除各类团体和个人监督立法的激励……强化精英的影响力,同时带来更多的直接贿赂式的传统腐败。”[110]在这个意义上,公共资助体系的设计必须考虑到政治竞争的效率,防止政党和候选人疏远和脱离选民的利益,

---

[109] See Michael Luo,“What Fappens to Public Financing,When Obama Thrived Without It?”, *The New York Times*,November 3,2008,载《纽约时报》官方网,http://www.nytimes.com/2008/11/03/us/politics/03donors.html? ref = politics,最后访问时间:2017 年 2 月 2 日。事实上,2011 年 12 月 1 日,共和党主导的美国国会众议院曾通过一项法案,停止动用公共资金为总统候选人提供竞选经费。白宫当天发表声明称,取消这一制度将使企业和特殊利益集团在政治选举中的影响力进一步增强,并导致竞选人陷入无休止的竞选筹款活动中。但讽刺的时,奥巴马在大选中放弃了公共资助。这一法案后来并未获得参议院通过。但在目前国会参众两院都被共和党控制,且总统也由共和党人担任的情况下,这一总统选举公共资助制度的命运就处在不太确定的状态下了。参见新华网,http://news.xinhuanet.com/world/2011 - 12/02/c_122364801.htm,最后访问时间:2017 年 2 月 2 日。

[110] Bradley A. Smith,“Faulty Assumptions and Undemocratic Consequences of Campaign Finance Reform”,*Yale Law Journal* 105(4),1996,p. 1086.

防止公共资助被扭曲成保护在任者的进入壁垒。在包括公共选择学者在内的几乎所有经济学家看来,公共资源是极为稀缺的,不仅直接成本高昂,同时因为它们往往还有其他用途,因此机会成本也是绝对不容忽视的。从这个角度讲,公共资源应当以高效率的方式进行使用,应当用于那些政府发挥着基础性作用的领域。要知道,公共资源的使用在本质上是一种财富的再分配形式——这就是我们假设它应当存在的原因。既然如此,以低效的方式使用这种宝贵的资源,或者将之转移至具有内在的效率抑制倾向的领域既是对公共资源及其管理成本的直接浪费,从更深的层次来讲,更是利用公共权力制造社会政治的不平等。正如伊萨查罗夫和皮德斯所指出的,“在这个缺乏严格的司法审查的领域,国会两党将自由地在有关联邦公共资金法规议题方面创设一个跨党派卡特尔(bipartisan cartel)”。[111] 因此可以说,现行的总统竞选运动基金体系就是对跨党派堑壕(bipartisan entrenchment)恰如其分的证明。

(二)本文立场

从公共选择的视角看,与其将利用公共资源资助选举视作对竞选开支的上限,不如当作一种底线保障。“总统竞选运动基金”在预选中采行相对补助方式(matching funds),这是一种较为特殊的制度设计,视候选人募集的小额捐赠数额,联邦政府从基金中给予同等额度的现金补助。所补助的捐赠以个人小额为限,每人不得超过250美元,或所补助的总额则以500万美元为限。[112] 但同时也规定候选人至少要在20个州募集至少5000美元的小额捐赠,方可获得公共资助。这种补助方式有两个方面的意义:首先,意在鼓励候选人募集小额捐赠,以增加与选民之间的接触,激发选民参与选举,另外,鼓励小额捐赠也可降低候选人对大额捐赠的依赖,减少利益交换式腐败。其次,当候选人能够募集到一定数额的小额捐赠时,至少说明候选人具有一定的选民基础。这种前提条件的设置实际上就是一种对象筛选机制,既有助于识别真正具有竞选意愿和能力的候选人,也能节约公共资金。所以,从某种程度上来说,总统预选中所采纳的相对补助方式不仅完成了直接向候选人补助资金的目标,而且内含着一定的激励效应,与某些国家实行的根据获得的

---

[111] Samuel Issacharoff, Richard H. Pildes, “Politics as Markets: Partisan Lockups of the Democratic Process”, *Stanford Law Review* 50(4), 1998, p. 688.

[112] 刘义周主持:《公费选举制度之研究》,台湾地区“内政部”委托研究报告,2007年3月,第18页。

选票比例给予相应补贴的制度具有类似效果。但大选阶段所采用的定额补助方式就缺乏这些特征,反而因为补助金与竞选实际所需相差甚远,致使公共资助制度本身面临着完全失败的风险。因此,对于利用公共资金补贴选举,如果将对其进行合理的设计并且符合政治竞争的逻辑,那么首先应将它视作一种补强的工具,或者说是一种“拉平机制”(level-up mechanism)。[113] 只有这样才能保证相关政党的候选人拥有足够的资金来弥补个人开支的不足,进行最低限度的竞争性选举。这样的制度设计回避开支和捐赠限制的弊端,并有可能使选举更具竞争性。

换言之,如果公共资助制度被设计得更加符合激励原理,那么相比于设立开支限制,这一制度就显得更为合理。因为它在提高了平等水平的同时对其他权利的伤害也最小。开支限制直接禁止了人们的政治表达,而公共资助制度并没有刻意补强特定群体的言论——任何候选人都可以也都有可能接受公共补助——反而有可能促进了更多的不同言论。因此,

此时的立法者就面临着在两种干预规则之间进行选择的任务,他们必须选择一种相对更加合理的规则。规则 N 最大化了平等参与,但也伤害了原则 P,而规则 N∗既最大化了平等参与,也没有伤害原则 P,此时在规则 N 与规则 N∗之间必然要选择后者。规则 N 不仅伤害了原则 P,而且也无法最大化平等参与,而规则 N∗没有伤害原则 P,还最大化了平等参与,根据衡量法则,两者之间必然要选择规则 N∗。[114]

也就是说,对于学者卡洛斯·佩尼亚·冈萨雷斯来说,那种强行规定开支限制的法律规制就是这种情况下的规则 N,因为除此之外,还存在另一个选择——补贴规则——一种不通过设置开支限制就有可能提升平等参与水平,同时也并不直接伤害到金钱的表达功能。

相对于没有公共补贴的竞选,公共补贴将增加受到补助的候选人的竞选活动数量。毕竟“联邦资金实际上降低了候选人的竞选成本,所以他们的花费也相应增加了”。与此类似的效应也会发生在那些尚未达到公共补助的门槛资格要求的候选人和政党中间,因为他们相信这种资格值得去争取。“在

---

[113] See Joel Fleishman, Pope McCorkle, “Level-Up Rather Than Level-Down: Towards a New Theory of Campaign Finance Reform”, *Journal of Law and Policy* 1, 1983, p. 211.

[114] Carlos Peña González, “The Sounds of Money: The Campaign Spending and Freedom of Expression”, *Public Studies* 87, 2002, p. 169.

试图努力满足公共基金最低要求的过程中，无论就竞选表现还是捐赠范围来说，这些候选人和政党都会将他们的竞选活动超越原本可能的样子，因为从这些活动中获取的回报现在可能比之前更大。”(115)

六、对司法审查的影响

就司法审查而言，公共选择理论关于政治过程结果的洞见事实上也提出了一个有待回答的问题，即对特殊利益立法——在本文中，无疑指的是竞选资金监管立法——的恰当审查程度在哪里。正如学者卡拉曼所观察到的，在某种意义上，公共选择理论自身蕴含着一种司法审查的多数人概念，也就是说司法部门宣告立法无效有可能促进了多数人所意欲的结果。(116) 因为立法并没有代表真正的多数，而是通过牺牲他们的利益来满足利益集团的要求。这种观点遂导致一些学者主张加强对利益集团型立法的司法审查。例如，杰里·马肖指出，

法院试图从审查经济与社会立法那里全面撤退会制造出许多弊端。至少可以说服法律人的是，司法机关的谨慎与自我克制的努力已经导致法哲学的前后相对不一。从公共选择的视角来看，人们可能更愿意集中于拒绝认真监控一种集体行动的形式——也就是立法——造成的错误判断，可以预期的是这种集体行动容易得出奇怪的或被操纵的结果。高举“民主”的大旗从这一领域撤退，似乎特别短视。(117)

另有一些学者则认为，就“利益集团俘获”问题来说，反垄断法已经为司法监督提供了恰当的工具。这种观点以20世纪90年代以后逐渐在选举法研究领域兴起的政治反托拉斯理论(the political antitrust approach)为代表。这一理论正是看到了民主政治中存在的利益集团过度的政治自利操控的问题，进而试图引导法院扮演民主政治市场中的反托拉斯执法者的角色。原本在

---

(115) Sam Kazman, “The Economics of the 1974 Federal Election Campaign Act Amendment”, *Buffalo Law Review* 25, 1975, p. 530.

(116) See Michael Klarman, “Majoritarian Judicial Review: The Entrenchment Problem”, 85 (3) *Georgetown Law Journal* 85(3), 1997, p. 495.

(117) [美]杰里·马肖:《贪婪、混沌和治理——利用公共选择改良公法》，宋功德译，毕洪海校，商务印书馆2009年版，第103页。

20世纪80年代就已经出现的美国相关宪法法讨论中的将民主政治类比或者借喻于市场、产业组织的说法，后来又被一些研究选举法的学者引入，推动了这一领域的学者去探寻竞争法/反托拉斯法理论在民主法（选举法）的司法审查中的类比启示和应用。这些学者主张，民主法的司法审查应以排除过度自利的政治管制对于民主政治竞争秩序的扭曲为其主要任务，而其目的在于确保作为规训政治精英之主要机制的政治市场得以适切运作。这样的主张的确与竞争法之于商品市场的管制思维相当接近。如果说民主政治过程可以比拟为一种市场机制，那么法院在民主法领域中所扮演的就是政治市场中的反托拉斯执法者的角色。[118] 此外，还有一群学者认为，法官应当采用制定法解释的工具使利益集团俘获变得更加困难或者不那么有效。这些学者大多认为，在法律解释的层面上，利益集团理论准确地描述了立法过程和大多数公法的本质，所有立法产品都被视作包含着有影响的主体之间狭隘的讨价还价，这些主体最终体现为立法"合同"达成的合意。这就是立法解释的"交易"进路。

然而，即便接受了共同的前提条件，这一群体内的学者仍然主张了不同的——甚至在某种程度上对立的——法律解释方式。伊斯特布鲁克运用交易的比喻，认为法律解释只不过是公平交易的实施。因此他的结论是，法律的解释只应当涵盖那些为相关法律语言明确处理的人类行为的范围。法律应当仅限于向利害当事人提供其"讨价还价的东西"，严格解释才是现代公法实践的适当方法。[119] 尽管另一位学者乔纳森·梅西也认为多数法律都是特殊利益交易的产物，但却提出了一种相当独特的法律解释路径。相对于伊斯特布鲁克建议法官应对法律进行狭义和字面含义的解释，梅西却支持一种能动的司法方式。他认为在联邦宪法的结构以及具体规定中都存在一种所有法律都应该是"公共导向"的推定性要求。将这一要求与大多数法律事实上都是特殊利益交易的产物的信条结合在一起，梅西就主张法院负有一种不实施以公共负担为代价提供私人物品的立法目的的宪法义务。相反，法院要实施一种假定的且为宪法所必要的，追求公共利益的目的。为此，他以著名的

---

[118] 参见苏彦国：《关于政治反托拉斯理论的三个故事》，载《东吴公法论丛》2012年第5卷，第550～551页。

[119] 关于对弗兰克·伊斯特布鲁克这个观点的一个综述，可参见"New Economic Reasoning at the High Court"，*Regulation*，March/April，1985，pp. 49－50。

Silkwood v. Kerr-McGee Corp. 案为例进行了说明。梅西认为,该案涉及的《原子能法》作为一部许可法,必然是私人利益的立法——这一点的确与多数公共选择学者的看法相一致——尽管惩罚性赔偿金与《原子能法》的特殊利益目标——限制核能提供商的侵权责任——存在直接冲突,但最高法院应当忽视潜在的政治现实,以便按照该法序言的陈述促进期望的公共安全目标。[120]也就是说,他认为司法机关,尤其是最高法院负有宪法上的责任,不应理会制定和颁布立法的政治活动,而通过对制定法的解释促进社会公共利益。这种解释就是对法律的修正的理论就是司法审查的基础。

然而,这些立场也都遭到了批判。例如,有两位重要的公共选择学者——法伯和弗里克——就批评道,"尽管一些著名学者的论据很有力,但我们仍然不认为严格的司法审查是消除特殊利益立法的恰当方法"。[121] 同样地,对于法学界那些基于公共选择理论而断定政治过程存有缺陷,并因此呼吁司法机关不要过于遵从立法结果的观点,学者埃尔豪吉也提出了批评。在他看来,如果我们要责难利益集团对政治过程的侵蚀,就应该有一些不会引起争议的规范性基准作为评价的标准。事实上,任何通过利益集团理论识别出的政治过程缺陷都依赖于这样的基准,也因此不可能独立于对特定政治后果的价值的实体性判断。问题是这种规范性的基准存在吗?的确,有时候在关涉社会经济的议题上,我们通常会认为这个基准是效率或者适当的再分配(或者说所谓的平等)。但紧接着的问题就是,对于这两种规范性基准,法院真的能准确掌握吗?即使不考虑后一个问题,在承认这种规范性基准的条件下,法院的任务也只是据其进行审查而已,根本不需要对利益集团的影响是否使得立法违背公共利益进行探究。

另外,即便利益集团理论成功地论证了政治过程中存在的缺陷,也不足以正当化更具侵入性的司法审查将会改善立法这一通过跳跃性推导而得出的结论。因为这尚需要论证司法审查范围的扩大将有效地减少这些缺陷。但事实上我们无法保证法院总是只推翻那些不好的政治结果,司法审查本身也会产出不良的政治结果抑或推翻好的结果——想一想普莱西诉弗格森案,

---

[120] See Jonathan R. Macey, "Promoting Public-Regarding Legislation through Statutory Interpretation: An Interest Group Model", *Columbia Law Review* 86(2), 1986, p. 252.

[121] Daniel A. Farber, Philip P. Frickey, "The Jurisprudence of Public Choice", *Texas Law Review* 65(5), 1986, p. 874.

再想一想洛克纳案——只有证明了诉讼过程相较于政治过程拥有某种比较优势,利益集团理论才能正当地主张更具侵入性的司法审查。[122] 但现实的情形是,诉讼过程也不能被视为是完全外在于利益集团活动的,因为这一过程同样受到利益集团某种形式的影响。简单来说,利益集团也会通过各种活动来影响法院的判决。通常,小集团由于利益集中且强烈,更有激励支持有利于自身利益的诉讼,并且也更能克服集体行动的难题。相对于这些利益集团,广大的普通公众由于利益分散、资源不足,反而更少地进行宪法诉讼。另外,由于法院在受理诉讼后除了接受诉讼方的说法外,只能根据法定程序接纳相关机关或组织提出的意见,而广大分散的多数公众可能因为没有共同的组织,反而没有机会向法院表达观点,这也使法院的判决结果更容易倾向少数利益集团一方。[123] 所以,埃尔豪吉指出,更普遍地讲,除非能够识别并确定不会引起争议的规范性基准,否则利益集团理论就有严重的误导性。意识不到这一点,我们就会被误导认为政治过程中那些无涉价值的缺陷证明了扩大司法审查的必要性,就会被误导适用与他人在另外的场合所适用的完全不同的规范标准。

上述关于特殊利益利益立法的司法审查适当标准的一般性讨论也被诸多学者引入了政治竞选资金监管这一领域。因为很多学者都认为这一领域的监管立法是典型的利益集团运作的结果,属于私人利益的立法。卡拉曼认为对这一领域进行监管是尤其明智的,因为立法者很可能通过压制对政府的批评来巩固自身的职位。[124] 相比之下,学者贝芙尔则说的更明确。在她看来,“法院审查那些竞选改革立法的所谓目标的真实性和所采措施的潜在效果的宽严程度,而不是老唱那些含混不清的反腐败的陈词滥调,才是真正衡量第一修正案是否持续作为政治自由的保证的依据”。[125] 但总地说来,在这个更加具体的争议领域,我们也能一方面看到那种主张强化司法审查的观点,同时

---

[122] See Einer R. Elhauge, “Does Interest Group Theory Justify More Intrusive Judicial Review?”, *Yale Law Journal* 101(1), 1996, p. 67.

[123] 参见杨智杰:《反违宪审查之研究——分析美国批判违宪审查论述并运用》,台湾地区中央大学 2003 年硕士学位论文,第 44 页。

[124] See Michael Klarman, “Majoritarian Judicial Review: The Entrenchment Problem”, *Georgetown Law Journal* 85(3), 1997, p. 502.

[125] Lillian R. BeVier, “Campaign Finance Reform: Specious Arguments, Intractable Dilemmas”, *Columbia Law Review* 94(4), 1994, p. 1278.

另一方面也能注意到相反的论点,即由于立法者在这一领域更具特定的政治专长,因此法院应当更多地尊重立法机关的判断。在后者的意义上,佩尔西利就指出,对政治竞选资金监管进行审查必然涉及法官的制度能力。“对法官来说,评估竞争性的政治市场就已经很困难了,但鉴于几乎没有任何被清晰表达出来的宪法标准可资参酌,调整或者促进政治竞争的挑战就更大了。正如已经指出的那样,根本不存在任何关于政治市场崩溃的共识性指标,也没有任何明显的方法可以阻止它。”[126]然而,与此相反,大法官托马斯在1996年的Colorado Republican I案的异议意见当中表达了他关于这个问题的另一种哲学立场:

斯蒂文森大法官认为,在有关竞选资金限制的范围和性质的问题的判断上,我们应当“给予国会以特别的尊重”。这种立场给第一修正案带来了巨大的威胁。因为这无异于让狐狸来照看鸡舍。有充分的理由认为竞选资金改革是一个特别不适合要求司法遵从立法判断的领域。那种主张司法谦抑的观点完全没有认识到立法者在设计选举游戏规则以保证自己对权力的垄断,同时却排除潜在的挑战者方面的潜力。事实上,历史已经证明选举改革最重大的效果并不是让公共职务变得更干净,而是保护了在任官员并且强化了特殊利益集团的影响。当国会试图限制选举过程中的政治表达的数量时,我们绝不应该简单地默认它的判断。[127]

对此,主张司法克制的布雷耶大法官则在2000年的*Nixon v. Shrink Missouri Government PAC*案中阐述了自己的观点。他指出,

当国会的立法明显蕴含着宪法所保护的竞争性利益时,法院要仔细审查立法对这些利益带来的影响,但同时要自我克制,避免采用那种实际上推定法律违宪的过于简单的测试方式,而毋宁应当平衡各项利益。这就意味着在实践中要问一问法律所施加的利益负担与给另一些人带来的好处是否不成比例。在立法机关明显具有制度专长的领域——例如,竞选监管领域——法院在司法实践中最好尊重基于经验实证作出的立法判断。至少在这个领域,

[126] Nathaniel Persily, “The Place of Competition in American Election Law”, in Michael McDonald, John Samples eds., *The Marketplace of Democracy*, Washington, D. C., Brookings Press, 2006, p. 177.

[127] *Colorado Republican Federal Campaign Committee v. FEC*, 518 U. S. 604, 644, note 9 (1996), Thomas, J., dissenting.

尊重立法就不会冒发生允许在任者免遭现实的选举变化这种宪法灾难的风险。[128]

从两位大法官的司法意见中我们可以发现,保守派大法官主张一种更具侵入性的司法审查,而自由派大法官反而力主司法谦抑的立场。乍一看还以为大法官们入错了戏。然而这并不是什么咄咄怪事。司法能动和司法谦抑并不是教条式的司法哲学,而是大法官们用以实现政治目标的司法工具。根据不同的法律议题和不同的国会立法,大法官们会轮流抡起不同的批判大棒。正是针对这样的两种极端的主张,哈森提供了另一种相对中庸的立场。他支持法院采纳一种更加融贯的司法审查方式来判断有关竞选资金限制的法律的合宪性:

一方面,给予各州通过所颁布的竞选资金法律所作出的价值判断以相当的尊重;另一方面,对这些法律进行严密的审查以确保它们规定的措施经过了"精心剪裁",是与法律目的紧密契合的。在平衡这两方面的关系的过程中,法院应当谨慎且诚实地从事。如果法律措施不是"精心剪裁"的结果,法院就应当以违宪为由推翻它们。但如果它们的确经过了"精心剪裁",紧接着法院就必须考察这些措施是否给言论与结社自由施加了不必要的负担而仍然违宪。[129]

然而,公共选择关于这一论题的分析显然是站在了托马斯大法官一边,基本上这一理论拒绝了司法应当更多地尊重国会和各州立法机关的判断的立场。例如,这种分析进路的典型代表拉蒂什指出,

在国会或各州立法机关采纳这样的限制性措施(开支和捐赠限制)的范围内,立法堑壕和公共选择两种理论似乎表明个别立法者认为由于制定了这些限制措施,他们自己得到的好处要比受到的损害多。但这并不意味着我们假定竞选资金立法都是基于不良动机而制定的,也不意味着出于上述理由,这些立法就应当自动被视为违宪的法律。问题的关键在于,竞选资金立法在动机上确实源自那些受到质疑的考虑的现实可能性激发了一种非常愚蠢的观点,即在审查这些立法对第一修正案的挑战的过程中,司法机关应当尊重

---

[128] *Nixon v. Shrink Missouri Government PAC*, 528 U. S. 377, 402(1996).

[129] Richard L. Hasen, "The Newer Incoherence: Competition, Social Science, and Balancing in Campaign Finance Law After Randall v. Sorrell", *Ohio State Law Journal* 68, 2007, p. 853.

立法机关在专业知识方面被假定的优势。[130]

在学界,这种观点并不孤立,另一位在法律的公共选择分析方面颇具建树的学者贝芙尔也基本赞同这种立场。在她看来,立法者在政治上的"专业优势"似乎并不能保证他们在努力推进政治程序改革时是无功利的和值得信赖的,这两者之间并不存在逻辑上的因果关系。事实上,法院所面对的那些以反腐败的名义制定的竞选资金改革立法提出了三个有关司法审查范围的问题。第一个问题涉及法院对立法目的的审查。从这个意义上讲,"问题就变成法院是否既坚持了一种关于'腐败'的严格定义,又坚持了对这一定义所对应的腐败现实及其所追求的廉洁秩序的一种可理解的描述。"[131]这也就是说,应当对反腐败这一立法目的进行规范和经验两个层面的审查,如果立法所实际针对和规制的现实现象并非其所宣称的那种"腐败",那么法院应当以此为由宣布立法违宪。

第二个问题是,对于立法所采取的具体手段或措施,法院是否应当预设一种不信任的态度。贝芙尔的回答是肯定的,因为这些立法本身"在保护在任者而不是促进政治竞争方面蕴含着巨大的潜能。如果就追求那些更加不体面和不正当的目标来说,反腐败的旗号是一个再方便不过的托词了。就这个意义而言,这些立法就不免令人感到不安和怀疑。在经典的 Buckley 案中,最高法院就展现了这种不信任的预设态度。因为法院在进入到案件涉及的具体事实和细节分析之前先讨论了有关竞选资金限制的一般性原则,即该法案的捐赠与开支限制适用于大部分最基本的第一修正案活动所在的领域。紧接着,最高法院从一般原理的角度解释了为什么竞选捐赠和开支限制不仅只涉及行为,而且与言论因素紧密相关,并因此否定了上诉法院根据 O'Brien 案而对《联邦竞选运动法》的全部支持。这说明在最高法院的理解当中,由于捐赠和开支限制关涉作为第一修正案核心保护对象的政治表达,因此,首先必须作出违宪的质疑和推定,然后才会进入对案件具体细节的研析之中。如果在后面的分析审查中能够识别出令人信服的政府利益,且限制措施确系精心剪裁,方有可能推翻先前的违宪推定,而维持法律的有效性。

---

[130] Martin H. Redish, *Money Talks: Speech, Economic Power, and the Values of Democracy*, New York, New York University Press, 2001, pp. 132–133.

[131] Lillian R. BeVier, "Campaign Finance Reform: Specious Arguments, Intractable Dilemmas", *Columbia Law Review* 94(4), 1994, p. 1278.

第三个问题则是最难以处理的，因为它意味着法院将会考量立法措施的现实的实践效果，并且对立法目的的正当合理与否作出价值判断。用贝芙尔自己的话来讲就是，“政治自由的牺牲只有为了以下这样的改革才是值得的，这些措施切实保证能够实现一个明确和毫无疑问具有正当性的腐败预防目标，并且将这种牺牲控制在实施改革所必要的限度内”。[132] 然而这种层面的审查不但有可能超越了法官的智识范围，更有可能使法院司法审查的范围和程度达到极端的侵略性，并危及权力分立的宪政体制。

事实上，从某种意义上我们也可将上述有关司法审查范围的三个问题视作贝芙尔提炼出来的供法院用以审查竞选资金立法的程序或步骤。简单来说，法院首先要尽可能在立法目的方面保持中立，尊重立法机关的价值判断，但同时也要对立法采纳的具体措施保持质疑和警惕。这两者之间并不矛盾，中立意味着法院认可立法机关拥有调控的权力，但对手段的质疑则表明法院禁止立法机关恣意调控——即便拥有权力，也不得滥用权力。从权力分立的视角看，法院应当以克制的态度，尽可能地在这两个层面解决竞选资金立法的合宪性问题。而对立法目的正当性的追问在很大程度上意味着法院可能进入对立法动机的审查，尽管这是应当尽力加以避免的，但基于联邦宪法对政治自由的承诺，这也是法院，尤其是最高法院对不论是立法上沉默的大多数，还是孤立的少数派所负的宪法义务。

七、结语

自美利坚合众国建立初期，人们和政治家就试图规范金钱在政治中的作用，并为此建立了诸多不同的政治竞选资金规则。毫无疑问，历届国会都在这一领域付出了努力，贡献了智慧：自 1883 年初创文官制度体系的《彭德尔顿公务员法》到 1907 年的试图限制公司法人对政治选举的影响的《蒂尔曼法》，再到著名的《哈奇法》和《塔夫脱—哈利特法》，到 20 世纪 70 年代国会通过《联邦竞选运动法》并作了多次修订，真正为这一领域建立了全面的规则体

---

[132] Lillian R. BeVier, “Campaign Finance Reform: Specious Arguments, Intractable Dilemmas”, *Columbia Law Review* 94(4), 1994, p. 1279.

系,最后到 2002 年的展现两党合作与决心的《跨党派竞选改革法》,可以说至少从民主政治的运作历程上来看,美国人似乎从未放弃对这一领域的规制,也从未放弃追求更纯粹、更干净的民主政治的理想。要知道,真正关心并且理解政治的永远是有闲暇、有智识的少数,对于始终"沉默的大多数"来说,应接不暇地出台各种法案的事实本身可能就表示了美国的民主政体并非一无是处,而是有着强大的自我修复机能。从某种意义上说,这种看似"自欺欺人"的社会心理暗示却也是维持政治统治的必要机制。

相对于国会总是试图加强对这一领域的规制而言,最高法院关于竞选资金问题的司法哲学的发展史——尤其是自 Buckley 案开启的三个不同的发展阶段——就更有意思了。尽管那种只有反对"腐败和腐败的表象"的政府利益才能让这些规制措施获得正当化的观点从宪法角度来看是很敏感的,但最高法院仍然在 2000 年以后的判例中逐步接受了政治平等的论据。但是,以上关于国会和最高法院的叙述必须视作有关政治竞选资金规制的公共利益解读的故事版本的一部分,长久以来,传统的宪法学理论和最高法院的司法哲学都是这种故事版本的体现。这也就是说,本文认为,当我们分析美国竞选资金规制的制度体系时,两种相互竞争的故事版本就会跃然纸上。第一个故事告诉我们这些规制措施是为了追求公共利益,尤其是为了达到以下几个目标:防止腐败或腐败的表现,抑或者为了寻求对政治竞争的平等参与。而另一个故事——这正是本章内容所讲述的——则叙说着一套完全不同的逻辑,它告诉我们这些规制措施的出台与在任者的特殊利益紧密相关,正是他们为了给职位的挑战者设置进入政治选举的壁垒才制造了这些规制措施,政治选举领域发生的故事与市场经济中的任何一个行业并无二致。

本文的目的就是试图尽可能完整地讲述第二个版本的故事,希望通过对公共选择理论与法律的互动的透视进一步审视和丰富竞选资金监管的发展历程的描述,同时尽可能地展示出这套监管体系背后的另一套理论逻辑。事实上,当我们将这套体系及其演进的历程放在"作为市场的政治"的理论框架下重新审视,就会理解在任官员为何对建立复杂和严格的监管体系如此地乐此不疲——这不过就是努力维持自身在政治市场中的地位,阻止新的挑战者进入这一市场的过程。更重要的是,这套理论逻辑不仅对政治过程的实证分析是有用的,而且对最高法院司法审查实践的规范分析也是颇有助益的。在当下法院和法学界都在努力为理解这一领域的监管改革和罗伯茨法院自

2006年以来的去监管化实践寻求融贯的理论逻辑的背景下,这一点就显得更有意义了。对最高法院来说特别要予以关注的是,依赖于政治竞争这一逻辑论据,大法官托马斯和斯卡利亚历史性地推动法院在2006年的Randall案中承认了政治市场这一理论进路。无论是有意还是无意,这都可以看作是司法实践试图在新理论的刺激下试图重新理解这一领域的运作逻辑,并根据自身的理念重塑民主政治的努力。

当我们用市场的逻辑来描述民主政治的运作时,也就意味着我们主张一个没有精神分裂症状的市场参与者的存在,即个人利益最大化的功利原则既是经济领域的基本规律,也主导了政治和公共资源市场参与者的行动逻辑。基于这些预设前提,本文详细描述了由公共选择学者威尔逊和海耶斯提出,并经其他法律学者进一步完善的立法的交易模型——就作为市场的政治而言,这一模型就是本文所解释的竞选资金监管规则背后的政治经济逻辑——在理解政治竞选资金规制的内在逻辑之前,更为基础的是要理解那些引导理性的政治行动者展开自利性政治行动的激励机制。这一点对于更深入地理解代议士、利益集团以及在任的政客们是如何达成他们的行动目标的是至关重要的。

然而,正如本文也有所涉及的,公共选择的研究进路也受到了一些著名法律学者的批判,比如他们指责公共选择理论不仅无法胜任预测或解释的工作,还强化了一种愤世嫉俗的公共生活观念,往往会消除公共精神存在的可能性。[133] 在竞选资金的问题上,他们也认为公共选择的进路对政治过程的理论阐释过于简约化,没有认识到制度的丰富性。然而问题是,本身就不可能存在面面俱到的理论进路。公共选择分析最基本的前提只不过是提醒了我们,人们至少在有些时候是追求他们自己或所在团体的利益的,而那些试图实现私人或团体利益的努力通常是凭借对民主政治过程的俘获进行的,人们往往被蛊惑或者自欺欺人地以为牺牲宪法上的政治自由才是通过另一种美好目标的必经之路。如果我们忘记了那些一般性前提,无论我们的目标多么崇高多么值得赞美,也无论我们多么谙熟自由民主宪政的规范理念,我们也只会沦为最糟糕的制度设计者。更特别的是,公共选择理论所进行的分析经

---

[133] 参见[美]杰里·马肖:《贪婪、混沌和治理——利用公共选择改良公法》,宋功德译,毕洪海校,商务印书馆2009年版,第315页。

常会与主要公法领域流行的以直觉为基础的分析存在矛盾——想一想本文借助公共选择理论就竞选资金限制的实际效果所作的初步分析——它们往往告诉我们那些直觉上看来会改善社会境况的措施却实际上让事情变得更糟了,正如竞选资金限制并没有如约地让选举更加开放和公正一样。因此,尽管存在一些批评意见,但出于对更加合理的制度设计的追求,公法学界仍然可能对公共选择的理论发现充满兴趣,尽管他们也知道政治生活并不完全是公共选择理论所描绘的那样。

另一个颇有意思的现象是本文所涉及或分析到的诸多公共选择理论文献都主张对法院(法官)在司法审查中的角色展开反思。正如越来越多的公共选择学者建议提高对特殊利益立法的司法审查标准,作为公共选择理论视野中这种立法类型的典型代表,同样的论据也被用以论证法官对竞选资金监管立法的审查应当更具侵略性。在这个意义上,公共选择的分析进路恰与主张对竞选资金实行自由放任政策的第一修正案的自由主义解释论存在高度的一致性。正如贝芙尔所述道,

我依旧认为第一修正案是对政府的限制,而不是对政府的授权;它是对抗政府的消极性权利(negative rights against government)的来源,而非政府惠赐的积极授权的陈列处(a repository of positive entitlement)。虽然我承认它们确有微妙之处,但在我看来,主张第一修正案应当是"政治自由"的保障的各种论据却打着"加强自由"这一旗号,不是允许就是要求政府对言论进行压制、监管,甚或禁止,简直荒谬至极。[134]

最后要指出的是,学者约翰·洛特提出了另一种将政治竞选资金问题与利益集团理论相结合的路径。在一篇极易引起争议的论文中,他解释了竞选资金开支为什么会持续不断攀升的原因。他的解释十分简单,原因就在于"政府越来越大了"。因此,"政府提供的转移支付越多,人们为获取这些支付而耗费的资源就越多……因为政府拥有更多的可用于施予的福利,那么为获取这些福利而耗费的成本也会随之增长。"[135]换言之,"如果政府有权力颁布可以使特定公司或行业获取重大利益的法律或监管措施,那么必然有潜在的

---

[134] Lillian R. BeVier,"Campaign Finance Reform:Specious Arguments,Intractable Dilemmas",*Columbia Law Review* 94(4),1994,p. 1277.

[135] John R. Lott,Jr.,"A Simple Explanation for why Campaign Expenditures are increasing:The Government is Getting Bigger",*The Journal of Law and Economics* 43(2),2000,p. 363.

受益人将为获取这些利益的寻租活动进行理性的投资。"[136]相同的逻辑也同样地适用于那些为阻止强制监管所带来的成本而进行的寻租活动。此外,对于洛特来说,关于竞选资金监管的公共政策之争,实际上假定了所有能够想到的不好的后果都能通过限制竞选资金捐赠或候选人的开支总额得到彻底的解决。然而,事实却与此完全相反,真正的解决方案要更具激进——让政府变得更小,因为"人们仅仅只会改变支付的方式,而不会真正限制他们支付的水准(想一想本文曾反复提到的竞选资金的'水力学'效应——作者注)。很不幸的是,这些争论总是集中在更高开支的症状表现,而不是它的根本原因上……讽刺的是,那些看起来最关心竞选开支水平的人往往正是那些强烈支持扩大政府规模的人。"[137]

---

[136] Maxwell L. Stearns, Todd Zywicki, *Public Choice Concepts and Applications in Law*, Minnesota, West, 2009, p. 66.

[137] John R. Lott, Jr., "A Simple Explanation for why Campaign Expenditures are increasing: The Government is Getting Bigger", *The Journal of Law and Economics* 43(2), 2000, p. 363.

【评　论】

notes

国家与法治研究　第1卷(2018)
第181～203页

"小宪法"与"小法院"
——"枫桥经验"诞生前司法主导下的基层群众自治

段瑞群*

20世纪60年代,浙江省诸暨县枫桥区在社会主义教育运动中创造了以"发动和依靠群众,坚持矛盾不上交,就地解决,实现捕人少、治安好"为基本精神的"枫桥经验",后因得到毛泽东批示,得以在全国推广,被誉为"全国综治领域的一面旗帜"。① "文化大革命"结束之后,伴随"四类分子"摘帽、社会治安综合治理、平安建设、基层群众自治,加之各级领导高度重视,"枫桥经验"被不断赋

* 段瑞群,华东政法大学博士后研究人员,法学博士。本文系中国法学会2017年度部级法学研究课题:《1954年检察院组织法"一般监督权"研究》阶段性研究成果,课题编号CLS(2017)C06。

① 参见卢芳霞:《从"社会管理"走向"社会治理"——浙江"枫桥经验"十年回顾与展望》,载《中共浙江省委党校学报》2015年第6期,第64页。

予和丰富其内涵。[②] 但是,无论是“枫桥经验”的概念,还是其内涵和实质,似乎都是形式或内容方面的描述性、概述性表达,缺乏一个真正从理论层面上来加以概括,独立、完整的学术上的“枫桥经验”的名词解释。[③] 从历史逻辑角度来讲,一个制度、一种模式、一项创新,并未凭空产生。“枫桥经验”诞生于人民公社时期,其原始的动机或出发点似乎是“人道”的进行“四类分子”的改造,是社会改造经验,也是基层社会治理的模式。按照如此思路探究“枫桥经验”的内涵与本质,那么其渊源就可以延伸到中共在革命时期和建设时期基层治理的各项实践或创新。其中,被称为“小宪法”的爱国公约与被称为“小法院”的调处组织则最为典型。

一、“小宪法”:社会主义爱国公约

早在第二次国内革命战争时期和抗日战争时期,各革命根据地就曾推行过不同类型的所谓“公约”。新中国成立后,执政党根据不同时期中心工作的需要,继续组织群众订立了所谓“生产支前”“拥军优抗”“拥政爱民”“防奸防特”“防火防盗”等公约。抗美援朝期间,全国各地广泛订立爱国公约,主要是表达对祖国和社会主义的热爱,支援抗美援朝战争。后来,各地根据不同需要,陆续出现了订立防奸公约、防火公约、爱国卫生公约等形式,作为共同遵守的准则和群众之间开展批判与自我批判的依据。

---

② 例如,1963年,最原始的“枫桥经验”是“捕人少,矛盾不上交,依靠群众,以说理斗争的形式把绝大多数‘四类分子’就地改造成新人”;1978年,枫桥在全国率先对经过长期有效改造、表现好的“四类分子”摘帽;1979年,枫桥树立“治保会自己动手破案、依靠群众搞好安全防范”的好典型,实现“捕人少、治安好、产量高”的新要求,“枫桥经验”开始逐渐向构建“群防群治”的综治经验转变;1998年,“枫桥经验被概述为“党政动手,依靠群众,立足预防,化解矛盾,维护稳定,促进发展”的“枫桥经验”;2004年,“枫桥经验”概述为“平安枫桥”建设,分解为具体工作事务;2006年,“枫桥经验”的主要内容开始由“综治”走向“法治”,并以加强基层民主建设,以制度建设为保障,增强村规民约的合法性,以纠纷解决为突破口,坚持在基层依法化解矛盾等为主要内容;2013年,毛泽东批示推广“枫桥经验”50周年,要求充分认识“枫桥经验”的重大意义,发扬优良作风,适应时代要求,创新群众工作方法,善于运用法治思维和法治方式解决涉及群众切身利益的矛盾和问题,把“枫桥经验”坚持好、发展好,把党的群众路线坚持好、贯彻好。参见余钊飞:《“枫桥经验”的历史演进》,载《人民法院报》2018年3月30日,第5版。

③ 参见徐镇强、何彩英:《“枫桥经验”研究述评》,载《中国人民公安大学学报》(社会科学版)2013年第4期,第19~20页。

1957年9月20日至10月9日召开的中共八届三中全会上，邓小平在《关于整风运动的报告》中提出，对于农村地区“大法不犯、小法常犯”的不良分子，可以由社员代表大会或乡人民代表大会制定公约，并建立调处委员会执行公约，授权合作社或乡政府给予适当的处罚，随后各地普遍建立调处组织。从执政党的角度来讲，大力推行爱国公约主要针对的是所谓“大法不犯、小法常犯”的不良分子。例如，福建省为了推行爱国公约，专门就“大法不犯、小法常犯”的行为进行了调查，包括：一是妨害公共秩序，小偷小摸，小量赌博，搬弄是非，吵架斗殴。例如，挑弄是非的人被称为“两头蛇”“双面蛟”，喜欢吵架谩骂的人被称为“乌鸦”、“母老虎”和“狗脸猫面”。二是违反劳动纪律。例如，二流子懒汉旷工偷工，不服从领导，无理取闹。三是败坏道德风气，虐待父母子女，调戏玩弄妇女，破坏家庭和睦等。四是违反政策法令，小量投机，乱砍山林，买卖婚姻，高利剥削。五是不爱护公共财物，小量贪污，损公利私，任意损毁公物。六是其他不良行为。例如，巫婆神汉、求神拜佛，传播谣言，欺骗哄瞒等。④各地在推行各类爱国公约中，不断创新方法和形式。

第一，改造“不良分子”与“三爱公约”。1957年全民整风运动期间，爱国公约的主要内容是“爱国、爱社、爱家”，也被称为“三爱公约”。1958年3月中旬至4月中旬，湖北省公安厅、检察院、法院抽调专人成立“推行爱国公约办公室”，赴襄阳、沔阳两县和沙市市开展工作。经过调查，三个县市“不良分子”约占总人口的1%—2%，不良行为主要包括不经常出工生产、小偷小摸和爱占小便宜、贪污公款、通奸、虐待父母子女、欺街骂巷、投机倒把、求神拜药等。推行爱国公约的主要环节包括乡、社、街道党委组织动员，基层干部和党团员积极分子的“三包”（包宣传发动、包领导群众讨论制订、包订出贯彻执行公约的保证制度）和“多边”（边生产、边宣传；边宣传、边发动群众；边制订公约，边回忆对比，揭批坏人坏事，表扬好人好事）推行公约，与社会主义教育结合讨论制订公约（大鸣大放、大字报、辩论批判⑤），并建立检查评比等制度。

---

④ 福建省高级人民法院编：《爱国公约和人民调处工作》，福建人民出版社1959年版，第2～3页。

⑤ 例如，群众给张羊子门口贴的大字报是“羊子不是人，不养他母亲，下雪赶出外，真是无良心”；给张春生贴的大字报是“春生本姓张，老婆像阎王，儿子接八字，把钱都花光，叫他去生产，向社要钱粮，社里未批准，挑担下了乡，他说赚的是现钱，工分是赊账”。

同时,在推行爱国公约过程中,加强对"地、富、反、坏、右和巫婆、马脚[⑥]"控制教育,召开训话会,责令签订守法公约。[⑦] 1958年2月,山西省平遥县检察院检察长孙榜锦在县委的支持下,率领工作组到官地乡制定"三爱公约"(爱国、爱社、爱家),建立调处委员会,并掌握206名"大法不犯,小法常犯"人员情况,占全乡人口的3.29%。在建立调处委员会过程中,通过组织召开群众大会酝酿并讨论委员会候选人名单。[⑧]

第二,分类改造与"五爱公约"。1958年,河北省怀安县发动群众制定"三爱公约",1959年改为"爱国爱社公约",1960年成为"社会主义爱国公约"和"五爱公约"。爱国公约有两种形式,一种是集体公约,是依生产队或业务单位制定。另一种是个人根据自己的情况,制定的公约。个人公约又可以大概分为三类,一是"人民公社爱国跃进公约",主要是针对一般群众;二是"社会主义爱国守法公约",主要针对大法不犯,小法常犯游手好闲,滋事生非和严重违犯劳动纪律的不良分子;三是"社会主义改造公约",针对的是"地、富、反、坏、右"五类分子。这三类公约性质不同,内容也有较大差别,对一般社员是鼓舞促进,对不良分子是约束,对五类分子是分化改造。各类公约的固定条款一般包括"拥护共产党,拥护毛主席;热爱社会主义,坚决走社会主义道路;热爱总路线、大跃进、人民公社;服从党的领导,服从组织分配,树立集体观念,反对本位主义;积极劳动生产,树立爱社如爱家的思想,爱护集体财产;遵守国家的政策法令,遵守社会主义道德风尚,遵守劳动纪律;提高革命警惕性,坚决同一切坏人坏事作斗争"等,同时结合订公约人的行业情况,加上不同条款。有不良行为的人,可以根据不同情况制订不同的条款。例如,有好逸恶劳的人,就加上遵守劳动纪律;有流氓习气、作风不好的人,就保证遵守社会公德,不调戏妇女等。"五类分子"的改造公约,要有"放弃反动立场,积极参加生产建设,从劳动中改造自己;时刻接受群众监督;认真遵守改造制度,保证外出请假,回来销假;保证老老实实,规规矩矩,不乱说乱动等",并且对"五类分子"改造公约的修订、检查、评比时要与第一和第二类公约严

---

⑥　即迷信称神所附体的人。

⑦　参见湖北省公安厅、检察院、法院推行爱国公约办公室:《湖北襄阳、沔阳、沙市推行社会主义爱国公约的经验》,载《法学》1958年第7期,第29~31页。

⑧　参见"省级政法部门参观团":《调处委员会是群众自我教育的很好形式——记平遥官地乡制定三爱公约和建立调处委员会的经过》,载《人民司法》1958年第Z1期,第16~17页。

格区分,不能混淆。[9]

第三,典型示范与"公约"样板。为在全国迅速推广"爱国公约",山西"穷赶富的红旗社"——太谷县侯城公社桃园堡管理区的"五爱公约"被作为样板得以在全国推介。太谷县侯城公社桃园堡管理区,在开展爱国公约运动之前,因为富裕中农思想影响而发生的纠纷34件,丢失了不少农具和家具,借用县粮食局的麻袋丢失300条,不少人对集体的瓜菜、柴草也有小偷小摸的行为。1959年11月中旬,晋中地区中级法院和太谷县法院联合工作组桃园堡管理区进行修订爱国公约试点,将爱国爱社爱家的"三爱公约"修订为"五爱公约",即"热爱共产党、热爱毛主席、热爱社会主义祖国、热爱总路线、热爱大跃进、热爱人民公社",建立"五爱日",并组织"五爱社员、五爱家庭、五爱个人、五爱作业组、五爱生产队"的"五比"竞赛运动。桃园堡管理区经过"把五爱订成公约,写在纸上,贴在墙上,当成一面镜子,每天照一照,洗洗脸,擦擦黑",迅速打开了"跃进"局面。例如,订立公约前管理区只有1个食堂,21户34人参加,订立公约后,成立了6个食堂,350户1152人参加,群众主动交出粮食3万余斤;"懒汉""有投机活动富裕中农""不良分子"等不再装病,纷纷昼夜苦干参加劳动,主动检举揭发侵占公共财产的坏分子。[10]

例如,桃园堡管理区"五爱公约"全文如下:

在中国共产党和毛主席的英明领导下,为了高举总路线、大跃进、人民公社的红旗,在广大群众中树立五爱普遍道德风尚,调动一切积极因素,约束一切不良行为,高速度地建设我们伟大的社会主义祖国,特制定本公约。

第一章　总　　则

第一条:热爱共产党、毛主席,坚决拥护党的领导。

第二条:热爱社会主义祖国,积极参加社会主义建设。

第三条:热爱党的"鼓足干劲,力争上游,多、快、好、省地建设社会主义"总路线,并认真贯彻执行。

第四条:热爱大跃进。

第五条:热爱人民公社。

⑨　河北省怀安县人民法院:《充分发挥社会主义爱国公约的作用》,载《人民司法》1960年第12期,第4~5页。

⑩　参见《"五爱"教育运动经验好》,载《人民司法》1960年第3期,第7~8页。

第二章　办好人民公社

第六条:绝对服从党的领导,永远跟着党走,事事听党的话,党指向那里,我们就走向那里。

第七条:坚决走社会主义道路,维护集体利益,办好人民公社,反对一切资本主义思想和不利于社会主义的言行。

第八条:严格遵守社章,服从领导,工、农、商、学、兵要紧密结合,团结生产,实现民主管理,反对宗派,反对本位。

第九条:要勤俭节约,办好公共食堂、幼儿园、托儿所、敬老院等一切集体福利事业。

第十条:坚决拥护党规定的人民公社分配政策,反对只顾自己不顾集体;只看眼前不看长远的思想。

第十一条:严格财物保管制度,人人爱护公共财物。公用工具注意保管,丢失损坏负责赔偿;反对铺张浪费、暗昧侵占、贪污盗窃等一切不良行为。

第十二条:彻底肃清封建思想残余和资产阶级腐朽的思想影响,家庭中要和睦团结,尊老爱幼,不遗弃虐待老人,不歧视虐待妇女,不包办子女婚姻。达到人人心情舒畅,个个勤劳生产。

第三章　高速度发展生产

第十三条:坚决执行党的“鼓足干劲,力争上游,多、快、好、省地建设社会主义”总路线,坚决拥护大跃进、树立敢想敢干的共产主义风格。做到时不空过,路不空行,达做人人红勤巧,个个高工效,遵守一切劳动纪律,服从统一调动,不偷懒缺勤,不超假旷工,不挑肥拣瘦,不粗制滥造。

第十四条:坚决服从国家经济计划,树立先国家后自己的整体观念,保证完成和超额完成国家统购和收购任务。不压低产量,不隐瞒私分。

第十五条:坚持农林牧副渔全面发展的方针,认真贯彻农业八字宪法,积极参加技术革新和农田水利基本建设,大力发展以养猪为中心的牧畜业。

第十六条:坚决响应党的厉行增产节约的号召,树立勤俭办社,勤俭办一切事业的观念,节约用粮,节约开支,余粮卖给国家,余款存入银行。

第十七条:树立安全为了生产,生产必须安全的全面观点,人人做好护田、护场、护库、护水利工程、护工厂、护商店、护食堂、护饲养院、护铁路公路和防特防盗窃、防破坏、防火、防毒、防爆炸、防车祸、防工伤事故、防触电、防各种自然事故等十护十防工作。

第十八条:积极参加体育活动,锻炼身体,促进生产,保卫祖国。

第十九条:积极参加爱国卫生运动,人人讲卫生,彻底除八害,做到四净(人净、家净、院净、街道净),四不(不随地吐痰、不随地大小便、不随地倾倒污水垃圾、不妨害公共卫生),一保证(保证经常化)。

第二十条:积极参加各种运动,提高政治思想觉悟、文化技术水平。

第四章　加强法制观念,树立共产主义道德风尚

第二十一条:坚决执行党的各种政策,严格遵守国家的法律法令,维护集体利益,要树立先公后私,舍己为公,先人后己,拾金不昧和不偷拿社内一切财物,不打架斗殴,不挑拨是非,不破坏团结,不无理取闹,不妨害他人婚姻家庭的道德风尚。

第二十二条:要教育儿童,树立共产主义的道德品质,不野外玩火,不妨害公共事业,不窃取公共财物。

第五章　向坏分子作斗争

第二十三条:人人提高革命警惕,防止敌人破坏活动,随时向坏人坏事做斗争,不包庇犯罪,不庇护坏人,不窝藏赃物,不私存禁物。

第六章　附则

第二十四条:本公约在管理区党总支领导下,由全体社员讨论通过,经公社党委批准执行。

第二十五条:本公约为管理区全体社员自觉遵守,在管理区党总支领导下,由治调委员会负责监督贯彻执行。违犯者,通过五爱日检查,个别教育,批评辩论等方法教育改过。

第二十六条:本公约如有修改必要时,须经社员大会讨论通过,经公社党委批准,否则不得修改。

太谷县沙河人民公社桃园堡管理区全体社员订

1959 年 12 月⑪

第四,理论阐述“共产主义行为规则的萌芽”。与此同时,各地还普遍建立了“爱国公约日”。例如,福建省莆田县朝阳大队调处委员会组织社员在农

⑪　山西省晋中地区中级人民法院代院长张敏:《充分发动群众修订社会主义爱国公约——在第五次全国司法工作会议上的发言摘要》,载《人民司法》1960 年第 4 期,第 25～26 页。

历的每月15日晚举行“爱国公约日”,检查修订爱国公约。每到“爱国日”,皓月当空,群众从四面八方来到广场,以生产队为单位,开始一月一度的“爱国日”。该大队原有各种不良行为的228人,经过开展“爱国日”活动,196人(约85.9%)已经改造好,在1959年1月至6月,没有一个人受到法办,民间纠纷比1958年同期下降24.5%。因此,当地群众把爱国公约叫作“小宪法”,把过“爱国公约日”的会议叫“小整风”,当地基层干部认为这种会议是“跃进会”。⑫

谢觉哉在第五次全国司法工作会议上认为“爱国公约是小宪法”,“宪法是一个大爱国公约”。⑬ 爱国公约本质上属于群众自我教育、自我约束的“乡规民约”,是执政党改造社会,进行意识形态宣传的重要方式。“大跃进”期间,推行爱国公约成为了各级司法机关的重要工作,爱国公约本身也被赋予了“法制”的色彩。首先,“爱国公约是我国革命实践中法制建设的伟大创举,也是我党在社会主义法制建设方面群众路线的重大发展。应当指出,爱国公约不仅是我国社会主义法制建设的革命创举和重大发展,而且是共产主义行为规则的萌芽……从社会主义爱国公约的某些特征来看,包含由共产主义行为规则的因素,将来它的名称,内容和形式会有着发展阶段的不同,但就其性质和作用来说,它的发展前途将会是共产主义的行为规则”。⑭ 其次,社会主义爱国公约与“治安管理处罚条例、刑法构成了我国法制的完整体系”,是“维护社会秩序、保卫人民利益和社会主义建设重大任务”的“三道防线”。其中,刑法担负惩罚犯罪、镇压阶级敌人、预防犯罪和教育人民的任务;治安管理处罚条例既是对坏分子的专政工具,也是约束教育人民内部轻微违法行为的工具,而社会主义爱国公约是“人民进行自我教育、自我约束的办法,也是国家与危害人民利益、妨害社会主义建设而又没有到达触犯刑律或治安管理程度的各种不良行为斗争的工具”。⑮ 最后,爱国公约是“在新形势下贯彻群众路线的一个新形式”。爱国公约不仅是“我国社会主义法制建设的伟大创举”,

---

⑫ 参见《群众喜欢爱国公约日》,载《人民司法》1960年第1期,第15~16页。

⑬ 谢觉哉:《重视爱国公约和调处工作——摘录谢觉哉院长在第五次全国司法工作会议上的讲话》,载《人民司法》1960年第12期,第1~2页。

⑭ 中国人民大学法律系审判法教研室:《中华人民共和国审判法讲义(初稿)(1-15章)(供讨论用)》,中国人民大学1959年版,第180~181页。

⑮ 严则:《推行社会主义爱国公约是我国法制建设的重大创举》,载《法学》1958年第7期,第23~25页。

更是"共产主义行为规则的萌芽"。因为"共产主义世界法律调整人民内部矛盾的强制性逐渐消失","建立在自觉自愿的基础上以说服教育、共产主义道德谴责、社会舆论和社会管理管理组织与生产管理组织的强制力来保证执行的"爱国公约必然得到加强。⑯

二、"小法院":调处委员会

所谓的"调处委员会"主要起源于人民调解组织。早在第二次国内革命战争时期和抗日战争时期中共就曾广泛推行了民间调解工作和建立了人民调解组织,并且制定过有关调解的条例。例如,陕甘宁边区政府制定过"陕甘宁边区民、刑调解条例",1949 年华北人民政府也曾发布过关于调解民间纠纷的意见。新中国成立之后,人民调解工作得到继续发展。例如,1953 年春,沈阳、鞍山、抚顺三市的法院,各选择了一个工厂试建了"同志审判会"。"同志审判会"不同于国家权力机关的法院,它受所在地工矿企业工会和当地法院的指导,以群众性的制裁和教育感化的方式来处理有关劳动、生产纪律的案件,轻微的责任事故和盗窃案,以及职工群众间的纠纷,借以巩固劳动纪律和提高职工的劳动热忱。⑰

1954 年 2 月 25 日,政务院第 206 次政务会议通过《人民调解委员会暂行组织通则》,明确人民调解委员会是群众性的调解组织,在基层人民政府与基层人民法院指导下进行工作,主要任务是调解一般民事纠纷与轻微刑事案件,调解的方式是"以和蔼耐心的态度,说理的方式,进行调解"。人民调解委员会作为群众性调解组织在化解矛盾、减少纠纷、增加团结等方面发挥了积极作用。截至 1954 年 5 月底,全国各地人民法院已在国营工矿企业中建立了 70 个生产企业"同志审判会"。⑱ 在 1956 年撤区并乡中,特别是人民公社化运动中,不少地区的人民调解委员会被撤销或与民政委员会合并为民政调解

---

⑯ 谢甲林、王祝湘、王国枢:《社会主义爱国公约的作用》,载《政法研究》1959 年第 1 期,第 52～53 页。

⑰ 《沈阳、鞍山、抚顺等市人民法院配合工业生产试办"同志审判会"》,载《人民日报》1953 年 9 月 19 日,第 3 版。

⑱ 《全国各地人民法院已建立了七十个生产企业同志审判会》,载《人民日报》1954 年 6 月 5 日,第 3 版。

委员会。1957年7月4日,司法部印发《关于加强人民调解委员会工作的通知》,要求各地法院依照《人民调解委员会暂行组织通则》相关规定加强对人民调解工作的业务指导。借此,各地纠正了一些错误,取消和合并调解委员会的做法得到一定程序的纠正。但是,自1957年下半年开始,不少地区在“左”的思想影响下,擅自把调解委员会与治安保卫委员会合并成立调处委员会,出现了相当严重的脱离群众、强迫命令和违法乱纪现象。⑲

“大跃进”期间,调处委员会被确立为各类“爱国公约”的执行机构,并被赋予处罚“违约人”的权力。例如,1958年5月,山西省人民委员会要求全省普遍建立调处委员会的组织,并结合选举工作选出调处委员会成员。随后,山西省公安厅、检察院、高级法院联合发出通知,要求各地普遍建立三爱公约和建立调处委员会,指出“社会主义三爱公约是我国法制建设中的第一道防线,是一乡、一社在生产上、生活上、个人和国家、个人和集体关系上,提倡什么、反对什么的具体化、条文化,是乡、社的小宪法和群众自我教育的好做法”。⑳“随着社会主义爱国公约的推行,自然要求建立一个负责监督公约执行的群众组织,全国各地在发动群众、依靠群众制定社会主义爱国公约的同时,在总结调解组织丰富经验的基础上,广泛地建立了人民调处委员会”。㉑调处委员会和爱国公约是“政法工作贯彻群众路线的重要方面,是马列主义国家和法的理论与中国政法实践相结合的产物,是我国法制建设的一项新创造”。㉒调处委员会与调解组织的重大区别就是享有了本应该属于执法司法机关的法定处罚权。特别是一些农村地区的调处委员会设置在公社,公社干部兼任调处委员会的领导职务,则其完全可以依靠“中心工作的需要”,对所谓的“不良分子”进行惩罚。㉓

---

⑲　程维荣等著:《新中国司法行政60年》,上海社会科学出版社2009年版,第255~256页。

⑳　周耀祖:《山西省政法机关联合发出推行三爱公约和建立调委会的通知》,原载1958年5月8日《山西日报》,载法律出版社编:《公安工作跃进集——让人民喜欢,叫敌人胆寒》,法律出版社1958年版,第85~86页。

㉑　中国人民大学法律系审判法教研室:《中华人民共和国审判法讲义(初稿)(1-15章)(供讨论用)》,中国人民大学1959年版,第183页。

㉒　安徽省高级人民法院院长花锦城:《充分发挥人民调处工作为生产服务的作用》,载《人民司法》1957年第Z1期,第10~11页。

㉓　甘肃省张掖地区中级人民法院院长陈守学:《甘肃省张掖地区司法工作跃进中的调处工作经验介绍》,载最高人民法院、司法部办公厅编:《人民司法工作在跃进——推行社会主义爱国公约和开展调处委员会的工作》,法律出版社1958年版,第76页。

为了"巩固与发展农村社会主义集体经济、减轻乡社干部工作负担、减少刑民纠纷、进行法纪宣传",各地在实践中逐渐突破了《人民调解委员会暂行组织通则》的相关规定。例如,在处理纠纷类型方面,不仅可以调解土地、婚姻、债务、房屋迁让等一般民事纠纷,还可以处理斗殴、人身伤害、毁损他人名誉、小额盗窃等轻微刑事案件;在法律依据方面,不仅可以依照《人民调解委员会暂行组织通则》,还可以根据《治安管理处罚条例》进行处理案件;在组织形式方面,调解委员会可以与治安委员会协同,或者合并执行双重职务,改名为调处委员会;调处委员会组成人数方面,可以突破《人民调解委员会暂行组织通则》关于"不得超过11人"的规定。调处委员会的最常用的工作方法是"说服动员,个别打通思想与当众商议相结合",其次是"当众批评,进行当众检查,立下公约,保证事后不再犯",处罚措施主要是扣除工分和劳动日。㉔ 以江苏省句容县为例,1957年全县调解委员会处理的纠纷约2万多件,全年有8个乡没有相关纠纷诉到法院解决,12月全县更是仅收到1件诉讼案件。1958年比1957年同时期,县法院收到的民事案件下降80%。㉕ 河南等地还把调解委员会改名为"治保调处委员会",把本属于公安机关的治安保卫、防奸锄奸等职能划入其中,以至于直接受理各类型案件。例如,1959年,河南省全年调处的民事纠纷和轻微刑事案件平均是各级人民法院收案数量的15倍。1958年,安徽省肥西、濉溪、阜南、绩溪、南陵五个县的调处组织处理的民事纠纷是同时期法院受理案件的15倍。㉖

1959年10月30日至11月5日,安徽省高级法院和蚌埠地区中级法院在濉溪县联合召开了全省调处工作现场会议。"这次会议不仅是经验交流大会,而且也是一个实现政治挂帅、思想动员、鼓足干劲的誓师大会,对调处工作继续跃进起到重大推动作用。"现场会结束后,六安、合肥、淮南、阜阳等地市中级法院分别召开全区全市性调处工作会议或现场会议,濉溪调处工作经验得以在全省全面推广。随后,在党委统一领导下,公检法三家大协作,运用

㉔ 丁敏、克千:《关于农村中人民调解委员会的作用》,载《法学》1958年第6期,第22~23页。

㉕ 郑仁:《法院调解是人民法院处理人民内部纠纷的重要方法》,载《法学》1958年第5期,第49页。

㉖ 王珉:《人民调处工作对解决人民内部矛盾的重大意义》,载《政法研究》1960年第2期,第31页。

广播会、花挑子[27]、演戏等形式,宣传调处工作。安徽省砀山县良梨公社高庄生产大队除了采取上述方法之外,还组织了七八十的老大娘到处唱"十好家庭歌",组织幼儿园儿童把"团结舞"送到田间地头,学校教材上印上"十好家庭标准",社员在劳动时呼喊安全防护和团结生产的"号子"等方式,形成"大会讲、小会说,人人讲团结、处处论生产的宣传热潮"。[28] 1960年5月19日,贵州省委在省高院党组《关于充分发挥调处组织和爱国公约作用的报告》作出批示,要求全面加强和推行调处工作和爱国公约。[29] 同年5月,安徽省委也批转了安徽高院关于开展调处工作和推行爱国公约的报告,要求各地进一步做好调处工作。1960年7月,中共中央政法小组曾指示最高人民法院联合公安部、最高人民检察院于8月在蚌埠市召开全国调处工作现场会,后因"三年自然灾害"等原因,会议未召开。[30] 以安徽濉溪县为例,1958年9月,在人民公社化运动中,在调解委员会的基础上,普遍按照生产大队建立调处委员会和生产队调处小组。截至1959年10月底,全县建立了213个调处委员会和1562个调处小组,在1958年9月至1959年9月一年内,就调处各类矛盾纠纷27197件。[31] 具体而言,各地调处委员会和调处员工作内容和作用主要有:

第一,法纪宣传教育。例如,每逢召开干部会或群众会,调处委员就结合当前中心工作,宣传爱国守法;利用农村集市,当街进行宣传;对一些经常闹纠纷的人,"送政策上门"以及编快板、刷墙头诗、画连环画、讲演等。贵州省高级人民法院通过推行爱国公约,破除少数民族婚姻的陋习,宣传贯彻《婚姻法》,推进婚姻制度改革运动,预防减少婚姻家庭纠纷。[32]

---

[27] 花挑舞,源于河南信阳固始县,也称固始花挑舞,又称花挑子,经过江淮流域四百多年的流传成为了一种别具特色的民间舞蹈形式。道具是一支细软而有弹性的竹制扁担,缠以彩纸,两端各悬挂一只竹蓝,竹蓝外沿扎满彩花。表演时一女性担起"花挑"舞动,形成舞蹈状态。

[28] 宛行:《把纠纷和不良行为消灭在萌芽状态》,载《人民司法》1960年第12期,第16页。

[29] 参见《中共贵州省委批转省法院党组"关于充分发挥调处组织和爱国公约作用的报告"的批语》,载《人民司法》1960年第12期,第3页。

[30] 安徽省地方志编纂委员会编:《安徽省志·司法志》,安徽人民出版社1997年版,第214页。

[31] 中共濉溪县委政法部副部长兼濉溪县人民法院院长赵从化:《我们是怎样全面开展调处工作的》,载《人民司法》1959年第Z2期,第15~16页。

[32] 贵州省高级人民法院院长叶谷霖:《积极推行爱国公约,逐步改革少数民族封建、落后的婚姻制度——在第五次全国司法工作会议上的发言摘要》,载《人民司法》1960年第4期,第21~23页。

第二,调处“人民内部矛盾”。针对夫妻误会、家庭矛盾、邻里纠纷、财产纠纷等针对当事人不同思想情况,开展调查研究,深入浅出摆事实、算细账、讲道理,本着“团结—批评—团结”的精神,坚持说服教育,耐心用当地好坏事例启发当事人自觉达成和解。自 1957 年 8 月,江苏省句容县在 22 个乡镇全部建立了调解委员会,乡长或副乡长担任主任,在各公社、生产队建立了 280 个调解小组,开展了所谓的“调解大跃进”,导致 1958 年 4 月初至 6 月 15 日,全县范围内没有一件民事案件进入法院(只收到一件外地转来的离婚案件)。[33] 截至 1960 年 1 月,福建全省 12687 个大队(街办)中 96% 以上已经推行了社会主义爱国公约,部分地区还建立了“爱国日”制度。全省建立了 9142 个调处委员会,有 65,619 名调处委员。这些调处委员会与治保委员会合并建立的 41.85%,单独设立的 58.15%。例如,对不服从领导、小偷小摸、吵架斗殴、小量贪腐挪用、损坏公私财物、妨碍家庭婚姻、虐待和赌博等违反公约的案件,主要采用摆事实、讲道理、辨明是非、批评教育的方式处理;对于糟蹋农作物、评功记分、托儿所食堂、婚姻家庭、抚养继承、山林水利、土地房屋以及债务等民事纠纷,一般根据双方自愿原则,通过调解处理。根据福建 43 个县市不完全统计,1959 年 1 月至 11 月,调处委员会处理的违反公约案件、民事纠纷案件是同期法院收案的 16.34 倍。[34] 例如,针对调处委员会,即所谓的“小法院”。曾有快板专门唱道:

毛竹板打得响连天,请各位静坐听我言;
我今不把别的讲,只谈调处委员会事一件。
调处委员会人人称道,广传美名叫作“小法院”。
它既办得小刑事,
又调处民事很圆满;
它不仅调处很及时,
又依法据理来公断。
它让当事人不失和气,把纠纷调解,
减少了群众诉累,免得来往到法院。

---

[33] 参见江苏省句容县人民法院院长赵康良:《句容县人民调解组织是怎样发挥作用的》,载《人民司法》1958 年第 14 期,第 15 ~ 17 页。

[34] 福建省高级人民法院院长赵源:《推行社会主义爱国公约、开展调处工作——在第五次全国司法工作会议上的发言摘要》,载《人民司法》1960 年第 4 期,第 18 ~ 20 页。

它平时检查公民执行爱国公约,
一有机会还不断进行法律宣传。
他们的任务是:
调处刑民纠纷,巩固革命政权;
宣传教育守法,维护社会安全。
他们的口号是:
有案件来就调处,
没事办就宣传,
能办的案正确、合法、及时办,
不能办得整理材料报法院,
鼓足干劲争上游,
决心把纠纷"消灭于萌芽、解决在民间"。
调处委员会便民把案办,
人人喜爱,人人赞,
解决矛盾,促进生产,
广传美名叫作"小法院"。㉟

第三,服务中心工作。例如,辽宁省在1960年司法规划中提出要在厂矿试建调处组织,推行爱国公约,锦州地区中级法院为了响应锦州市委提出的"工业生产一年计划半年完成"的号召,在辖区厂矿建立调处组织,并发动"公物归公"热潮。㊱ 1960年春季,福建省晋江地区各法院为了保证春夏两季大丰收,以指导调处委员会和爱国公约为武器,大力开展保卫工作。例如,大田县珍山、百束两个大队,修订爱国公约,掀起妇女学习犁地运动,解决了男劳力上山开路,缺人犁地翻土的困难。安溪大坪大队修订"八条纪律、七夺七比"公约,取得3天积肥136400担,烧土17亩等成绩。此外,还配合有关部门大抓备耕工作,组织检查种子、牲畜、农具、水利、肥料、资金以及对炊事员、保管员、会计员、保养员、饲养员等"要害部位"的工作人员进行政治审查,清理"不纯分子"。加强对"五类分子"监督改造,健全"四包一保证,十好夹一坏"

㉟ 孙天德:《调处委员会是个"小法院"(快板)》,载《法学》1958年第7期,第58页。

㊱ 辽宁身锦州地区中级人民法院:《在工厂试建调处委员会》,载《人民司法》1960年第12期,第14~15页。

的改造措施，并且通过“爱国日”，发动群众给予批判教育。[37]

第四，推行爱国公约。以组织“十好家庭”（响应党的号召、听毛主席的话、走社会主义道路好；遵守劳动纪律、生产干劲好；遵守政策法令好；共产主义道德品质好；爱护公共财物好；家庭和睦、亲邻团结好；勤俭持家好；安全预防搞得好；注意坏人坏事，及时检举好；除四害、讲卫生好。[38]）作为推行爱国公约的中心环节和经验内容。蚌埠地区把“十好家庭”评比运用到企业部门和各种生产组织，组织评比“十好工厂”“十好车间”“十好商店”“十好小队”“十好民工”的评比，出现了“处处评十好，户户争先进的新气象”。[39] 此外，安徽省砀山县良梨公社高庄生产大队在组织“十好评比”中，还在每户人家门口放置两个牌子，一个牌子上写着“十好条件”，评上几好就在哪条标准下插个小红旗；一个是小黑板牌，记载这个家庭完成中心工作、团结生产等情况。同时要求，生产队干部“三包一保证”，即包发动群众、包经常开展宣传、包纠纷和不良行为消灭在萌芽状态，保证生产大跃进，而社员的“三包一保证”是包亲、包邻、包知心人，保证不闹纠纷。[40]

三、“正义”的自给自足：“根除民事纠纷”

客观地讲，20世纪50年代，在各地党委领导下，司法机关积极参与推行“爱国公约”和指导调处工作，对正确处理人民内部矛盾，巩固人民民主专政，以及密切司法机关与人民群众的关系、增强民主自治等方面，具有一定积极意义。如果单纯从“爱国公约”与“调处委员会”的内容上进行类比，似乎其与起源于浙江省诸暨市枫桥镇且被执政党予以充分肯定并沿革的“枫桥经验”有诸多相同之处。有学者认为，“马锡五审判方式”与“枫桥经验”都是中

㊲ 福建省晋江地区中级人民法院：《修订社会主义爱国公约，开展调处工作，保卫春耕生产》，载《人民司法》1960年第7期，第17~18页。

㊳ 安徽省高级人民法院司法行政处处长邓志修：《跃进中的安徽人民调处工作》，载《政法研究》1960年第2期，第33页。

㊴ 参见安徽省高级人民法院：《濉溪调处工作现场会议开花结果》，载《人民司法》1960年第3期，第4~5页；《跃进中的濉溪调处工作》，载《人民司法》1959年第8期，第16~17页。

㊵ 宛行：《把纠纷和不良行为消灭在萌芽状态》，载《人民司法》1960年第12期，第15~16页。

共法律制度中影响深远的主要传统,是富有中国特色的政治与社会治理方式,都坚持走群众路线、注重矛盾纠纷化解。[41] 如果说,诞生于 1963 年"社会主义教育运动"期间,并以"发动和依靠群众,坚持矛盾不上交,就地解决。实现捕人少,治安好"为主要标志的"枫桥经验"是一种政法专门机关与群众路线相结合的成功经验,则"大跃进"时期各级法院推行的"爱国公约"似乎更应该被认为是混淆司法专业属性与群众自治需求的失败教训,不仅导致司法职能的混乱,反而证明了自给自足式的"正义"供给或纠纷解决方案,廉价但不物美。

"大跃进"期间,如果单纯从收案数量来看,各地法院案件数量呈现了大幅度减少的趋势。特别是,重大刑事案件(包括凶杀、纵火、强奸、盗窃、诈骗等)的全国发案率,1958 年比 1954 年下降 48.67%。人民公社化之后,刑事案件数量下降趋势更加明显,北京、上海、湖南、陕西四个省市 1959 年上半年初审刑事案件数量比 1958 年同一时期下降 63.54%,流氓、盗匪横行、烟毒、赌博、娼妓等社会污毒现象基本消除。[42] 民事案件方面,也呈现了大幅下降趋势。究其原因,一方面是由于人民公社化后基本上消灭了私有制,实现了新的分配制度和生活集体化,人民内部矛盾显著减少,特别是"继承、扶养、债务、房产和林木等纠纷在农村已经绝无仅有了"。[43] 另一方面则是因为"大跃进"期间创造了大量新的"群众审判"模式以及调处组织的大量出现,导致一些民事纠纷根本无法进入司法程序处理。

根据全国不完全统计,1950 年至 1962 年,民事收案为 11,910,713 件,平均每年 90 万件左右。[44] 根据如下图表所示,自 1958 年开始,各类民事案件连续大幅度下降。1958 年的民事案件收案数比 1957 年下降 47.8%,1959 年比 1958 年下降 11.8%,1960 年比 1959 年下降 18.4%。1961 年民事案件收案数量有所回升,1962 年已达到 1957 年的收案数字,为 81 万件。

---

[41] 参见谌洪果:《"枫桥经验"与中国特色的法治生成模式》,载《法律科学》(西北政法大学学报)2009 年第 1 期,第 17 页。

[42] 参见马锡五:《换了人间》,载《人民司法》1959 年第 19 期,第 3 页。

[43] 王叔文:《人民公社运动与政法工作》,载《政法研究》1958 年第 6 期,第 70 页。

[44] 参见最高人民法院《关于民事审判工作若干问题的意见(修正稿)》(1963 年 8 月 28 日),第 1 页,载《司法工作手册(第二辑)(1949~1978)》,安徽省高级人民法院编印,1978 年 10 月。

1956—1961 年全国法院民事案件审结情况[45]

年度	收案总数	较上年度升降百分比	离婚	较上年度升降百分比	其他婚姻家庭	较上年度升降百分比	债务	较上年度升降百分比	房屋	较上年度升降百分比	损害赔偿	较上年度升降百分比
1956	791,543	-17.6	553,344	-9.5			69,303	-30.5	51,105	-25.2		
1957	818,969	+3.5	536,841	-3	36,183		59,004	-14.9	69,270	+35.5	18,292	
1958	427,496	-47.8	300,088	-44.1	18,321	-49.4	33,086	-43.93	25,976	-62.5		
1959	377,345	-11.8	320,848	+6.9	10,193	-44.4	14,088	-57.42	11,194	-56.9	4907	
1960	308,024	-18.4	275,144	-14.3	6515	-36	5756	-59.14	5339	-52.3	2989	-39
1961	617,478	+100.5	535,710	+94.7	9766	+50	8012	+39.19	17,693	+231.3	6756	+126

以各级法院受理数量最多的婚姻家庭案件为例。根据辽宁省高级法院调查,1960 年 1 月至 6 月,全省各地法院受理婚姻案件比 1958 年公社化前同期下降 60.4%,比 1959 年同期下降 23.6%。同时,经过调处委员会处理的婚姻纠纷也大幅度减少。例如,沈阳市沈河区调处委员会 1960 年 1 月至 3 月调处的婚姻案件就比 1959 年同期下降 46%。唯一特殊的是,"伟大的社会主义教育运动"促使反革命、刑事罪犯、"五类分子"的配偶提高了觉悟,要求离婚的案件有所增加。[46] 再以四川省绵阳地区两级法院一审民事案件为例,1958 年收案 2738 件,结案 2737 件;1959 年收案 770 件,结案 723 件;1960 年收案 770 件,结案 734 件;1961 年收案 2032 件,结案 1819 件。其中,1959 年受理的 770 件民事一审案件中,婚姻案件 711 件,占全部收案数的 92.3%,民事赔偿案件 5 件,其他案件 7 件,房屋纠纷、继承纠纷、劳资纠纷、债务纠纷、土地纠纷、扶赡养纠纷等普通民事案件收结案均为零。[47] 但各地情况并不完全相同,例如,青岛市台西区人民法院对 1955 年 8 月至 1960 年 6 月的离婚案件的调查,五年内法院实际处理离婚案件 514 件,其中,1955 年 8 月至 12 月受理 66 件,1956 年受理 102 件,1957 年受理 107 件,1958 年受理 86 件,1959 年受

㊺ 相关数据参见何兰阶、鲁明健主编:《当代中国的审判工作》(下),当代中国出版社 1993 年版,第 4、6 页。

㊻ 参见《辽宁省高级人民法院关于人民公社化后婚姻家庭变化情况的调查报告》,载《人民司法》1960 年第 20 期,第 26~28 页。

㊼ 参见四川省绵阳市中级人民法院编:《绵阳市审判志》,四川省绵阳市中级人民法院 1996 年版,第 207 页。

理107件,1960年1月至6月受理46件。这些离婚案件中,包办婚姻135件,约26.26%;半自主婚姻35件,约6.81%;自主婚姻344件,约66.93%。实际上,受理案件数量并未出现大幅度下降。[48]

在大跃进“冲天的革命形势”下,各地法院,特别是部分基层法院提出了“根除民事纠纷”的口号。例如,河南省林县政法部门曾经提出加强基层调解组织建设,将“农村一切纠纷消灭在基层”,到1958年5月,该县法院已经没有一件民事诉讼案件。新乡地区中级法院随后在林县召开了全区各县法院院长“战地会”,以大鸣大放大辩论的形式推广总结这一经验,组织开展“无民事诉讼运动”,大大减少了民事案件。[49] 河南遂平县常庄管理区六大队,1958年7月至8月建立公社前各类民事案件64件,主要是婚姻纠纷、家务纠纷、财产纠纷、子女抚养、继承、水利纠纷、土地房产纠纷等。自建立人民公社之后,9月至10月共有民事案件12件,下降81.3%,其中子女抚养、继承、土地房屋纠纷、水利纠纷等4类案件已根除。[50] 据汕头中院报告,截至1958年5月,全地区刑事案件下降37.1%,民事案件下降39.8%,出现了245个无民事诉讼乡、5797个无民事诉讼社、4个无民事诉讼县(市)。[51] 湖南省道县梅花圩人民法庭在司法大跃进中收案量持续下降,1958年1月至3月收案19件,4月至6月12件,7月至9月1件,比1957年同期下降75%,成为“无积案庭”和“无库存庭”。[52] 宁夏自治区一些基层法院甚至撤销了民事审判庭,把民事案件交给人民法院接待室处理,或者直接交给调处委员会处理。[53] 此外,为了减少刑事犯罪,在保卫和巩固人民公社过程中,各级政法部门普遍建立了公社劳教队,主要对一部分五类分子和赌徒、懒汉、二流子等进行长期或短期的集中劳

---

[48] 参见《青岛市台西区人民法院检查五年来处理离婚案件情况的报告(草稿)》,载《人民司法》1960年第20期,第3~4页。

[49] 参见河南省新乡地区中级人民法院副院长赵辅宋:《我们是如何保卫人民公社安全的》,载《政法研究》1958年第5期,第58页。

[50] 遂平县卫星人民公社管理委员会政法公安部:《关于常庄管理区六大队减少了公社前后民事案件变化的调查》,载《人民司法》1958年第21期,第28~30页。

[51] 广东省汕头地区中级人民法院院长高毅如:《认真广泛贯彻总路线,继续鼓足干劲,力争上游,进一步发展司法工作作用,为保护工农业生产大跃进而奋斗》,载最高人民法院、司法部办公厅编:《人民司法工作在跃进(选编)》,法律出版社1958年版,第19页。

[52] 湖南省道县梅花圩人民法庭何韵文:《工作中的三点体会》,载《人民司法》1958年第21期,第12~13页。

[53] 参见宁夏审判志编纂委员会编:《宁夏审判志》,宁夏人民出版社1998年版,第271~272页。

动改造教育。例如,北京市曾经在郊区普遍建立区(县)劳教队。[54] “大跃进”时期,部分法院提出的“民事纠纷的根除”导致了民事审判工作严重倒退,更是埋下了轻视民事审判,忽视民事权益保护的恶根,这种影响甚至延续到改革开放之后。

人民司法是中共自革命根据地时期就创设并不断完善的司法体系,其有着特殊的制度价值和魅力。新中国成立后,特别是 1954 年宪法和法院组织法的颁布实施,类似于现代意义上的司法正规化、专业化和职业化得以在一定程度上建立并完善,但在实践中却出现了案件积压、脱离实际,既无法充分保障民众权益,也无法契合执政党改造社会的需求,甚至成为“五气”(所谓的官气、暮气、阔气、傲气、娇气)的重灾区。某种意义上讲,“大跃进”时期,各级司法机关深度参与“爱国公约”的推行以及调处工作的指导,是对 1954 年至 1957 年司法工作的一次“纠偏”,一定程度上就是尝试回归所谓的“人民司法”。但是,无论是从“三爱公约”到“五爱公约”,还是从“调解组织”到“调处组织”,以及同时期的“群众辩论审判法”和“有事办政法,无事办生产”指导方针的提出,似乎“人民司法”走到了一种极端化的维度。“人民”作为一种抽象化和概念化的指向,一旦具化为一个个普通百姓,由“群众”直接裁决案件和评判当事人的生死存亡,其后果必然是法制的混乱和人权的践踏。

四、“断裂”与“重构”:“枫桥经验”的诞生

有学者认为,“革命”是理解新中国法治现代化的关键概念。虽然革命具有多重含义,但中共领导人认为革命的本质逻辑就是“断裂”,也就是说 1949 年新中国的成立不只是建立新政府和新政权,更是要建立新社会。[55] 这种所谓的“断裂”具体到法制领域,最直接的体现就是全面否认法的继承性,彻底抛弃“旧法”理念和制度。在与旧法决裂的基础上,建构了以阶级斗争论、人民民主专政论和法律工具论为基础的“极左”的政治法律理念。但是,对于

---

[54] 北京市高级人民法院林彤:《司法工作如何适应人民公社的新形势》,载《人民司法》1958 年第 19 期,第 11 页。

[55] 参见高全喜、张伟、田飞龙著:《现代中国的法治之路》,社会科学文献出版社 2012 年版,第 134 ~ 136 页。

“大跃进”时期司法机关推进“爱国公约”运动的研究,似乎可以证明“革命”的本质不仅是“断裂”,也有“重构”,或者概述为“断裂”与“重构”并举。具体而言,就是建构具有社会主义属性的“革命法制”和具有陕甘宁边区色彩的“人民司法”。

现代民主政治的发展规律表明,任何政党,特别是试图获取执政权或已获得执政权的党派,必然要宣扬和论证自己的意识形态理论,以便于证明自我执政的合法性。[56] 中共为论证和解释其执政合法性,不断强调自身代表广大民众的利益,突出表现为其始终提倡的“人民价值观”,具体到司法领域便不断强调贯彻“群众路线”。革命政权争夺得以顺利实现,[57]并不意味着革命政权的巩固就此一帆风顺。具有“冲天革命理想”的共产党执政者,认为要迅速建立健全国家法律制度,必须利用“群众”的力量,逐渐导致法律制度建设的政治化,甚至运动化、群众化。另外,如果一个政治实体的社会控制能力很强,而政策的实施能力却有限,倾向于有所作为的政治领导人则更加倾向于借助政治动员,而非中规中矩的科层组织来确保政治意图的实现。[58] 因此,将原本具有工具属性的“爱国公约”(社会资源的组织动员模式)演变为具有治理属性的“爱国公约”(演变成为“革命法制”,并由司法机关支持执行贯彻)也就不足为奇了。

反观“枫桥经验”的诞生,似乎是执政党在经历“大跃进”严重左倾错误之后,适度对政策的纠偏而刻意选取的“政治导向符号”。例如,1958年至1961年,安徽各地破坏法制的现象相当严重,不仅公社、大队可以在各种名义之下设立变相的劳改队、集训队,任意关押、打骂群众,有的还逼死人命,严重侵犯人权;甚至政法公安部门,一些党政负责人也违反政策法律规定,随便决定捕人,乱拘留、乱扣审、刑讯逼供,长期关押不处理。1959年全省拘留扣审7万多人,伤害了大批好人。1960年,根据肥东县、定远县、宣城县、宿县、全椒县5个县检察机关的检察,1月至8月,扣审的1.2万人当中,非法拘留扣审的

---

[56] 王浦劬著:《政治学基础》,北京大学出版社1995年版,第207页。

[57] “共产党的革命方法比国民党的更为彻底”,具体表现在:“在社会的基层,国民党所依靠的是地方精英,即地方绅士,而共产党则直接依靠农民,直接把中共的治国理念传达给人民。这样,共产党比国民党更具有动员社会资源的能力。这一不同也直接表现在两党所建立的政权组织上。国民党的政治权力从中央通过省和县到达乡镇一级,而共产党更进一步,政权权力再从乡镇延伸到村一级”。郑永年著:《中国模式:经验与困局》,浙江人民出版社2010年版,第49页。

[58] 参见毛寿龙著:《政治社会学》,中国社会科学出版社2001年版,第53页。

78%；根据肥东、定远、怀宁、阜阳、宣城等县，1月到9月不完全统计，用捆绑、吊打、罚跪、罚冻等多种非法手段，直接遭受摧残的群众2923人，致死270人。检察机关办理了159案，逮捕187人，拘留420人。1961年，全省各级检察机关自行查处的2360件人民来信来访中，40%是违法乱纪案件；安徽省检察院组织人员重点检查了定远县1960年拘留扣审的3674人的情况，发现76%以上是错误拘留扣审。[59] 类似严重“侵权”案件或事件，在全国各地均不少见，甚至一定程度上普遍存在。

“大跃进”结束后，各地针对调处工作中出现的强迫命令、治安保卫与纠纷调解混淆，以及调处组织直接“审理”案件等问题陆续进行纠正。例如，1961年，江苏省第九次政法工作会议要求全省将治安调处委员会分设为治安和调解两个委员会，人民公社设调解委员会，由公社民政助理兼管调解工作，改名为民调助理，生产大队设调解小组，生产队设调解员。[60] 1962年12月10日，最高人民法院在总结回顾近年来工作时认为，“虽然最近几年在工作上曾经发生过一些缺点和错误，但从1961年5月中央工作会议以后，各级即根据中央工作会议的精神进行了纠正，有的正在纠正”。[61] 1963年3月27日，最高人民法院针对浙江省高级人民法院关于金华地区部分农村所谓国法与“民法”相结合的报告作出复函，并抄各个高级人民法院。最高人民法院认为，所谓国法与“民法”结合“实质上是一个随便立法的问题”，是“违反我国宪法，破坏国家法制的”，“人民群众的风俗习惯或者群众自己订立的各种公约都不是法律，不能成为‘习惯法’或‘民法’”，因此浙江省高院“认为‘民法’是指群众的习惯法，就是群众中相约成俗而没有形成文字的约”不仅在理论上形成了概念的混乱，更是严重破坏法制的。同时，最高人民法院明确“爱国公约本身不是法律”，只是人民群众自我教育、自我约束、自我监督的办法，更不能订

---

[59] 安徽省地方志编纂委员会编：《安徽省志·司法志》，安徽人民出版社1997年版，第261～264页。

[60] 1958年11月，江苏省第七次政法工作会议决定将调解组织与治安组织合并为治安调处委员会。参见江苏省地方志编纂委员会编：《江苏省志·审判志》，江苏人民出版社1997年版，第91页。

[61] 《最高人民法院关于人民法院工作若干问题的规定（一九六二年十二月十日）》，载《司法工作手册（第三辑1959～1963）》，内蒙古自治区高级人民法院编印，1963年12月，第67～76页。

立罚规。[62]

1963年,中共中央决定在全国农村普遍开展社会主义教育运动时,就明确提出把绝大多数“四类分子”改造成新人,并坚持“一个不杀,大部不捉”。为了实现上述政治意图,当时绍兴地区诸暨县枫桥区的社会主义教育运动以“文斗”的方式实现了“没有捕人”的效果,并总结为“矛盾不上交,就地解决”而得以推广。例如,当时枫桥区的7个公社共有6.7万人口,“四类分子”共有911名,其中163名有比较严重的破坏活动,45名“四类分子”群众要求逮捕。枫桥区工作组充分发动和依靠群众,开展说理斗争,没有打人,更没有捕人,就把那些认为非捕不可的“四类分子”制服,并改造成了“社会主义新人”。[63]“文斗”中采取的依靠群众对“四类分子”进行改造、惩办与宽大相结合、惩罚与教育相结合、开展说理斗争等手段和方法,[64]与“爱国公约”运动中的一些方法类似,只是难得可贵的是枫桥区的社教运动尊重了“四类分子”及其子女的基本人格和基本权利,杜绝了部分调处组织运行中曾经出现的暴力“侵权”。

原始的“枫桥经验”是在以阶级斗争为纲背景下的政治斗争和社会改造经验,尚且不具备或完全具备以人为本、民主治理、社区自治、社会参与等基本特征,[65]或者“尊重人民主体地位,发动群众,依靠群众,就地解决矛盾,实现矛盾不上交”的核心价值,[66]或者“为了群众、依靠群众”的核心要义。[67]因为,此时的“人民”“群众”是具备强烈阶级属性、身份属性的“政治话语”,而非现代法治体系中的众人之治,甚至此时的“矛盾”也非完全是“人民内部矛盾”,而主要是“敌我矛盾”。当然,在“大跃进”与“文革”两大社会运动间隙,特别

---

[62] 《最高人民法院关于国法与“民法”相结合问题的复函(一九六三年三月二十七日)》,(63)法研字第33号,载《司法工作手册(第三辑1959~1963)》,内蒙古自治区高级人民法院编印,1963年12月,第170~172页。

[63] 参见汪世荣:《枫桥经验:基层社会治理的实践》,法律出版社2008年版,第2页。

[64] 参见尹华广:《毛泽东政法思想与“枫桥经验”的诞生》,载《公安学刊——浙江警察学院学报》2018年第1期,第26~28页。

[65] 参见杨张乔、王翀:《枫桥经验:中国乡镇犯罪预防与矫治的社区模式》,载《社科科学》2004年第8期,第57~65页。

[66] 参见卢芳霞:《走向“社会治理”的“枫桥经验”》,载《学习时报》2018年1月22日,第4版。

[67] 参见陈磊:《浙江从五方面打造“枫桥经验”升级版》,载《法制日报》2018年1月15日,第1版。

是各地“社教运动”已出现诸多过激行为的背景下,“枫桥经验”用温和的方法改造特定时代的特殊政治身份,让他们回归生产,从阶级斗争转向生产劳动,依然具有积极向上和良善温润的力量,是一个使消极因素化为积极因素的政治品质和机制。[68] 概述之,“枫桥经验”的诞生有其特殊历史背景,也有历史的局限性,但依然孕育着自治、法治、德治等现代基层社会治理的部分因素。

[68] 参见董青梅:《“枫桥经验”中的多元法治图景》,载《山东科技大学学报》(社会科学版)2018年第1期,第34页。

国家与法治研究　第1卷(2018)
第204～223页

帕尔帕廷皇帝的新装

——《星球大战》中的政治逻辑

陈永伟*

一、引言

德国哲人康德曾说过:“这个世界上唯有两样东西能让我们的心灵感到深深的震撼:一是我们头上灿烂的星空,一是我们内心崇高的道德法则。”事实上,如果一部作品同时包括了对神秘星空的探索和对道德法则的拷问,它不仅会震撼康德这样的哲人,还会让世上的芸芸众生留下深刻的印象。

《星球大战》就是一部同时包含了星空和道德法则这两大主题的伟大作品。尽管乔治·卢卡斯(George Lucou)原本只想向人们讲述一个太空版的黑泽明式故事,但故事一旦开了头,它就有了自己的生命。[①] 四十多年来,《星球大战》用八部正传电影、多部外传电影和相关的小说、动画构造出了一个完整的世界。这个世界存在于“很久很久以前的一个遥远星系”,却影响了地球上的几代人。

---

* 陈永伟,北京大学市场与网络经济研究中心研究员。

① 卢卡斯在一次访谈中曾解释说,他创作《星球大战》的灵感来自黑泽明导演的电影《战国英豪》,其中的很多人物设定也借鉴了此片。

所谓“一千个读者眼中有一千个哈姆雷特”，每一个“星战”迷都能从“星战”中看到不同的世界，不少学者也从中找到了属于自己的研究话题。例如，自然科学家们试图对剧中的原力、星际穿越等科幻元素提出合理的科学解释；②经济学家们试图对“死星”的建设进行成本－收益核算，并讨论“死星”的建设和毁灭对帝国经济造成的冲击③；政治学家们力图用现代政治学的观点去解构“星战”故事中复杂的星际关系、人物关系；④而哈佛大学法学院的教授更是撰写了一部名为《星球大战的世界》的专著，用自己的理论对“星战”世界进行了全面的诠释。⑤

在本文中，笔者将尝试对“星战”中的一个重要人物——帕尔帕廷皇帝进行解读。作为前六部“星战”电影中最大的反派，帕尔帕廷身上充满了神秘和不一致。在担任议长期间，他长期隐忍并以宽厚形象示人，而在登基称帝后则立即凶相毕露。从一个成熟的政客角度看，帕尔帕廷的这种转变是很不可思议的，因为这种转变只会增加其统治成本，让帝国变得更为动荡。此外，他还采取了很多令人费解的行为，例如不惜冒激化种族矛盾的风险推行自己并不信奉的“人类至上主义”、在帝国军队中弃用高性价比的克隆人而转为招募自然人、不顾帝国财政顽固地推行死星的建造。笔者将借助相关的理论说明，这些看似非理性的行为其实是十分理性的。在对帕尔帕廷行为进行分析的基础上，笔者还将对“权力与腐败”“平庸之恶”等问题进行探讨。

---

② See Cavelos, J., *The Science of Star Wars: An Astrophysicist's Independent Examination of Space Travel, Aliens, Planets, and Robots as Portrayed in the Star Wars Films and Books*, St. Martin's Griffin, 2000; Brake, M., and Chase, J., *The Science of Star Wars: The Scientific Facts Behind the Force, Space Travel, and More!* Racehorse Publishing, 2016; Johnson, P., *The Physics of Star Wars: The Science Behind a Galaxy Far, Far Away*, Adams Media, 2017.

③ Zacharg Feinstein, It's a Trap: Emperor Palpatine's Poison Piu, in *Washington University in St. Louis*, Decemben/. 2015.

④ See Brode, D., and Deyneka, L., *Sex, Politics, and Religion in Star Wars: An Anthology*, Scarecrow Press, 2012; McDowell, J., *The Politics of Big Fantasy: The Ideologies of Star Wars, the Matrix and the Avengers*, McFarland, 2014; McDowell, J., *Identity Politics in George Lucas' Star Wars*, McFarland, 2016.

⑤ See Sustein, C., *The World According to Star Wars*, Dey Street Books, 2016.（中译本：[美]凯斯·R. 桑斯坦：《星球大战的世界》，张力译，中国政法大学出版社2017年版。）

二、迷之独裁者帕尔帕廷

在《星球大战》的前六部中,银河帝国皇帝西夫·帕尔帕廷(Sheev Palpatine)是一个关键人物。这位富有原力的纳布星人在年少时就被西斯尊主达斯·普雷格斯(Darth Plagueis)选中成为了学徒,并获得了西斯名字达斯·西迪厄斯(Darth Sidious)。[⑥] 随后,他以普通人类的身份在银河共和国潜伏了数十年之久,并凭借老道的政治手腕扶摇直上,成为这个共和国的最高议长。次后,他暗中挑动内乱制造紧张气氛,再以维护银河安全之名,不断攫取更多政治权力。在运用一系列的阴谋屠杀、排挤了绝地武士集团以及其他反对派后,他将银河共和国变成了银河帝国,并自任皇帝。在称帝后,他推行“人类至上主义”(Subjugation of Non-humans),血腥镇压反对自己的力量。不过,他的倒行逆施很快激起了人们的反抗。最终,在恩多战役中,他被自己曾经的爪牙达斯·维达(Darth Vadar)袭击并同归于尽。

毫无疑问,帕尔帕廷是一名典型的野心家和独裁者,在他的身上,我们可以看到很多希特勒或墨索里尼的影子。不过,和这些“同行”们相比,身披黑色斗篷的帕尔帕廷有着更多的神秘,在他的身上,存在很多的悖论。无论是希特勒还是墨索里尼,都是具有鲜明的政治主张,并借此上台的。希特勒的政治理想一直是建立一个统一、强大的日耳曼民族国家,他的所有政治活动都是围绕这一主张展开的,在成为德国元首的前后,这一主张从来没有发生过变化。而墨索里尼的主张则更为明确,即用法西斯主义让意大利重新强盛,以恢复其在罗马帝国时期的荣耀。相比之下,帕尔帕廷则表现出了很强的实用主义。在担任议长期间,他主张整个共和国中所有星球、所有种族的平等,而在成为皇帝后,他却转而选择了“人类至上主义”。但奇怪的是,在制造这种种族身份不平等的同时,他并没有像希特勒那样给予这些“一等公民”更多的经济实惠——事实上,除了那些帝国的亲贵外,人类也和其他种族一

⑥　关于帕尔帕庭与达斯·普雷格斯之间的关系,可以参考星战系列小说《达斯·普雷格斯》(Luceno,J. ,*Star Wars*:*Darth Plagues*,Del Ray Books,2012)。

样深受压迫。[⑦] 可以说,阶级矛盾,而非种族矛盾始终是银河帝国的主要矛盾。

值得注意的是,作为一名政客,帕尔帕廷似乎并没有必要做出这种政治主张和执政风格的反转。在共和国时期,他一直以一名宽厚长者的形象示人,这博取了共和国境内各种族民众的好感。而由共和国向帝国的转变是"在一片掌声中通过的",是来自银河系各星球代表投票的结果,因此从法理上看,帝国是共和国的合法继承。尽管这次转变在事实上是血腥的,夹杂着对原本在共和国境内享有崇高地位的绝地武士阶层的清洗,但从整个银河范围看,这场清洗只是一次规模很小的宫廷政变,它对整个国家的整体架构并没有太多影响。事实上,清楚知道这场政变来龙去脉的人非常少,不少后来反抗军的中坚还在不知情的情况下充当了这场政变的"拍手党"。在这种背景下,帕尔帕廷大可以延续其一贯的执政风格,以一种开明君主的形象统治这个庞大的帝国。

然而,一切并没有这么发展。帕尔帕廷在登基之后就"将自己与民众隔绝,任命众多只知舔靴底的阿谀之徒成为帝国的高级官员"。[⑧] 在军事上,他一改共和国时期的惯例,建立了常备军,并任命了十二海军元帅以征伐四方。在行政上,他开始推行总督制,任命了一批星区总督,并赋予这些总督在自己的领地内生杀予夺的权利。在意识形态上,他推行"人类至上主义",在人类与其它种族之间人为地制造对立。腐败开始在帝国范围内蔓延,但"人民要求正义的呼声从没有真正进入过他的耳朵"。[⑨]

为什么在银河帝国建立的前后,帕尔帕廷的执政风格会发生如此重大的改变?一种解释是,这是帕尔帕廷为将银河共和国西斯化所作的努力。但这种解释显然是牵强的。在帕尔帕廷称帝后,并没有看到其复兴西斯的努力。自始至终,在整个帝国范围内始终只有两个西斯——他和他的徒弟达斯·维达。我想,这点很难用他遵循西斯传统的"二人法则"来解释,因为这一法则只是整个西斯力量处于弱势时,为了方便进行地下破坏活动而创建的法则,

---

⑦ 关于希特勒在第三帝国内部给予日耳曼民族更多经济利益的证据,可以参见[德]格茨·阿利:《希特勒的民族帝国》,刘青文译,译林出版社 2011 年版。

⑧ 引号内文字引自星战官方小说,见 Lucas, G., Glut, D., and Kahn, J., *The Star Wars Trilogy*, Del Ray Books, 1983。

⑨ 引号内文字引自星战官方小说,见 Lucas, G., Glut, D., and Kahn, J., The Star Wars Trilogy, Del Ray Books, 1983。

如果帕尔帕廷愿意,他完全有能力变革这一法则。

事实上,从帕尔帕廷的一贯行为来看,我们完全可以得出结论:他并不是一名忠诚的西斯主义者。关于这一点我们可以找到很多证据。他完全不相信他的西斯师父达斯·普雷格斯传授给他的西斯信仰,不信通过黑暗原力可以实现永生的传说,最后甚至在其师父酒醉之时残忍地杀害了他。更为重要的是,在其师父仍在世时,他就打破了"二人法则",收了达斯·摩尔为徒。⑩从这些行为,我们可以看出帕尔帕廷事实上并非一名拥有坚定信仰的西斯。即使退一步说,假设他在本质上是认可西斯教义的,这也仍不能解释其行为。因为西斯只是一个信仰或宗教,它是不分阶级、种族的,对西斯的信仰并不能推出任何进行种族歧视的证据。此外,西斯只是仇恨绝地武士,而在帝国时期绝地武士基本已被屠杀殆尽,在这种背景下,帕尔帕廷似乎实在没有必要去制造更多不必要的矛盾。如果我们足够仔细,就会发现帕尔帕廷本人确实不是一个种族主义者,或至少不是一个"人类至上主义者"。实际上,他用过很多不属于人类的种族担任要职,甚至在他身边担任守护工作的红衣侍卫其实都是异族。

那么,帕尔帕廷的统治风格究竟为什么会发生如此重大的改变呢?这确实是一个颇为值得思考的问题。

三、理解独裁者行为的分析框架

帕尔帕廷是一个典型的独裁者。要理解他的行为,我们必须借助相关的理论。在本文中,我们的分析主要参考两套关于独裁者的理论。一套是梅斯奎塔和史密斯给出的致胜联盟理论。⑪ 另一套是温特洛布的独裁者理性选择

---

⑩ 根据官方小说,普雷格斯是在帕尔帕庭当选议员当晚,因酒醉被帕尔帕庭杀死的。对应剧情,这应该发生在星战前传第一部末,而根据电影,此时帕尔帕庭已经收了达斯·摩尔为徒,甚至还可能已经收了杜库伯爵为徒。参见 Luceno,J., *Star Wars:Darth Plagues*,Del Ray Books,2012。

⑪ See Mesquita, B., and Smith, A., *The Dictator's Handbook: Why Bad Behavior is Almost Always Good Politics*, Public Affairs, 2012.

理论[12]。这两套理论在很大程度上是互补的,前一理论可以帮助我们厘清帕尔帕廷面临的约束,而后一理论则可以帮助我们借助形式化的分析清晰分析其可能的理性选择。

(一)梅斯奎塔和史密斯的致胜联盟理论

在梅斯奎塔和史密斯看来,一切统治者掌握和维系权力都要面临三个集团:名义选择人、实际选择人和致胜联盟。所谓"名义选择人集团",就是那些名义上有投票权的公民;而实际选择人集团在某些国家可能是实际的投票人,在另一些国家则可能是党代表大会之类的机构。不过,对于维系统治而言,名义选择人和实际选择人其实都不那么重要,真正重要的是最后那个"致胜联盟",即真正决定一个领导人上台还是下台的那些核心人物。一个领导人,无论其身处怎样的制度,都只会讨好决定其输赢的那个"致胜联盟",而不会花心思讨好实际选择人,更不可能花心思讨好名义选择人。

(二)温特洛布的独裁者理性选择理论

在温特洛布的模型中,独裁者可以采用两种策略:压迫和购买忠诚。其中,压迫是用暴力的手段限制臣民的自由,而购买忠诚则是通过各种手段让臣民主动归属或依附。在温特洛布的模型中,并没有区分臣民的类型,它既包括梅斯奎塔和史密斯意义上的致胜联盟,也包括其他的普通臣民。

独裁者来的权力是和压迫与忠诚成正比的。如果用 π 代表权力,R、L 分别代表压迫和忠诚的程度,则权力可以表示为 R 和 L 的函数:$\pi = \pi(R,L)$。由这个函数关系,可以在"R – L 空间"上画出"等权力曲线"。在一条等权力曲线上,每一点都代表同样的权力水平,曲线的斜率代表对独裁者而言 R 和 L 的边际替代率。

进行压迫和购买忠诚都需要消耗资源,因此独裁者需要在这两种策略之间进行权衡(trade-off)。在压迫不太高时,臣民发现对政府不忠诚的成本会随着压迫程度的增加而增加;但是当压迫超过一定的限度后,臣民会对压迫产生反感,因此随着压迫程度的进一步增加,忠臣会趋于减少。有这种关系,我们可以定义"权力供给曲线","R – L 空间"中,它是一条向后弯折的曲线(见图 1)。

---

[12] See Wintrobe, R., "The Tinpot and the Totalitarian: An Economic Theory of Dictatorship", *American Political Science Review*, 84(3), 1990, pp. 849 – 872. Wintrobe, R., *The Political Economy of Dictatorship*, Cambridge University Press, 1998.

独裁者的最优选择是由其偏好决定的。如果独裁者是安于享乐的,他只会选择一个维持稳定所需要的最低权力,而将其他资源用于自身消费。这时,独裁者对R和L的选择由"R－L空间"中"权力供给曲线"和"等权力曲线"$\pi=\pi min$ 的交点(图1中的X^*点)决定。显然,由此决定的压迫和忠诚水平都是较低的,在温特洛布的语境中,这被称为"昏君均衡"。当然,对于多数独裁者来说,他们的目标并不是单纯的享乐,权力本身就是他们的追求。⑬ 这种独裁者,会在"权力供给曲线"的约束下选择让权力最大化的压迫和忠诚组合。最终,其对R和L的选择将由"权力供给曲线"和"等权力曲线"的切点(图1中的X点)决定。根据"等权力曲线"和"权力供给曲线"形状的不同,最终的均衡还可能是"极权均衡"(高压迫、高忠诚)、"明君均衡"(低压迫、高忠诚)或"僭主均衡"(高压迫、低忠诚)。

由上述分析可知,现实中独裁者究竟选择什么策略、扮演什么角色,并不是可以由其主观意志决定的。根据约束条件,也就是"权力供给曲线"的不同,同一个独裁者可能会成为凯撒这样的"明君",也可能成为希特勒那样的极权者。

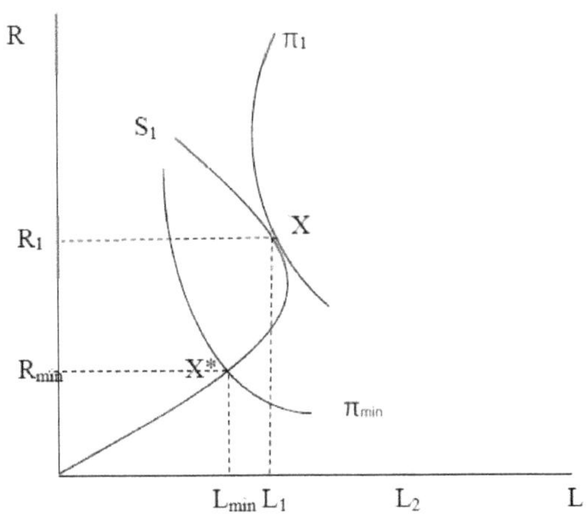

图1　独裁者对压迫和忠诚投入的最优选择

温特洛布还分析了权力和独裁者的收入之间的关系。首先考虑统治者

⑬ 更为严格地说,独裁者的目标是权力和消费的某种组合。但从数学上看,这种独裁者的目标函数和仅追求权力的目标函数在本质上是一样的。因此,这里就简单假设独裁者只关心权力。

获得权力和增加收入的能力。一般来说,当独裁者权力值较低时,权力的上升可以让他获得更高的收入,从而有更多的预算;但是当权力值达到一定程度后,由于进一步扩张权力的努力会干扰生产的进行,因此它反而会降低能够获得的收入。如果用"权力-金钱曲线"B(π)来表示上述关系,则可以看到,它是在B-π空间中,它是一条向下弯折的曲线。再看金钱投入和权力之间的投入产出关系。对独裁者而言,他可以投入获取权力的资源是总预算B扣除消费C后的那部分,即B-C,并且投入的资源越多,可能获得的权力越高,因此这种投入产出关系可以用曲线π=π(B-C)表示。最终,独裁者可以获得的权力,以及收入就由B(π)曲线和π=π(B-C)曲线的交点M决定(如图2)。

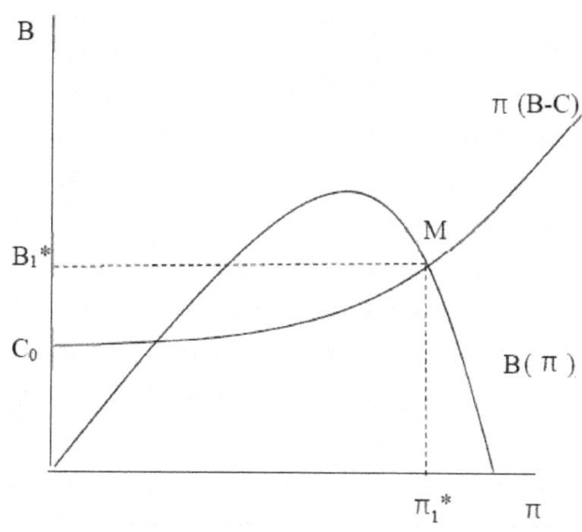

图2　权力和收入的决定

将上述两部分的分析结合起来,就可以得到完整的独裁者行为。应该说,温特洛布的模型很好地对独裁者的行为进行了形式化分析,可以对既定约束下独裁者的行为进行较好的分析。不过,这套理论并不能帮我们判别独裁者面临的约束有哪些,是如何决定的,并且简单地把独裁者争取的势力和普通臣民混为一谈。事实上,对于一个独裁者来说,他的统治面临的对象是多样的,收买一部分人的成本,可能要通过加强对另一部分人的压迫来实现,而温特洛布的模型显然不能区分这一点。

为了弥补这一缺陷,下面的讨论中,我们将会把梅斯奎塔和史密斯的致胜联盟理论和温特洛布的模型结合起来,用以分析帕尔帕廷皇帝的行为。

四、帕尔帕廷皇帝的行为分析

在这部分中,我们将使用综合利用梅斯奎塔和史密斯的致胜联盟理论和温特洛布的模型,对帕尔帕廷的行为进行分析。要做到这一点,就必须首先搞清楚他所依靠的致胜联盟究竟是什么。

(一)帕尔帕廷的制胜联盟

流行的观点认为,帕尔帕廷是一名强势的、令人生畏的独裁者,对其帝国保持着有效的控制。但如果我们细读一下整个《星战》文本,就会发现事实并非如此。尽管作为个人,帕尔帕廷十分强大,他的原力闪电甚至连尤达大师这样的顶尖高手都十分头疼,但作为一股政治力量的领袖,他却是十分弱势的。他是西斯的传人,但西斯作为一个族群(或者更确切说是宗教势力)此时已经十分没落——这部分是由于和银河共和国之间战争的影响,但更重要的是西斯尊主所奉行的"二人法则"——因此他在执政期间根本不能利用西斯的势力作为统治的依靠。尽管在共和国期间,帕尔帕廷利用其政治手腕篡夺了议长的职务,但在当时的政治体制之下,他更多只是共和国的一个象征,而非一个有实权的统治者。凡是遇到重大事件,他必须与议员和绝地武士们共同商讨,而在商讨过程中,一些高层的绝地武士,例如尤达、温杜等,话语权至少不会低于他。尽管帕尔帕廷瞒着共和国议会秘密创建了战斗力强大的克隆人大军,但在整个克隆人战争期间,他并没有能掌握对这支军队的领导权。事实上,根据共和国的传统,这支强大的军事力量很快就被绝地武士和职业军人团体控制了,而帕尔帕廷本人只能在欢送将士出征或者迎接将士凯旋时才能短暂体现他作为共和国元首的存在感。显然,这些都不会给其在称帝之后的统治带来现实的帮助。

帕尔帕廷的制胜联盟是军方势力。在克隆人战争之前,银河共和国并没有常备军,只有一支用于内部安保的武装力量。但随着战争的开始,军方的势力开始增长。首先,持续的战争让军人的数量开始膨胀,这些军人逐步形成了一个拥有其特殊政治诉求的集团。其次,连续的胜利让军方威望大增,军人这个职业在人们心中的地位获得了极大提升。最后,军人手中的武装也在客观上让文弱的议员们感受到了暴力的威胁,这些人掌握的"武器的批判"

要远比议员们掌握的“批判的武器”有力得多。至多到战争的末期，军方已经作为一直独立的政治力量登上了银河共和国的政治舞台。在这种背景下，帕尔帕廷只要获得了军方的支持，就可以让多数的议员半自愿、半被迫地服从自己。

共和国的军事力量是以一种奇特的架构组成的：绝地武士集团在军中有很高威望，很多要职都由他们担任。但一线的指挥，例如舰长都是由职业军人集团担任的。除了阿克巴上将等少数例外，职业军人集团大多由人类构成，他们中流传着一种人类至上主义的信念。可以想象，对于绝地武士这个多种族群体，他们并不是发自内心服从的。绝地武士和职业军人团体之间的这种微妙关系就给了帕尔帕廷拉拢军方创造了契机。

在帕尔帕廷与军方的勾结过程中，威尔赫夫·塔金是一个关键的角色。这位人类军官在克隆人战争中表现出的军事才干和不择手段的行事作风很快引起了帕尔帕廷的注意。部分是由于其本人显赫的军功，部分是由于帕尔帕廷的帮助，塔金很快被擢升为了上将，其地位凌驾在了多数绝地武士之上。显然，相比于绝地异族，这位人类军事家是更容易受到广大人类军官的支持的。通过对塔金的笼络，帕尔帕廷就间接取得了中层军官的支持。而深受帕尔帕廷提携的塔金自然也投桃报李，为其在颠覆共和国的政变，以及后来绞杀反抗军的战斗中起到了重要作用。不少人认为，帕尔帕廷与塔金之间的关系类似于主仆，但这种认识其实并不正确。事实上，帕尔帕廷与塔金的关系更像同盟者——前者需要后者来为自己控制军方，而后者则需要前者来为自己进行政治背书。

在以塔金为代表的军方势力的支持之下，帕尔帕廷很快就减除了绝地武士集团——在这个行动中，帕尔帕廷和军方完全是“激励相容”的，因为它同时符合西斯和“人类至上主义”的诉求。在绝地武士作为一个阶层被消灭后，受到军方支持的帕尔帕廷登基称帝就是时间问题了。因为在这个时候，银河共和国境内已经没有一支足以与之抗衡的政治力量——虽然来自数千个星球的议员的力量总和固然很大，但是他们的决策很容易陷入奥尔森所说的“集体行动的逻辑”，因此终归无所作为。[14] 事实上，最终的结果也验证了这

---

⑭ See Olson, M., *The Logic of Collective Action: Public Goods and the Theory of Groups*, Harvard University Press, 1971.

点,帕尔帕廷及其同盟者在整个篡位过程中并没有受到任何一个议员的指责。

(二)暴政与腐败——帕尔帕廷的回馈

登基之后的帕尔帕廷当然知道他的成功来自何方。为了感谢军方对自己的支持,他很快就给予了军方回馈。常备军的设立、元帅制和总督制的建立,以及将“人类至上主义”作为意识形态,都是帕尔帕廷对于军方的回馈。

1. 常备军的设立

正如前面所指出的,银河共和国本来是不设常备军的,只在战争时期临时组织军事力量。如果继续遵循这种传统,那么现有的军事力量就会面临解散的风险,而依靠军队成长起来的军事将领们也会很快失去其政治权力,这显然是他们不愿意看到的。与此同时,依靠军方力量上台的帕尔帕廷也不想这种情况的发生。因此,为了固化军队的力量,将军制调整为常备军就是一个很好的选择。

一个需要重视的现象是,在建立常备军制度的同时,帕尔帕廷还废除了在军中使用克隆人的惯例。在克隆人战争时期,共和国的下层军人主要由克隆人担任,这些克隆人的基因来自著名的赏金猎人詹戈·费特,并且从小就接受严格的军事训练,是天生的战斗机器,有很强的战斗力。但奇怪的是,在帝国时期,军队中就不再使用克隆人,而是改用募兵制,招募的普通人充实军队。从经济角度看,这种变革的性价比是很低的,由普通人组成的帝国风暴兵军事素质要远远低于克隆人军队,在电影中总是以“百发不中”的姿态示人,但从成本上看也未必低于克隆人。为什么帕尔帕廷会做出这种看似非理性的选择呢?其实这也是对军方势力示好的表现。一方面,用招募的士兵代替统一输送的克隆人,可以给军官们更多的好处,也给了他们更多从中寻租的机会。另一方面,对于人类将领来说,用自然人,而非克隆人会更符合他们“人类至上主义”的偏好。如果考虑到这两点,那么帕尔帕廷的上述行为就不难理解了。

2. 元帅制[15]

为了收买军方的显赫人士,帕尔帕廷在登基不久后就任命了十二位元帅。这十二人的背景各不相同,帕尔帕廷对他们的任用也各有其用意。不

---

[15] 关于元帅制的资料,可以参考 Zahn,T.,*Star Wars:Thrawn*,Del Ray Books,2018。

过,总体来说,这批处于帝国军事力量顶端的人可以分为两类。

一类是手握重兵,皇帝也难以对其直接控制的。例如,德米特琉斯·扎林(Demetrius Zaarin)、丹内塔·皮塔(Danetta Pitta)等就属于这一类别。将这一类人任命成元帅是一种象征性的肯定和安抚,以保证他们至少在名义上从支持皇帝。事实上,即使皇帝给予了这批人如此多的恩宠,也未能完全换得他们的忠诚。例如,扎林元帅就发动了叛乱,并差点要了帕尔帕廷的命。

另一类则是没有军功,但却对皇帝表示忠诚驯服的人。例如,伊尔-拉茨(Il-Raz)并没有作战经验只是一个军中的政客,而佩卡蒂·西恩(Peccati Syn)则是以对皇帝的忠诚闻名。将这类人提拔成元帅,是帕尔帕廷与军方博弈的一种尝试,他试图将力量逐步渗透到军中,并最终用自己的亲信取代那些军方的高级将领。当然,这种尝试最终被证明是失败的,这些"空降"的元帅毕竟缺乏军事才能和影响,在皇帝在世时,他们的声望完全不足以与军中成长的元帅相比,而在皇帝陨落后,这些元帅很快就在军阀的混战中被吞并了。

值得一提的是,这批被帕尔帕廷任命为元帅的人,其实很少有可以夸耀的战功。一些卓越的将领,例如,著名的索隆元帅(Grand Admiral Thrawn)并没有进入圈子。⑯ 由此可见,元帅制的设立更多的是一种对军方势力的收买,而并非真正的奖励军功。

3. 星区制

在行政上,帕尔帕廷推行了星区制,将整个帝国划分为二十个星区,每个星区任命一名高级星区总督作为最高长官。这些高级星区总督大多由帝国将领担任,但同时也拥有行政权,其性质基本相当于唐朝的节度使。在一般情况下,即使是皇帝本人也很难对某一星区的具体事务进行干涉。由于权力过于集中,高级星区总督们后来就演变成了帝国的军阀。⑰ 尤其是在皇帝陨落后,这些军阀很快就陷入了相互征伐。

星区制的建立、对高级星区总督委以重权,显示出了皇帝本人对帝国控制的无力。作为一个弱势的皇帝,他无法对帝国实行有效的集权,只能采用一种不合时宜的封建制来统治帝国。当然,星区制的设立也是皇帝对军方的

---

⑯ 索隆被提拔为元帅,是在其平息扎林叛乱,救驾有功之后的事情,见 Zahn T., *Star Wars: Thrawn*, Del Ray Books, 2018。

⑰ See Pena, A., and Wallace, D., The Imperial Warlords: Despoilers of an Empire, https://www.starwars.com/news/the-imperial-warlords-despoilers-of-an-empire-part-1, 2013.

一种回馈,高级星区总督基本可以在其领地内为所欲为,即使是各种腐败,皇帝也不会予以追究。

事实上,很多的独裁政权为了回馈功臣,都会给予领地,并给予其在领地内部至高无上的权力。且不说中国古代裂土封王的传统和欧洲中古时期的封邦建国传统,即使到了"二战"时期这种传统仍然存在。根据巴约尔的描述,"二战"时希特勒为了回馈一些忠诚的将领,让他们去波兰等地担任总督,并对他们的腐败给予了很高的容忍。⑱ 由此可见,独裁者对支持者的收买,无论是远在太空,还是近在地球,都有很强的共性。

4. 人类至上主义

"人类至上主义"是帝国境内的意识形态。根据这种意识形态,人类的地位要高于异族。在帕尔帕廷皇帝执政期间,帝国的陆军和海军原则上只吸收人类(甚至不包括克隆人)。

推行这种意识形态并不是帕尔帕廷的本意——事实上,他并不是一个"人类至上主义",甚至他的亲卫队中也有大量的异族。在帝国境内确立人类的至高地位,完全是他讨好军方的一种努力。在克隆人战争时期,人类在军方的中层占据了重要位置。当绝地武士集团被消灭后,人类更是进一步控制了整个军方中高层。在这种背景下,由军方支持上台的帕尔帕廷皇帝就不得不承认这种意识形态,以确保军方的效忠。

需要说明的是,人为制造种族矛盾来确保一部分政治力量对自己的忠诚是独裁者惯用的伎俩。例如,希特勒推行"反犹主义"就被认为是其稳固统治的手段之一;而卢旺达的哈比亚利马纳政权支持胡图族屠杀图西族,也被认为是为了换取胡图族支持的手段。⑲

综上所述,帕尔帕廷在称帝后的一系列行为转变,其实是他为了获得其致胜联盟——军方势力所作的努力。理解了这点,就不难知道为什么帕尔帕廷会迅速从一个宽厚长者迅速蜕变成了一个残暴的君主。在《星球大战》的官方小说中,曾有如下段落:"(帕尔帕廷)任命众多只知舔靴底的阿谀之徒成为帝国的高级官员。但没过多久,他反而成为了这些人的傀儡。……他们中

---

⑱ 参见[德]弗兰克·巴约尔:《纳粹德国的腐败与反腐败》,陆大鹏译,译林出版社 2015 年版。

⑲ Verwimp, P., "The Political Economy of Coffee and Dictatorship in Rwanda", *European Journal of Political Economy*, 19, 2003, pp. 161 – 181.

的许多人只是在利用帝国的力量和越发孤立的皇帝之名来实现个人野心而已”,[20]但通过上述分析,我们就不难发现帕尔帕廷并不是从皇帝变成了傀儡,事实上,他是敢于成为傀儡,才被他的制胜联盟推举成了皇帝。

(三)压迫与反抗——帝国的死结

作为一名弱势君主,帕尔帕廷必须对其致胜联盟给予足够的好处。然而这种回馈的代价是巨大的:由于存在严重的信息不对称,他不能以一种市场的价格,而只能采用一种远远高于市场价的“效率工资”去购买军方的效忠。[21] 其结果是,帝国的财政将会面临巨大的负担。与此同时,获得过多权力的军方也开始变得腐败,他们开始盘剥平民,造成了社会矛盾的激化。

不过,从总体来说,在一开始帕尔帕廷面临的情况还不错。他通过示好军方获得了他们的支持,并借军方之手对帝国境内的臣民进行控制。从整个帝国的范围看,“忠诚”和“压迫”这两个变量都在上升。这可以被想象为在图 2 中,一条“等权力曲线”沿着“权力供给曲线”在弯折前的部分不断向右上方移动,在这个过程中帕尔帕廷的权力在不断上升。

但是,这种好运不会持续很久。随着压迫的上升,各种矛盾开始被释放。在银河系的偏远地区,人们揭竿而起,组成了反抗军。而要平息这些叛乱,帕尔帕廷不得不依仗军方的力量,这就要求他给予军方更多的好处。但正如前面所分析的,以“效率工资”形式给予军方的补偿是极为昂贵的,而这些费用显然还要民众来承担,于是民众的压力就更重了,更多的人因此加入了反叛当中。[22] 正如图 2 中“权力供给曲线”的后半段预示的那样,帝国进入了一个死结,压迫与反抗互为因果,不断增加……显然,帕尔帕廷的运气并不好,他的“等权力曲线”和“权力供给曲线”的特征决定了他所面临的是一个糟糕的均衡——高压迫、低忠诚,也就是所谓的“僭主均衡”。

(四)皇帝的挣扎:建造死星的理由

在帝国的武器中,死星是最为强大的。这种体积大如小行星的空间站甚

---

[20] See Lucas, G., Glut, D., and Kahn, J., *The Star Wars Trilogy*, Del Ray Books, 1983.

[21] 关于效率工资理论,见 Shapiro, C., and Stiglitz, J., “Equilibrium Unemployment as a Worker Discipline Device”, *American Economic Review*, 74, 1984, pp. 433 – 444。在 Wintrobe, R., “The Tinpot and the Totalitarian: An Economic Theory of Dictatorship”, *American Political Science Review*, 84(3), 1990, pp. 849 – 872; Wintrobe, R., *The Political Economy of Dictatorship*, Cambridge University Press, 1998 中,讨论了独裁者用效率工资理论收买支持者的行为。

[22] 此时帕尔帕庭面临的局面,和明末崇祯帝面临的形势十分类似。

至于在瞬间摧毁一颗行星。虽然作为一种武器,死星威力十分巨大,但从成本收益的角度来看,它的经济效率实在是太低了。圣路易斯华盛顿大学的电子和系统工程助教范斯坦(Zachary Feinstein)利用经济建模和系统风险评估等方法,对"死星一号"和"死星二号"的建造成本分别进行了估计,结果表明,两者的建造成本分别为1.93万亿美元和4.19万亿美元。[23] 在他看来,这两颗花巨资建设的死星被摧毁,对帝国经济引发了巨大冲击,从而加速了帝国的崩溃。米塞斯研究所的毕晓普(Tho Bishop)在对范斯坦论文的评论中指出,给帝国带来真正危险的并不是死星的毁灭,而是死星的建造。[24] 他认为,建设死星会给帝国带来巨大的财政负担,从而加大了税收压力,这让社会矛盾激化。相比之下,如果用建设死星的费用建造歼星舰或者战斗机器人,则更有助于维持帝国的统治。

那么,既然死星的成本收益状况如此之差,为什么老谋深算的帕尔帕廷皇帝竟会作出如此愚蠢的选择?但如果我们联系当事当时的政治环境,这一点就不难理解了。

按照温特洛布的理论,帕尔帕廷对死星的执着可以被认为是一次试图通过改变权力供给函数以稳固自己统治的努力。如前所述,在温特洛布的理论中,权力的供给存在一种压迫和忠诚之间存在着一种对应关系——在达到某个临界值前,两者的关系是正向的,更高的压迫会带来更高的忠诚;而在达到临界值之后,两者的关系则是负向的,更高的压迫只会降低忠诚。因此,如果独裁者面临既定的资源约束,那么其扩大权力的空间将是十分有限的。对他来说,一个更好的方法就是改变权力的供给,让同样的压迫水平在边际上产生更多的忠诚。显然,威慑是一个良好的选择。

对于任何一个人来讲,忠诚与否并不是一个纯个人的选择,它在很大程度上受到群体压力的影响。[25] 事实上,每一个人心中都有一个心理阈限,当一个人感到身边有足够多的人对现有政权不忠诚时,他也会加入不忠诚的行列。而对于不同人来说,这种心理阈限是不同的,有的人可能只要看到另外有一个人不忠诚就会选择不忠诚,而有的人可能需要看到两个,以此类推。

㉓ Zacharg Feinstein, It' s a Trap: Emperor Palpatine' s Poison Piu, in *Washington Unversity in St. Louis*, Decemben/. 2015.

㉔ Tho Bishop, Blowing Up the Death Star Didn' t Destroy Economy, Building It Did, http://.

㉕ See Schelling, T. , *Micromotives and Macrobehavior*. Norton, 1978.

如果有一个意外,在原本看似稳固的政权中出现了一个反抗者,就可能引发“多米诺骨牌效应”,让更多人加入反抗者的行列。在现实中,齐奥塞斯库政权的瞬间崩溃就是一个典型的例子。[26] 考虑到这点,一个独裁者想要防止这一现象发生的最好办法就是不让第一个反抗者出现,或者在第一个反抗者出现时及时将其消灭。怎么才能不让第一个人出现呢?最好的办法就是让其预期到成功的期望收益很小,而要付出的成本却很大。显然,类似死星的威慑武器是完全符合这种要求的。如果死星的建造最终成功了,那么帕尔帕廷就可以更好地镇压反抗军,更可以对他手下那群并不听话的将领们加强控制,以更小的代价换取他们的效忠。从图 3 上讲,他所面临的“权力供给曲线”将向右移动,而最终的均衡结果将从 X 点变成 Y 点,这将会导致更高的效忠和更有效的压迫。而根据图 4,给定其他条件不变,均衡将从 M 点变成 N 点,维护权力的支出将会减少,整个帝国的预算状况将实现好转。

一份据说是塔金写给帕尔帕廷的奏折草稿可以佐证以上观点。[27] 在这份报告中,塔金——这位帕尔帕廷在军方唯一的真朋友写道:

“如果我们为银河系送上一种火力极其强大、体积无比巨大、可抵挡一切能想到的敌对行为的武器,一种在战斗中坚不可摧、所向无敌的武器,那这一武器定会成为帝国的象征。我们只需少量——或许仅仅一个——这种武器,便可制服一千颗星球。它必须拥有足以对付一整个行星系的力量,足以粉碎行星的威力。这种武器所激发的恐惧将巨大到足以使您能不受挑战地统治银河系。当您可以将领土交给由您亲手挑选的地区总督直接控制时,议会对您又有何用?扫除旧共和国的最后残余,让恐惧管束地方行星系——对我们终极武器的恐惧。”

根据塔金的阐述,死星主要是被用作威慑,而非真正用于实战。并且他针对的目标也不仅是反叛者,也包括那些元帅和星区总督。显然,如果死星真正被投入使用,那么帕尔帕廷就有可能从军方的傀儡变成他们的主人,成为真正的实权皇帝。

---

[26] 桑斯坦认为,银河帝国的崩溃事实上也是这种机制有关。当然,在讨论这一机制的过程中,桑斯坦强调了他所一直强调的“信息流瀑”(information cascade)的作用。见 Sustein, C., *The World According to Star Wars*, Dey Street Books, 2016(中译本:[美]凯斯·R.桑斯坦:《星球大战的世界》,张力译,中国政法大学出版社 2017 年版)。

[27] 见 http://starwars.wikia.com/wiki/Tarkin_Doctrine。

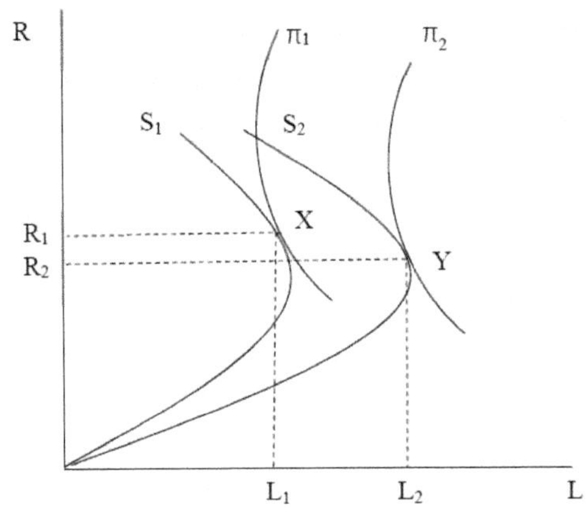

图3　“死星”建设对“权力供给曲线”的改变

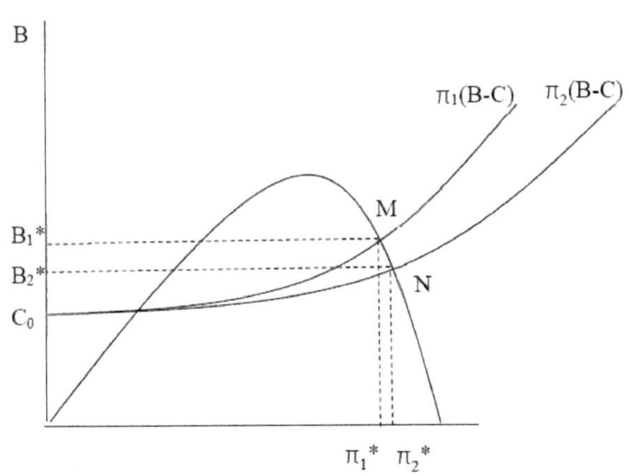

图4　“死星”建设对权力和收入的影响

但问题在于,为了在边际上实现权力供给的技术革新,帕尔帕廷不得不在初期投入巨大的固定成本。而这会在一定时期内激化社会矛盾。遗憾的是,帕尔帕廷并没有成功等到这一转变过程的完成。否则的话,银河帝国可能又是另外一种局面——或许,他本有可能得到一种新的“明主”均衡。

五、两点讨论

在前文中,我们应用梅斯奎塔和史密斯的致胜联盟理论和温特洛布的独裁者理性选择理论对帕尔帕廷在称帝前后的行为变化进行了讨论，并对一些看似令人费解的剧情提出了解释。虽然《星球大战》的故事发生在很久很久以前的遥远银河，但从故事中我们依然可以看到现实世界的影子。通过故事的讨论，我们也可以对一些现实问题有更为深入的理解。在此，仅讨论两个问题。

(一)权力与腐败的关系究竟如何?

阿克顿勋爵说过"权力导致腐败，绝对的权力导致绝对的腐败"。这一名言经常被人们引用，但从理论上来看，它并不正确。或者说，至少并不全面。

从帕尔帕廷的例子我们可以看出，缺乏权力也会导致腐败，因为独裁者必须通过腐败才能交换制胜联盟对自己的支持，从而获得权力。事实上，从某种意义上来讲，统治者越弱势，腐败的程度就可能越高，因为他必须用更多的权力去收买人们的支持，而由于"独裁者悖论"的存在，这种收买所付出的代价是十分巨大的。

从这个角度来看，要避免独裁的产生，就不应该将所有的制度都瞄准某个位置上的某个个人，而应该要设置制度平衡各个政治集团、控制政治运作的流程。正如梅斯奎塔和史密斯所指出的那样，统治者的行为主要取决于其致胜联盟的大小，如果致胜联盟足够大，那么无论是什么人上台，其行为也很难是独裁的。此外，打断政客和某个小的致胜联盟的勾结可能也十分重要。如果可以打破这种勾结，那么利益集团就很难推举自己的代表人上台，相应的腐败自然也就不会发生。

如果我们用这个观点审视《星球大战》，就不难发现共和国的灭亡其实并不是没有预防帕尔帕廷的野心，而是没有对新崛起的军方势力有足够的限制，也没有即使阻拦帕尔帕廷和军方的勾结。这些教训，都是值得现实中的人深思的。

(二)个人对于"平庸之恶"真的没有责任吗?

阿伦特曾经提出过一个"平庸之恶"(The Banality of Evil)的概念。㉘ 所谓"平庸之恶"，指的是意识形态机器下无思想、无责任的犯罪。在书中，阿伦特对一名看似"不阴险，也不凶横"的纳粹党徒艾希曼的行为进行了分析，讨论了作为军人的他服从体制、奉命杀人是否是一种应该受到谴责的恶。

㉘ 参见[美]汉娜·阿伦特:《反抗平庸之恶》，陈联营译，上海人民出版社2014年版。

关于“平庸之恶”的讨论很多,有人认为这种恶应该受到谴责和惩罚,而另一些人则表示反对。但无论是哪一种观点都默认了一个前提,即那些恶人的行为都是被动受意识形态而形成的。不过,这一点并不成立。正如我们在上面的分析中看到的,体制和意识形态都不是外生的。统治者为什么选择一种体制、一种意识形态,都受到其致胜联盟的影响。从这个意义上讲,至少对于致胜联盟内部的人,他们就是体制和意识形态的决定者,对他们而言,“平庸之恶”并不只是一种服从。在这种情况下,他们当然要对此负责。

六、结语

当银河共和国在最高议会的一片掌声中蜕变为帝国之时,帕尔帕廷脱下了自己在担任议长时一直穿着的一身紫袍,换上了一身象征着皇帝的神秘和威严的黑色斗篷。与着装改变相伴的是其执政风格的180度大转弯——他从一个仁慈的长者变成了一名严厉、残忍的独裁者。但是,即使黑色斗篷再神秘、再威严,也难以掩饰它包裹之下的那幅身躯的老迈、虚弱,即使其执政风格再严厉、再残忍,也难以掩饰施政者本人的弱势。

在本文中,我们通过分析说明,这种转变并不是帕尔帕廷的西斯本性使然,而是为了维护其独裁的目的而不得不做出的转变。为了示好推他上台的军方势力,他不得不给予军方更多的权力,向军方献出更多的经济利益,甚至推行军方喜好的意识形态。但这一切却让他陷入了一个死结——更多的战争、更高的税收激化了社会矛盾,让整个银河中的被压迫者揭竿而起。而这又迫使他不得不更加依仗军方的势力,给军方更多让步,从而让社会矛盾更为激烈……建设死星,可以被认为是帕尔帕廷打破这种死结的一种尝试,但遗憾的是银河的历史并没有给他这样的机会。

《星球大战》的故事虽然发生在很久很久以前的遥远银河,但从故事中我们依然可以看到现实世界的影子。政治的运作是有其本身的逻辑的,这个逻辑无论是在遥远的银河还是我们身处的地球都适用。当我们看到一些疯狂的独裁者倒行逆施之时,不应该简单地将他们的罪行归结到其自身的心理或性格,而应该将他的行为放到整个社会的大背景中去看,去分析独裁者所赖以进行统治的根基是什么,他们所能适用的统治工具、统治技术又究竟是什么。唯有通过这样的分析,才能真正理解独裁者所采取的那种看似非理性的行为。

莎士比亚在《裘力斯·凯撒》中曾借凯撒之口说过:“人们有时可以支配他们自己的命运。要是我们受制于人,亲爱的布鲁图斯,那错处并不在我们的命运,而在我们自己。”我想,莎翁的这段话送给独裁者是最合适不过的了。

国家与法治研究　第1卷(2018)
第224～248页

行政许可与期限规定

——试评最高人民法院"张道文、陶仁等诉四川省简阳市人民政府侵犯客运人力三轮车经营权案"判决，兼评最高人民法院"郴州饭垄堆矿业有限公司与国土资源部等国土资源行政复议决定再审案"判决

陈新民*

一、判决内容

最高人民法院审判委员会讨论通过，2017年12月15日发布"张道文、陶仁等诉四川省简阳市人民政府侵犯客运人力三轮车经营权案"(以下简称本案)判决，作为第17批指导性案例之一。这是讨论行政许可欠缺期限规定的效力问题，具有行政学理与行政权运作的高度价值，值得特加重视与研究。

(一)基本案情概要

1994年12月，四川省简阳市人民政府以通告形式，对本市区范围内客运人力三轮车实行限额管理。1996年8月对240位人力三轮车经营者收取了有偿使用费3500元；同年11月，另外对161位人力三轮车经营者收取2000

* 陈新民，台湾师范大学研究员兼教授。

元。同月开始，该市实施经营权有偿使用，相关部门也对该限额（共401位）人力三轮车收取相关规费。1999年7月15日，简阳市政府针对有偿使用期限已届满两年的客运人力三轮车发布《关于整顿城区小型车辆营运秩序的公告》（以下简称《公告》），要求原已具有合法证照的客运人力三轮车经营者，必须在当月19日至20日，至市交警大队重新登记，并在同月28日公布《关于整顿城区小型车辆营运秩序的补充公告》（以下简称《补充公告》），规定已依前述《公告》审查通过、获得经营权登记者，每辆按8000元等交纳经营权有偿使用费。

张道文、陶仁等182名客运人力三轮车经营者认为简阳市政府1996年已经收取了有偿使用费，且营业许可并没有规定失效期限。故简阳市政府作出的《公告》和《补充公告》的规定形成重复收费，侵犯其合法经营权，向简阳市人民法院提起行政诉讼，要求判决撤销简阳市政府作出的上述《公告》和《补充公告》。

（二）裁判结果

1999年11月9日，四川省简阳市人民法院依照《中华人民共和国行政诉讼法》第54条第1项之规定，判决维持《公告》和《补充公告》此二行政行为。张道文、陶仁等不服提起上诉。2000年3月2日，四川省资阳地区中级人民法院判决驳回上诉，维持原判。2001年6月13日，四川省高级人民法院裁定指令四川省资阳市（原资阳地区）中级人民法院进行再审。2001年11月3日，四川省资阳市中级人民法院判决撤销原一审、二审判决，驳回原审原告的诉讼请求（资行再终字第1号判决）。张道文、陶仁等不服，向四川省高级人民法院提出申诉。2002年7月11日，四川省高级人民法院驳回再审申请通知书。张道文、陶仁等不服，向最高人民法院申请再审。2016年3月23日，最高人民法院裁定提审本案。2017年5月3日，最高人民法院作出（2016）最高法行再81号行政判决[（2016）最高法行再81号]，撤销四川省资阳市中级人民法院（2001）资行再终字第1号判决；确认《公告》和《补充公告》违法。

1. 裁判要点

最高人民法院认为，简阳市政府作出《公告》和《补充公告》在行政程序上存在瑕疵，属于明显不当。但是，虑及本案被诉行政行为作出之后，简阳市城区交通秩序得到好转，城市道路运行能力得到提高，城区市容市貌持续改善，以及通过两次“惠民”行动，原401辆三轮车绝大多数已经分批次完成置换，如果判决撤销被诉行政行为,将给行政管理秩序和社会公共利益带来明显不利影响。根据最高人民法院《关于执行〈中华人民共和国行政诉讼法〉若干问题的解释》第58条有关情况判决的规定,确认被诉行政行为违法。裁判要点计有下列三项:

(1)行政许可具有法定期限,行政机关在作出行政许可时,应当明确告知行政许可的期限,行政相对人也有权利知道行政许可的期限。

(2)行政相对人仅以行政机关未告知期限为由,主张行政许可没有期限限制的,人民法院不予支持。

(3)行政机关在作出行政许可时没有告知期限,事后以期限届满为由终止行政相对人行政许可权益的,属于行政程序违法,人民法院应当依法判决撤销被诉行政行为。但如果判决撤销被诉行政行为,将会给社会公共利益和行政管理秩序带来明显不利影响的,人民法院应当判决确认被诉行政行为违法。

2. 裁判理由

最高人民法院认为,本案涉及以下三个主要问题:

关于被诉行政行为的合法性问题。从法律适用上来看,《四川省道路运输管理条例》第4条规定"各级交通行政主管部门负责本行政区域内营业性车辆类型的调整、数量的投放"和第24条规定"经县级以上人民政府批准,客运经营权可以实行有偿使用"。四川省交通厅制定的《四川省小型车辆客运管理规定》(川交运〔1994〕359号)第8条规定:"各市、地、州运管部门对小型客运车辆实行额度管理时,经当地政府批准可采用营运证有偿使用的办法,但有偿使用期限一次不得超过两年。"可见,四川省地方性法规已经明确对客运经营权可以实行有偿使用。四川省交通厅制定的规范性文件虽然早于地方性法规,但该规范性文件对营运证实行有期限有偿使用与地方性法规并不冲突。基于行政执法和行政管理需要,客运经营权也需要设定一定的期限。从被诉的行政程序上来看,程序明显不当。被诉行政行为的内容是对原已具有合法证照的客运人力三轮车经营者实行重新登记,经审查合格者支付有偿使用费,逾期未登记者自动弃权的措施。该被诉行为是对既有的已经取得合法证照的客运人力三轮车经营者收取有偿使用费,而上述客运人力三轮车经营者的权利是在1996年通过经营权许可取得的。前后两个行政行为之间存在承继和连接关系。对于1996年的经营权许可行为,行政机关作出行政许可等授益性行政行为时,应当明确告知行政许可的期限。行政机关在作出行政许可时,行政相对人也有权知晓行政许可的期限。行政机关在1996年实施人力客运三轮车经营权许可之时,未告知张道文、陶仁等人人力客运三轮车两年的经营权有偿使用期限。张道文、陶仁等人并不知道其经营权有偿使用的期限。简阳市政府1996年的经营权许可在程序上存在明显不当,直接导致与其存在前后承继关系的本案被诉行政行为的程序明显不当。

关于客运人力三轮车经营权的期限问题。申请人主张,因简阳市政府在1996年实施人力客运三轮车经营权许可时未告知许可期限,据此认为经营许可是无期限的。最高人民法院认为,简阳市政府实施人力客运三轮车经营权许可,目的在于规范人力客运三轮车经营秩序。人力客运三轮车是涉及公共利益的公共资源配置方式,设定一定的期限是必要的。客观上,四川省交通厅制定的《四川省小型车辆客运管理规定》(川交运〔1994〕359号)也明确了许可期限。简阳市政府没有告知许可期限,存在程序上的瑕疵,但申请人仅以此认为行政许可没有期限限制,最高人民法院不予支持。

关于张道文、陶仁等人实际享受"惠民"政策的问题。简阳市政府根据当地实际存在的道路严重超负荷、空气和噪声污染严重、"脏、乱、差""挤、堵、窄"等问题进行整治,符合城市管理的需要,符合人民群众的意愿,其正当性应予肯定。简阳市政府为了解决因本案诉讼遗留的信访问题,先后作出两次"惠民"行动,为实质性化解本案争议作出了积极的努力,其后续行为也应予以肯定。本院对张道文、陶仁等人接受退市营运的运力配置方案并作出承诺的事实予以确认。但是,行政机关在作出行政行为时必须恪守依法行政的原则,确保行政权力依照法定程序行使。

最高人民法院认为,简阳市政府作出《公告》和《补充公告》在行政程序上存在瑕疵,属于明显不当。但是,虑及本案被诉行政行为作出之后,简阳市城区交通秩序得到好转,城市道路运行能力得到提高,城区市容市貌持续改善,以及通过两次"惠民"行动,绝大多数原401辆三轮车已经分批次完成置换,如果判决撤销被诉行政行为,将会给行政管理秩序和社会公共利益带来明显不利影响。根据最高人民法院《关于执行〈中华人民共和国行政诉讼法〉若干问题的解释》第58条有关情况判决的规定确认被诉行政行为违法。

二、本案评释

(一)行政许可与期限的关联

首先要讨论具体行政行为,如果欠缺了期限规定,会导致何种后果?按此所谓的期限规定,其性质为何?究竟是该具体行政行为的附款,还是构成具体行政行为的不可缺之内容?可能涉及该行政行为的有效性、撤销或无效的问题,可先讨论附款的概念问题:

1. 附款的概念问题

所谓的附款是指主规范的从属要件,因为某些要件的满足,而使该法律要件产生创设、变更与消灭的结果。所以和具体的行政行为之内容(构成内容)不同,附款是整个行政处分的内容得否存在、生效或废止所为的条件。行政法学上的附款,大致如德国行政程序法之规定,共有五种分类:期限、条件、负担、保留废止与负担的事后附加。①

然而,如何来区分一个具体行政行为的内容,是属于附款规定,或者是其本身的构成内容?以德国行政法学者施密特(R. Schmidt)教授所称,现为德国行政法学界认为最困难以及分歧最多的一个见解。这不仅涉及具有可以实施的权限,附款仅限于授权范围方可。最重要的是万一提起行政争讼时,要采行撤销之诉?或是给付(另为处分)之诉的问题。换言之,如果行政相对人,对一个行政行为的附款认为违法不当,例如,给予的期限规定、负担、其他的条件等,有所质疑时,则应当透过提起撤销之诉的方式,请求法院将此附款撤销。假如这些规定是属于行政行为的内容,而不是附款规定时,例如,要求

---

① 台湾地区"行政程序法"第 93 条的规定与德国《联邦行政程序法》第 36 条第 1 款与第 2 款规定完全一样,可参照之:行政机关作成行政处分有裁量权时,得为附款。无裁量权者,以法律有明文规定或为确保行政处分法定要件之履行而以该要件为附款内容者为限,始得为之。

前项所称之附款如下:

一 期限。

二 条件。

三 负担。

四 保留行政处分之废止权。

五 保留负担之事后附加或变更。

负担之规定不符人民所需而认为违法时，此时这些对人民不利的条款，已经构成整个行政行为的不可分要件。换言之，主管机关如果不规范这些对人民不利的要求，就不会给予上述这个通常是不利之处分。所以牵一发而动全身，相对人不能够只提起撤销部分行政行为内容的撤销之诉，而必须针对整个行政行为的违法，要求行政机关另为一个全新、而没有上述不利条款的新的行政行为。

如何区分一个规范内容（通常是不利的条款）是属于附款规定，或是构成该具体行政行为内容的一部分，涉及了是否具有（独立）成为诉讼对象的问题。这一个困难的问题在德国学界讨论很多，大致上已经可以有下列的共识：第一，关于是否为附款的性质，区分标准不应当以行政程序法所规定附款的名词而为界线。换言之，在此特别提到的所谓的期限，可能是可以作为附款的规定，也有可能是作为具体行为或行政合同的实质内容。必须依据不同的事实与法律关系，以个案情形来区分。第二，对于同样的内容与同样的措词，如果不是构成行政行为的生效或失效等条件因素时，则可视为行政行为的具体内容。典型之例子，莫如依据《德国联邦集会游行法》第 15 条第 1 项之规定，人民在公共场合游行集会，必须遵循报备的程序。但在主管机关（警察机关）许可报备时，通常主管机关会给予一定的要求（负担），例如，主办人必须组织多少纠察队、流动厕所数量等。这个在外观上，颇似为行政处分（集会游行许可）的条件与负担，行政法学上也颇多认为典型的附款规定，②但德国学界却认为：人民的集会游行权，不须获得行政机关的许可。故主管机关的这种要求，乃是人民行使集会权应当遵守的义务。换言之，诸些要求已经融成人民获得报备的一由主管机关许可的具体内容，已形成不可分割的一部分，故虽有负担或条件的用语，但并非附款规定也。③ 第三，关于附款的概念分析，也因为是否具有独立被诉的资格问题，德国学者因为区分纯粹的附款问题，与不纯粹的附款规定。

所谓的“纯粹的附款”（unechte Nebenbestimmung）规定，乃是此附款能够有效决定该具体行政行为的生效或废止的关系所系，所以五项附款的种类皆可。至于“不纯粹的附款”（unechte Nebenbestimmung），则是指前述具有附款

② Franz-Ludwig Knemeyer, Polizei-und Ordnungsrecht, 3. Aufl. 1989, Rdnr. 39, 40.

③ Rolf Schmidt, Allgemeines Verwaltungsrecht, 12. Aufl. 2008, Rdnr. 789.

的外形(包括使用附款的名词与目的)但实质上是构成具体行政行为的内容，如同前例提到获得主管机关许可举行游行集会的报备，而同时必须承担一定义务的情形，便是不能属于附款规定，而是附随在报备许可所产生的行为义务也。

对于这种"不纯粹的附款"，如有不服，自然不能提起撤销之诉；但即使属于纯粹的附款，如何提起救济方法，德国学界与实务界也历经多次的曲折与转变，而逐渐取得了共识。其过程如下：最初是采行所谓的"分别论"，这是认为唯有实质上会关涉该具体行政行为的有效与否的附款，例如时效、条件或保留事后废止的三种附款规定，都可使该行政行为形成生效或失效的结果。至于另外二种的附款——负担及保留负担的事后追加变更，都与该行政行为的有效与失效没有必然关系，有，则可；没有，亦无不可也。

所以在德国早期学术界④上认为，基于此三种纯粹的附款规定，牵涉一个具体行政行为能否生效的必要规定，因此属于不可分割的一部分，故具有不可独立起诉性；至于另外两种的附款规定，因为不具备影响效力的重要性，不妨视为可以分割、且独立成为被诉的对象，故可以对此部分行使撤销权，即可不必将原有的处分废弃而为新的行政处分。

这种针对附款是否具有可分性，与影响全体的实质重要性，而作纯粹与不纯粹附款之分，也必须与是否已构成处分的实质内容、要项，相区隔，另外，还要在五种纯粹附款中，区分成为三种可独立提起撤销之诉的附款，以及其他两种不能提起撤销之诉的附款，如此便需要进行"两重区分"，不免在适用上会构成很大的困难。

因此在德国产生所谓的"部分许可"的争议时，便显出困难。这是在发生建筑许可的案件争议时，如果对于一个大型的建筑许可案，往往会切割成许多较小的不同项目，皆需要许可，如果主管机关只给予了部分许可建筑申请，或是尽管给予许可，但是对于许可的内容，不符合申请人的需求时，此时，可否只针对不许可或内容不满意的部分，提起撤销之诉？这种所谓"修正式的许可制度"(modifizierende Genemigung)之争议，实务上甚至出现极端的例子，行政机关尽管在外表上做出有利于申请人的决定，但是内容上与人民的想法

④　这是1995年代德国联邦行政法院所流行的见解，例如，BVerwE36,153；E41,178；E51,15. 参见 Rolf Schmidt, Allgemeines Verwaltungsrecht, Rdnr. 821。

背道而驰，而获得非所要的许可内容。⑤

为了贯彻司法救济的美意，现今德国联邦行政法院及学界已采行新的见解，朝向有利于人民的解释，而认为人民一旦对于所获得的行政行为不符合其利益之时，特别是上述“修正的许可”，只有有利的许可外表，但违反其所愿望的实质内容，都应当许可人民行使不利部分的撤销权，如果被诉的主管机关主张这种部分撤销会影响全局时，自可要求法院驳回，换言之，部分撤销无法达成救济的实益，人民才因此必须改提撤销整个违法行政行为，要求重新给予一个符合其要求的行政行为也。

同时也不必再采行重为具体行政行为之诉或提起撤销之诉的二分法，换言之，不必再费神去区分何为纯粹或不纯粹之附款，以及区分五种法定附款规定中，哪三种属于可以提起撤销之诉的附款。大幅度开放人民提起撤销之诉的机会，以求诉讼之简便与迅速。这种见解的改变，堪值赞同。

而在台湾而言，就仍然尚未发展到这个阶段。以台湾地区“最高行政法院”的见解（2012 年度判字第 270 号判决）：在一个关于经营卫星广播公司的换照许可案件，该公司对于主管机关给予一个附解除条件之许可时，后来主管机关认为该公司未能符合法令之要求，而有满足附解除条件之理由，而中止了营运许可。该公司对此附款表示不服，申请法院单独撤销此部分。在一审、二审法院都支持此见解后，台湾地区“最高行政法院”在理由书（四）处，表达下述的见解：

“……又上诉人所为附解除条件许可被上诉人换发执照，业已将该准予换照处分之效力系于解除条件之一是否成就。则该原处分所 为解除条件之附款已与原处分所为准许换照成为该裁量处分之一体而不可分。讵原审以原处分所附之附款得单独诉请撤销，并以原处分所附之系争附款均属违法，而将原处分所附之附款（一）（二）部分均撤销，造成原处分准许换照部分与所附附款割裂，自有未洽。又未附有附款之准许换照原本既非为上诉人之裁量处分，原审将原处分所附之附款（一）（二）部分均撤销，形成原处分系准许换照之情形，业已影响上诉人裁量权之行使。且被上诉人申请换发执照如何已符合可未有附款而得准许换照之要件，既未经上诉人作成处分，原审于判决亦未说明本件如何可未附附款而得准许换照，即将原处分所附之附款（一）

⑤ Rolf Schmidt, *Allgemeines Verwaltungsrecht*, Rdnr. 794.

(二)部分均撤销,造成准许换照部分却未附其符合要件之理由,于法亦有未合。”

由本号判决知道,台湾地区“最高行政法院”认为所有五项附款都与原处分形成不可分割之一体,所以不得分别提起撤销之诉。

但在稍后的 2015 年判字第 146 号判决,台湾地区“最高行政法院”的见解似乎已有了松动,已采纳德国过去的老理论,认为附款中的负担与条件,各有不同的功能,亦即采取“区别论”的立场。在此号判决中法院认为:

“……(一)行政处分撤销诉讼之主要目的,在于除去处分所生之负担性规制效力。苟行政处分之规制效力存在,因该规制效力而权利或法律上利益受影响者,即有提起撤销诉讼之权利保护必要。又授益处分附负担,该负担系与授益处分相结合,而对处分相对人所设定之作为与不作为(容忍及不为一定行为)之义务,本身形成对处分相对人之负担性规制效力。授益处分附负担,该负担不影响授益处分之生效,然处分相对人不履行该负担者,授益处分作成机关除得废止该授益处分(行政程序法第 123 条第 3 款)外,亦得不废止该授益处分,而强制处分相对人履行。此是授益处分附负担与附条件之重要区别。

(二)本件原处分之系争附款,不影响原处分之生效,且课上诉人以一定作为及不作为义务,对上诉人形成负担性之规制效力,原判决认定其性质为负担,并无不合。准此,上诉人如不履行该负担,被上诉人除得废止原处分外,亦得不废止原处分,而强制处分相对人履行。”

由本号判决可知,法院认为一个行政授益处分的负担,并不影响其生效,与附条件不同,故可以成为独立提起撤销之诉的对象。但是是否足以发展出可以分别提出撤销之诉,或者提出重为处分之诉,台湾地区“最高行政法院”即使在最新的本号判决中,似乎仍未有定见也。

2. 期限规定是具体行政行为的内容或是附款规定

甲说,认为是附款之性质者。

采取这个见解最重要的理由,乃是一个期限规定(Befristung),是将权利的存续,限制在一定的时间范围内,如同附带其他的负担、条件的功能一样,自然可以列入为附款也。

但是这种只以用语及功能来论定为附款的方式,很明显的与前述所谓的“非纯粹附款”相混淆,必须在以分析。

另外,必须讨论欠缺附款规定的效力问题,这也是区分一个具体行政行为的规范,是否具备成为附款规定的重要特征。如果此期限规定,被认定为是附款规定,如果具体行政行为未有附款规定,是否会影响其合法性?

行政法学对此似乎没有太多的讨论,原则上应采取"合法说"。这是基于下述几个论点:第一,所谓的附款是为了补充具体行政行为,故行政机关在法规许可下,及有认为必要时,自可决定附款的订定,所以多半乃任意原则,而非强制原则;第二,附款的许可,仅限于裁量案件,如主管机关并无裁量权,而是拘束性行政时,除了为确保该行为的履行作为条件外,否则即无决定附款的权限;第三,行政程序法除了上述裁量权的限制外,还会特别规定附款的订定,必须符合"实质关联",不能够与不相干的事物连结在一起,这便是著名的"搭附禁止原则"(Koppelungsverbot),⑥《行政许可法》第27条第1款之规定:行政机关实施行政许可,不得向申请人提出购买指定商品,接受有偿服务等不正当要求。便是本于此精神也。这是限制行政权力规定附款的少数例外,以防止行政滥权。可见得期限的附款规定有无,并不影响行为的合法性。

乙说,认为乃"行为内容论"。

这是认为任何的行政行为都要有一定期限规定,表明该权利实施的时间延续状态,这也是基于(广义)的法律内容明确性原则,让法律的适用对象,以及人民由行政行为的内容,可以清楚得知,其法律关系与权利义务的具体内容,让法律关系取得"可预测性"。时间的要素,如同其他实体内容般,都构成此"内容明确性"的要件。⑦

采取这种见解最明显者,莫如最高人民法院在本案判决的见解。在本案判决中,最高人民法院认为:简阳市政府在1996年给予三轮车业者许可证时,应当明白告知只有两年之使用期限,但却未告知,属于程序瑕疵,故应属于可撤销之违法行政行为。这种见解将期限规定视为具体行政行为的当然构成要件,违反时,自然属于违法的行政行为。

采行"行为内容论"的见解有待商酌之处如下:

---

⑥ 参见台湾地区"行政程序法"第94条:前条之附款不得违背行政处分之目的,并应与该处分之目的具有正当合理之关联。本条文乃源自《德国联邦行政程序法》第36条第3款。

⑦ 参见中华人民共和国《立法法》第6条第2款之规定:法律规范应明确、具体,具有针对性和可执行性。另可参见台湾地区"行政程序法"第5条之规定:行政行为应明确。本条文乃取材自《德国联邦行政程序法》第37条第1款之规定。

第一,如果认为此期限的规定,属于行政行为不可缺的内容之一,那么其他四种的附款规定,是否一样构成具体行政行为的内容？如此一来,所有的附款规定,都变成了学说上所谓的“非纯粹附款”,是否使附款的概念消失？

第二,具体行政行为依其分类,主要有三种:命令性行为(befehlend)、形成性行为(gestaltend),以及确认性行为(feststellend)等,命令性乃赋予相对人为一定行为或不为一定之义务;至于形成性行为则是创设、变更(包括排除)一定的法律关系之行政行为;至于确认性行为,顾名思义,乃是确认已存在的行政法关系。

故本案的三轮车营业许可,乃典型的形成性行政行为,乃为创设或规范具体权利与义务,特别是为此取得营业之许可,表明具有“创权”之效果,除了有实施地区的当然限制外(主管机关的辖区管辖规定、法规的实施范围),除非法规有特别的规定,否则此期限的规定不一定非形成该行政行为的内容不可。简言之,创权性质的具体行政行为,自颁布后,便产生持续与完整的效力。如有附款等其他限制的效果,则属例外。

依我国《行政许可法》第4条规定:设定和实施行政许可,应当依照法定的权限、范围、条件和程序。然而,显然的,期限规定并不包括在内,但在同法第18条则规定:设定行政许可,应当规定行政许可的实施机关、条件、程序、期限。则又将期限视为行政许可的“应为规范”。因此,解释上,这4个行政许可的应为内容,固然可以构成检验行政许可的合法性依据。但这是指创建一个行政许可制度的问题,并非检验一个具体之行政许可是否合法生效的唯一标准也。

故一旦一个行政许可并未满足上述4个应为内容时,是否当然构成违法之行为？如欠缺实施机关,自然可以认为可导致无效的结果⑧,其他3项要件的欠缺,必须视情形而论,必须达到严重的程度,使权利义务关系不明确,或是无法透过补正的程序来修正,否则不能够持这种僵硬的解释,将导致欠缺完善的条件程序等,一律视为(自始不生效力)的无效行为。

第三,认为期限属于具体行政行为的构成要件,且是基于具体行政行为的明确行要求,容易会导出违反内容明确性的具体行政行为,究竟应属于无

⑧　一个具体行政行为如果欠缺做成机关者,会导致无效的结果。参见台湾地区“行政程序法”第111条第1款第1项:不能由书面处分中得知处分机关者无效。本条文与《德国联邦行政程序法》第44条第2款第1项完全一致。

效行为,或是可以撤销的违法行为。这涉及是否属于自始就不生效力的问题。以行政法学的主要理论认为:只有在欠缺告知做成机关的情形外,其他涉及内容的不明确,除非达到严重程度外,应透过转换或补正的方式,来延续与修正原有法律关系或行使撤销权,不必视为自始无效,以保障法律秩序的安定,以及公权力的权威与信赖力。

所以,欠缺期限规定可视为可补正的瑕疵,不一定影响原有行政行为的效力,以本案的判决而论,最高人民法院似乎并不否认当初在1996年所做出有程序瑕疵之虞的行政许可之有效性问题,便是正确的决定。

第四,以权利的实施时间延续性而论,正如同法规范有所谓的"永续性法"及"限时法",一般法规公布后,以永续性实施为原则,直到修法或废法时为止;反之,限时法乃是明定实施期限,逾期当然失效。任何权利的取得亦然,应以永续获得为原则、限时有效为例外,这可由立法决定。因此,任何行政许可的时间效力,可为永续、亦可为限时,非必为"限时权利"不可。

故最高人民法院的"期限为行政许可的当然的必备内容"见解忽略了附款的性质,并非属于涉及行政许可有效性与否的当然构成内容,故不无过于仓促与僵硬也。

丙说,有条件之附款论。

这是针对某些具体行政行为的内容,可能不完全可归类在属于附款的情形,只有在某些状况下,可视为附款的规定。特别是期限的规定,如同其他附款规定,仅限于主管机关拥有裁量权的范围内,方得为之。因此有可能,在某个行政行为的期限规定,主管机关只有在一定的范围内,拥有裁量权,并做成附款也。这可能兼具纯粹或不纯粹附款之性质。

就以本案的情形而言,原告在1996年缴交使用费后,取得之营业许可,依有效之上位法规——1994年四川省交通厅制定的《四川省小型车辆客运管理规定》——此许可最高年限为2年,换言之,主管机关只要在2年的范围内,可拥有裁量权,亦即由许可营业3个月、半年、1年至2年,皆无不可,如主管机关作出此期限规定之许可,此规定便具有附款的性质。

至于超过2年以上的营业许可,主管机关既然无权决定给予,自然不具裁量权,主管机关尽管自行决定给予超过2年以上期限之许可,则超出部分自然属于违法之处分。

由上所述,一个营业许可本不需要在许可中明白揭示一定的期限规定,而以永续经营为原则,有期限经营为例外,这可由个别法律来与规定。而此“法定”的方式,最好是以各种实体法来规定,来使各种不同的许可态样,可以有特殊的期限考量,故不宜以通案的方式,特别是以程序法的方式,来统一与僵硬的将各种期限规定,绑在一起而无法变通。

这种僵硬与统一的期限规定,当然也会获得相当多数人的支持,主要是基于可以确保人民获得权限利的可靠依据。《行政许可法》第 18 条的规定便是秉承了这个意旨也。故本案最高人民法院在本案中已经明白宣示这种“明定期限”的义务,符合了《行政许可法》第 18 条的规定。

但这个《行政许可法》第 18 条的规定,是否属于一种强行规定,违反时当然构成该行政许可的无效?还是属于训示规定,乃一种告诫式的规定,不能强制的决定具体行政许可欠缺明白期限规定的效力问题也。如果采行第一种强行规定的见解,那么最高人民法院就应当在本号判决理由中,明白宣示 1996 年所作出欠缺期限规定的许可,为违法无效之许可,则原告自始便无诉讼权利的保障可言矣。可见得只有告诫说的可能性较为妥适。

本文认为:如主管机关在给予营业许可时,已产生创权效果,如果其不愿在裁量范围内做出 2 年以下的期限规定,则表示其依法定 2 年的(限期期限)内,已给予合法的权限,没有溢出法规的授权。法规的适用对象如果对权利内容有所不明,可质疑其内容不明确,自然可请求主管机关解释该行政行为的内容范围,主管机关有为阐明的义务,这也是本案所宣示的裁判要旨所明确宣示的:“行政相对人有知悉期限的权利,以及行政机关有澄清疑虑的义务也。”所以原有之许可没有期限规定,其法律效力应如同其权利来源一样,由母法的规范中获得其内容与界限:例如,许可制度开始实施的期间、缴交使用费的额度、相关的权利义务,以及权利有效的期间。这也是依法行政制度的整体适用法规范的过程——一切权利与义务必须源于授权法规,非单以据以做成行政决定的内容而为判断也。所以原告的权利范围与权限已由授权法规所决定。原告认为:该行政许可未有 2 年期限规定,即主张此许可可以溢出母法的期限规定,乃明显牴触“法位阶性”原则、侵犯依法行政原则,而最高人民法院所不采,洵为正确见解!

3. 小结

区别附款之为纯粹或不纯粹之附款,以及是否可提起独立的撤销之诉等所为的“二重区分论”,在德国虽然已经发展到在救济程序方面,皆可提起撤销之诉,解决了在个案中必须为二重区分的繁复程序问题。是否表明区分附款或其他构成具体行政行为要件的理论,已成为明日黄花,而使附款的制度,可以束之高阁,而丧失实用性乎?

这种见解不无乐观之嫌。这又必须回到对附款制度的规范理论——必须严格限制在具有裁量权的范围内,才能够作为主管机关用来课与人民各种法律所不可预料的不利负担与义务。其次才是在救济程序方面来区分到底这些课与义务的不利规定,是以提出部分撤销,或是要求全部重做行政行为的诉讼方式,来让法院决定如何维持依法行政的原则。这也可使法院深入探究这些不利的规定,到底只是行政机关裁量权的滥用,强加不必要的附款,此时,法院只要撤销附款,为“局部割除弊害”,即可不影响原来行政许可的合法性与公益的维护;反之,如果法院认定这些构成行政许可的不利条款,是不可缺的内容,如果欠缺此些义务规定,将导致此行政许可丧失维护公共利益的职责,则行政机关为此义务之规定,便不是可有可无的裁量,而是本于职务所为的判断与决定。如果法院不赞成此一判断,必须将整个行政决定的合法性一并考量,心手相连,所以不能为部分的撤销宣告也。

综上所述,区分行政许可的期限规定,是否为附款的问题,诉讼的途径,已经开启了论究附款的性质与法院判断主管机关为行政许可的公益考量之立意,这也是行政法学上精密的学理思考过程,也是行政法学上仍可继续钻研的领域也。故最高人民法院在本案的判决,上未涉入对附款的探讨,故仍有学理的补充必要也。

(二)1996 年营业许可的效力问题

1. 1996 年营业许可与 1999 年两公告之法律效力有何不同?

由前述讨论到行政许可与期限规定的关系,可知道欠缺期限规定,并不当然导致该行政行为无效、最多是属于可以撤销的违法行为,而可以透过行政阐明权或补正、转换的程序,来承续修正原有的法律关系,保障法律秩序的安定。

最高人民法院在本案判决中,似乎跳过一个检验的对象——1999 年所给予的营业许可之合法性问题。在本案所有层级的审判过程,似乎都不质疑此次行政许可的合法性问题,包括最高人民法院此次的判决意见,在本案的判决中,最高人民法院判决的标的乃针对主管机关在 1999 年公布的《公告》和《补充公告》。虽然在判决理由中,已经提到 1996 年给予的行政许可,与此两个《公告》和《补充公告》有“前后两个行政行为存在承继与连接关系”,也认为 1996 年的营业许可未告知期限“在程序上存在明显不当”,才会导致后 2 个行政行为程序明显不当,同时最高人民法院本应撤销后两个《公告》和《补充公告》,但顾及对公益有害,才采取情况判决,宣布撤销不利的资阳市中院判决,及宣告该两个《公告》违法……

可知,最高人民法院一方面承认 1996 年之许可与 1999 年的两个公告,都有程序上的瑕疵与明显不当,且两者有承继与连接关系,但最高人民法院只针对后者作为“被诉行政行为”,且本欲行使撤销权。但对于 1996 年的行政许可,明显的认为没有影响其效力的问题。易言之,同样都是程序明显不当的行政行为,法律效果各不同。这种相同瑕疵、具有相同的违法性,却有差别待遇,是否难以自圆其说?

为正本清源的澄清此问题,本文认为最高人民法院应当勇敢地宣告 1996 年的许可,尽管存在欠缺期限规定,但既然已创造出权利基础,已有合法效力,但为了强化其合法性依据,应当说明此许可只要符合法规所许可的两年期限有效期规定,就即可生效,勿庸以有无在许可中注明此有效期,作为判断其是否有效的关键因素也。

2.《公告》和《补充公告》的性质

另外 ,接续的上述论及 1996 年所给予的营业许可,尽管有未告知期限效力的程序瑕疵,学理上并不当然导致其为无效行为,最高人民法院也不否认其合法性,因此解释上应当认为此营业许可具有合法性,可以在符合法律的所有要件内,产生规范力—包括对人民产生创权的效果,以及对主管机关的拘束力,在本案特别可以强调两年的营业许可上限之法定期限要件。

然而,1996 年的许可效力,本应在两年期满后当然消灭,这是法定要件、非任一行政许可所可变更与延长。所以,两年期满后不待主管机关另行给予一个到期或撤销的行政行为,来产生终止许可效力的效果。

然而,在本案的所有的诉讼程序中,最高人民法院的本号判决也不例外,却将 1999 年的《公告》和《补充公告》视为撤销或是终止 1996 年所给与之许可的另外两个全新的行政决定,才会形成本号判决将此两《公告》作为诉讼的标的。

如果,承认 1996 年许可的合法性,具有两年的法定存续期,除非在此期间内,人民因为违规致遭主管机关行使处罚权、或是满足许可本附有的废止保留要件,而使主管机关缩短其有效期外,否则可保障其两年内的有效行使权利。

因此,两年期满,主管机关给予的通知到期,只是一种事实的通知,本身并未产生任何法律的效果,换言之,这种信息的告知,德国行政法学上认为,不是法律上所谓的"意思表示"(Willenserklärung),而是一种"认知表示"(Wissenserklärung),外表上虽然十分相似,也是一种行政行为,但未能产生法定的产生创权或消权的结果——所谓"对外产生直接的法律效果"(unmittelbare Rechtswirkung nach aussen),有别于构成行政处分制度(具体行政行为)所必须的要件,也是其最重要的要件,这已是行政法学教科书上几乎在讨论具体行政行为的概念分析,所不可或缺的部分也。⑨

1999 年的两个《公告》,功能上也就是扮演了这种"失效日期的通知",并不单独产生终止 1996 年所发给之许可的法律效力,也不是基于申请一个新的营业许可而得到的主管机关之答覆(拒绝许可继续营业之行政决定),而是将本来存续与依附在 1996 年许可上的权利现状(失效期),通知权利人也。同时,这两个《公告》也告知权利人继续想获得营业许可的申请程序与资格要件,更是一种明确的"信息给予"之行为,尽管此部分得作为产生行政法权利义务的法规依据。但是,这个公告的发布,是一种法规发布程序,尚未在个案上产生任何法律效果。行为人收到此信息后,除非向主管机关提出继续营业的许可,主管机关援引此两个公告的法规,做出不利人民的决定时,才可以作为被诉的对象。

即使人民依上述公告的程序提出新的申请,也表示主管机关会依此新的规定来发给 1996 年许可所定之两年期后的新秩序,这种许可是以 1996 年许可期后的新的具体行政行为,与 1996 年许可的程序是否瑕疵无涉,是重新考虑申请人的资格问题,所以申请人对主管机关是否给予继续营业的许可有所不服,所要求法院审查的对象,应该是其依 1999 年所发出的相关《公告》有无违背之处。而非认定 1999 年的公告有无侵犯 1996 年许可的问题也。

(三)信赖利益的问题

本号判决在理由书虽然未一语提及,但在出发点上,似乎已经触及到了信赖利益的保护问题。是否本判决的原告能够援引这个在行政法学上早已获得普遍支持的原则,来要求确保其能继续获得营业许可之权利? 值得重视。

---

⑨ 参见陈新民:《行政法学总论》,台北,三民书局 2015 年版,第 291 页;吴志光:《行政法》,台北,新学林股份有限公司 2017 年版,第 198 页。

按信赖利益保护的原则,本是渊源于民法的诚信原则,逐渐的传入行政法学内,成为指导行政法的重要理论。在瑞士与德国古典的行政法学,也早承认此原则的重要性。然而随着行政法学的发展,诚信原则已被范围更广、与规范力道更强的信赖利益保护原则所取代,来确保法治国原则所确保的法律安定性,及法律秩序的可预见性。

即使在中国,信赖利益的保护,也已由学界见解,发展成法律规范。最明显的例子,莫如《行政许可法》的第8条已有明白的规定:

第一款:

公民、法人或者其他组织依法取得的行政许可受法律保护,行政机关不得擅自改变已经生效的行政许可。

第二款:

行政许可所依据的法律、法规、规章修改或者废止,或者准予行政许可所依据的客观情况发生重大变化的,为了公共利益的需要,行政机关可以依法变更或者撤回已经生效的行政许可。由此给公民、法人或者其他组织造成财产损失的,行政机关应当依法给予补偿。

本号判决并不怀疑1996年给予的许可,尽管其在程序上出现的严重的瑕疵,但仍维持其效力,显然实质上已经贯彻了信赖保护的原则。换言之,信赖保护指是保护人民信赖行为时现存的法规,与依此法规所为之公权力行为,具有公定力与可信度,不受后来法院审查时的合法性见解之影响,这才是呈现出信赖利益保障的重点。

就此而言,1996年的原始许可行为,如果本身自始便无违法、引发其欠缺合法性的严重瑕疵——例如,本文浅见所表示之期限规定的非属许可之有效性的必要内容,那么此许可的合法效力直到期满未受侵犯,便无信赖利益保护的问题。

所以,本号判决所保护申请人的法益,是1996年许可期满后,重新申请的权利状态,既然与1996年许可所获得权利没有必然连续关系,而是一种新的法律关系,严格而言,似乎并没有援引信赖利益保护的基础。

(四)情况判决的问题

本案的结局,是以援引最高人民法院《关于执行〈中华人民共和国行政诉讼法〉若干问题的解释》第58条有关情况判决的规定确认被诉行政行为违法。理由是:"……简阳市政府作出《公告》和《补充公告》在行政程序上存在瑕疵,属于明显不当。但是,虑及本案被诉行政行为作出之后,简阳市城区交通秩序得到好转,城市道路运行能力得到提高,城区市容市貌持续改善,以及通过两次'惠民'行动,绝大多数原401辆三轮车已经分批次完成置换,如果判决撤销被诉行政行为,将会给行政管理秩序和社会公共利益带来明显不利影响。……"

所谓的"情况判决",是指行政行为虽然因违法,而应撤销,但会给国家利益或公共利益造成损害;或是行为程序轻微违法,但对原告权利不生影响(《行政诉讼法》第74条第1款),即可以宣布原行政行为违法,但不撤销。因此,是一个调和法律权威、依法行政原则,与维护公共利益的权宜制度。

然而实施情况判决,不能以牺牲人民合法的权利为代价,因此,在做出情况判决前,法院必须斟酌公益与人民利益间的平衡,人民因原有行政行为而遭受损失时,应当获得合理的赔偿。⑩

检讨本案权限的合法性问题时,应当可以获得一个结论:1996年所颁给的营业许可,并不因未注明有两年的任期,而产生违法性,以及无效的问题(对此,各法院立场都一致),至于关于办理展期所公告1999年两个法规,都只有信息通知的功能,并无在个案产生具体行政行为的法律关系,严格而言,并没有造成侵害申请人的权利——因为,1996年所创设的权利,已在两年法定期限届满后,自然终止。申请人所要求保障的权利,应当由1999年公告的法规来规范,也必须经申请而被拒绝后,才能要求法院审查1999年的公告有无确实保障其"继续获得营业"的权利。因此,此继续营业权乃1999年法规所创(也应当创立),而非当然的源于已逾期的1996年之权利。最高人民法院基本上乃承续1996年的权利状态,持续至1999年之后,才会导出1999年法规侵犯此权利,而有违法撤销的情形。但却因惠民政策的实施,申请人转业成功,已无纠正该1999年规范的必要,才有做出情况判决之举。

依本文所见,本判决并非实施情况判决的典型案例,其理在此也。

(五)期限规定的下一步——永续保障的问题

1. 企业永续经营权:期限规定 = 定期审查制 ≠ 定期失效

按传统行政法学上对于附有期限等附款的行政许可,于期限过后当然认

---

⑩ 参见台湾地区"行政诉讼法"第199条第1款:行政法院为前条判决(情况判决)时,应依原告之声明,将其因违法处分或决定所受之损害,于判决内命被告机关赔偿。

为失效,人民必须重启申请程序。而主管机关也重启审查与颁发许可之程序,对于原来人民的遵守规范之情形如何,都视为主管机关的裁量权范围,没有任何特别的规定。

德国著名行政法权威毛勒教授(H. Maurer)在 1988 年便撰写一文“存续保障与信赖保护”(Kontinuitätsgewähr und Vertrauenschutz),针对传统行政法这种“漠然以对”态度颇不以为然,提出严厉的批判。毛勒教授认为必须对于许可制所订定的“期限规范”之性质重新认定。传统将定期规范视为“定期失效”,这是对于人民信赖国家法律制度的否认,因为人民皆相信:一旦自己一直遵循法令、兢兢业业,国家应当肯定人民遵守法纪的可贵,也会相信其继续守法的可能性。因此,期限规范只能够视为一种“定期审查制”,国家公权力机关定期审查来确保人民获得了特别许可制,有无履行其法定之义务罢了。所以,当人民许可期限届满,申请延长许可或重新申请许可时,主管机关的裁量权必须斟酌人民目前的表现,亦即这是行政裁量权“自我节制”,而非恣意的表现。唯有人民的确达到不应给予许可的条件时,且以严格标准认定时,方得不给予许可。[11]

毛勒教授特别举出在德国经常发生外国人申请延长居留的案例来予以说明,对于外籍人士申请延长居留,主管机关纵然拥有裁量权,但必须斟酌其目前居留的状况如何,例如是否行为良好或是相反(常有刑事或违规纪录),作为判断标准。如果达到了禁止居留的程度(如有危害国家利益之虞),必须有具体的事实或重大怀疑为前提,方得不予延长居留。这也是行政权力不至于滥用,亦是行政机关履行诚信原则的展现。

毛勒教授对于“执照更新”(Renewing License)的见解,的确能够强化企业的永续经营权,需知企业的开办与维系需要累积许多的资本、经验与研发能力等,岂能只做短期的经营考量?所以为了使这种利润回收期长,技术与资本必须累积的产业,政府公权力虽然必须透过设立定期审查的许可程序与制度,来管制之,但这种产业想必也是社会与公共利益所必须,公权力也有保障其永续经营的义务,这也提升到了宪法保障公民财产权、正当行使职业与经营企业的基本人权。至于靠着行使权限利以谋生计的公民而言,此种永续

⑪　参见 H. Maurer, §60 Kontinuitätsgewähr und Vertrauenschutz, in: Isensee/Kirchhof, Handbuch des Staatsrechts, Bd. III, 2. Aufl. 1996, S. 213。

权更扮演起护卫生存权利的工具,公权力机关自然更不可忽视也。⑫

唯有概念的改变,才能够体会出相关法规的前瞻与进步性特征:即申请人在过去表现优良者,在申请换照时,不仅可以享受到程序加快的优点,同时在换照成功的可能性上,相关条文虽没有再进一步强化其拘束力,但必须仔细依据立法之精神,尤其是换照处分为典型的羁束处分,而不再是裁量处分,主管机关在申请人已满足有利条件时,即丧失给予不利处分(不予换照)的裁量权力。这才符合毛勒教授所代表的德国主流学术见解。本案解释已经设计到了这种论及换照机关的权限演变,应当采取相同见解,方为正道也。

提笔至此,作者突然发现最高人民法院在最近(2018 年 3 月 7 日)公布一则判决"郴州饭垄堆矿业有限公司与中华人民共和国国土资源部等国土资源行政复议决定再审案"(2018 最高法行再 6 号),简称"饭垄堆矿业案",便有关于主管机关审查上述许可展期权限,如何行使的精彩论述,值得一述:

"饭垄堆矿业案"是一个涉及获得地方主管机关所颁发定期的采矿许可证的复杂案情,在此仅略述大要,重要的是要呈现最高人民法院对本案的判决意见与法理依据。

在河南省郴州市的饭垄堆公司在 2006 年获得了郴州市国土局所颁发定期采矿权限后,发现与其他有采矿权之公司,有矿权范围投影重叠争议,而提起诉讼。在诉讼过程中,被对方质疑饭垄堆公司最早获得的采矿许可证乃由省国土资源厅所授权的郴州市国土局所颁发,但依相关规定此许可证不可授权由省级以下的地方政府所颁发,故此许可证存在无权机构颁布的合法性。然而后来因为公司重整,又由省级机关获得许可证(2011 年),因此饭垄堆公司于前述采矿权限期限届满后申请展延,主管机关应否许可的问题。

"饭垄堆案"与本案——"张道文案",有类似之处:都涉及前后两个许可证的关系,尤其是第一个许可证似乎存在严重情况不等的程序瑕疵与合法性问题,这种前后许可证间的合法性争议,是否足以影响主管机关的许可裁量权?"张道文案"中,最高人民法院似乎没有采行鲜明的立场,本文已经详细讨论。但在"饭垄堆案"中,法院已经有明显的叙述,仅摘录其重点如下:

(1)针对前后两次行政许可(2006 年及 2011 年)的合法性,行政复议决

⑫ 最早将毛勒教授永续保障论的理论,引介至台湾行政法学界者,可参见陈新民:《由宪法保障财产权论企业的永续经营》,刊载:台北,《中华法学》,第 17 期,2017 年 11 月,第 29 页以下,特别是第 51 页以下的论述。

定时都要全面考虑其合法性问题，不能够单以第一个许可的颁布存在违法性，就当然影响第二个行政许可的合法性。因此对两个许可的审查标准，应有所不同。故主管机关与法院在两次许可证的合法性判断与审查重点，皆有不同："……许可机关在延续时，既会考虑原许可的适法性问题，也必然会考虑法律规范的变化对是否延续的影响，甚至会考虑基于公共利益需要是否能够延续的问题。但显然，行政系统作出首次许可、许可延续以及撤销许可时，裁量幅度应当有所不同。"这里已经将永续保障的概念引入矣。

（2）"……首次许可时，许可机关可以依法裁量不予许可；但是否延续许可的裁量和判断，则应受首次许可的约束，兼顾信赖利益保护问题。即使首次许可存在瑕疵或者违法，许可机关仍应审慎行使不予延续职权。同理，行政复议机关或者人民法院对许可机关裁量权进行审查时，亦应秉持谦抑原则，尊重许可机关对自身裁量权的限缩，除非这种限缩性裁量明显不合理或者违背了立法目的，抑或构成滥用裁量权。本案中，国土资源管理部门2006年可以裁量不设定矿区范围垂直投影重叠的采矿权，也可以不颁发相应的采矿许可证，但其一旦实施了首次许可，那么在其后的延续许可，以至行政复议机关、人民法院对延续许可合法性进行审查时，则既要考虑首次许可的适法性，也要考虑维持许可是否必然损害公共利益，以及是否有必要的措施防范可能的不利影响并保障被许可人的信赖利益等问题。"

（3）关于第一次许可证存在颁布机关无权颁布的违法性，会否影响决定是否给予展期的合法性问题，最高人民法院亦有极为开创性的见解："……因此，不能简单以首次许可存在适法性问题，即否定许可延续行为的合法性。易言之，在审查许可延续行为的合法性时，只有首次许可具有重大明显违法或者存在显而易见的违法且无法补正情形的，复议机关才可以撤销延续许可。具体到本案，郴州市国土局2006年许可行为，系根据湘地行发〔1998〕6号文件进行。该通知授权市级国土资源部门以自己名义而非以湖南省国土厅的名义审批并颁发采矿许可证，虽违反地发〔1998〕48号文件和国土资发〔2005〕200号文件中有关应当由省级国土资源部门审批发证并不得再行授权的规定，但湖南省国土厅将审批发证权限违法下放至市级国土资源部门的法律责任，不应全部由饭垄堆公司承担。饭垄堆公司持有的2006年《采矿许可证》，系通过采矿权公开挂牌拍卖出让、签订采矿权出让合同、缴纳采矿权价款、办理相关行政许可手续等法定程序依法取得，其合法的矿产资源权益应当受到法律保护。”在此，最高人民法院特别强调了人民受保障的信赖利益来源，并不是基于完全合法的公权力措施，而是有相信与信赖公权力决定的事实，便足以产生了信赖利益。此正是契合了本文在讨论本案三轮车业者并不享有信赖利益的理由也。

（4）对于2006年第一次许可所存在的违法性问题，法院认为可以透过补正的方式消除其违法性：“……尤为重要的是，郴州市国土局颁发的2006年《采矿许可证》于2011年到期后，延续许可的审批主体已经由郴州市国土局变更为湖南省国土厅，并由湖南省国土厅以自己的名义颁发了2011年《采矿许可证》。因此，2006年许可行为存在的越权情形，已经得到2011年许可行为的治愈，其越权颁证的后果已经消除，并不构成违法性继承问题。”

最高人民法院在这里提出了第二个行政许可既然是由合法的省级主管机关所颁给，故已经补正了第一个许可所产生的“无权颁布”的违法性。法院的见解虽然出于保障人民的信赖利益，但本文认为，也存在保障法律安定性与护卫公权力权威与可信力的功能在焉。

然而在此，也不能回避一个行政法上颇为复杂的问题：一个违法的行政行为，究竟在达到违法程度如何的情况下，可以许可透过有权机关，来利用补正，或是给予另外同一内容，但完全合法的行政行为来取代之（转换）等两种补救程序来回复其合法性？以德国行政程序法的相关规定——《联邦行政程序法》第45条，举凡形式与程序的瑕疵，都可以透过补正的方式来修正之。但是这种瑕疵不能达到无效的程度方可，这是因为无效的行政行为，自始不产生效力，也就无从发生了透过后来的补正行为来“完整回复”其法律效力的问题也。

然而构成一个具体行政行为的无效，一般而言都是严重的瑕疵，[13]其中违

⑬ 参见台湾地区“行政程序法”第111条：行政处分有下列各款情形之一者，无效：
一、不能由书面处分中得知处分机关者。
二、应以证书方式作成而未给予证书者。
三、内容对任何人均属不能实现者。
四、所要求或许可之行为构成犯罪者。
五、内容违背公共秩序、善良风俗者。
六、未经授权而违背法规有关专属管辖之规定或缺乏事务权限者。
七、其他具有重大明显之瑕疵者。
这个条文完全取材自《德国联邦行政程序法》第44条第2款。

反或欠缺管辖权限,正是构成其无效性的主要理由,无法透过补正或转换等行为来清除其违法性。

如果持此立场,则最高人民法院在“饭垄堆案”所采行的“补正论”便失去了适用余地？本文的见解,倒不认为如此。这是因为在“饭垄堆案”所审查的合法性标的,最高人民法院已经不同于“张道文案”中,不审查第一个许可的合法性问题,专就第二个许可案的合法性来审查,而是将两个许可以不同标准分别审查,尤其强调保障人民由第一个许可所获得的信赖利益,而此利益又不系于该许可的严整合法性而来。依此,法院所重视的既然不在第一个许可的合法性问题,至于可否产生由第二个许可的补正问题,就不重要了。更何况,行政法学上讨论的补正或转换手续,功能是填补原有行政行为的违法性,透过补正后的新行为,“替换”原有瑕疵与违法的行政行为。但是最高人民法院在“饭垄堆案”所为的“补正论”,其着眼的高度更广——不在于填补与替代第一次许可的缺憾,而是就许可期限届满后新的采矿权,赋予完整合法性的立论依据,这也可以辅助说明法院认为在判断前后两个行政许可,必须基于不同的考量与审查标准的理由也。

综上所述,最高人民法院在“饭垄堆案”为保护人民信赖利益、确保公权力的信赖感与权威性,而提出的“分别与弹性审查前后两个许可之合法性”以及“补正论”强调尽可能补正或延展给予合法的许可,来弥补非由极为明显或重大违法性所造成行政行为无效的后果,来保护法律秩序的安定。特别是法院提出保障信赖利益,强调主管机关在决定延展许可时,必须脱离机关本位主义,考量人民的利益与损失,公共利益是否维持等,已经将德国先进的、由毛勒教授所提倡的“永续权概念”引入。

在此“饭垄堆案”中,最高人民法院居然能够引领风骚的提出上述多条立意深远的公法原理,不少已经超越了国内行政法教科书的理论层次,无怪乎此由最高人民法院副院长江必新教授,所担纲所做出的复议决定,势必在中国行政法院判决史上留下一个“地标级案例”(Landmark Case)的地位,本文对此不表怀疑也。

2. 本案应当如何解决原来获得营业许可者的继续就业问题

本案的结局,是主管机关透过积极的转业辅导措施,让原来获得营业许可者都有工作的机会,名为“惠民政策”。

所谓的惠民政策,也是社会福利政策的代名词,乃各级政府履行保障人民社会基本权利,包括弱势人民的住房、残疾人士的福利,以及一般人民的生活与就业辅导,皆包括在内。这是现代政府的神圣职责,也是实施法治国原则所承担的国家义务。

在营业许可方面,对于要求延展营业许可的人民,尽量给予许可,甚至在时代进步而该营业型态改变时——如淘汰人力三轮车,改为出租车——政府应当积极实施"转业辅导",让三轮车业者转为出租车业者,如此一来,虽然不免会压缩到其他人民获得经营出租车许可的可能性(此在实施出租车总量管制的地区,一定会发生此现象),而引发有无侵犯平等权的问题。

此问题的答案当是否定,因为公权力机关富有充分的公益理由,来实施辅导转业者,与一般申请经营出租车者,为不同的区别待遇。在现代宪法学上,这也是宪法财产权理论,要保障所谓的"现存与运作的营业体"(Der eingerichtete und ausgeübte Gewerbebetrieb),来保障转业者继续营运之权。[14]惠民政策应当是体会了这种理念,堪称正确。

然而,法治国家实施上述辅导转业的惠民政策,仍然必须依循法治及依法行政原则。故解决本案的最妥善方式,依然必须遵照1999年所公告的继续申请营业许可的方式,颁发定期性的营业许可。当然,1999年的公告实质内容上并未有采纳上述保障永续经营的精神与制度,已经存在了适用上的违法性。因此本文只是建议利用类似公布1999年的新的申请继续营业许可之行为模式,来规范新的营业许可秩序,而非食古不化与僵硬的援引1999年两个《公告》的实质规定也,在此必须特别澄清!

三、结论

本案(张道文案)为了讨论一个行政许可是否规定有效期限,所产生的合法性问题,看似简单(似乎可以仅以《行政许可法》第8条的规定,即可断定其违法性)。然而事实上不然,此问题正好涉及连德国行政法学界与实务界都最棘手的问题,来解决如何区分属于附款或是构成具体行政行为不可分之内

---

⑭ 参见陈新民:《宪法财产权保障之体系与公益征收之概念》,载《德国公法学基础理论(增订新版上卷)》,法律出版社2010年版,第448页。

容的条款部分。

在德国学界虽然已经逐渐的在如何提起诉讼的方式,取得了尽可能开大门,透过提起部分撤销之诉来消除给予人民不利的约束部分,但在理论区分的思维上,仍然为了维持附款的制度,上述的概念区分理论仍有相当的参考价值,这也是德国现在行政法学之所以仍然不放弃作为研究议题的目的所在。

除了借此进行区分附款与构成行政行为内容的一部分,除了可以作为论究一个行政许可欠缺属于附款的规范,是否当然形成其违法与无效性外,还可以推演出,如果不视为“行为当然内容”的话,便可透过其他补正方式,维持其合法性。而这种方法论,正是最高人民法院在判决中所欠缺的。

另外,本案(张道文案)也关涉主管机关办理许可证延展的裁量权限,如何确保原权利人拥有继续营业的权利(永续权),最高人民法院在本案没有提出太多的见解,幸而在最近公布的“饭垄堆案”中,最高人民法院已提出前后两许可证的分别审查论、原许可瑕疵的补正论、信赖利益保护等,都已经将最新行政法理导入行政诉讼的实务,这是值得大书特书的佳作。

本文所一再仔细分析期限之作为附署条款或是行政行为内容,所引发的理论探究,以及审查许可展延的行政裁量权界线问题,虽然在中国行政法学界仍属陌生,即便台湾地区虽然受到行政法学影响甚久,起步研究也早于中国大陆多年,但对上述议题,似乎仍是一片空白。最高人民法院刚好在本文作者思考本问题时,公布此一张道文案件判决,时间来的正巧,最高人民法院出自保障人力车经营者,继续获得营业许可的用心,悲天悯人之心溢于言表,同时,其表达希望行政机关在今后能在给予行政许可的程序上,更为周延与严谨,使人民获得更具体的权利内容与界限(包括时间界线),符合法治国家所追求的法律安定性原则。

本文在赞同最高人民法院法官此种高尚动机之余,自然在判决的理论探讨方面,虽然可以援引若干德国学界与实务界的理论,但是并不能够借此来苛求本案判决,能够有超越德国学术的表现!这是本文必须再三强调之处。至于本文最后所援引的“饭垄堆案”复审意见,应当具有广泛开枝散叶的价值,期盼各级法院负责行政诉讼的有志之士,能起而效尤!

经典案例的分析,最重要的是能适时的促成最新学理与权威法院判决案例之间,能产生一连串的火花,甚至发展出“心灵相通”的契机,带动行政法学与行政审判实务质量提升的“双赢”。此正是触发起作者撰写本文的初衷也。

【书　评】

book reviews

国家与法治研究　第1卷(2018)
第251～265页

二阶理由与权威的服务观
——评《法律的权威性》

骆意中*

一、引言

吉林大学法学院朱振教授在2016年于上海三联书店出版的《法律的权威性:基于实践哲学的研究》①一书对于国内分析法学的研究,尤其是对于约瑟夫·拉兹(Joseph Raz)权威理论的研究而言无疑是一个重大事件。本书是作者十余年磨一剑的结晶,这一时间和心力的投入在本书中都得到了回报和反馈:首先,本书给予了拉兹的法理论,尤其是权威相关的论证以透彻和详细的梳理,围绕着权威阐述了这一概念在实践哲学、伦理学中更基础的概念——"理由",权威本身的证成,以及拉兹理论与他法哲学相关的诸多命题之间的关联,其中最为重要的是奠定拉兹排他实证主义基础的"来源命题"。因此,我们可以认为,本书虽然以"法律的权威性"为题,但是以法哲学为讨论的核心场域,并且同时兼顾了拉兹的伦理学和政治哲学与其法哲学的必然联系。其次,正因为对于拉兹理论讨论之详

* 骆意中,荷兰莱顿大学政治学博士,上海师范大学法政学院讲师。

① 朱振:《法律的权威性:基于实践哲学的研究》,上海三联书店2016年版。以下简称"本书",并且引注中页码除特殊说明之外,均引自本书。

细,以及涉及理论跨度之广,作者所运用到的参考文献也体现出了与本书问题深度和广度相匹配的翔实程度。除去拉兹本人的文章与著作,以及法实证主义与罗纳德·德沃金(Ronald Dworkin)、自然法等传统的经典文献之外,本书大量运用了诸如伯纳德·威廉姆斯(Bernard Williams)、史蒂芬·达沃尔(Stephen Darwall)、皮特·瑞尔顿(Peter Railton)论述在内的规范伦理学和元伦理学的重要文献。这种运用和尝试不仅仅使得本书的讨论更加深入,同时也可以被认为是在为分析法学讨论的可能性进行拓展和辩论梯度上的提升。

拉兹作为 H. L. A. 哈特(H. L. A. Hart)之后法实证主义最重要的、同时也是最为坚定的辩护者,对于其理论研究的重要性自当毋庸置疑,尤其在国内,长期以来对于拉兹理论的翻译工作都不尽理想,而本书不仅仅准确的从一手文献中提供了对于拉兹理论的阐释,并且总览全局的为我们提供了一个拉兹理论可靠的参照。拉兹理论研究重要性的另一个突出点,或者说当代分析法学理论大多不具备的另外一点是拉兹罕见的对于法哲学、政治哲学以及伦理学都产生了重大的影响,无论是其对于国家中立性的批判,②对于实践理由的分析,③抑或是政治义务的否定都是相关研究中很难绕过的一家学说。在权威这一问题的讨论中,拉兹更是当代伦理学中首屈一指的代表人物,我们可以看到自从 1986 年其《自由的道德》一书的问世之后,关于权威的讨论往往都是以批判或者肯定拉兹“通常正当化命题”以及权威的服务观而展开的。因此,无论是本书所讨论的核心问题“权威”,抑或是作为研究拉兹理论的一本专著,其理论意义都是十分重大的。

当一本书所讨论的问题和理论处于某一领域的核心位置时,这往往意味着该书所面临的理论困难和挑战也会超乎寻常,而处理拉兹的理论更是如此。众所周知,拉兹的核心理论主张自从 1975 年出版的《实践理由与权威》④一书以来经历了四十余年的发展,并且保持了高度的一致性,因而对于拉兹的讨论很难仅仅聚焦在其某一篇重要的文献或者著作中,而需要从其数以百计的文章里抽丝剥茧,厘清不同问题中拉兹所持有的一贯主张。再者,拉兹

② 例如,Joseph Raz, *The Morality of Freedom*, Oxford University Press, 1986, Ch. 5。

③ 例如,Joseph Raz, *Practical Reason and Norms*, Oxford University Press, 1999; Raz, *Engaging Reason*, Oxford University Press, 1999。

④ 拉兹最早于 1970 年出版了其《法律体系的概念》一书,但与本文讨论核心相关的论著应该是《实践理由与权威》。

烦琐和环环相扣的写作和论证风格使得对于他的理解难上加难,再加之其专著极少,讨论问题的主要渠道是通过论文和论文集的形式,因此许多的提炼或者统筹工作需要读者和研究者自行完成。

因而,无论从拉兹理论的重要性,抑或是讨论拉兹的困难程度而言,本书都是中文世界中一次难得的尝试和努力。本文将分两个部分来介绍和评论本书:首先,对本书进行重构式的介绍,这一重构围绕着"权威"概念将本书分成三个阶段——权威的上游概念、权威的证成以及权威的下游概念。当然这三个阶段的区分是比较粗略的,并且很难在一篇文章的范围之内给予本书公允的、完整的梳理,但是这一区分能够提纲挈领的对于作者的核心理论关照进行总结,并且这一三分在本书所展现的章节安排中也能够比较好的体现。第二部分的讨论则是对本书进行批判式的反思,发掘本书中所忽视或者缺漏的论证步骤,从而尝试对于拉兹研究以及本书可能需要进行的后续拓展展开讨论。同样,由于本书涉及拉兹理论的方方面面,因而,这部分的反思将只关注本人所认为最为重要的一环,也即拉兹的权威观究竟是不是提供了对于权威的证明,因为无论是在拉兹权威框架之下的延续,还是对于这一框架扬弃的尝试都无法绕开对于这一问题的考察。

二、理由、权威与来源

全书除去导论之外总共包含七章,如上文所述,这七章大致构成了三个阶段:

第一,权威的上游概念。这一部分主要由第一章"权威与理由:关于权威的一般理论"所构成。正如第一章的标题所表明的,权威的概念分析是在理由的框架下进行的,更准确地说是以拉兹关于实践理由的分析为基础的。法律作为权威性的指令通常会给其适用主体提供具有特殊性质的行为理由,或者借用哈特的观察:"法律在所有的时空中所具有之最为显著的一般性特征即是:其存在意味着,某些类型的人类举止不再是随意的(optional),而是在某种意义下具有义务性的(obligatory)。"⑤所以,对于法律权威性的分析需要

⑤ [英]H. L. A. 哈特:《法律的概念》(第2版),许家馨、李冠宜译,法律出版社2006年版,第6页。

对于法律所提供给行为人的理由的性质展开论述。

第二,权威的证成。这一部分直接关涉权威如何能够被正当化,以及权威所面临的挑战。因而,第二部分主要包含本书的第二章“政治权威与道德自主性:悖论及协调的可能性”以及第三章“再论‘权威与自主性’的悖论”。这两章将拉兹的权威理论放在来自于“自主”的质疑与批判的背景讨论之下,来反思拉兹对于权威的证明,以及权威如何能与自主共存。

第三,权威的下游概念。这一部分则是具体考察如果法律是具有权威性的规范体系,那么这种特殊的规范应当具有何种性质。我们可以将剩余的四章“来源命题的理论语境:基于‘分离命题’的考察”“权威命题与来源命题:拉兹关于来源命题的论证”“权威、共同善与内在观点”“权威、法理论与法律的概念分析”大致视为讨论法律的权威性的章节,而其中对于拉兹而言最为关键的则是权威为何必然导向“来源命题”的论证。

(一)理由与权威

哈特对于奥斯丁的命令理论进行反驳,并强调法律对于主体行为的引导功能。在拉兹的理论中,这种引导功能很明显是将法律规范作为行为人的实践理由来实现的。在日常生活中,有许多种考量为我们的行为提供理由或(和)动机:比如最常见的是道德理由,因而我们有理由不撒谎,遵守承诺等。而他人的经验或者在某一领域更多的见解也能够成为我们按照他人建议行为的理由,比如在学习驾驶的过程中,我们会把教练的指令当作如何行动的理由。那么对于拉兹来说,如何将法律规范所提供的理由与其他的行为理由相区分开来,也就成为了认定法律权威的性质最为关键的一步了。本书的第一章所要阐释的就是拉兹是如何确定法律、或者权威和理由的认定的问题,根据作者的总结,法律或者政治权威所发布的行为理由之所以不同于其他类型的规范,是因为它们提供的是“一种内容独立的与排他的行动理由”。⑥

简单来说,拉兹认为法律作为行为理由具有二阶的结构,因而被称为“被保护的理由”(protected reason),根据拉兹的表述:“规则和承诺是我所谓的被保护的理由,即行为人执行其承诺执行的行为或者完成被规则所要求的行为的理由,与不去依据特定理由行事的排除性理由的体系性的结合。”⑦所以,法

---

⑥ 第54~55、64页。

⑦ Joseph Raz, *Practical Reason and Norms*, Oxford University Press, 1999, p. 191.

律规范被视为被保护的理由就包含了两个部分:第一,法律规范本身是执行某种行为的一阶理由,比如如果一条法律规则 r 要求我 φ(φ 代表特定行为),那么 φ 被法律所要求本身就构成了我倾向于如此行为的一个考量,或者换句话说在决定要不要 φ 时,r 作为众多考量中支持我 φ 的一个理由;第二,也是争议更大的一部分在于拉兹认为法律规范不仅仅是一阶理由,同时也是二阶理由中的排他性理由。二阶理由并不是关乎行为本身的理由,而是依据或者不依据其他特定理由而行为的理由,其中否定其他特定理由的二阶理由即是拉兹所谓的排他性理由。因此,当法律规范为我 φ 行为提供了一个理由 r,那么 r 首先是我 φ 行为的一阶理由,同时 r 是排除其他反对 φ 行为的理由的二阶理由,而同时具备了这两个方面的理由 r 才能被称为被保护的理由,因为 r 中存在一个排除其他考量的二阶理由从而被"保护"起来。当我在决定是否要 φ 行为的时候,r 作为被保护的理由并不是通过其作为一阶理由的分量与其他的反对 φ 的一阶理由($r_1, r_2, \cdots, r_n$)的分量来进行衡量,而是将所有的($r_1, r_2, \cdots, r_n$)排除在我行为理由的考量之内,而使得法律作为理由具有了断然性的特点,排不排除($r_1, r_2, \cdots, r_n$)这些一阶理由不取决于行为人自己的判断。

据此,本书分析了法律规范为我们行为提供的理由所具有的独特的结构和特性,因而,在第二部分中作者所旨在表述的则是为何法律作为权威指令为我们提供的行为理由是被保护的理由,以及法律作为权威指令的正当性如何被建立。

(二)权威的服务观

本书的第二部分讨论的是政治权威如何能够被证成的问题,作者将这一讨论放在了权威与自主性的冲突这一背景讨论中展开。以 R. P. 沃尔夫(R. P. Wolff)为代表的哲学无政府主义者在 20 世纪 70 年代认为由于合法性的建立必然会损害个体的自主,因而权威和个体自主之间不可调和的冲突使权威无法被合法化。根据沃尔夫的论证,国家最重要的特性是权威,也即治理的权利;个体最首要的义务是自主的义务,因而"只要一个人兑现自己的义务,自己为自己做出各种决定,那么他将反对国家宣称拥有凌驾于他之上的权威。如此观之,无政府主义似乎是唯一能够与自主性相融合的政治主张。"⑧

⑧ Robert Paul Wolff, *In Defense of Anarchism*, Harper & Row, 1970, p. 18.

因此,作者在第三和第四章中都将权威如何容纳自主性,从而回应沃尔夫的挑战视为权威证明中绕不开的任务,但是拉兹在证明讨论权威和自主时似乎并没有将哲学无政府主义者视为其所面临的最重要的挑战,而是将包括约翰·罗尔斯(John Rawls)在内的支持国家中立性从而反对至善主义的自由主义者作为了他理论中最为重要的反对者。非常粗略的来说,拉兹认为合法权威不仅仅不必然损害个体的自由和自主性,反而自主性需要通过合法权威予以保障,因为拉兹对自由和自主性采纳了至善主义的建构。拉兹认为:“自主性只可能存在于各种约束的框架之下。完全自主的个人是不可能的”,⑨因而在理想化的自由国家中政治强制,政治权威都是完全能与自由和自主性相融的:“因为个体在自由国家被保证了足够的政治参与权并且这样的国家被表达对于个体自主性关切的公共道德所指引,因此它的强制性措施并不代表对于个体自主性的侵犯。强制是以对个体自主性的尊重而并非反之为初衷,这是常识。毕竟强制可以真切的为被强制者好,甚至被他们所寻找。”⑩因此,政治权威不仅不与个体自主相悖,反而能够更好的保障自主,基于这一基本立场,我们可以更清楚的理解权威的服务观何以能置于这一立场之内。

拉兹对于权威的证明包含三个命题:

断然性命题(The Preemption Thesis):权威要求某一行为的执行是如此行为的理由,这一理由并不是在衡量如何行为是附加到别的相关理由之上,而应该排除和取代它们中的一些这一事实。⑪

依赖命题(The Dependent Thesis):所有的权威指令都应当基于已然独立适用于指令主体,并且与指令所管辖的情况下的行为相关的理由之上。⑫

通常正当化命题(The Normal Justification Thesis, NJT):通常认定一个人对于另一个人具有权威的方式是表明如果后者接受宣称的权威发布的指令为权威性有效的并且试图遵守它们,而不是试图遵守直接适用于他的理由时,该主体很可能会更好的遵循适用于他的理由(而不是宣称的权威指令)。⑬

---

⑨ Joseph Raz, *The Morality of Freedom*, Oxford University Press, 1986, p. 155.

⑩ Joseph Raz, *The Morality of Freedom*, Oxford University Press, 1986, pp. 156 – 157.

⑪ Joseph Raz, *The Morality of Freedom*, Oxford University Press, 1986, p. 46.

⑫ Joseph Raz, *The Morality of Freedom*, Oxford University Press, 1986, p. 47.

⑬ Joseph Raz, *The Morality of Freedom*, Oxford University Press, 1986, p. 53;本书中作者将断然性命题和通常正当化命题分别翻译为“优先命题”和“常规证成命题”,第96~98页。

这三个命题对于拉兹的权威理论而言不仅仅是对于权威概念的说明,同时后两个命题组成了对于权威证明的规范论证,也即拉兹所说的权威的“服务观”(the service conception)。[14] 在本书的第一部分阐述了拉兹认定政治权威提供的实践理由所具有的排他性质,而这一理由的基本特性体现在权威的断然性命题,因为一旦法律作为权威指令要求我们做出某一行为,那么这一指令不仅是我们如此行为的理由,并且排除了我们其他反对这样做的理由。而之所以拉兹将其权威观认定为“服务观”是因为一旦我们将依赖命题和NJT结合起来理解权威,那么权威不仅仅不是为了限制我们的自由和自主性而被证明的,反而是为了促进我们更好的达成自主,因为首先权威并不创制新的行为理由,而是基于已经适用于行为的理由,并且如果行为人跟随权威的指令,他/她在通常情况下很可能会更好的遵循这些既有的理由,因而,权威对于拉兹而言是为了服务行为人更好的遵循他们自己的行为理由。所以,假设行驶安全是你在驾驶中所既有的行为理由,那么遵守国家的交通法规诸如遵守红绿灯,不超速,系安全带等都可以更好的帮助你遵循行驶安全的这一理由,因而国家通过NJT证明了其相应合法权威的存在。所以,拉兹对于权威分析的出发点是将权威的功能视为“调节人们与适用于他们的正当理由”。[15]

(三)权威与来源

处理了权威所提供的理由的性质,以及权威的证明之后,本书最终的部分讨论了政治权威在法律中应当呈现出何种性质,或者说拉兹的法理论必然采取何种命题来反应法作为权威指令的根本性质。这一部分包括了本书剩余的四章,从篇幅上而言是本书讨论最为深入和细致的部分。作者从法实证主义的“分离命题”开始谈起,讨论了法实证主义与德沃金的分歧,包容实证主义与排他实证主义的分歧,以及约翰·菲尼斯(John Finnis)的共同善和权威的论证,但本文仍然只重点关注拉兹的排他实证主义如何与前两部分关于理由和权威证明相关联的部分,其中最重要的自然是拉兹的来源命题。

拉兹认为法律必然主张或者宣称合法权威,而如果法律作为权威指令应当具有二阶理由的性质,并且符合权威的断然性命题,那么当我们在决定如

---

⑭ See Joseph Raz, *The Morality of Freedom*, Oxford University Press, 1986, p. 63.

⑮ Joseph Raz, "Authority, Law, and Morality", in his *Ethics in the Public Domain*, Clarendon Press, 1994, p. 214.

何行为时，我们对于什么是法律什么不是法律就不应当加入自己的道德或者价值判断，而仅仅应当援引相应的社会事实来确定相关法律是否存在，以及其内容。这也使拉兹必然会主张他所谓的“来源命题”（the source thesis），拉兹对于这一命题的官方表述是这样的：

如果一部法律的内容及其存在能够在不使用道德论辩的情况下就能够确定，那么这条法律就是有来源的。一部法律的来源是该法律依此有效力并且识别其内容的社会事实。“来源”在此比建立法律效力的“形式来源”要更广泛（一条法律规则的形式来源可能是一部或者几部议会立法，以及一个或更多的判例）。此处所使用的“来源”包含“解释性来源”，也即所有相关的解释性材料。因此，一部法律的来源绝不是单一的立法法案，而是一系列各种种类的事实。⑯

因而，当我们对是否采取 φ 这一行为的理由进行考量时，如果存在能够确定支持 φ 行为的法律规范 r 存在，并且能够识别 r 的内容，那么我们可以说 r 要求 φ 这一法律是存在来源的，因而 r 构成我们 φ 的实践理由，无须去探讨 φ 这一行为本身的道德对错，或针对这一行为做出价值判断。正如同作者总结的，拉兹的来源命题构成了社会事实的“双重限制”：“第一，合法律性判准的存在是一个社会事实问题；第二，合法律性判准的内容也是一个社会事实问题，即必须拥有来源。”⑰所以拉兹的来源命题是其理由的一般理论以及权威的证明一以贯之在法理论领域的必然立场，这也是为何在上文中我提到拉兹的理论保持了高度的一致性。

通过对于本书三个部分的梳理和反思，我们可以得出从理由到权威到来源这样一条清晰，并且忠实于拉兹权威理论建构的主线，并且在这条主线中，作者提供了大量细致和复杂的材料来为拉兹的理论提供一个尽可能全面的复盘。在本文接下来的第三部分，我将简单的论述我认为本书中遗漏或者说本书后续性研究中可能需要讨论的方向，而该部分关注的重点仍然是拉兹的权威理论。

---

⑯ Joseph Raz, “Legal Positivism and the Sources of Law”, in his *The Authority of Law*（*Second Edition*）, Oxford University Press, 2009, pp. 47 – 48.

⑰ 第 186 ~ 187 页。

三、遗漏的讨论

本书贯穿始终的主题是拉兹的权威理论，作者对于权威的服务观念和NJT反思性的讨论主要是通过探讨拉兹与其理论反对者的讨论来进行的，例如，作者讨论了来自斯科特·夏皮罗（Scott Shapiro）对于拉兹NJT的批评，[18]海蒂·赫德（Heidi Hurd）对于NJT不理性的批评，[19]以及拉里·亚历山大（Larry Alexander）对于排他性理由的评判。[20] 但是这种以特定学者的批评为线索的讨论方式可能存在的问题是作者需要交代为何在论证中选择的是某一学者的理论或者批评，或者说这种选取为何不仅仅是偶然性的，而是拉兹的理论所必然需要回应的问题。否则，选取某一特定批评或者某一特定学者的论述的同时可能遗漏掉的是更多其他的反对意见，而本篇书评在这一部分所提供的就是作者在本书中没有处理的两种对于拉兹的批评，其中一种是否定法律作为权威指令具有二阶理由的结构，另一种则是否定NJT和权威的服务观能够创造权威。之所以考虑这两个对于拉兹的批评是因为在我看来这是拉兹权威理论所遇到的最根本的挑战，也是拉兹目前没有能够成功回应的挑战，因而，无论作者后续要辩护或者扬弃拉兹关于法律权威性的框架，这两种批评可能都需要纳入讨论之中。

（一）二阶理由，抑或重复计数？

在拉兹看来，法律作为权威指令为我们的行为提供实践理由，并且这一理由具有二阶的结构：首先，它和其他行为理由一样，是我们去做某件事情的一阶理由；其次，它是排除我们依照其他理由而行为的二阶理由，即排他性理由。这样一个二阶结构构成的被保护的理由在我们行为中具有断然性，而且二阶理由纳入考虑的理由是依赖于本身独立适用于我们的各种一阶理由，也即拉兹的依赖命题。但是克里斯托弗·埃瑟特（Christopher Essert）认为，一旦我们考虑二阶理由所要排除的一阶理由范围，以及依赖命题的立场，那么拉兹的二阶理由就将面临这样两难的境地：要么二阶理由将会排除掉我们行为

---

⑱ 第103～117页。

⑲ 第228～230页

⑳ 第231～236页。

所依赖的一阶理由,要么二阶理由实际上只是重复计算了一阶理由,并不存在排他性的二阶结构。[21] 如果拉兹理由的二阶结构并不存在,那么从根本上我们就需要重新审视其权威的论证,比如依赖命题的合理性,或者断然性命题能否被证明,因而,本小节将简单的介绍埃瑟特关于拉兹二阶理由的批评。

为了方便讨论,我们以拉兹的仲裁者的例子为切入点:假设A、B两人因为争议而请求仲裁者C来决定他们应该如何行为,而C的管辖权只能考虑已经独立适用于A和B的理由,也即依赖性理由。如果此时C认为A、B应当采取行为φ,那么A、B做出φ行为的理由就仅仅是因为C如此决定,并且C的决定是基于对于依赖性理由的反思和综合。[22] 此时,C的决定就构成了φ的二阶理由R_1:首先,R_1成了A、B做出φ的一阶理由;其次,R_1排除了A、B依据其他理由行为的情况。然而,埃瑟特认为,我们需要考虑R_1这一二阶理由所排除的依赖性理由中究竟包不包括支持A、B去φ行为的一阶、依赖性理由,也即二阶理由排除理由的范围问题,但是他认为,无论我们认定拉兹的二阶理由排除或者不排除支持φ的理由,两种可能性都会使得这一二阶框架都会遇到困难。

一方面,假设R_1也排除A、B本来所具有的支持φ行为的一阶理由。[23]那么此时R_1所排除的理由不仅仅是反对φ的一阶理由,同时也包括独立适用于A、B的支持φ的一阶理由,因而R_1排除的是所有的依赖性理由,而此时权威为φ创造了一个新的行为理由,也即R_1的一阶面向。我们假设当这样一个新的理由(R_1的一阶面向)与其他的非依赖性理由相比较仍然是更有分量的,那么A、B就应当采取φ这一行为。但如果我们现在反思为何A、B应该φ,或者他们φ的理由是什么,会出现这样的情况:"虽然他们应该φ,但是他们应该φ的理由却并非基于任何依赖性的理由。但这样考虑的话,我们得到了一

---

[21] Christopher Essert,"A Dilemma for Protected Reasons," *Law and Philosophy*,31(2012),pp. 59-60.

[22] Joseph Raz, *The Morality of Freedom*,Oxford University Press,1986,p. 41.

[23] 埃瑟特提供了拉兹早期的一段论述支撑排除所有一阶理由的解读:"In deciding whether one ought to obey the authority' s directive, one ought to exclude all the reasons both for and against paying the required sum which were within the jurisdiction of the authority. One ought to weigh the directive in the balance with whatever reasons for or against the act it requires are outside the authority's jurisdiction." Joseph Raz, *Practical Reason and Norms*, Oxford University Press, 1999, p. 192. 同见 Joseph Raz,"Facing Up: A Reply", *Southern California Law Review* 62(1988-1989), pp. 1153-1235。

个非常奇怪的结论。φ 的依赖性理由正是仲裁者要求仲裁双方 φ 行为所纳入考虑的理由，正是仲裁者决定所应当依赖的根据。”㉔所以，此时仲裁双方 φ 的唯一有效的理由变为了 R_1 的一阶面向，却不能依据他们既有的支持 φ 的其他理由而行为，但这一结论似乎是反常识的，因为虽然法律给予了我们权威性的指令，比如在高速上开车不得超过 120 公里/每小时，但是我们不超速的理由似乎仍然不只是因为法律如此规定了，其他的依赖性理由（安全、效率、对罚款扣分的畏惧）都是我们这样做的有效一阶理由。因此，二阶理由所面临两难的第一面向是这一分析不符合我们行为的常态。

另一方面，假设 R_1 不排除 A、B 本来所具有的支持 φ 行为的一阶理由。㉕那么此时，R_1 排除的一阶理由仅仅是反对仲裁双方 φ 的一阶理由，其他支持 φ 行为的考量（$R_2, R_3, \cdots, R_n$）仍然是有效的。根据依赖命题，仲裁者 C 做出 A、B 应当 φ 这一决定的考虑正是基于（$R_2, R_3, \cdots, R_n$）这些与决定相一致的依赖性理由，而此时当裁决做出之后 A、B 采取 φ 行为的理由来自两个不同的来源，既有的一阶理由（$R_2, R_3, \cdots, R_n$），以及裁决所创立的受保护的理由 R_1 的一阶面向。然而，R_1 一阶面向的分量却正来自于（$R_2, R_3, \cdots, R_n$），因而，这些理由似乎被计算了两次。那么，此时法律规范给我们的行为理由并不具有排他性，而是因为重复计算依赖性的一阶理由而使得权威性的理由具有体系化的分量上的优势。㉖ 但是，这一结论显然会使得拉兹的权威理论丧失掉其最有力的吸引点之一，也即在实践中，我们往往应当遵守法律、义务、或者

㉔ Christopher Essert, “A Dilemma for Protected Reasons”, *Law and Philosophy*, 31(2012): 61.

㉕ 埃瑟特认为拉兹较近的论述支持了第二种解读，也即排除的理由不包括同样支持 φ 的一阶理由：“A binding authoritative directive is not only a reason for behaving as it directs, but also an exclusionary reason, that is, a reason for not following (i. e., not acting for) reasons that conflict with the rule. That is how authoritative directives preempt. They exclude reliance on conflicting reasons, not all conflicting reasons, but those that the lawmaker was meant to consider before issuing the directive. These exclusionary reasons do not, of course, exclude relying on reasons for behaving in the same way as the directive requires. Think about it: authority improves our conformity with reason by overriding what we would do without it, when doing so would not conform to reason. So, assuming that it is entirely successful in its task, it need not and does not stop us from following the reasons on the winning side of an argument. It must, however, if it is to improve our conformity with reason, override our inclination to follow reasons on the losing side of the argument. Hence the preemption excludes only reasons that conflict with the authority's directive.” Joseph Raz, “The Problem of Authority: Revisiting the Service Conception”, in his *Between Authority and Interpretation*, Oxford University Press, 2009, p. 144.

㉖ Christopher Essert, “A Dilemma for Protected Reasons”, *Law and Philosophy*, 31(2012), p. 67.

其他宣称权威的规范,即使我们有很好的理由不去这样做,因为拉兹的权威的服务观正好说明了如果我们不是遵循自己的理性,依据自己的理由而行为的情况下,我们遵从权威的理由反而能够更好的遵循我们的理由。㉗ 但一旦权威的指令仅仅是我们既有一阶理由的重复计算,拉兹理论的这一特点将会消失,而这是埃瑟特认为二阶理由所遇到两难境地的另外一个面向。

如果拉兹的关于理由的一般理论并不能从最根本上回应以上的挑战,那么很有可能会产生牵一发而动全身的效果,也即他关于权威的论证或者法理论的论证都会相应地遭受质疑。本文在此提出埃瑟特的这一二阶理由两难的挑战,并非试图评判拉兹的权威理论一定会遭受这一挑战的冲击,㉘而仅仅试图表明,如果本书需要继续辩护拉兹的立场,那么仍然需要对于理由的一般理论的根本性的质疑给出回应。

(二)背景义务的缺失

在我看来,另外一个本书遗漏的对拉兹权威理论的重大挑战是否认 NJT 能够创制权威。根据 NJT,如果跟随某一宣称权威的指令我们更可能更好的遵循既有的理由,那么这一权威就为我们创制了义务、或者说具有断然性的行为理由。但是,即使满足拉兹权威的三个命题,某一所谓的权威仍然无法切实的为我们施加义务:比如卫生部发布了一条戒烟的公益广告,出于对自己健康的考虑,我有理由将卫生部的建议视为权威,因而将戒烟视为自己有义务去做的事情,但是,关键问题在于将建议"视为"断然性理由等同于这一建议是我如此做的断然性理由吗?再假设上海市政府发布了地方法规宣布本市室内公共场合一律禁烟,此时我似乎又切实有了不在公共室内场合抽烟的义务。达沃尔认为导致这一情况的原因在于,拉兹忽视了以下三个命题相互推导所存在的缝隙:

Ⅰ.如果 B 将 A 的指令视为给他施加断然性理由,B 将更好的遵循自己的理由;

Ⅱ.B 有理由将 A 的指令视为给他施加了断然性理由;

㉗ Christopher Essert,"A Dilemma for Protected Reasons", *Law and Philosophy*, 31(2012), p. 68.

㉘ 事实上,埃瑟特也尝试给予拉兹的两难境地以出路,而他的方案是规范不应当具有一阶理由的性质。Christopher Essert,"A Dilemma for Protected Reasons", *Law and Philosophy*, 31(2012), pp. 73 – 75.

Ⅲ. A 的指令确实给 B 施加了断然性理由。㉙

如果 NJT 是正确的，那么我们可以认为从Ⅰ能够得出Ⅱ，但是仍然不能从Ⅱ推导出Ⅲ。我们可以通过拉兹自己所举的“中餐权威”的例子更清楚的说明为何Ⅱ不能确保Ⅲ的推出：

中餐权威：A 具有十分高超的中餐技艺，如果 B 和 C 跟随 A 的指令来烹饪中餐，那么 B 和 C 的中餐烹饪技巧也能够得到大幅度提高。B 对提高自己的烹饪技巧并没有任何兴趣，因而 A 无法建立对 B 的权威；但是 C 唯一的目的就是制作出他力所能及的最美妙的中餐，那么依据拉兹的 NJT，A 的指令就成为了 C 的断然性理由。㉚

B 和 C 的不同是因为加入了 C 的目标与 A 的权威相关这一变量，但是即使如此 A 仍然没有实际为 C 施加断然性理由或者义务的权利。达沃尔认为，即使 C 拒绝听从 A 的指令会显得很愚昧，或者不理性，但是考虑到拉兹的实践权威并不仅仅是给予建议，而是建立起 A 对 C 施加断然性理由的权利，仅仅基于 NJT 显然是无法达到的，因为 A 并不具有任何服从 C 的指令的义务。最恰当的解释仍然是 C 有理由按照 A 的指令行事，仿佛 A 具有权威一样。㉛

而之所拉兹的 NJT 无法填补从“有理由将 A 视为权威”与“A 是权威”之间的缝隙是因为这一证明中缺少了对于背景义务的论证。换言之，只有当存在背景义务要求我们将某种事物、组织或者人视为权威时，它才真切的拥有权威，在事实上给我们施加义务或者断然性理由。㉜ 我们同样能够通过事例来凸显背景义务参与权威的建立：

危险品运输权威：A 在城市中从事危险化学品运输的工作，因而如果其操作不当有可能对普通市民的人身安全造成损害。A 的朋友 B 取得了化学专业的博士学位，因而在如何安全运输化学品上具有专家技能。假设 B 告知 A 应当 φ，那么此时 B 的告知对于 A 来说不仅仅是建议，更是他实际应当遵

㉙ Stephen Darwall, "Authority and Reasons: Exclusionary and Second-Personal", *Ethics*, 120 (2010): 269.

㉚ Joseph Raz, *The Morality of Freedom*, Oxford University Press, 1986, p. 64.

㉛ Stephen Darwall, "Authority and Second-Personal Reasons for Acting", in *Reasons for Action*, edited by David Sobel and Steven Wall, Cambridge University Press, 2009, p. 151; Scott Hershovitz, "The Role of Authority", *Philosophers' Imprint*, 11 (2011), pp. 7 - 9.

㉜ Stephen Darwall, "Authority and Reasons: Exclusionary and Second-Personal", *Ethics*, 120 (2010), pp. 259, 275.

循的义务。[33]

与“中餐权威”中相同的是,两个事例中的宣称权威都具有某一领域超过其他人的知识和技能,而不同的是中餐权威中没有人存在必须做出精良的中餐的背景义务,而危险品运输中却存在着对于他人安全考量的这一道德义务。因此,“无论何时[A]在运输危险物品时,[A]有理由遵从[B]强制的、绝对的指令,而这足以构建[A]遵守这些指令的道德义务。而如果[A]有服从这些指令的道德义务,这也足以建立起[B]发布这些指令的合法权威。”[34]

因此,拉兹的 NJT 如果不能够提供关于背景义务的说明,他的权威理论将不足以为权威提供证明,或者他的三个命题不能构成建立权威的充分条件。这一挑战对拉兹的理论框架而言也是根本性的,直指其证明权威的根基,并且这一挑战对拉兹来说也并不容易化解,因为他不只在一处否认存在一个一般性的服从法律的道德义务。[35] 如果我们没有这一背景性的道德义务,法律将不能切实的给人们施加义务,创设断然性理由,而仅仅是有理由将法律视为具有权威,仿佛能够给我们施加义务。这一结论显然是拉兹所不能接受的。

如前文提到的,本文选取了否认权威指令具有二阶性和否认 NJT 能够创造权威这两个对拉兹的批评是因为其根本性,也即当我们在讨论拉兹的法律的权威性时很难绕过的两种批评,因而这两个批评也为本书的拓展提供了可能的方向。

四、结语

本篇书评讨论了本书的理论意义和难度,论述的框架和逻辑,以及可能

---

[33] Stephen Perry,“Political Authority and Political Obligation”,in *Oxford Studies in Philosophy of Law*: *Volume* 2,edited by Leslie Green and Brian Leiter,Oxford University Press,2013,p. 44.

[34] Stephen Perry,“Political Authority and Political Obligation”,in *Oxford Studies in Philosophy of Law*: *Volume* 2,edited by Leslie Green and Brian Leiter,Oxford University Press,2013,p. 45.

[35] 例如,Joseph Raz,“The Obligation to Obey the Law”,in his *The Authority of Law*(*Second Edition*), Oxford University Press, 2009, p. 241; Joseph Raz, *The Morality of Freedom*, Oxford University Press,1986,pp. 66 – 67。

存在的遗漏和拓展的可能，但这并不是整本书所包含的全部内容，而仅仅选取了笔者所关注的片段。正如书中所提到的，拉兹对于法哲学和政治哲学（或许也应当包括伦理学）所做出的最大的理论贡献就是他的权威理论。[36] 而本书正以这样一个理论意义深远的主题为切入点反思拉兹，并且无论是从对拉兹理论不同领域中一以贯之的理论主张的整体把握，围绕拉兹具体论证和批评的展开，抑或是对拉兹汗牛充栋的研究文献的理解和分析都是国内少见的对拉兹理论的可靠参考。

㊱ 第338页。

国家与法治研究　第1卷(2018)
第266～285页

重思服务性权威观与描述性法理学

——对《法律的权威性》的批判性反思

沈宏彬*

导　论

“国家赫然一怒，你就必须畏惧，对他愈益谦让、愈益奉承，过于对父母。能谏则谏，否则遵命，命之受苦则受苦，毫无怨言，——或鞭笞，或监禁，甚至负伤或效死疆场。令则必行，无不正当，不得退避，不得弃职。”①

这段苏格拉底在《克利同》中的话，形象鲜明地刻画了法律的权威在实践中的基本特征。其中，最后一句“令则必行，无不正当，不得退避，不得弃职”，更是直接指出了，法律权威的指令对我们构成了一项正当的义务性理由，我们不能随意回避和放弃。从日常的社会生活看，法律所具有的这种权威性是全面的和至上的，即对几乎所有的社会事务具有做出最终定论的权威。因此，美国著名的汉德法官曾说，他对诉讼的恐惧胜过死亡和纳税。②

---

* 沈宏彬，华东政法大学科学研究院助理研究员。

① [古希腊]柏拉图：《游叙弗伦 苏格拉底的申辩 克利同》，严群译，商务印书馆1999年版，第108页。

② 参见[美]罗纳德·德沃金：《法律帝国》，李冠宜译，时英出版社2002年版，第2页。

当然,也正是因为法律权威的这一实践特征,对我们提出了一个棘手的难题。为什么法律的指令能够对我们提供一项义务性的要求呢?如果是因为指令的内容具有合理性,那么真正激发行动的是指令的内容,法律权威只是告诉了我们一个本来就该去做的事情。这样,权威在实践推理中就不会造成任何实践差异,这会使权威变得冗余。而要摆脱这种局面,似乎我们就不得不主张,即便法律权威的指令是不合理的,我们依然有正当的义务如此行动。但这等于赋予法律权威一种"神奇"的能力,使它能够让我们有义务去做一件不合理的事。这就使法律变得难以理解。由此足见法律权威在实践和理论上造成的困难。

从既有的讨论看,约瑟夫·拉兹(Joseph Rax)所提出的权威的服务观念,被广泛视为到目前为止最具理论说服力的权威理论。对法律权威性质的讨论,基本都是围绕这种观念来展开。本文所评介的《法律的权威性》一书,就是这样一本通过检讨拉兹理论,全面分析法律权威性质的著作。本书的作者朱振博士,现任职于吉林大学法学院,其主要的研究领域是法律的性质、权利理论等。这本著作应该说是朱振博士近些年来对法律权威性质探索工作的集大成——作者在这本书的后记中写道,这本书的阅读、思考和写作过程前后长达十余年时间,足见作者对这本书倾注的心力。

《法律的权威性》这本书是由上海三联书店于 2016 年 11 月出版。除去导论和结论部分,全书的正文分为七个章节。从结构上,我们可将这七章分为三个部分。第一部分是第一章,其中说明了本书对权威分析的基本路径和框架,即"用理由这个概念来分析实践权威的性质"。第二部分包含第二章至第六章内容,其中以拉兹的权威理论为轴心,讨论了与之相关的实质性的理论议题,如正当权威的证成、社会事实命题与分离命题等。第三部分则由第七章单独构成,这一部分讨论的是"和权威论有关的方法论问题",即概念分析方法。

作为一篇哲学书评,本文并不打算复述这本著作论证的各个细节,而是打算以一种批判性对话的策略进行评介:既然本书是通过检讨拉兹的权威理论来检视法律权威的性质,那么本文同样将以拉兹的理论为讨论的起点,批判性地反省作者对拉兹的批评是否合理。我将说明,作者在实质观点和方法论上对拉兹理论提出的批评都很难说取得了成功。为了说明这一结论,本文主要分为三个部分。在第一部分中,我将对拉兹的核心主张做简单的复述和重构,以作为后文讨论的基础。第二、三部分,我将分别检讨作者对拉兹理论在实质上和方法上提出的批评。

一、一个简要的回顾

(一)服务性权威观

正如作者所提到的,拉兹主要是借助行动理由的概念,通过思考法律在实践推理中的位置和角色,来说明法律的性质。拉兹主张,从实践上说,法律最基本的特征是,它扮演了一种事实权威的角色,必然主张自己拥有正当权威。③ 这就是说,主张自己有能力凭借自己的意志,向民众施加义务性的要求,即当它要求了什么,那么这一要求就会因此变成人们的义务。正是由于上述实践特征,使得法律在概念上得以区别于纯粹的强制和道德要求。而要充分理解法律的性质,就必须说明在何种条件下法律能够获得正当权威,使其能够通过自己的意志,向他人施加义务性要求。拉兹用以回答这一核心问题的观念,被其称为"服务性权威观"。这种观念主要包含以下三个命题:

(1)依赖性命题(The Dependence Thesis):所有的权威性指令都应该以那些适用于其受众的理由为基础(当然也依赖其他的因素),这些理由与指令所指向的具体情境有关系。我们称这些理由为依赖性理由。

(2)通常证立命题(The Normal Justification Thesis):一个人被认定为对他人拥有权威最通常、最主要的方式:假如该权威的受众接受该权威性指令具有约束力,并试图去遵循该指令,而不是遵循那些直接适用于他的理由,那么,该权威就是遵循了对他来说更为充分的行动理由(而不是只遵循了该权威性指令)。

(3)优先性命题(The Preemption Thesis):"权威要求履行某种行为"这一事实本身就构成实施这种行为的一个理由,在估量如何去行动的时候,这个理由不是附加到其他相关理由之后的,而是用来替代那些相关理由的。④

③ [英]约瑟夫·拉兹:《法律、权威与道德》,刘叶深译,载《法哲学与法社会学论丛》2007年第2期,第49~51页。

④ [英]约瑟夫·拉兹:《法律、权威与道德》,刘叶深译,载《法哲学与法社会学论丛》2007年第2期,第48~49页。

按照拉兹的解释，前两个命题共同刻画了一种权威的服务观念。在这种观念下，权威扮演了行动者和适用于他的正确理由之间的中介。这就是说，行动者遵循权威的指令，在根本上说将会更好地遵循那些他本该去遵循的理由。权威成功地发挥这种中介作用，也就使其获得了正当性辩护。最后一个命题则说明了当权威成功满足上述两项命题的要求时，我们对待权威性指令的实践态度，即不再权衡该指令内容的合理性，而是直接将其视为应当遵循的正确要求。从实践上说，排除人们对内容合理性的权衡，直接对人们的行动构成约束，这是义务才具有的实践特征，因此优先性命题实际上就要求我们将正当权威的指令，视为自己的义务。⑤

格林(Leslie Green)主张，服务性权威观中的前两个命题并不能充分推导出第三个命题。他举例说，我想通过投资股市赚一笔钱，但我自己对股票投资一无所知。此时，直接遵循资深股票投资师 A 的指令，显然能让我更好地实现"赚钱"这一自我设定的目标。这样，A 就满足了服务性权威观前两个命题的要求，按照这种观念，A 的指令就是我的义务。然而，这个主张显然与我们的基本直觉相冲突。我们不会认为，如果 A 要求我在今天买入 X 股，而我因为种种考虑没有这样做，这本身构成了一个与违背自己承诺一样的道德错误。相反，这根本不构成任何错误。之所以忽视 A 的指令不构成错误，是因为从根本上来说，我自己设定的"从股市中赚钱"本身就不是一项义务，而只是一个普通的理由，因此即便 A 的指令能更好地让我赚钱，他的指令也不构成我的义务。这里我们可以总结为，刻画权威的"理由进 - 义务出"模式是不合理的。与之相对，只有依赖性理由本身对我们提出的是义务性要求，那么满足通常证立命题之权威发布的指令，才会被视为我们的义务。这种合理的模式我们可称为"义务进 - 义务出"。

拉兹接受了格林的上述批评。他在之后的一篇文章中，引入了所谓"独立性条件"来限制服务性权威观。他指出，在某件事上只有当"做出正确行动"是一项义务性要求，比"自己做决定"更重要时，如果一个人的指令符合通常证立命题的要求，那么他的指令才会被合理视为一项义务。换言之，拉兹

⑤ [英]约瑟夫·拉兹：《法律、权威与道德》，刘叶深译，载《法哲学与法社会学论丛》2007 年第 2 期，第 49 页。

通过加入"独立性条件",事实上接受了"义务进-义务出"的权威运行模式。⑥

一些学者认为,这种模式似乎会使实践权威退化为一种认识论装置,只是忠实报到和反映我们本已经有义务去做的事情。既然这些事是我们本来就该去做的,那么权威通过其意志发布的指令,就没有产生任何实践差异,权威就变得可有可无。但这种观点忽视了"需要权威的理由"和"为具体权威性指令辩护的理由"这两者之间的不同。拉兹指出,这两种理由之间在辩护上是不透明的,不具有可传递性。这种不透明性,确保了在"义务进-义务出"的模式下,实践权威不至于变得冗余。⑦ 限于篇幅,对这一点的说明,我将与服务性权威观如何说明法律权威的正当性结合起来。

服务性权威观是对实践权威如何正当化的回答,而法律权威是社会中存在的各种实践权威形式的一种,因此拉兹必须回答服务性权威观是如何具体正当化法律权威的。在《自由的道德》中,拉兹指出了权威可能带来的几种优势。⑧ 这些优势毫无疑问使人们有理由承认,在很多情况下直接遵循权威的指令,能够使自己更好地遵循那些本来就该自己去遵循的理由。但拉兹在《法律的权威》一书中指出,法律权威具有全面性和至上性两个实践特征,即法律对社会生活绝大多数议题,都具有终局性的权威地位。而绝大多数法律所处理的争议性议题,都是道德议题。在道德议题上,拉兹所提出的很多实践权威所带来的好处都不适用,例如,在道德议题上,我们不认为存在道德专家,因此法律权威无法通过主张自己总能做出更正确的道德判断,而使其满足通常证立命题的要求;同时,道德议题总是那些和一个人好生活存在根本关联的议题,因此人们不会为了解决权衡精力等琐碎的理由,放弃自己在道德问题上的看法。

在我看来,拉兹主要是指出法律权威在组织政治社群上具有的独特优势,这种独特优势能够帮助法律权威满足服务性权威观中通常证立命题的要求。概言之,在政治社群的公共生活中,人们对各种政治价值的重要性排序

---

⑥ Joseph Raz,"The Problem of Authority:Revisiting the Service Conception", in his *Between Authority and Interpretation*, Oxford University Press, 2009, p. 137.

⑦ Joseph Raz,"Reasoning with Rules", in his *Between Authority and Interpretation*, Oxford University Press, 2009, p. 205.

⑧ Joseph Raz, *The Morality of Freedom*, Oxford University Press, 1986, p. 75.

存在合理分歧，这导致我们在各种实质道德议题上也持有不同的合理看法。但与此同时，我们普遍承认，政治社群中的公共生活，对每个人的好生活而言都具有重要的意义。这样，人们因为对政治价值重要性排序发生的合理分歧，就会对构建共同的政治生活造成严重的障碍。每个人都运用自己的理性，按照自己的价值排序裁断公共事务，但这显然会招致其他人的合理反对，这导致公共生活共同遵循的行动标准无从建立。而无法展开公共生活，这对每个人的好生活来说，都构成了重大的损失。

法律权威正是在解决这个难题上做出了贡献，因而有可能获得通常证立命题的辩护。人们在公共生活中引入法律，实际上是引入了一组道德分工。法律官员获得了做出公共决定的权利，而民众则服从官员做出的决定。法律官员通过自己的意志，确定一组特定的政治价值排序，并由此构建起一个政治社群的合作框架。这样，人们因为对深层价值重要性排序的分歧，就会被官员的意志和决定阻隔在政治生活之外，不会影响到确立公共的政治价值排序与合作框架。此时，人们会因为"这是法律所确定的框架"这个事实——不是因为"这组价值序列与我对价值重要性的看法保持一致"这个在政治社群中不可能的事实——去遵守法律的规定。这样，政治社群就有可能被建立起来。既然政治社群中的公共生活对每个人的好生活而言都是重要的，那么直接遵循法律的指令，就能够让行动者更好地遵循"加入政治社群"这个他自己本来就有理由去做的事情。这样，法律权威就有可能合理地获得通常证立命题的辩护。

上述论证满足了"义务进－义务出"的基本模式，但并没有导致法律权威变得冗余。这其中最重要的理由是，输入端的义务("你必须参加政治社群")和输出端的义务(法律的各种具体规定)之间并不具有辩护的可传递性。输入端的义务支持了我们加入政治社群，服从法律的规定，但法律具体做出何种规定却不能直接获得该理由的辩护，法律可以规定 A，也可以规定－A。A 和－A 在法律作出规定之前，都是普通的理由。法律通过其意志，使其从普通的理由变为义务性的要求。

事实上，拉兹在引入排他性理由以说明权威性指令的性质时，其深意就在于注意到实践推理的层次性。我们不仅拥有直接决定如何行动的一阶理由，也拥有让某个人做出行动决定，从而避免自己直接作出决定的二阶理由。输入端的义务，实际上是一个二阶性的义务，即我们有义务排除自己对公共行动的看法,将决定权交给他人;输出端的义务则是一种复合结构的理由,其中它依旧包括了上述二阶性的排他性要求,同时也包含了一个直接指示如何行动的一阶理由,这个理由就是法律权威通过自己的意志,从普通理由转化而来的义务性要求。拉兹将这种复合结构的理由称为“受保护理由”,而在受保护理由的复合结构中,我们可以看到拉兹之前主张的“理由进 - 义务出”的合理之处。非常遗憾的是,对受保护理由上述的实践意义,包括本书在内的绝大多数国内研究,都没有给予足够的重视。⑨

(二)说明性理论

以上是拉兹法律性质理论的简要说明,本书涉及的另一个主题是对概念分析方法的检讨。鉴于本书对这一部分的讨论只有最后一章,因此我仅简要地复述拉兹的看法,以作为后文对作者观点进行评论时的基础。

从既有的讨论看,对概念分析方法的讨论主要围绕这种方法本身的属性展开。法律实证主义者主张,概念分析方法是说明性法理学所采取的理论方法,旨在对法律的性质进行描述或说明。这种理论区别于对“法律在道德上应当是怎样的”加以回答的证立性理论。这就是说,理论家在说明法律的性质的时候,自己完全可以站在一个超然的立场上,不需要在实质的道德问题上选边站。而以德沃金(Ronald Dutrkin)为代表的反对者则主张,对法律概念的充分分析不可能是描述性或说明性的,这种分析必然需要理论家在“何种法律在道德上是可辩护的”这一实质道德问题上选边站。

要判断对法律的概念分析是否是描述性的,首先必须搞清楚概念分析的目标是什么。按照拉兹的说法,对法律的概念分析并不是对“法律”这个词的语义分析,而是对这个概念所指的那个特定的规范性实践的性质加以分析,从而确保这种实践在理性上对我们而言是可理解的。⑩ 从这个目标可知,在概念分析开始之前,我们对法律并非一无所知,因为如果是一无所知,我们就不可能对法律有任何困惑可言;但是,我们对法律的理解也不是系统化的,而只是片段性的,这些片段存在明显的相互冲突。概念分析要做的,就是对这

⑨ 这里的看法直接受到了范立波教授的启发,特此表示感谢。

⑩ See Joseph Raz, “Can There be a Theory of Law?”, in his *Between Authority and Interpretation*, Oxford University Press, 2009, pp. 18 - 24.

些片段化的理解进行系统性地说明。[11]

争论双方的基本主张也并不复杂。法律实证主义主张,理论家的确需要分享法律参与者对法律那些片段化的理解,并将其系统化,但这并不同时要求理论家对参与者这些片段化理解持有任何实质的立场:不需要赞成或反对这些看法,仅仅是分享和理解。这类似于一个朝鲜法律专家,他个人可能对朝鲜现政权在道德上持有强烈的否定性评价,但这并不影响他研究朝鲜法律,并且面对当事人的咨询,合理地阐释朝鲜法律的结构。[12] 德沃金的反对意见主张,法律的内在参与者对法律片段化的理解中,包含了这样一个基本事实,即"法律是一种具有实践重要性的规范性实践,它以特定的方式证立了官方强制力的行使"。如果这是法律概念特征的一部分,那么要对法律的概念做出充分的说明,就必须要求理论家正面回答,究竟哪些事实能够给出理由?法律又是如何与这些事实相关联的?如果是这样的,对法律概念的充分分析就不可能是描述性的,而必然只能是证立性的。[13]

法律实证主义在不同场合明确拒绝,法律在概念上具有德沃金所说的实践重要性,法律并不总能对官方强制力的行使提供正当性辩护。实证主义者认为,显而易见,存在大量内容邪恶、无法为官方强制力行使提供辩护的法律,但我们依然会认为它们具有法律的资格,只是非常邪恶而已。在这个意义上,法律的内容是任意的。[14] 德沃金对此的回应是,他只是主张,从概念上说,法律在原则上为官方强制力的行使提供辩护,这是法律在概念上的模态目标,并不等于法律在经验世界中总能成功提供这种辩护。进而,他主张我们的自然语言有足够的"弹性",使我们有能力同时理解以下两个主张:"纳粹

---

⑪ 夏皮罗在《合法性》中借用了一个形象的比喻,来说明描述性理论的工作。他将这种工作比喻成侦探探案的过程。侦探将犯罪现场散落的各种案件碎片搜集起来,并作整体性地解读,从而还原整个案发经过。而概念分析工作同样是将人们对法律既有的片段化理解进行整体性的反思平衡,从而寻找到最系统、最融贯的对法律的说明。

⑫ 这种看法广泛出现在实证主义者的各种著述中。一个典型的例子是安德雷·马默的相关论述,准确表述了法律实证主义的基本立场。See Andrei Marmor, *Philosophy of Law*, Princeton University Press, 2011, pp. 130 – 135.

⑬ 德沃金在《哈特的后记和政治哲学的要义》一文中,详细讨论了为什么他认为描述性理论对充分回答法律概念的性质而言是不充分的这一点。参见[美]罗纳德·德沃金:《哈特的后记与政治哲学的要义》,载《身披法袍的正义》,周林刚、翟志勇译,北京大学出版社2009年版,第169~178页。

⑭ 对这一点的强调同样广泛存在于法律实证主义者的著述中。一个典型的例子是约翰·加德纳的论述。See John Gardner, *Law as a Leap of Faith*, Oxford University Press, 2012, p. ix.

德国有一套内容邪恶的法体系”与“纳粹德国根本不具有法体系”。真正引起哲学难题的,是要分析那些能给出理由为官方强制提供辩护的法律的内在结构。[15]

然而,当德沃金主张我们能够理解“纳粹德国有一套内容邪恶的法体系”时,这就证明在对法律保持最低限度的可理解性的条件中,并不包含德沃金自己所主张的“为官方强制力提供辩护”这一点。很多法律实证主义者都主张,法律作为一种由人的意志创制的规范性实践,其在内容上必然具有道德的可谬性。从这一点出发,实证主义者明确否认对官方强制给出辩护理由是法律的概念特征之一。而如果这一点是正确的,那么德沃金对描述性法理学的攻击就是失败的,对法律的概念分析就是一种描述性的理论。以上就是包括拉兹在内的法律实证主义者在概念分析方法上的基本立场和观点。

二、实质层面:两个错失焦点的批评

(一)基于内在理由的批评

作者对拉兹理论的第一个批评,是以威廉斯(Bernard Williants)内在理由为基础的。尽管作者大段叙述了自己对威廉斯理论的理解,但作者所援引的威廉斯的理论主张并不复杂。我们可以简要重构如下。从某种意义上来说,威廉斯的看法是从“应当包含可能”这个基本事实出发的。这就是说,如果某个事实对我们构成一项应当去做的规范性要求,那么至少意味着这个要求有可能激发我们的行动。而要确保这个事实能激发人们的行动,它必须和人们的主观动机集合S中的要素发生某些内在关联,这个主观动机集合就是行动者事实上已经具有的目标、欲望等。因此,威廉斯最后总结为,某个事实对某个人构成一项行动理由,必然意味着这个事实与他主观动机集合S中的某个要素有可能发生内在的关联。相反,如果这个事实无法和S发生任何关联,那么该事实就不可能构成这个人的行动理由。[16]

作者主张,如果内在理由论是对的,那么拉兹的服务性权威观就存在根

⑮　[美]罗纳德·德沃金:《法律帝国》,李冠宜译,时英出版社2002年版,第112～116页。

⑯　参见朱振:《法律的权威性》,上海三联书店2016年版,第120～121页。

本的缺陷。作者的要点是,按照服务性权威观的主张,如果权威的指令能使行动者更好地遵循他本来就该去遵循的理由,那么他就有义务这么做。这“忽略了作为行动者主观方面的东西,尤其是行动者的主观动机集合对于理由合理化所起到的作用”。[17] 以我的理解,作者的意思是,如果权威性指令X能最佳地权衡依赖性理由最终的合理要求,那么我们就有义务遵循X,但权威所做的,仅仅是对依赖性理由合理性部分的权衡,却无法确保自己的指令和人们的主观动机集合S之间必然有可能建立内在的关联,这样最终的权威性指令也就不必然对我们具有规范性。作者对此提出的解决方案是引入某些包括民主在内的程序性安排,让当事人参与到权威决定的生成中来,从而确保最终的权威性指令和行动者的动机集合S保持内在的关联。

如果我对作者的基本论证要点理解是正确的,那么这就是一个错失焦点的批评。首先,拉兹的理论是一种处于实践推理下游的法律理论,而威廉斯的理论是一种元伦理学理论。前者并不必然预设任何一种元伦理学立场。形象地说,实践权威是一个黑箱,权威理论旨在说明这个黑箱中的结构,而合理性概念则涉及如何理解黑箱输入端和输出端的内容,并不直接影响黑箱的结构本身。概言之,拉兹的服务性权威观,是将权威安置在实践推理的结构中,使其发挥一定的合理作用,从而说明我们放弃自己的判断、直接遵循权威的指令是合理的。在这一点上,拉兹的主张是,当权威作为一个中介,能更好地反映依赖性理由的真正要求时,权威就获得了证立。那么内在理由论者会认为,只有当权威性指令与行动者的主观动机集合建立更稳定的关联时,才叫作“权威能更好地反映依赖性理由的真正要求”;而一个外在理由论者会认为,只要当权威的指令更好地反映了依赖性理由实质合理性上的要求,那么就已经满足了“权威能更好地反映依赖性理由的真正要求”这个要求。但无论如何,这都不影响,实践权威获得证立的方式是,“权威能更好地反映依赖性理由的真正要求”这一中介性的功能。

在之后的行文中,作者还引用了雷尔顿(Peter Railton)的某些元伦理学主张,而如果我的上述看法是对的,那么这些引用同样是错失焦点的。尽管拉兹本人可能会被视为一个外在理由论者,但至少他的法理论并不预设任何一种元伦理学理想。对他的法理论的批评,必然是指出拉兹为法律权威在实践

[17] 朱振:《法律的权威性》,上海三联书店2016年版,第123页。

推理中安排的中介角色是不合理的,而不是哪种合理性概念是对的。但令人遗憾的是,作者对拉兹理论的整个讨论,都没有围绕“中介”这个关键的概念展开,因此这些批评都是错失焦点的。

(二)基于程序的批评

如果我们抛弃内在理由论等借助元伦理学理论提出的各种“错位”的批评,作者对拉兹的理论依然提出了一个批评。这个批评也是很多理论家所共享的。该批评指出,按照拉兹服务性权威观的结构,依赖性理由是权威所要考虑的那些理由,一旦我们断定权威对这些依赖性理由的考虑更正确,那么在具体行动上,我们就要按照优先性命题的主张,放弃自己对权威指令内容正当与否的权衡,直接将权威的指令视为自己的行动理由。但这里就存在一个问题,即权威可能会在具体的决定上犯错,那么此时出了错的决定是否还对我具有约束力?如果答案是肯定的,那么这个错误决定的约束力从何而来?至少通常证立命题无法对其给予辩护。如果答案是否定的,那么意味着只有当权威发出正确的具体指令时,指令才具有义务的约束力。而要确定指令的具体内容是否正确,则又必须要求行动者权衡指令的具体内容,这样实践权威的功能就无从实现了。

我认为这个批评非常关键和致命,因为这个批评指向了服务性权威观为权威安排的中介角色本身。面对服务性权威观的这个缺陷,作者给出的解决方案是“一种以更广泛参与权为核心的公共自主观念”。[18] 这个解决方案如何解决当前面对的上述批评,我认为作者并没有讲清楚。一种可能的合理解读是,作者可能主张,如果我们给予人们更多的参与权,让其能够参与到最终决定的生成过程中,那么即使最终的具体结果可能是错误的,但程序本身的合理性依然能够给予我们一个理由遵循这个错误的决定。

然而,上述解决方案实际上还未达到拉兹服务性权威观对正当权威的理解水平,遑论解决其可能面临的困境。事实上,当我们用服务性权威观来说明法律权威的正当性条件时,会发现这种观念不仅内在地要求了法律尊重一定的程序以及相应程序性的参与权利,并且承诺了更多有价值的内容。在第一部分中,我们提到,之所以法律权威能获得服务性权威观的辩护,是因为参与政治社群是我们的一项道德义务,且单纯诉诸每个人的实践推理是无法完

---

⑱ 朱振:《法律的权威性》,上海三联书店2016年版,第137页。

成的任务,而通过法律权威,我们可以确定一组政治价值的特定排序及其相应的合作框架,从而使我们能够生活在政治社群中,这样遵循法律权威的指令就比我们自己权衡,能更好地遵循我们自己本来就负有的道德义务。这样法律权威就满足了服务性权威观的条件,获得了正当性。

在各种政治价值中,公平显然是重要的价值之一。公平的基本含义,就是每个人对最终公共决定的做出,都具有平等的影响力。它必须通过一定的程序安排才可能实现出来(在某种意义上说,公平就是程序所具有的美德)。既然法律权威获得正当性的条件是,确定一组特定的政治价值排序,从而使政治社群得以可能,这就意味着,即使特定环境中的法律,对公平的重要性看得很低,但它也不能完全排除这种政治价值,因此它至少必须包含和遵循一定的公平程序,以显示它的确承诺和实现了公平这种价值。因此,作者所提到的以参与权为核心的政治观念,已经被吸收到了满足服务性权威观的法律权威之中。

更重要的是,拉兹的服务性权威观对法律权威提出的要求,比作者提出的要求要丰满得多。按照上述论证的逻辑,法律要想符合服务性权威观的辩护,它必须确定一组特定的政治价值排序。如果它单单包含和反映了公平这种指向程序的政治价值的要求,而拒绝承认诸如正义、基本人权等同样重要的政治价值,那么这种法律权威就不可能获得正当性。一个鲜活的例子是,1933 年纳粹党是通过大致公平的民主程序上台,但我们完全可以诉诸正义的理由,否定这个法律决定的正当性。因此,作者所说的以参与权威核心的观念,尚且不足以使法律权威在一般层面上获得正当性,遑论其能解决权威获得正当性之后,进一步可能出现的在具体决定上出错的难题。

事实上,包括夏皮罗(Scott J. Shapiro)、马默(Andrei Marmor)在内的学者,之所以会注意到"正当权威在具体指令上可能出错"这一难题,背后依赖的是对权威基本性质的洞见和把握。这些学者意识到,无论我们在一般层面上提出何种正当性原则,去约束法律官员的行动,法律权威到底都必然包含一个意志性,即官员的意志和决定,最终决定了法律权威的具体指示。即使遵循作者提出的广泛的参与权,法律依然是多数人意志决定的产物。这个意志性是无法被抹掉的。正因为法律具有这一无法还原的意志性,它在道德上就存在可谬性,就可能在具体的决定中出错。这种出错的可能性,就和正当权威的中介功能存在了紧张,权威不可能稳定充当行动者和依赖性理由的中介角色。[19] 结合之前我们提到的，拉兹理论的核心是权威的中介角色，因此这就是一个指向拉兹服务性权威观自身结构的批评，任何试图诉诸一般性政治价值和原则来解决这一批评的做法，都是错失焦点的。也正因如此，这个批评才是对拉兹理论针锋相对的批评。

进而我们可以看到，面对自己提出的批评，夏皮罗、马默等学者提出的解决方案，大多是采取了以下这个论证策略，即尝试切断在中介模式下，权威的正当性条件和依赖性理由之间的直接联系，侧重从法律权威的意志性一面发展出另一种正当性观念。夏皮罗所提出的公断模式中，正当权威的作用就不再是担当行动者和依赖性理由之间的中介，而是一种保险装置，确保由各方认可的公断程序所做出的决定，不至于被任何一方违反。这个角色类似于，我告诉我的夫人，由于明天上午有一个紧要的学术会议，因此明早六点无论我如何赖床，都务必将我叫醒。此时我的夫人就扮演了类似夏皮罗公断模式中的权威，她帮我克服了意志薄弱等因素，防止我违反自己已经做出的决定。当然，我可能事后发现，这个要紧的学术会议并不是在早上，我并不需要早起。这就是说，我夫人叫我起床的做法，并不能使得我和依赖性理由建立直接的关联，并因此不能获得服务性权威观的辩护，但在夏皮罗那里，我夫人的权威性本就不依赖于这一点，而只是依赖于她运用自己的意志，让我克服了自己可能违反已经做出之决定的情况。这本身就足以提供权威的正当性。马默所说的“制度性权威观”，也主要采取这种思路，即强调法律官员的意志性及其存在所依赖的制度性背景。在这里限于篇幅就不展开了。[20]

我在这里并不打算针对权威可能出错的难题，正面提出一种解决方案，也不打算评论书中提到的夏皮罗和马默的方案，究竟谁更合理。这将偏离本文写作的目标。我想在这里指出的是，通过我对作者实质观点的检讨，读者可能会发现，作者的主张总是“错失焦点”，无论是引入元伦理学的看法批评法律理论，还是引入民主理论解决权威结构内部的问题，都显示出“错失焦点”的问题。在我看来，这是因为总的来说，作者对拉兹理论的结构缺乏整体性的把握。这导致尽管作者仔细地阅读了拉兹的大量著作文献，以及围绕拉兹理论的大量讨论文献，但并不清楚拉兹的整个理论版图，也不清楚批评者

---

⑲　这里的看法直接受到了范立波教授的启发，特此表示感谢。

⑳　Scott J. Shapiro，“Authority”，in *Oxford Handbook of Jurisprudence and Philosophy of Law*，edited by Jules Coleman and Scott Shapiro，Oxford University Press，2002.

和拉兹的交战究竟具体发生在拉兹理论版图的哪里。这导致作者调动的“救兵”往往找不到“战场”究竟在哪里、理论敌手又究竟是谁、该如何具体组织防御和反击。事实上,本文第一部分之所以要对拉兹的理论要点做简要的回顾,就是为了防止读者陷入作者罗列的浩淼烟海的概念和细节之中,而错失了基本的要点。在我看来,缺乏对拉兹理论的整体把握,应该是本书实质论证上最大的缺陷了。

三、方法层面:两个“熟悉”的批评

(一)来自理论重要性与意义的批评

作者对概念分析方法一共提出了两个相互独立的批评。“一是关于法律实践重要性面向的判断也可以进行元理论的评价,描述性法理学所建构的法理论,对于法律实践者来说,到底具有什么价值值得怀疑;二是借鉴伽达默尔(aodamer)的本体论诠释学指出描述性法理学‘自身置入’式的认识模式所面临的困境。”[21]对此,我们逐一进行检讨。

首先,让我们聚焦于描述性法理学的理论意义。按照第一部分我对描述性法理学的复述,可以看到描述性理论旨在提供对法律这种特定的规范性实践的整体性理解。从事这种理论的理论家只需要分享法律参与者对法律的片段性的理解,并将其系统化,而本人并不需要对法律参与者对法律的理解在道德上表示赞成或反对。在这个意义上,这种理论是描述性的。当然,既然这种理论的目标是提供对法律的整体性理解,那么一种好的描述性理论,必然是那种能对参与者各种片段性理解,做出最佳整体性说明的理论。

不过,理论家在进行概念分析时会意识到,参与者对法律的很多片段化理解是相互冲突的。例如,一些人会主张“内容邪恶的法律依然是法律”,而另一些人会主张“邪恶的规则根本不可能具有法律的资格”。这两种主张究竟谁对谁错,则需要理论家上溯到参与者对法律更深入的一些理解和直觉,以检讨这两种相互冲突的理解,究竟谁能和人们对法律更深入的理解保持一致,而谁实际上是一种错误。在面对上述两种相互冲突的理解时,法律实证

---

[21] 朱振:《法律的权威性》,上海三联书店2016年版,第344页。

主义者往往会上溯到"法律是一种人工制品"这一在他们看来更根本的对法律的理解,从而支持"内容邪恶的法律依然具有法律资格"这一主张,而与之相冲突的主张则被视为是一个错误。与之相对,一些非实证主义者在判断这两者孰对孰错时,会上溯到"法律是一种规范性实践,有能力向人们提供行动理由",此时他们就会认为"由于内容邪恶的规则不可能给出行动理由,因此不可能具有法律的资格"。

可见,"法律是一种人工制品"和"法律是一种有能力向人们提供行动理由的规范性实践"这两者依然存在冲突,这就需要上溯到更基本的对法律的理解。哈特(H. L. A. Hart)上溯到的基本理解是,法律是一种规则,并借助社会规则理论对规则进行了分析,试图调和这两种直觉。拉兹则是借助"法律是一种实践权威"的基本理解,诉诸实践权威的服务观念,对这两者进行调和。此处我并不打算评论哈特或拉兹的理论孰对孰错。我只想展示出,概念分析工作的基本模式。进行概念分析的理论家,尽管必须要在对待法律的道德态度上持有实质立场,但他的确需要对参与者的各种直觉和理解进行分类和判断,以决定哪些直觉和判断更为重要,可作为较低层次直觉发生冲突时上溯的标准。[22]

这种判断并不是随意的,而是服务于概念分析的基本理论目标,即对法律进行最佳地整体性理解,以最佳地说明参与者对法律的各种基本直觉和理解。这一点可以通过命令理论的失败来说明。按照包括肖尔(Frederick Schauer)在内的很多命令理论家的看法,哈特对命令理论的批评,完全可以在命令理论内部通过复杂的方式得到回应。例如,我们的确可以将授权性规范,视为制裁性规范的一个部分,或者我们可以将无效视为一种制裁等。但事实上,哈特的批评并非是,命令理论内部不能解释诸如授权性规范的存在等现象,而是说命令理论必须以一种全面扭曲参与者对法律其他基本直觉的方式,来说明这些规范和现象。这使在这种理论下,法律对我们变得"陌生化"和无法理解,那么这种理论作为一种描述性理论就是失败的。[23]

作者指出,"一方面,理论家认为重要的,对于法律实践的参与者来说并不一定是重要的,法律的本质属性也只是理论家自己的判断。另一方面,这

---

[22] See Scott J. Shapiro, *Legality*, Harvard University Press, pp. 16 – 18.

[23] [英]H. L. A. 哈特:《法律的概念》,许家馨、李冠宜译,法律出版社2011年版,第36~39页。

样判断出的法律本质属性,可能还是法理论家自身并不认同的”。[24]

我认为这两个批评都是错误的。第一,我们已经看到,理论家对参与者各种直觉重要性的判断,并不是“理论家自己的判断”,而是要服务于描述性理论的客观目标的。支持命令理论的学者,自己认为法律的制裁性特征是重要的,但这个判断显然是客观错误的,因为参与者大量的其他直觉和这个判断相冲突,以这一点为基础构建的理论完全不能确保法律对我们的可理解性。

第二,“这样判断出的法律本质属性,可能还是法理论家自身并不认同的”,这个主张令人费解。这个主张相当于说,化学家发现水的化学结构是H_2O,但他个人表示无法认同。如果他的分析在化学上是站得住脚的,那么水的结构就是H_2O,他个人是不是认同对此结论的科学性并无影响。那么,一个描述法律的理论家发现,法律是一种实践权威,基于这一点能够对参与者的各种直觉做出最佳的系统性理解,那么法律是一种实践权威就是法律的客观属性,这和他个人是否认同也没有关系。概言之,理论家是否认同,这对概念分析的结论正确与否,并无直接关联。

第三,“对于法律实践的参与者来说并不一定是重要的”,这是最值得展开论述的,它涉及作者提到的对描述性理论进行元理论评价的问题。首先,让我们设想一下,在何种情况下,理论家证明X的重要性特征,可能是对参与者来说不重要的。原则上说,要发生这种现象,势必是因为理论家和参与者使用了两套不同的概念和思想体系。例如,对一个社会学家来说,基督教的重要性可能体现在,它提供了一种独特的社会结构,发挥了某种独特的社会功能。但这对基督教徒来说,完全错失焦点,对教徒来说,基督教的意义在于获得灵魂拯救。之所以出现这种情况,就是因为社会学家在理解基督教时所采取的是社会学的概念和思想体系,而教徒则使用基督教本身提供的概念和思想体系。在这两套不同的体系中,基督教这一事实就会呈现出不同的重要性特征。

然而,从事描述性法理学的理论家和法律的参与者并非处在两个不同的概念思想体系中,相反这两者共享的是同一套概念和思想体系。理论家所做的,就是对参与者所持有的对法律的各种片段化的直觉和理解加以系统化。

[24] 朱振:《法律的权威性》,上海三联书店2016年版,第331页。

因此,当理论家主张,法律的权威性特征,在理解法律实践上是重要的,这就意味着基于这一特征,能够系统地说明参与者对法律的各种理解,因此,这对参与者来说是重要的。也正因为理论家和参与者分享的是同一套概念和思想体系,因此并不存在进行元理论评价的空间。这就是说,如果我们要评价,法律的权威性特征是否真的如拉兹所说,具有根本的重要性,唯一的方法就是去看看基于这种特征,是否能系统地说明参与者,对法律的各种片段化的理解和直觉。这本身就是描述性法理学内部的工作,而不是与描述性理论相区别的另一种“元理论”。㉕

在我看来,作者之所以会提出这种主张,可能是因为他受到了道德哲学讨论的误导。在道德哲学中,我们会区分规范性的道德理论和元伦理学理论。规范性理论主要回答的是“我应该如何行动”的问题,如功利主义主张,“我们应该追求最大多数人的最大幸福”。但在此之上,还存在一个元伦理学的空间。元伦理学的目标在于分析,道德上的“应该”究竟意味着什么。这是一个概念性的问题。实在论者会主张,道德上的“应该”是一种“蕴含理由”意义上的规范性概念,提出了一种特定的行动理由,而表达主义者可能会主张,这个“应该”指的是行动者的某种观点和态度等。请注意,在道德哲学的讨论中,之所以会出现规范理论和元理论之间的区分,是因为道德中的概念本身具有规范性,因此我们会对这些概念产生两种不同的困惑:(1)在道德上我该如何行动;(2)道德对我来说意味着什么。

然而,法律实践及其理论反思则呈现出完全不同的局面。纵然我们可以主张,我们可以说“在法律上我们应该如何行动”与“法律意味着什么”这依然是那两个问题,但注意的是,回答前一个问题的,并不是描述性法理学,而是法律推理理论,而旨在回答后一个问题、也因此作为法律推理理论“元理论”的,恰恰就是描述性法理学。因此,在描述性法理学上并不存在一个更高阶的“元理论”。当我们要评价拉兹的理论本身是不是对时,实际上就是在从事描述性法理学,而不是做别的事情。

(二)来自“核心情形”的批评

进而我们转向作者借助伽达默尔理论所提出的批评。作者在书中大段介绍了伽达默尔哲学诠释学的一些看法,但很难看出,伽达默尔究竟如何对

㉕ 此处对元理论的批评,主要的洞见来自于与范立波教授的一次谈话,特此表示感谢。

描述性理论提出了挑战。不过,作者在引用伽达默尔之后,引用了菲尼斯(John Finnis)的一段话来说明自己对伽达默尔的理解。在这段话中,菲尼斯主张,描述性理论必须依赖"作者和读者之间所界定的共享评价"。描述性理论只有借助"价值即好的行动理由",才能展开描述和说明。㉖ 结合《自然法与自然权利》第一章中的内容,菲尼斯实际上就是主张,描述性理论家在对法律实践究竟哪个方面具有重要性,并以此作为描述的出发点进行判断时,必然要涉及实质的道德理由,涉及人们如何行动才是合乎情理的,进而决定法律如何在合乎情理的实践推理中找到位置等。这就意味着,在进行描述性理论之前,理论家必须对根本的实质道德议题选边站。这样,描述性理论就是不可能的。

然而,菲尼斯这个批评自1980年《自然法与自然权利》一书出版之后,就已经受到了法律实证主义者充分的讨论和答复。法律实证主义者主张,描述性理论的目标,是对参与者所持有的片段化的直觉和理解做系统性的反省,从而给出一个整体上最佳的说明,从而让法律对行动者来说保持可理解性。在这个工作中,理论家本人不需要在道德上赞成或反对参与者所持有的直觉和理解。哈特的理论较命令理论更具优势,是在这种理论能更好地把握各种直觉,更少地扭曲参与者对法律的理解的意义上说的,并非是这种描述下的法律能更好地获得道德辩护的意义上说的。菲尼斯并没有证明,为何这样一种对参与者直觉进行系统性整理的理论工作,需要理论家在道德问题上做出实质判断。

事实上,菲尼斯主张对法律概念的说明需要依赖理论家在实质道德议题上做出判断,是因为菲尼斯和德沃金一样,是将法律在概念上视为一个能够提供行动理由的规范性概念。㉗ 正如我们在第一节第二部分中看到的,如果这个判断是对的,那么对法律概念的充分说明,的确需要理论家在实质道德议题上选边站。但很显然,法律在概念上并非如此。我们普遍合理认为,存在大量内容邪恶,完全无法给出理由的法律。而法律的概念理论所要阐释的,就是我们如何理解法律。既然我们能够合理理解"内容邪恶的法律"这个

㉖ 朱振:《法律的权威性》,上海三联书店2016年版,第332页。

㉗ See Finnis, John, "Natural Law Theories", *The Stanford Encyclopedia of Philosophy* (Winter 2016 Edition), Edward N. Zalta (ed.), URL = <https://plato.stanford.edu/archives/win2016/entries/natural-law-theories/>.

事实,那么法律的概念要素中,就不可能包含总能给出客观的行动理由这一项。如果这个判断是对的,那么对法律概念的说明就可以是描述性的。

仔细分析菲尼斯的论述,我们会发现菲尼斯对描述性理论的批评是很弱的。他真正的主张是,相较于那些无法给出行动理由的法律,那些能够给出理由的法律,才是法律实践的“核心情形”。进而,他借助亚里士多德在《尼各马可伦理学》中提出的方法,指出对法律这些负担价值的概念的说明,就是要去说明这些概念最完满、最核心的状态。法律是一种人们为了追求某种价值而被人为创造出来的“人工制品”,那么对它的概念说明,就是要去说明核心情形下的法律。这样,法律的概念理论就必须说明法律是如何给出理由的,而这就需要理论家在实质道德问题上选边站了。[28] 即便菲尼斯所持有的亚里士多德式的对概念的理解是对的,充其量我们也只能说,菲尼斯和实证主义者之间的分歧,实际上是因为这两者对什么是概念理论持有不同的看法,因此实际上进行了两种不同的理论工作,两者并无真正的分歧可言。

事实上,近年来很多实证主义者纷纷澄清,法律实证主义并不是一种和自然法完全对立的理论,它仅仅是一种非常有限的、关于法律资格条件的理论。这种理论主张,一项规则具有法律的资格,仅仅是因为它来自某些特定的社会事实。但从这个结论中不能得出任何规范性结论。这就意味着,它对很多说明法律如何给出理由的规范性理论保持开放。[29] 与之相对,菲尼斯也主张,自然法并不是一种与实证主义完全对立的理论,相反合理的自然法理论可以包容实证主义的合理结论。[30] 对自然法学家来说,更重要的是,法律是如何给出理由的,而对此实证主义并不直接作出回答,更遑论反对自然法的看法。总之,经过这些年的讨论,双方都发现,传统认为相互对立的自然法和实证主义这两个理论标签,已经完全没有了任何意义。无论是拉兹还是菲尼

---

[28] See Finnis, John, “Natural Law Theories”, *The Stanford Encyclopedia of Philosophy* (Winter 2016 Edition), Edward N. Zalta(ed.), URL = < https://plato.stanford.edu/archives/win2016/entries/natural-law-theories/ >.

[29] 哈特就主张,菲尼斯的理论更应该被视为是对实证主义理论的补充,而不是挑战。加德纳则在一篇文章中明确指出,法律实证主义的理论主张并不直接与菲尼斯的主张发生冲突,相反实证主义的主张更应被视为对菲尼斯理论分析的某种前提性的论证。

[30] See Finnis, John, “Natural Law Theories”, *The Stanford Encyclopedia of Philosophy* (Winter 2016 Edition), Edward N. Zalta(ed.), URL = < https://plato.stanford.edu/archives/win2016/entries/natural-law-theories/ >.

斯,都在不同场合呼吁放弃这些令人误解的标签。因此,可以说作者借助伽达默尔和菲尼斯提出的第二个批评,也是不成立的。

余　论

应该承认,《法律的权威性》这本书中涉及了大量的议题和讨论,限于本文的篇幅并没有逐一加以评介。我只是选取了在既有的法理学讨论中,最为重要的实质和方法论两个议题,检讨作者在文中提出的自己的主张。尽管我无法赞同作者自己提出的这些主张,但这并不等于我否认这本著作所具有的学术价值。自20世纪80年代以来,国内的学者逐渐译介了大量的当代法理学著作,丰富了国内法理学的讨论。但由于时代的局限,国内对当代法理学的讨论,多限于细枝末节的议题,主要是为了澄清既有理论的某些含混之处。在这种局面下,《法律的权威性》这本书却直接选取了当代法理学最核心的议题,并尝试与当代最重要的法理学家进行对话,从中发展出自己的理论。这无疑是相当可贵的理论尝试。尽管这种尝试可能依然存在诸多不足之处,但之后成功的作品,必然是从之前失败所得到的可贵经验和教训中,寻找出新的道路。在这个意义上,任何志在做出第一等法理学的学者,都不应错过朱振博士的这本著作。

国家与法治研究　第1卷(2018)
第286～298页

《法律的权威性》中的方法论问题

郑玉双*

朱振教授的《法律的权威性》一书是近几年国内分析法哲学研究中的杰作,这本书的出版具有几个方面的重要意义。[①] 首先,这本书以法律的权威性为主题,在英美法哲学领域,这是个经典话题,国内学界也出现了很多成果,但系统性的探讨并不多,《法律的权威性》是目前对法律的权威性所做出的最为系统和深入的探讨。其次,自从哈特的《法律的概念》以来,英美法哲学发展了五十多年,其研究范围伴随哲学和社会科学的发展而不断更新,以至于不断引发对于经典的法律实证主义命题的重新诠释,法律的权威性命题亦不例外,朱振在《法律的权威性》一书中对法律的权威性命题在近一二十年所引发的新争论做出了全方位的梳理,几乎展现出了这个命题最为核心的那些争议,因此体现了很强的前沿性。对于想了解英美法哲学的最新进展的读者来说,这本书是不容忽视的。

我曾在其他地方对这本书做过评述,对其中所涉及的核心议题进行了简要的批判式梳理。[②] 但因为这本书所

---

* 中央财经大学法学院副教授,法学博士,本文系教育部人文社会科学基金青年项目“法律道德主义的证立结构和实践研究”(16YJC820054)的阶段性研究成果。

① 朱振:《法律的权威性:基于实践哲学的研究》,上海三联书店2016年版。

② 参见郑玉双:《权威的证成困境及其解决》,郑永流主编:《法哲学与法社会学论丛》(第21卷),法律出版社2016年版。

涵盖的内容比较多,所以该书评难以在有限的篇幅中对其中所涉及的核心议题进行深入的研讨。本文采取一个不同的策略,我将关注本书的第七章。第七章的主题是"权威、法理论与法律的概念分析",从讨论的内容来看,实际上主要探讨的是法理论的方法论问题。在我看来,第七章在全书中不仅是总结性的,更是超越性的。其超越性包含着两层含义,第一,更一般意义上的法理论方法论问题所涉及的哲学复杂程度、对法理学整体发展所产生的影响等,都超越了权威命题;第二,对近年来法理论方法论的最新进展进行梳理就可以看出,法理论方法论所面对的疑难以及相应的诸多解决方案,在很大程度上会影响到权威命题的建构,甚至可能会冲击权威命题,消解其所包含的重要维度。

一、方法论问题何以重要?

当代法理论要解决的问题有很多,但方法论始终是贯穿其中的一个核心议题。我们首先需要对几个概念做一下澄清。法理论中的方法论区别于其他意义上的方法论,指的是我们在对法律的概念进行探讨中所采取之方法的相关理论。③ 这个意义上的方法论是哲学方法论的特定形式,同时区别于法律方法论(如何根据法律规范做出法律判断)或者科学方法论(从事科学研究的方法)。哲学中的方法论的内容更为丰富,既包括我们从事哲学研究的方法,也包括对某一个具体的哲学命题进行论证的方法,比如从实践哲学的角度对康德的个人自律观进行辩护,将自律视为理解人的实践的必然要素,这可以看作运用实践哲学的方法为个人自律命题进行辩护。法理论中的方法论并没有哲学中的方法论那样复杂,而且只有在近几十年中才引发比较大的关注。为何方法论问题在当代法理论研究中如此重要?

哈特与德沃金之争在一定程度上可以作为回答这个问题的载体,而围绕

③ See Julie Dickson, Methodology in jurisprudence, *Legal Theory* 10(3):117 - 156(2004). 在后面的讨论中,本文并不严格区分法理论、法理学、法哲学和一般法理学,这个处理主要是为了方法论问题讨论的方便,并不意味着这几个概念之间不存在差异。关于这些概念之间的区分,参见陈景辉:《法理论为什么是重要的——法学的知识框架及法理学在其中的位置》,载《法学》2014 年第 3 期。

着这场争论,本书所探讨的法律权威命题等也可以以不同的形式参与到争论之中。简单地说,法理论的方法论问题要解决的是我们应该以何种方法来回答"法律是什么"这个问题。④ 无论哈特还是德沃金,他们都认识到法律是什么这个问题的重要性,都主张法理学致力于解决这个大问题。然而,他们所给出的解决方案却截然不同,结论上的差异固然是明显的,比如哈特认为法律就是规则的组合,而德沃金认为法律是一种解释性的价值载体,但两个阵营之间更大的分歧在于方法论。哈特在《法律的概念》中就提出了自己从事的是描述社会学的工作,这是一个非常模糊的说法,但与他在该书中所提出的立场大致吻合,而这一点遭到了德沃金的激烈批判,德沃金认为法律并不是一个通过描述或者社会学观察就能得出的概念,而是通过解释性的工作将法律实践背后的价值网络呈现出来。

哈特与德沃金之争中的方法论争议在初期并不明显,而在《法律的概念》第二版"后记"中,哈特的回应将这个争论推向了核心位置。在"哈特的后记与政治哲学的要义"一文中,德沃金专门针对哈特为代表的方法论立场做出了全面攻击。⑤ 而在《刺猬的正义》这本书中,德沃金全盘否定了以法律实证主义、元伦理学为代表的中立的、描述性或者二阶的哲学探讨。⑥ 因此,法律实证主义要成功回应德沃金的挑战,就必须正面地迎战德沃金所捍卫的一元论的方法论立场。⑦ 显然,在《刺猬的正义》之后,这场争论的方向正在转变。在一定意义上,法律实证主义必须在维护其方法论立场的基础上,才能开展更进一步的理论工作。

现在我们转向朱振在第七章中的写作思路和解决的主要问题。这一章是对全书所作之探讨的总结,同时也是把权威命题放在一个更为宽广的理论视野之下进行观察。该章首先对权威命题与法理论方法论之间的关系做出了界定,在此基础上转向了方法论问题。(第277~281页,指《法律的权威

---

④ 参见[英]H. L. A. 哈特:《法律的概念》,许家馨等译,法律出版社2006年版,后记,第220~225页;[美]罗纳德·德沃金:《法律帝国》,李冠宜译,台北:时英出版社2002年版,第98~99页。

⑤ [美]罗纳德·德沃金:《哈特的后记与政治哲学的要义》,载德沃金:《身披法袍的正义》,周林刚、翟志勇译,北京大学出版社2009年版,第163~210页。

⑥ [美]罗纳德·德沃金:《刺猬的正义》,周望、徐宗立译,中国政法大学出版社2016年版。

⑦ 参见郑玉双:《价值一体性命题的法哲学批判:以方法论为中心》,载《法制与社会发展》2018年第2期。

性》页码，下同）如何对法律权威命题进行辩护，必然涉及方法论的预设。但从行文来看，该章主要关注的还是法律实证主义的方法论立场如何为概念分析进行辩护，如何应对德沃金的方法论挑战等，这些问题是与权威命题存在关联的，但方法论问题自身包含着一系列的问题群。如果我们对近几年关于方法论的探讨做一个简单的梳理，就会发现一些有趣的理论转向。在《法律的权威性》一书中间接地涉及了这些理论转向，但在我看来还不充分。如果我们认识到方法论问题的重要性，把握到这一转向对法律实证主义的基本命题所带来的更新意义，那么，权威命题可能需要重述，以及法律实证主义的发展方向可能会面对非常大的调整。

具体而言，根据近几年的一些讨论，我对权威命题及其背后的方法论问题的判断是这样的：首先，权威命题典型地体现了哈特和拉兹等人所贯彻的概念分析方法，概念分析也被视为法律实证主义最重要的方法论主张，但按照马默（Andrei Marmor）的主张，法律实证主义所采用的方法实际上并不是概念分析，而是化约论（reductionism）。⑧ 这个批评当然可以反驳，但在概念分析这个问题上，法律实证主义的已有立场的确没有充分展现出概念分析的力量，也给德沃金留下了足够的批判的空间。其次，法律实证主义在方法论上已经难以回应德沃金的挑战，传统的描述性、中立性立场在德沃金的一元论面前不堪一击，显然需要寻找新的出路，但出路在哪里？不同的学者给出了不同的答案，目前来看还没有足够系统和成熟的方案，但夏皮罗和普伦科特在最新的一篇文章中所提出的突破方向是目前看起来最有前途的，也即将一般法理学视为元规范性探究（metanormative）的一部分。⑨ 最后，在这些观察的基础上，重新审视权威命题，那么其传统面向中的许多方面就会失去其重要性，权威命题本身也需要评估。围绕这三个方面来阅读第七章，那么其优势非常明显，但同时也存在不足。

---

⑧ See Andrie Marmor, Farewell to Conceptual Analysis (in Jurisprudence), in Wil Waluchow and Stefan Sciaraffa eds., *Philosophical Foundations of the Nature of Law*, Oxford University Press, 2013, pp. 209 – 229.

⑨ See Scott J. Shapiro & David Plunkett, Law, Morality and Everything Else: General Jurisprudence as a Branch of Meta-Normative Inquiry, *Ethics*, V. 127 (4), 2017, pp. 37 – 68.

二、概念分析的特征与局限

概念是我们认识世界的媒介,如果没有概念,就难以形成对世界的有效认知,也无法挖掘和确认真理。但概念不是实体(entity),而只是关于实体的界定和表达,同时概念也不是意义(meaning),因为很多事物的意义是不确定的和多元的,而概念则是相对确定的,否则人们就无法有效地使用概念。在自然科学领域,大多数概念是确定的,而在社会科学领域,虽然也被冠之以"科学",概念则是复杂的。其复杂性主要体现在概念所指称的对象并不像自然事物那样通过科学测算或分析就可以了解,而是需要综合考虑社会科学对象的内部复杂性和变动性。法律是一种典型的社会概念,法律实践包含着不断变动的法律规则、官员的实施和执行,以及全部社会成员的参与,所以法律概念所指向的是一项综合和全面的社会工程,那么如何回答法律是什么这个问题?

这就涉及法理论的方法论问题。哈特在对这个问题所作的回答中,使用的是一种被法律实证主义者界定为概念分析的方法,即我们是对法律这个概念进行分析,或者从事与分析法律的概念相关的其他关联性工作,比如探究法律概念的成立条件,法律概念与其他概念之间的关系。顾名思义,这种方法主要包含着两个内容,一是将法律作为一个可分析的概念进行对待,二是对法律这个概念进行分析,揭示其概念结构。我们可以将哈特所做的工作视为概念分析的工作,正是因为哈特将法律作为一个可分析的概念,可能是语义上的,也可能是诠释学意义上的,总之他认为法律的概念是存在的。(第285~286页)在这个基础上,通过分析人们对待法律的态度和法律发挥作用的方式,哈特认为法律的本质就是两种规则的结合,我们只有通过规则这个概念才能揭示出法律实践的运行原理,并对法律与其他社会结构之间的关系形成正确的认知。

拉兹提供了一种比哈特更为哲学化的方案,他并不直接地对法律的概念进行分析,而是分析法律的性质(nature)。(第287~289页)相比之下,法律的概念是次要的工作。拉兹认为,法律的性质是不变的,如果法律性质改变,那么其本质上就不再是法律。在这一点上,概念分析与权威命题能够直接关联起来。法律内嵌着一个权威结构,法律必然主张对行动者的实践权威,通过给出理由来改变行动者的行动。这一点体现了法律的性质,如果法律的权威结构改变了,那么就不是真正的法律。即使在不同的文化中,使用不同的表达来指代法律,或者运用法律对不同的事项做出规定,但法律的内在结构是不会发生改变的,即使一种文化下的人们对另一种文化下的社会生活完全陌生。但拉兹同时也表现出了一种让人费解的相对主义。他认为对法律的性质的探讨是在寻求对我们自身的理解。如何理解拉兹这种含糊的立场?朱振认为这是把法律的概念分析视为一种诠释学实践的理论化提升(第315页)。他引用了迪克森(Dickson)的讨论,从这个定位中提炼出了重要性判断的主张,也就是说,通过对法律性质的分析来寻求自身的理解,实际上是对法律实践中的重要方面做出判断,这个过程涉及评价,但评价者可以是超然的,其对重要性的判断只是从描述性的视角出发,而不需要带着自身的价值判断进入对重要性的评价性判断之中。因此,对法律的概念分析既反映了法律实践的重要性,同时又体现出分析者在立场上的描述性和价值中立性。

即使我们暂且不管德沃金对概念分析这种方法论所做出的激烈批判,单是从法律实证主义内部,这种概念分析的方法也充满分歧。最直接的批评意见来自马默,如前所述,马默认为奥斯丁和哈特等人所从事的研究并不是概念分析,实际上是化约论。哈特只不过是把法律这种复杂的现象化约成为规则这种更为基础、也更容易理解的另外一个概念。从某种意义上,我们也可以把拉兹所提炼的权威命题也视为一种化约论的努力,即把法律影响人行动的方式化约成一个权威结构,权威实践无处不在,把法律理解为权威性的,可以让人们更好地理解法律发挥作用的方式以及在社会中的复杂意义。化约论的成功标准,不在于一系列解释能否成功地展现出一个概念的概念结构,而是能否在一个概念和另一个概念之间建立成功的化约关系。

无论马默的批判是否准确,至少我们看到了法律实证主义内部的分歧,以及法律实证主义与概念分析这种方法之间的不完全对应。朱振认为哈特和拉兹在法律权威问题上的立场都表明了二者所持有的概念分析的方法论立场。(第268页)但在我看来,哈特所提出的法律的社会规则理论,以及拉兹所辩护的法律权威命题,主要的方法论不是概念分析。哈特对社会规则所做的分析,包含着诠释学的色彩,但更接近伦理学中的表达主义立场,因此可以借用元伦理学领域的方法论资源进行重估。而拉兹的法律权威命题,概念分析的色彩更为淡薄,对权威的证成,实际上是一个规范论证问题,也即探究权威改变行动结构的能力背后的道德的或者强制性的规范力量。[10] 从这一点来看,用化约论来界定拉兹的权威命题也不合适。

三、元理论视角下的法理论

对概念分析的第二个观察与元伦理学有关,同时也是针对法律实证主义与概念分析之间的紧张关系的。当法律实证主义者声称他们在进行概念分析的时候,在方法论上采取描述性、中立性和二阶立场就成了必然的选择。为什么对概念的分析必须预设这种姿态和立场?其中涉及各种原因,古典的思想家如边沁或奥斯丁会主张,一种事物是什么是一回事,而我们如何对它进行判断则是另一回事,价值中立可以保证我们自身的价值判断不会影响我们对事物的描述和理解的客观性,正如讲故事的人如果过多地在故事中掺入自身的喜好判断,那么其传达给别人的就是自己的故事,而非原本的故事。但为什么一般法理学或者法哲学在对法律的相关概念进行哲学探讨时就必须像讲故事那样,客观地描述故事的内容,而不能注入更多的价值判断?

从目前的争论来看,法律实证主义对这个难题的辩护和回应是不能让人满意的。一方面,无论是哈特还是拉兹,都承认对法律的分析不可避免地涉及价值问题,法哲学不是免于价值的(value-free)。[11] 但拉兹以一种非常含混的方式回避了道德判断对于理解法律之性质的意义,也就避开了将实质考量纳入法哲学探讨中这一难题。拉兹的理由是法律受到道德考量的影响,但法律是一种公共的政治实践,受到各种因素影响,如果将道德考量纳入对法律的概念界定之中,会破坏法律的这种公共性。[12] 但这种顾虑跟拉兹所提出的

---

[10] 这不是说权威问题不是个概念问题,我们当然需要对权威的概念进行分析,但权威问题之所以会在政治哲学和道德哲学引发如此大的争论,其背后的难点不是概念性的,而是规范性的。参见《法律的权威性》第三章。See also Stephen Darwall, *Morality, Authority, and Law: Essays in Second-Personal Ethics I*, Oxford University Press, 2013.

[11] See Joseph Raz, *Between Authority and Interpretation*, Oxford University Press, 2009, p. 111.

[12] Joseph Raz, *Between Authority and Interpretation*, pp. 114 – 115.

法哲学事业的性质存在冲突，如果我们承认道德是法律概念中的必然内容，那么道德就应该进入法律的概念分析之中，一旦涉及道德判断，概念分析就难以保证是价值中立和描述性的。拉兹认为道德考量会影响到法律公共实施的效果，即使我们认同这个顾虑，但它不足以支持概念分析者的价值中立立场。法律概念的分析者完全可以带着对基本价值的特定认同和承诺进入对法律相关概念的分析和建构之中，比如菲尼斯所提倡的自然法法理学。菲尼斯认为，将法律区别于其他的社会秩序一个极为重要的视角在于确定法律所包含的道德理想，即使这一理想的内容是不确定的，但描述者不得不采取某种实质性判断和道德立场。⑬

德沃金在《身披法袍的正义》和《刺猬的正义》中特别强调了方法论对于法理论的意义，同时也对法律实证主义的方法论做出了全盘否定。德沃金以元伦理学为靶子进行批判，将法律实证主义的方法论承诺视为与元伦理学同一类型的理论追求。然而，德沃金误解了法律实证主义与元伦理学之间的关系。元伦理学在 G. E. 摩尔的《伦理学原理》之后实现了繁荣，与规范伦理学一起构成了伦理学研究的主要领域。按照大多数元伦理学家的界定，元伦理学主要是对伦理学的性质、伦理学所使用的概念进行探讨。伦理价值是否具有客观性、价值判断的真值条件等问题，反映的是对伦理学探究自身的再探究，因此自然地是一种二阶的探究，在方法论上区别于直接探讨我们应该如何做出道德选择的规范伦理学。在这一点上，法律实证主义是区别于元伦理学的。主要的依据在于，法律规则是有着事实基础和规范载体的一种社会存在，共同体成员在使用法律概念和从事法律实践的过程中，首先需要寻找的是规则的权威出处，而不是对应该做什么进行规范论证。在法律实践出现争议，或者法律不足以维持有效合作的情况下，我们才需要探究法律应当如何更好地进行规范。因此，以哈特为代表的传统法律实证主义主要做的是对实在的法律实践的运行机制进行分析，而不是对法理论自身的相关要素进行纯哲学探讨，比如法律概念的形而上学意义。⑭ 因此，虽然德沃金在很多方面已

⑬ See John Finnis, *Natural Law and Natural Rights Second Edition*, Oxford University Press, 2011, pp. 14 – 16.

⑭ 比如 Enoch 对法律权威理论进行的批判，see David Enoch, Authority and Reason-Giving, *Philosophy and Phenomenological Research* 89(2014), pp. 296 – 332。

经击败了法律实证主义,[15]但他借助对元伦理学的批判而攻击法律实证主义的方法论,并没有击中法律实证主义的要害。法律实证主义在方法论上真正的困境是,一方面他们所从事的并非真正意义上的概念分析,另一方面在理论位阶上法理论的描述性和二阶性都未能得到充分有效的辩护。

比如最近伊诺克(David Enoch)在《一般法理论是有趣的吗?》一文中对一般法理学做出了批判。[16] 伊诺克认为一般法理学是无趣的,因为一般法理学不同于元伦理学。元伦理学探究道德的规范性,因为道德的规范性是纯然意义上的(full bloodedly),然而法律的规范性却不是这种意义上的规范性,法律既不像道德那样给出一个强有力的(robust)理由,也可能根本就没有规范性。所以对一般法理学对法律规范性的探究是误入歧途的,倒不如直接进行元伦理学的研究。迪克森在回应文章《为何一般法理论是有趣的?》中反驳道,一般法理学是有趣的,与伊诺克所主张的不同,在对法律的规范性的探究中,一系列关于法律的二元性的有趣问题会出现。[17]

迪克森在对伊诺克的回应中,主张伊诺克将一般法理学的问题限缩在法律的规范性(或形式规范性)上,本身就是扭曲了一般法理学所关注的丰富主题。迪克森主张一般法理学包含着更为丰富的内容,她主张一般法理学是一种间接评价性探究,其中包含的几个基本的主题,正是这些主题使一般法理学研究变得有趣:

(1)确认和解释关于法律性质的有意义的、重要的和启发性的方面,并思考使法律具有某种性质的东西是什么,以及关于法律性质的真理如何能够确定;

(2)理解并且敏感于法哲学问题产生和随着实践而改变的方式;

(3)根据法律的概念和相关概念,充分地解释和说明那些服从、创造和执

---

[15] 夏皮罗认为在关于规则模式与原则或者法官之自由裁量权的争论之中,法律实证主义已经成功回应了德沃金的挑战,然而在法律的权威性标准上是否包含道德因素这个问题上,法律实证主义还没有提出成功的回应方案。他在《合法性》中所提出的法律的规划理论,正是对这个挑战的回应。参见[美]斯科特·夏皮罗:《哈特与德沃金之争:答疑解惑》,郑玉双译,载《法哲学与法社会学论丛》(2012年卷),郑永流主编,法律出版社2012年版,第117~150页。

[16] David Enoch, Is General Jurisprudence Interesting? (May 1, 2015). Available at SSRN: https://ssrn.com/abstract=2601537.

[17] Julie Dickson, Why General Jurisprudence Is Interesting (February 11, 2017). Oxford Legal Studies Research Paper No. 17/2017. Available at SSRN: https://ssrn.com/abstract=2921820.

行法律的人们的相关性和自我理解；

(4)通过一种我们可以称之为“适当审慎的”对待法律的态度来开展，推迟并在某种意义上限制法律理论中道德评价的角色，直至特定问题能够得到解决，以形成一种抵制草率和不节制的对法律之尊崇的路径；

(5)促进和营造关于法律的道德评价和其他评价、批判和改革，这是法哲学的关键任务。⑱

这五个方面是一般法理学研究的主要内容，既包含着关于法律的实质性寻求，也体现出法理学研究的方法论立场。迪克森作为英美法哲学领域研究方法论问题的核心力量，在方法论上的主张具有代表性。然而，从这五个方面来看，其回应德沃金挑战的力量非常有限。首先，伊诺克所做的努力是将一般法理学长久所关注的问题背后的哲学困境展示出来，比如法律的规范性难题，从而将之纳入更深层次的哲学语境中进行考察，尽管他对一般法理学的研究限定得过窄，但在哲学上对法律规范性的对待是苛刻的，也是有启发性的。⑲ 迪克森的总结还是过于依赖哈特和拉兹等人对法律的独特性的强调，这种强调有两个困难，一是很容易陷入马默所提出的还原论困境，二是对法律独特性的理解仍然面对着元理论基础不稳固的困境。

其次，非间接评价性理论在方法论上有何特色？迪克森为之所做的辩护并不有力，因为按照非间接评价性理论的立场，在对法律进行描述的过程中，描述者可以有一些间接意义上的评价立场，比如对解释法律现象的重要性和意义做出判断等，但并不需要道德立场。然而，这个方法论主张仍然会陷入德沃金的攻击之中。第一无法有效地区分法律实践的参与者和理论解释者之间对于法律现象的重要性和意义的理解，第二无法有效地区分非道德评价和道德评价。⑳ 为什么解释者对法律现象的重要性的判断是评价性的，却不

---

⑱ Julie Dickson, Ours is a Broad Church: Indirectly Evaluative Legal Philosophy as a Facet of Jurisprudential Inquiry, *Jurisprudence*(6), 2015, pp. 207 – 230.

⑲ Enoch 分析了法律提供理由(reason-giving)这个主张背后所包含的哲学困境，也即法律的规范性难题，给法律实证主义带来了挑战。在 Enoch，法律有时的确能够提供强的行动理由(robust reason)，但并非总是如此。尽管法律实证主义可能能回应这个挑战，但我们需要重新理解法律的规范性这个概念。See David Enoch, Reason-Giving and the Law, in Leslie Green & Brian Leiter, eds., *Oxford Studies in Philosophy of Law*, *Oxford University Press*, 2011, pp. 1 – 38.

⑳ See Dan Priel, Description and Evaluation in Jurisprudence, *Law and Philosophy*, 2010, V. 29(6), p. 646.

是德沃金所说的道德意义上的?如果不对解释者的非评价性立场做出更为基础的元理论层面的辩护,那么仍然无法应对德沃金的挑战。

有意思的是,尽管德沃金对元伦理学的攻击并不能很好地适用于法律实证主义,但在夏皮罗和普伦科特看来,只有把法理论视为同元伦理学一样的元规范性探究,才能真正挽救法律实证主义。在我看来,法律实证主义已经走入了困境,而其真正的出路,正是在方法论上把法理论的探讨视为一种元规范性探究。这并不意味着否定规范法理论的存在意义,规范论证同样非常重要,它涉及为法律中的规范判断提供辩护的理由,比如是否应该通过法律保护某种新兴权利。然而,法律是一种规范性实践,对法律规范性本质的探讨应该属于一个独立的领域。夏皮罗和普伦科特将元伦理学和法哲学视为元规范性探究,是针对规范世界的说明性工程(explanatory project)的不同方面。人们使用伦理词汇,做出价值判断,争论一种选择(比如堕胎)的对与错,根据道德理由做出行动。元伦理学是对这些伦理实践所涉及的伦理思想和论述(ethical thought and talk)如何适应于(fit into)上述伦理现实(ethical reality)的探究。人们如何形成伦理认识,价值的本质是自然主义还是非自然主义的,价值判断表达了人们的情感还是理性认知,这些问题都是元伦理学探讨,构成了元伦理探究的整体工程的一部分。

法律实践当然不同于道德实践,法律探究在很大程度上也区别于伦理探究,但在方法论上,法哲学可以向元伦理学借鉴太多的东西。按照夏皮罗和普伦科特的建议,一般法理学或法哲学是一项元法律工程(meta-legal project),同样是对关于法律实践的法律思想和论述(legal thought and talk)如何适应于法律现实的探究。㉑ 法律实践是围绕法律规则而展开的,大部分规则通过立法而制定,因此法律的存在是一个事实问题。但作为事实存在的规范如何影响人们的实践选择,这并不是一个单纯的事实问题,而是规范问题,即权威命题。分析权威命题的结构,权威命题的各个要素之间的相互关系,什么是权威性理由等问题,正是对法律思考如何适应于法律现实的一种元理论反思。㉒

㉑ Scott J. Shapiro & David Plunkett, *Law, Morality and Everything Else: General Jurisprudence as a Branch of Meta-Normative Inquiry*, p. 44.

㉒ Scott J. Shapiro & David Plunkett, *Law, Morality and Everything Else: General Jurisprudence as a Branch of Meta-Normative Inquiry*, p. 47

虽然这一推进仍然只是初步的，但我认为将法哲学视为元规范性探究，是法律实证主义的最好路径。这一转变至少会产生两个直接的方法论意义。第一，法律实证主义可以在方法论上回应德沃金的攻击。元伦理学领域的大量成果表明，德沃金对元伦理学的批判基本是失败的，德沃金所倡导的价值一元论版本面对着难以克服的方法论和规范困境。法律实证主义不需要借助法律与道德的分离而拥护二阶理论，只要将法哲学界定为元规范性探究，那么法哲学就具有二阶理论的正当性，并且元法律探究并不排除一阶问题，[23]所以在方法论上法律实证主义可以更为全面和综合。第二，法律实证主义不必再纠缠于概念分析的问题，元规范性探究可以吸纳概念分析，也可以舍弃概念分析而从事其他形式的理论反思，这都不会影响法哲学对法律性质或者法律的实践结构的揭示。

四、初步的总结

本文是针对《法律的权威性》一书第七章所提出的方法论问题而展开的。必须承认的是，第七章作为对全书的总结和提炼，主要的重点应该还是在于权威命题的基本内容，方法论问题只是对权威理论的再反思和建构，因此第七章对方法论问题的探究还留下了很多待决问题和进一步探讨的空间。我认为权威命题的法哲学分析进入了一个拐点，我们有必要从传统的权威之概念结构和证成的视角转移到更为元理论层面的视角。这在一定程度上会破坏许多传统议题的讨论方式，比如拉兹所辩护的服务性权威观、法律和道德的关系等，但却能够给法律实证主义以新的契机。

实际上，在近几年，英美法哲学领域的反思性推进不断进行，一方面反思法理论的性质究竟是什么，另一方面对传统的很多议题进行重新评估，比如权威命题、社会事实命题等。[24] 夏皮罗等将一般法理学视为元规范性探究，一

---

[23] Scott J. Shapiro & David Plunkett, *Law, Morality and Everything Else: General Jurisprudence as a Branch of Meta-Normative Inquiry*, p. 55

[24] See Kenneth Ehrenberg, Law's Authority is not a Claim to Preemption, in Wilfrid J. Waluchow & Stefan Sciaraffa (eds.), *Philosophical Foundations of the Nature of Law*, Oxford University Press, 2013, pp. 51 – 74; Stephen Darwall, Authority, Accountability, and Preemption, *Jurisprudence* 2(1), 2011, pp. 103 – 119.

个重大的推进在于以更加明确的方式确定了法哲学探究的方法论基础,并为传统命题的辩护或者新命题的提出提供了新的方法论支持。虽然德沃金已经逝去,他的《刺猬的正义》也成为了绝唱,但德沃金对法律实证主义的挑战一直显然地存在。如何能够胜过这些挑战,是法律实证主义者们面对的一项重大课题。朱振对法律的权威性所作的探讨,是国内目前在这个问题上最权威的文本,而且也具备了与西方研究者对话的初步能力。但这只是一个开端,在这场争论中长期缺席的国内研究者是否能够在以后的理论发展中参与其中并作出实质性贡献,尚存在疑问,但我们拭目以待。

国家与法治研究　第1卷(2018)
第299～319页

权威的证成及其方法论问题

——对三篇书评的回应

朱　振*

首先我要特别感谢郑玉双、沈宏彬和骆意中三位青年法理学者对拙著的书面评论，他们都是国内目前研究英美分析法理学年青一代中的佼佼者，因此他们的评论都比较专业而深入，直面当今分析法理学研究的前沿和核心问题。《法律的权威性：基于实践哲学的研究》这本书（以下简称本书）主要处理了四个方面的问题：权威的概念分析、权威的证成、权威命题对排他性法实证主义的支持以及建构法理论的方法论，三位书评作者都针对权威的证成和（或）方法论问题展开了批评性的讨论。这一方面是因为这两个问题都是当今分析法理学正在热烈讨论的问题，另一方面是因为对于这两个问题，我都给出了自己的看法，这些看法都是暂时性的，因此也都是可批评的。

郑玉双的论文主要讨论了第七章的方法论问题，这也是他近来的研究工作着重关注的领域；骆意中根据“权威”概念将本书分成三个部分：权威的上游概念、权威的证成以及权威的下游概念，他集中讨论了证成问题；沈宏彬的论文则既批评本书关于服务性权威观的评论，又批评本书关于方法论的看法。在下文的论述中，

* 朱振，吉林大学理论法学研究中心、法学院教授，法学博士。

我首先概括他们书评文章的主要评论点,对这些评论点进行适当的总结和合并,并在此基础上再给出我的基本回应。在论证结构上,本篇回应文字分为三个部分:第一部分讨论权威理由的性质,以及与排他性理由的关联,主要是批评性地检讨埃瑟特(Christopher Essert)的理论;第二部分讨论拉兹(Joseph Raz)服务性权威观中的一些基本论题,以回应沈宏彬的批评;第三部分再次总结我在本书中对描述性法理学的批评要点,澄清一些误解,并指出沈宏彬的批评为什么是不能成立的。

一、再访权威理由的排他性

骆意中并没有直接提出他本人的看法,他的批评策略是借用别人的批评来表明本书所忽视或者缺漏的论证步骤,从而尝试提出对于拉兹理论的一些后续拓展的可能。当然他认为这些遗漏的批评都是非常关键的,是拉兹的理论目前遇到的,而且还没有进行有效回应的根本挑战,无论辩护还是扬弃拉兹的法律权威性框架,都必须要直面这两种批评。本文将主要回应其中的一种批评,在做出回应前我先处理骆意中所提出的一些前提性质疑。

骆意中认为本书关于权威证成的两章是放在"权威/自主性"的框架下来讨论的,而且还把以沃尔夫为代表的哲学无政府主义的挑战视为权威证成最重要的理论对手。骆意中对于前者没有提出异议,而是认为在讨论权威和自主性时,拉兹本人似乎并没有将哲学无政府主义者视为最重要的挑战,而是将国家中立性[支持者包括约翰·罗尔斯(John Rawls)等学者]作为他理论最重要的反对者。而且骆意中还把拉兹的服务型权威观与其所发展出的一种至善主义的自由主义关联起来,以建立拉兹政治理论的一惯性立场。

对于骆意中的这个判断我基本是赞同的。首先,在拉兹关于权威的概念分析和正当性证成的早期工作中,他处理了沃尔夫的哲学无政府主义的挑战。在那个时代,沃尔夫以一种简单直接且非常有力的方式提出了关于权威正当性的挑战,所以那个时代的许多政治哲学家都处理过这个问题。于是要澄清的是,本书关于哲学无政府主义挑战的讨论基本只是为了要表明,沃尔夫的哲学无政府主义的基本观点对康德的自主性理论做了一种破坏性的发挥,在理论上是难以成立的。因此一种关于权威的正当性理论是可以建立的,于是在这个背景下本书重点讨论了拉兹的服务性权威观。其次,拉兹后来在关于自主性的专门讨论中发展出了一种带有至善主义色彩的自主性理论,这种理论的主要对手是主张国家中立性的理论家。在这种理论中,拉兹对于自主性、强制以及国家的作用都做了全新的理解。我也认为,至善主义的自主性理论与服务型权威观可以说是相互支持的,强制可以与优先性命题相连,而强制是可以得到辩护的,常规证成命题(The Normal Justification Thesis,NJT)提供了一种辩护的框架,而真正在的辩护在于依赖性命题,它体现了国家(权威)的积极功能。

更为根本的是,骆意中对本书的批评性研究的模式也提出了一个批评。他认为在模式上,本书主要选取了夏皮罗(Scott Shapiro)、赫德(Heidi Hurd)和亚历山大(Larry Alexander)等特定人对拉兹的批评性看法,他认为这种以特定学者的批评为线索的讨论方式需要交代理由,否则很容易就遗漏一些重要的讨论线索。于是他认为本书就遗漏了两个重要的批评进路:一是否定法律权威指令具有二阶理由的结构,二是否定 NJT 和权威的服务观能够创造权威。就前者而言,他主要介绍了埃瑟特一篇论文中的观点;就后者而言,他主要介绍了达沃尔(Stephen Darwall)的批评进路。他认为,这两个批评进路非常根本,而且拉兹本人难以回应。骆意中所说的这两个批评方向都是非常重要的,但是我并不认为夏皮罗、赫德和亚历山大等学者没有涉及类似的批评,或者说本书选取他们的批评套路是随意的。亚历山大的批评实质上也是指出,在人们真实的实践推理结构中,排他性理由是不存在的。可以说,这两个批评方式,一个是指向优先性命题的,另一个是指向 NJT 的。本书虽然都处理过这两个问题,但是在这里我还是想对埃瑟特的批评进路发表一些简要的看法,[①]详细的讨论希望能另文再述。埃瑟特的这篇论文发表的时间比较晚,在写作本书时,我确实并没有详细地处理这篇文献。

埃瑟特认为,并不存在排他性的二阶理由,二阶理由要么排除掉我们全部的一阶理由,要么只是重复计算一阶理由。这就是埃瑟特所说的拉兹二阶理由的困境,而且这种困境似乎还能从拉兹那里找到文本上和观点上的依据。在拉兹的仲裁者的例子中,仲裁者是依据依赖性理由来裁决的。而其决定既是行动的一阶理由,同时也是排除其他理由而行动的二阶排他性理由。[②]埃瑟特重点讨论了二阶理由的排除范围问题,即二阶理由所排除的依赖性理由是否包括支持提交仲裁的行动者的一阶依赖性理由。他认为,这里存在两种可能:第一种情形是排除所有的依赖性理由,包括赞同的或反对的理由,权威创造了一个新理由。这样就会得出一个反直觉的结论,即依赖性理由被排除了,行动者并不根据依赖性理由而行动。这正如埃瑟特所指出的:"尽管各方当事人应当做 φ,但是他们不应当基于任何依赖性理由而做 φ。也就是说,各方当事人不能遵守那些被排除的做 φ 的理由。但是当你考虑一下时,会发现这是一个奇怪的结论。请记住,做 φ 的依赖性理由正是仲裁者在其管辖权内命令各方当事人做 φ 时所应当考虑的。这些理由正是决定所应当依赖的,并因此必须成为做 φ 最重要的理由。"[③]

第二种情形是只排除反对做 φ 的一阶依赖性理由,而不排除赞成的理由。如果是这样,被保护的理由的任务就是排除反对做 φ 的依赖性理由并创

---

① Stephen Darwall 的批评本文这里不作评论,因为这个问题非常复杂,涉及 Stephen Darwall 和 Joseph Raz 关于权威证成思路的争论,需要专文进行讨论。而且骆意中也只是简要地介绍了 Stephen Darwall 的基本看法,并没有提出他自己的批评与倾向性意见。Stephen Darwall 提出了一个第二人称行动理由(second-personal reasons for acting)的概念,并以此为基础,既批评了拉兹关于权威理由的概念论,又批评其关于权威合法性的"常规证成命题"(NJT)。Stephen Darwall 的相关文献参见 Stephen Darwall, *The Second-Person Standpoint*, Cambridge, MA: Harvard University Press, 2006. Stephen Darwall, "Authority and Second-Personal Reasons for Acting", in *Reasons for Action*, Edited by David Sobel and Steven Wall, Cambridge: Cambridge University Press, 2009, pp. 134 – 154. 在 *Ethics* 组织的一个专题讨论("*Symposium: Joseph Raz on Value, Reasons, and Respect*")上二者有一个正面交锋, See Stephen Darwall, "Authority and Reasons: Exclusionary and Second-Personal", *Ethics*, Vol. 120, No. 2(January, 2010), pp. 257 – 278. Joseph Raz 的回应文章参见 Joseph Raz, "On Respect, Authority, and Neutrality: A Response", *Ethics*, Vol. 120, No. 2(January, 2010), pp. 279 – 301.

② Joseph Raz, *The Morality of Freedom*, Oxford University Press, 1986, p. 41.

③ Christopher Essert, "A Dilemma for Protected Reasons", *Law and Philosophy*, Vol. 31, No. 1 (Jan. 2012), p. 61.

造一个新的一阶理由，而后者正是依赖于赞成做 φ 的依赖性理由。行动者的行动理由就包括两个方面：一是赞成做 φ 的依赖性理由，二是被保护的理由的一阶面向。而这一点正是犯了拉兹所说的双重计算（double counting）的错误。拉兹指出："当考虑关于一个行动之各种理由的分量或力量时，规则的理由不能是作为额外的理由而被加入到规则自身。我们必须计算一个理由，或计算其他的理由，而不能同时计算二者……否则，这样做就是犯了双重计算的错误。"④以拉兹所举的仲裁者的例子来说，仲裁者的决定"计算依赖性理由并反映其结果"，⑤并"意图取代它所依赖的理由"⑥，所以其效力基于那些奠定基础的理由的效力。⑦ 埃瑟特从中得出一个结论认为："决定一旦做出，我们似乎就有了关于诸理由的一个平衡，据此存在做 φ 的依赖性理由，也存在被保护的理由的一阶面向，后者也是做 φ 的一个理由。但是，被保护的理由的一阶面向的力量奠基于做 φ 的依赖性理由的力量（请记住，被保护的理由意图'计算这些依赖性理由'），因此那些依赖性理由似乎就被计算了两次。"⑧这就是埃瑟特所说的第二种困境，即双重计算的问题，它损害了被保护的理由在实践推理中的主要优势，即我们应当遵循规范，即使有好的理由不去遵循它。⑨

在埃瑟特看来，这两种情形似乎都可以从拉兹的论述中找到依据。在拉兹早期的论述中，我们可以找到一段论述以表明他似乎认为排他性理由要排除所有的依赖性理由。他指出："在决定一个人是否应当服从权威的命令时，人们应当排除赞成或反对缴纳所需金额的所有理由，而这件事正处于权威的管辖范围内。"⑩但是在其后期的表述中，拉兹似乎又赞同排他性理由只排除反对做 φ 的依赖性理由，他指出：

一个有约束力的权威命令当其发布时，它就并不仅仅是一个行为理由，

---

④ Joseph Raz, *The Morality of Freedom*, Oxford University Press, 1986, p. 58.

⑤ Joseph Raz, *The Morality of Freedom*, Oxford University Press, 1986, p. 41.

⑥ Joseph Raz, *The Morality of Freedom*, Oxford University Press, 1986, p. 42.

⑦ Joseph Raz, *The Morality of Freedom*, Oxford University Press, 1986, p. 47.

⑧ Christopher Essert, "A Dilemma for Protected Reasons", *Law and Philosophy*, Vol. 31, No. 1 (Jan. 2012), pp. 66 – 67.

⑨ Christopher Essert, "A Dilemma for Protected Reasons", *Law and Philosophy*, Vol. 31, No. 1 (Jan. 2012), p. 67.

⑩ Joseph Raz, *Practical Reason and Norms*, Oxford University Press, 1999, p. 192. See also Joseph Raz, "Facing Up: A Reply", *Southern California Law Review*, 62 (1988 – 1989): 1153 – 1235.

而且也是一个排他性理由,亦即不遵循与规则相冲突之理由的一个理由(也就是不按照这些理由而行动的一个理由)。这就是权威命令怎样具有优先性的。它们排除了对相冲突之理由的依赖,但不排除所有的相冲突的理由,而只排除立法者在发布命令之前所意图考虑的那些相冲突理由。当然,这些排他性理由并不排除依赖一些行为理由,因为这些行为的方式与命令所要求的方式是同样的。请考虑一下:通过压倒在没有理由时我们将会做的事情(当这样做并不符合理由时),权威就改进了我们对理由的符合。因此,假设权威在这一任务上是完全成功的,那么权威就无需并确实不阻止我们遵循支持一个论证的那些理由。然而,权威要改进我们对理由的符合就必须压倒我们的一个倾向,即遵循不支持那个论证的那些理由。因此,优先性只排除与权威的命令相冲突的理由。⑪

埃瑟特认为第一种情形是反常识的,依赖性理由应当成为人们做 φ 的基础;而第二种情形实质上是支持无差异命题(no difference thesis),即"权威没有改变人们的行动理由"。⑫ 我认为埃瑟特的批评还是一个比较常规的批评进路,实际上我在本书中所讨论的亚历山大的批评进路以及具体观点都与埃瑟特存在相似之处,即都是通过重构人们实践推理的过程来批评拉兹的排他

⑪ Joseph Raz,"The Problem of Authority:Revisiting the Service Conception",in his *Between Authority and Interpretation:On the Theory of Law and Practical Reason*,Oxford University Press,2009,p. 144.

⑫ Joseph Raz,*The Morality of Freedom*,Oxford University Press,1986,p. 29."无差异命题"是和"实践差异命题"(Practical Difference Thesis)相反对的,实践差异意味着法律规范必然要对行动者起到指引作用,用 Jules L. Coleman 自己的话说就是,实践差异命题的基本主张是"法律原则上必须有能力制造一个实践差异。法律必须有能力影响慎思和行动。……否则,那些[构成法律的]规则在相关的意义上就不能够成为法律"。Jules L. Coleman,"Incorporationism,Conventionality,and the Practical Difference Thesis",*Legal Theory*,Vol. 4,No. 4(Dec.,1998),p. 402. 实践差异命题实际上与 Shapiro 功能主义命题(the Functionalist Thesis)是联系在一起的,即法律在概念上的功能就是指引行为。功能主义命题意味着,法律必定要在行为人的实践慎思结构中制造一个实践差异(making a practical difference in the structure of deliberations),没有能力做到这一点的一个规范将在概念上被剥夺成为一个法律的资格。See Scott J. Shapiro,"On Hart's Way Out",*Legal Theory*,Vol. 4,No. 4(Dec.,1998),p. 507. Kenneth Einar Himma 对 Shapiro 论证逻辑的总结参见 Kenneth Einar Himma,"Inclusive Legal Positivism",in Jules L. Coleman and Scott Shapiro(ed.),*The Oxford Handbook of Jurisprudence and Philosophy of Law*,Oxford University Press,2002,pp. 158 – 159。

性理由，并进而拒绝拉兹根据创造排他性理由的能力来分析权威。⑬ 相比于拉兹关于权威正当性的证成，我认为他关于权威理由的概念分析相对是比较成功的，因为这种分析基本上是对事实性的实践权威的分析，符合我们关于实践推理的直觉。下文我尝试通过在拉兹的两段看似矛盾的论述之间重建一种融贯的理解来回应埃瑟特的批评。

拉兹认为，权威命令是一阶理由和二阶排他性理由的结合体，即被保护的理由（protected reasons）。“被保护的理由是以下两种理由的一个系统性结合：一种是履行一个人一直在着手去履行的那个行动的理由，或规则所要求的理由，另一种是不依据某些特定的（赞成或反对该行动的）理由而行动的一个排他性理由。”⑭这是一个比较复杂的构成模式，对于这个模式所可能引起的误解拉兹本人有着清醒的认识。他指出：“如果一个规则由某些特定理由而证明为正当，那么它所要求的行动要么总是该奠基性理由（the underlying reasons）所要求的行动，在这种情形中人们可能正依赖该理由而非该规则；要么规则所要求的行动偏离了该奠基性理由所证成的行动，在这种情形中遵守该规则是不正当的。因此，规则要么是多余的（redundant），要么是不正当的（unjustified）。”⑮埃瑟特所认识到的这种困境实质上都可以归结为上述拉兹所总结的第一种困境，即权威性规则是多余的，人们行动的基础实际上是理由而非权威性规则，双重计算的结果是权威性规则没有对人们的行动造成实践差异，这实际上是赞成无差异命题。

拉兹认为，我们要是能够创造出这样一些情形就能够摆脱这个困境，即在这些情形中“即使一个人并不意图遵守（comply with）奠基性理由，对奠基性理由的符合（conformity）也得到了改进”，也就是说，“遵守规则确保了符合于奠基性规则，甚至比其他方式能更好地实现这一符合。这一点就能够证成

---

⑬ 在 Larry Alexander 看来，法律权威能够影响一阶理由的权衡，但不是排他性的。See Larry Alexander, “Law and Exclusionary Reasons”, *philosophical Topics*, Vol. 18, No. 1 (Spring, 1990), p. 6. Reprinted in *Legal Positivism*, Edited by Tom D. Campbell, Dartmouth Publishing Company Limited, 1999, p. 154.

⑭ Joseph Raz, *Practical Reason and Norms*, Oxford University Press, 1999, p. 191.

⑮ Joseph Raz, *Practical Reason and Norms*, Oxford University Press, 1999, p. 194. 这也是哲学无政府主义批评的一个角度，可以参见 Scott J. Shapiro 的总结：“当权威是错的时候，它们没有权力去强迫其他人——当权威正确的时候，它们强迫的权力是无意义的。似乎权威制度要么是有害的，要么是多余的。” Scott J. Shapiro, “Authority”, in Jules L. Coleman and Scott Shapiro (ed.), *The Oxford Handbook of Jurisprudence and Philosophy of Law*, Oxford University Press, 2002, p. 383.

遵守规则,即使规则所要求的行动并不是奠基性理由所要求的。这一遵守(compliance)也许仍然是最大限度地符合奠基性理由的最好策略。这一不遵守另一个理由的理由就是一个排他性理由。由于规则只能作为规则而起作用,因此,如果人们把规则作为行动理由并避免努力遵守奠基性理由,那么所有的规则都是排他性理由。"⑯拉兹是通过对理由的最佳符合来说明排他性理由并不违反常识,而且反过来只有把权威规则视为排他性理由,这种间接策略的优势才能发挥出来。因此权威规则是一定要,而且也一定能够造成实践差异,双重计算是不成立的。

因此,埃瑟特所引证的拉兹的两段论述实质上也并不矛盾,也许拉兹在不同地方的表述存在语言用法上的差异,但是其基本观点是一贯而明确的。因为人们无论是排除所有的赞成或反对的理由,还是只排除反对的理由,都不影响权威的性质,即它是一个排他性理由。拉兹认为,"排他性理由是不按照某些特定的有效理由而行动的理由",它们并不废除或取消那些理由;这些被排除的理由是实施某些行动的理由,而且"它们被一个排他性理由所排除"这一事实仅仅意味着它们不应当被遵守,而非意味着它们不应当被符合,它们最好能够得到间接服从。⑰ 在这里,排他性理由并不能决定每一个行动者在每一个具体的场合都要内在地遵守并符合权威,它只要阻止行动者按照相冲突的理由而行动就可以了。此外结合上下文来看,埃瑟特所引证的拉兹的那句话并不是要表达其所意指的"权威排除所有的理由",而是指一个人是否应当服从权威并不取决于赞成或反对的理由,衡量这些理由属于权威的权限。拉兹的这句话似乎是在讲证立权威的问题,这表明了证立权威的一个特征,即独立性,也就是说人们是否应当遵守权威独立于权威的内容,⑱与赞成或反对的理由无关。

至此,我们就可以总结权威性行动理由(比如法律理由)的性质:首先,权

---

⑯ Joseph Raz, *Practical Reason and Norms*, Oxford University Press, 1999, p. 194.

⑰ Joseph Raz, *Practical Reason and Norms*, Oxford University Press, 1999, pp. 184 - 185.

⑱ 关于证立的内容独立性(a content-independent justification),参见 Joseph Raz, "Reasoning By Rule", in his *Between Authority and Interpretation*: *On the Theory of Law and Practical Reason*, Oxford University Press, 2009, p. 210。

威性行动理由是一个独立的行动理由，既独立于其内容，[19]又独立于行动者的理由（各种奠基性理由）；其次，权威性行动理由以自己的意图为行动者创造了一个新的理由，"新"并不是指以往不存在内容上同样的理由，而是指以权威性的排他性理由的形式表现出来的新理由；再次，权威性行动理由排除了行动者自己的理由，它与行动者的理由相比不是强度上的，而是另一种类型的理由；最后，"权威性规则的存在"这个事实是一个理由，一个人有理由做某事，当且仅当权威性规则做出了这样的规定。

---

⑲ "内容独立的"（content-independent）是和"内容依赖的"（content-dependent）相对而言的，前者指的是实践权威之命令所具有的一个特征，后者是指理论权威之建议所具有的一个特征。实践权威发布的命令在性质上就是内容独立的理由，因为其效力并不来自于命令的内容本身，而是来自"发布"这个事实；理论权威所提供之建议的效力是内容依赖的，接受与否取决于行动者本人对建议之内容的判断。哈特（H. L. A. Hart）最先提出了"内容独立的理由"这个思想，并由拉兹及其后的法实证主义者发扬光大。哈特认为，"命令者想使其关于意图的表达被看成是行动的理由。因此，它意图起到如下作用，即理由独立于被实施的行动的性质或特征"。（See H. L. A. Hart, *Essays on Bentham: Studies in Jurisprudence and Political Theory*, Oxford university Press, 1982, pp. 254 – 255.）拉兹就这个思想给出了一个简明的界定："如果在理由和以之为根据的行动之间没有直接联系，这个理由就是内容独立的。"（Joseph Raz, *The Morality of Freedom*, Oxford University Press, 1986, p. 35.）其他的相关文献可以参见 Joseph Raz, "Voluntary Obligations and Normative Powers", *Proceedings of the Aristotelian Society*, Supplementary Volumes, Vol. 46 (1972), pp. 95 – 98. P. Markwick, "Law and Content-Independent Reasons", *Oxford Journal of Legal Studies*, Vol. 20, No. 4 (2000), pp. 579 – 596. R. A. Duff, "Inclusion and Exclusion", in M. D. A. Freeman (ed.), *Current legal Problems*, Vol. 51, 1998, p. 247. Leslie Green, *The Authority of the State*, Oxford: Clarendon Press, 1988, pp. 40 – 62, 225 – 226. Leslie Green, "Legal Obligation and Authority", *The Stanford Encyclopedia of Philosophy* (Winter 2012 Edition), Edward N. Zalta (ed.), URL = < https://plato.stanford.edu/archives/win2012/entries/legal-obligation/ >. K. E. Himma, "Hart and the Practical Difference Thesis", *legal Theory*, Vol. 6 (2000), pp. 26 – 27. G. Postema, "Jurisprudence and Practical Philosophy", *legal Theory*, Vol. 4 (1998), p. 349. Frederick Schaure, *Playing by the Rules: A Philosophical Examination of Rule-Based Decision-Making in Law and in Life, Oxford: Clarendon Press*, 1991, p. 125. Frederick Schauer, "Critical Notice", *Canadian Journal of Philosophy*, Vol. 24 (1994), p. 499. Frederick Schauer, *The Force of Law*, Cambridge, MA: Harvard University Press, 2015. R. Shiner, *Norm and Nature*, Oxford: Clarendon Press, 1992, pp. 52 – 53. David Enoch, "Reason-Giving and the Law", in *Oxford Studies in Philosophy of Law* (Vol. 1), Edited by Leslie Green and Brian Leiter, New York, N. Y.: Oxford University Press, 2011, pp. 1 – 38. Simon Robertson, "Introduction: Normativity, Reasons, Rationality", in *Spheres of Reason: New Essays in the Philosophy of Normativity*, Edited by Simon Robertson, New York, N. Y.: Oxford University Press, 2009, pp. 1 – 28. Stefan Sciaraffa, "On Content-Independent Reasons: It's Not in the Name", *Law and Philosophy*, Vol. 28, No. 3 (May, 2009), pp. 233 – 260. 中文研究参见王鹏翔：《独立于内容的理由与法律的规范性》，载《中研院法学期刊》2012 年第 11 期，第 203 ~ 247 页。

二、权威解释的功能主义进路:它包含价值吗?

从上文的论述可知,拉兹的排他性理由的基础在于它是一种间接策略,人们遵守权威理由或规则就是在更好地符合奠基性理由,而不是通过直接遵守奠基性理由来做到这一点。这一论述模式是拉兹"服务性权威观"的核心内容,即权威发挥的是一种中介或调节功能。这也是拉兹建构服务性权威观的出发点,即服务性权威观认为"权威在人们与适用于他们的正当理由(right reason)之间起到调节作用"。[20] 正是从这样一个认识出发,沈宏彬认为本书对拉兹"服务性权威观"的批评都是错失焦点的,这表现为两个方面:一是内在理由是一种元伦理学理论,拉兹的法理论并不预设任何元伦理学理想,而且内在理由论进路的批评并不影响权威证立方式的中介性功能;二是本书试图引入民主理论及其内含的广泛参与权来解决权威内部结构的问题,而这些价值不仅已被吸收进满足服务性权威观的法律权威之中,而且还偏离了批评的方向,即"权威的中介角色"这个指向拉兹服务性权威观自身结构的批评,因此沈宏彬认为,任何试图诉诸一般性政治价值来解决这一批评的做法都是错失焦点的。

我认为,沈宏彬对拉兹基本理论进路的理解没有什么问题,但是他辩护拉兹服务性权威观的策略在某种意义上把真正的理论问题狭隘化并固定化了。一方面,他把拉兹的中介角色或间接策略抽离掉了它所要服务的对象,并因此看成是一个几乎不可被批评的东西;另一方面,他又为服务性权威观添加了更多的实质性内容,而拉兹的服务性权威观是一个相对中立而开放的论证架构,添加了太多的内容实际上又限制了服务性权威观的适用范围。接下来,我将逐步地回应沈宏彬的这两个批评。

(一)元伦理学与权威的中介作用

从拉兹本人长期而一贯的论述中,我们能够看到依赖命题和NJT的结合构成了拉兹所谓的服务性权威观,它指向的或者说辩护的是优先命题(The

---

⑳ Joseph Raz, "Authority, Law, and Morality", in his *Ethics in the Public Domain: Essays in the Morality of Law and Politics*, Oxford: Clarendon Press, 1994, p. 214.

Preemption Thesis)。优先命题实际上是排他性理由的复述,其内容是关于实践权威的概念分析的结果,它在某种意义上确立了义务的概念内涵。"权威要求履行某个行动"这一事实不仅是一个行动理由,而且还要去取代其他相关理由。从行动者的角度来说,权威命令的发布这个事实本身就意味着有义务服从它,而不能按照行动者自己关于理由的判断而行动,这就是遵守权威命令的义务,符合义务概念的核心意涵。格林(Leslie Green)正是在这个意义上重构了优先命题的内容,他称义务为内容独立的理由(content-independent reasons),"内容独立"的标志是理由的力量并不依赖于这些义务所要求的行动的性质与优点,㉑而有其他的独立来源,比如允诺(promise)所产生之义务源自"信守诺言"这样一个法律与道德规则。具体来说,内容独立的理由包含两个方面,即这样的理由在效力上既是绝对的又是优先性的(both categorical and pre-emptive in force)。优先性意味着义务人要把自己关于行为价值的看法放在一边而去履行义务;绝对性意味着义务的主张并不取决于义务人自己的目标与利益。㉒ 由此可清晰看出,义务的概念性特征与优先命题的内容几乎是重合的。㉓

但是这个义务是从哪里来的呢?实际上这是概念分析的结果,即如果我们接受类似于法律这样的实践权威,它就必须对人们的行动造成实践差异,

---

㉑ Leslie Green,"Legal Obligation and Authority",*The Stanford Encyclopedia of Philosophy* (Winter 2012 Edition),Edward N. Zalta(ed.),http://plato. stanford. edu/archives/win2012/entries/legal-obligation/. 原文如下:"The mark of [legal obligations'] content-independence is that their force does not depend on the nature or merits of the action they require."

㉒ Leslie Green,"Legal Obligation and Authority",*The Stanford Encyclopedia of Philosophy* (Winter 2012 Edition),Edward N. Zalta(ed.),http://plato. stanford. edu/archives/win2012/entries/legal-obligation/. Marmor 几乎持有同样的看法,他认为,拉兹的义务由形式和实质两个要素构成。前者指的是义务是被保护的理由(同时是一阶理由和排他性理由)(the structure of obligations consists in the idea that obligations are protected reasons: an obligation to φ is a first order reason to φ and an exclusionary reason not to fail to φ for a certain range of potentially conflicting reasons.);后者指的是,当且仅当被保护的理由是绝对的,这些理由才成为义务(a set of protective reasons to φ amounts to an obligation to φ if and only if the reasons are categorical)。See Andrei Marmor,"The Dilemma of Authority",(2011)2(1) *Jurisprudence*, p. 126. 另外,往权威理由的性质中添加 categorical 这个要素并建立 obligation 与 categorical reasons 之前的关联,See Raz,"Promises and Obligations",in PMS Hacker and Joseph Raz(eds),*Law, Morality, and Society: Essays in Honour of HLA Hart*,Oxford University Press,1977,p. 210.

㉓ 这一段关于 Leslie Green 之理论的介绍与相关材料,来自于朱振:《法律的权威性:基于实践哲学的研究》,上海三联书店 2016 年版,第 110~111 页。

否则它就不能以权威的形式发挥作用。拉兹曾专门指出,对排他性理由的说明都是纯然工具性的(instrumental),规则属于中低层次的实践推理(the middle and lower levels of practical reasoning),基本上缺乏基础。这是一个实践推理层面的问题,他并没有考虑“排他性理由如何具有内在价值”以及“排他性理由能否在实践推理中扮演一种非工具性角色”等这样的问题。㉔

输入端是义务,这是权威的制度性造成的;所以输出端也是义务,人们必须遵守法律(的内容),即使它可能是错误的。这种模式是“义务进-义务出”,这只是事情的一个方面;而在证立的意义上,却是“理由进-义务出”。拉兹反对存在一般意义上的服从法律的义务,㉕所以他对优先命题的辩护不是从存在服从法律的义务出发,而是从功能的角度指出,服从权威而非自己的判断是在更好地符合理由。因此问题的核心就在于“理由”能否辩护排他性,很多学者正是在这个意义上认为服务性权威观辩护不了优先命题。因为NJT只提供了一个比较弱的辩护策略,即一种功能主义的解释模式,也就是说权威起到的只是中介作用,通过权威人们能够更好地符合理由。在拉兹看来,权威综合权衡各种依赖性理由,权威所要求的行动最好地实现了人的行动所能实现的任何价值,因为“权威具有更杰出的专业知识,这很可能使权威命令所要求的行动比我这个非专业人员所认为最好的无论什么样的备选行动都要好。……权威的命令赋予所规定的行动以突出的地位,这是达致某种可欲的协同的最佳途径,而以其他任何方式都将不会达致这种协同”。㉖

中介的作用实际上是NJT的核心,也是其功能主义证成思路的核心,这也是本书对服务性权威观进行批评性讨论的基础,所以我不明白为什么沈宏彬一再指出本书关于NJT的批评是错失焦点的,即使这些批评是错误的它也不是错失焦点的。我的批评的出发点在于,NJT不是辩护一般意义上权威,而是拉兹所界定的在实践推理上具有优先性的权威(权威的优先命题)。根据上文把优先命题与义务相关联的论证,我们就可以看出,拉兹关于理由的元理论的分析实际上是赞同一种外在理由论,这种带有元伦理学色彩的分析必然需要一种非意志论的关于权威的证成模式。格林曾把证成权威的理论

㉔ Joseph Raz, *Practical Reason and Norms*, Oxford University Press, 1999, p. 198.

㉕ See Joseph Raz, "The Obligation to Obey the Law", in his *The Authority of Law: Essays on Law and Morality*, Second Edition, Oxford University Press, 2009, pp. 233-249.

㉖ Joseph Raz, *Practical Reason and Norms*, Oxford University Press, 1999, p. 192.

模式划分为意志论的理论(Voluntarist theories)与非意志论的理论(Non-voluntarist theories),二者的分歧点在于证成法律权威是否需要借助于行动者的选择或意志作为服从义务的理由。意志论包括“同意”(Consent)、“表达的义务”(Expressive Obligations)和“公正”(Fairness);非意志论包括“构成的义务”(Constitutive Obligations)、“工具性证成”(Instrumental Justification)和“必然性”(Necessity)。㉗ 拉兹的服务性权威观依赖于一种间接进路(indirect approach)的优越性,他认为这尤其类似于各种规则功利主义(rule-utilitarianism)的讨论。所谓的间接进路指的是这样一种尝试,即“不是通过遵守某些特定的理由(我称之为‘奠基性理由’),而通过遵守一套备选的理由(亦即规则),来最大程度地符合奠基性理由;因为规则是量身定做的,以至于遵守规则能够最大程度地符合奠基性理由”。㉘ 因此,NJT 就属于其中的工具性证成,即通过帮助其服从者做其所应当做的,权威在工具的意义上就是正当的。㉙

所以,关于理由的元伦理学理论与权威的证成是有关的,而非不相关。优先性命题蕴含了对理由性质的界定,而服务性权威观的指向对象就是优先命题。能够有效辩护优先命题是权威证成的核心,从关于理由的元伦理学理解出发去表明什么样的理解是可接受的,与权威证成的类型密切相关。外在理由论者恐怕难以接受对权威证成之意志论的解释,而只能是工具主义的解释。此外,本文引入威廉姆斯(Bernard Williancs)的内在理由论并非表明对其

㉗ Leslie Green, “Legal Obligation and Authority”, *The Stanford Encyclopedia of Philosophy* (Winter 2012 Edition), Edward N. Zalta(ed.), http://plato. stanford. edu/archives/win2012/entries/legal-obligation/. Leslie Green 的分类及相关结论另参见 Leslie Green, *The Authority of the State*, Oxford: Clarendon Press, 1988。

㉘ Joseph Raz, *Practical Reason and Norms*, Oxford University Press, 1999, p. 193. 同样的论述也可参见第 194、195 页,拉兹提到了一种间接策略(indirect strategy),即不是通过遵守理由而是通过遵守规则本身来保证对理由的符合。

㉙ Leslie Green, “Legal Obligation and Authority”, *The Stanford Encyclopedia of Philosophy* (Winter 2012 Edition), Edward N. Zalta(ed.), http://plato. stanford. edu/archives/win2012/entries/legal-obligation/. 另参见 Tom Christiano 关于“关于正当政治权威的工具主义”论述,他指出:“人们能够看到,有关政治权威正当性的各种学说都在回应无政府主义的挑战。让我们从关于正当性的工具主义(instrumentalist)学说开始讲起。约瑟夫·拉兹提供了关于这一正当权威观念的典范性陈述。他称之为常规证成命题。”Tom Christiano, “Authority”, *The Stanford Encyclopedia of Philosophy* (Spring 2013 Edition), Edward N. Zalta (ed.), URL = < https://plato. stanford. edu/archives/spr2013/entries/authority/ >.

理论的完全接受,本书实际上是持有一种批判接受的立场,因为内在理由论无法解释权威理由的性质。本书试图在权威的概念分析和证成模式之间找到一个中间道路,沟通"义务进-义务出"与"理由进-义务出"之间的裂痕。在理由的性质上,我赞同优先性命题;而在权威的证成上,我赞同一种意志论的证成模式。

(二)服务性权威观的性质:它包含实质价值吗?

沈宏彬一再指出,拉兹提供的是一种处于实践推理下游的法律理论,对拉兹理论的讨论只有围绕"中介"来展开才是有意义的,否则就是错失焦点的。他又指出基于程序的批评是一个有效的批评,但是本书基于民主(程序)的参与权这个特定价值的批评还没有达到服务性权威观的道德价值要求,遑论解决其问题。于是沈宏彬为NJT注入了众多的实质性价值,服务性权威观不仅要求法律尊重一定的程序以及相应程序性的参与权利,而且还承诺了更多有价值的内容。沈宏彬还认为服务性权威观源自于解决政治社群的联合问题,参与政治社群是我们的一项道德义务,但是这只能通过法律权威来完成,而无法单纯诉诸每个人的实践推理。于是他指出:"我们可以确定一组政治价值的特定排序及其相应的合作框架,从而使我们能够生活在政治社群中,这样遵循法律权威的指令就比我们自己权衡,能更好地遵循我们自己本来就负有的道德义务。"㉚据此,公正、正义、基本人权等都包含在服务性权威观中,否则权威就不可能获得正当性。

沈宏彬似乎把拉兹的服务性权威观视为一种整全性的政治哲学理论,但是拉兹的服务性权威观意在提出一种类似于德沃金(Ronald Dworkin)整全法的政治哲学理论吗?实际上并非如此,我赞同莱特的一个判断,认为它只是一个描述性的主张,而且这个判断符合拉兹本人对自己理论的描述。莱特指出:"拉兹并不赞同权威的服务观念建立在如下基础上,即它在道德上是有魅力的或在道德上有好的结果:他认为它是我们的概念。那是一个描述性主张。"㉛这里所说的"结果"并不是指权威在道德上一定能够带来实际的好结果或体现了一种道德哲学之后果主义的论证思路,而毋宁说拉兹的NJT只是提供了一个包容性(尽管不是中立性)的框架,即只是指出遵守权威是更可能

㉚ 参见沈宏彬的评论文章《重思服务性权威观与描述性法理学》,本书第274页。

㉛ Brian Leiter,"Beyond the Hart/Dworkin Debate:the Methodology Problem in Jurisprudence", *The American Journal of Jurisprudence*, Vol. 48, 2003, p. 39.

在遵循正当的理由。“结果论”指的是一种论证模式的理论倾向,即权威基于依赖性理由的判断能够为行动者的行动带来更多的信息便利、更大的成功可能性、能够促进某些价值的实现(比如权威能够有效解决由多个行动者的行动所造成的合作问题、囚徒困境问题等)。正如科尔曼(Jules Colencan)和莱特(Brian Leiter)所指出的,“法律的权威依赖于其功效(the authority of law depends on its efficacy)”。㉜ 马默在以程序为基础批评拉兹的服务性权威观时也认为它是结果取向的,他指出:“我们通常和关心结果一样关心程序(We often care about process as much as we care about results)。”㉝

由此,我们就需要对 NJT 作进一步的澄清。拉兹的服务性权威观与其说是“证立”、不如说是在“说明”权威之正当性的条件。拉兹在与笔者的一篇访谈中指出,NJT 对证立权威的各种观点都是开放的,而不是在提出只能以一种方式才可满足的正当性条件,但是开放并不意味着 NJT 是中立性的,它并不包含所有的权威正当性的论证思路。关于这一点,拉兹具体的论述是:“我仅意图在下述意义上使我的论述既开放又合理:使权威具有正当性的各种不同理论的支持者能够把他们的观点与那一论述相协调。他们能够把他们的理论解释为关于我所赞成的正当性条件得到满足的方式。这并没有使我的论述成为中立性的,因为一些人尽管能够根据我的术语而调和他们关于正当性的观点,但他们有充分的理由可以发现更相宜的备选论述。我认为,我关于权威的论述在这一方面是成功的。”㉞拉兹甚至认为,NJT 的包容性可以宽松到容纳亚里士多德、马基雅维利、霍布斯、卢梭、康德、边沁等的众多支持者的观点。他们的看法也许各异,其成功与否也取决于独立性因素,但是他们都可以用服务性观念作为对权威的正确性说明(use the service conception as the correct account of authority)。单纯从 NJT 来看,拉兹的这个

㉜ See Jules L. Coleman and Brian Leiter, “Legal Positivism”, in Dennis Patterson, *A Companion to Philosophy of Law and Legal Theory*, Oxford and Cambridge, Mass.: Blackwell, 1996, p. 235.

㉝ See Andrei Marmor, “The Dilemma of Authority”, *Jurisprudence*, Vol. 2, No. 1 (2011), p. 133.

㉞ “The account is merely intended to be as open as is reasonable in the following sense: supporters of different theories about what makes authority legitimate can reconcile their views with that account. They can express their theories as being about the way in which the conditions of legitimacy which I argued for are satisfied. That does not make my account neutral, for some people while able to accommodate their views about legitimacy within the terms of my account may well find alternative accounts more congenial. I think that my account of authority succeeds in that.”

解释符合其关于NJT文字表述的含义。[35]

服务性权威观的真正基础在于依赖命题,我甚至倾向于认为,依赖命题是服务性权威观的正当性核心,而不是NJT,NJT只是提供了一个工具主义的辩护框架。对于这个判断我们也可以从拉兹的一段表述中找到依据,拉兹认为:“权威的命令就是我们的理由。‘权威的命令充分地依据理由’,当对权威的接受建立在这一信念之上时,我们只有依赖于权威命令而非我们自己关于它们所适用之每一情形的价值判断,它们才能产生意图要产生的利益。这就是承认决策权应当拥有权威的全部要旨。”[36]如何从依赖性理由达致一些正当的理由(right reasons)以及这里的“正当的”如何理解,拉兹并没有给出明确的解释,学者们的理解也不尽一致。科尔曼认为“正当理由的要求”指的是“对一阶理由的合适权衡”(the proper balance of first-order reasons),而摩尔(Michael Moore)则认为,只要是基于那些先前的理由(those antecedent reasons)就可以了,并不要求正当与否。[37] 很明显,科尔曼主张一种强意义的正当理由,而摩尔则主张弱意义(a weak sense)的正当理由。如果指的是后者,那么服务性权威观就是一种比较弱的证成,因为作为实践权威的法律命令在现代社会经常要面对和处理比较复杂和重要的政治道德和权利(political morality and right)的争议,处理不好这些问题,权威命令也无法有效地在理由与行动者之间起到一种协调作用(a mediating role)。似乎我们应当期待“正当理由”必然包含实质性价值,但是拉兹的看法并没有这么“实质”。他在与笔者的访谈中指出:“运用‘正当理由’这一表达形式就承认了,一个法令或法律的道德身份可以是复杂的。也许有着许多赞成它的理由和许多反对它的理由。‘正当理由’指涉了这一复杂性的结果,亦即指涉了根据这一事实——即那一法令或法律从属于所有那些相冲突的因素——而被决定的法令或法

---

[35] 本段以及上一段的论述我使用了《法律的权威性:基于实践哲学的研究》中的一些观点和材料,参见该书的第三章;关于拉兹的访谈的中译本参见邓正来、约瑟夫·拉兹、朱振:《关于道德与政治哲学视野中的法律哲学的对话》(上、下),载《哲学研究》2010年第2、3期。

[36] Joseph Raz, *Practical Reason and Norms*, Oxford University Press, 1999, p. 193.

[37] See Jules Coleman, *The Practice of Principle*, Oxford: Oxford University Press, 2001, p. 122. Michael S. Moore, *Educating oneself in Public: Critical Essays in Jurisprudence*, Oxford; New York: Oxford University Press, 2000, p. 149.

律的身份。”[38]

作为证成权威正当性的一个常规方式,NJT 以及与依赖命题相结合而形成的权威的服务性观念更多地只是提供了一个常规的证成模式和条件性的论证框架——甚至能够与无政府主义兼容,而不预示它在道德上多么有魅力,或必然包含什么价值。这也许是我们能够对服务性权威做出的一个基本判断,而不是像沈宏彬认为的那样,它必然包含着众多的实质性价值。

三、法理论建构的方法论

郑玉双曾经写过一篇论文评论本书关于方法论问题的讨论,[39]这次的书评文章依然延续了他关于元伦理学视角下的一般法理论的探讨。[40] 在本书第七章中,我关于建构法理论的方法论的讨论主要集中在与权威命题相关的概念分析方法的检讨上,并没有过多地在一般意义上讨论方法论问题。郑玉双注意到了这个问题,并结合最新的文献在方法论上深入研究了如何回应德沃金的最新挑战,[41]并给出了法实证主义可能的发展方向。那就是法实证主义传统的描述性、中立性立场在德沃金的一元论面前不堪一击,新的出路在于将一般法理学视为元规范性探究的一部分,这样也才能挽救法实证主义。郑

---

[38] “The use of the expression ‘right reason’ acknowledges that the question of the moral standing of an act or a law can be complex. There may be reasons for it and reasons against it. ‘Right reason’ refers to the outcome of that complexity, i. e. to the standing of the act or the law which is determined in light of the fact that it is subject to all those conflicting considerations.”

[39] 参见郑玉双:《权威的证成困境及其解决》,载郑永流主编:《法哲学与法社会学论丛》(第21卷),法律出版社2016年版。

[40] 参见郑玉双:《价值一体性命题的法哲学批判:以方法论为中心》,载《法制与社会发展》2018年第2期。

[41] See Ronald Dworkin, *Justice for Hedgehogs*, Belknap Press: An Imprint of Harvard University Press, 2013.(中译本参见[美]罗纳德·德沃金:《刺猬的正义》,周望、徐宗立译,中国政法大学出版社2016年版。) Scott J. Shapiro & David Plunkett, “Law, Morality and Everything Else: General Jurisprudence as a Branch of Meta-Normative Inquiry”, *Ethics*, Vol. 127, No. 4 (October, 2017), pp. 37-68. Andrie Marmor, “Farewell to Conceptual Analysis (in Jurisprudence)”, in Wil Waluchow and Stefan Sciaraffa (eds.), *Philosophical Foundations of the Nature of Law*, Oxford University Press, 2013. David Enoch, “Is General Jurisprudence Interesting?” (May 1, 2015). Available at SSRN: https://ssrn.com/abstract=2601537. Julie Dickson, “Why General Jurisprudence Is Interesting” (February 11, 2017). Available at SSRN: https://ssrn.com/abstract=2921820.

玉双认为,这一进路既可回应德沃金的挑战,又可以使法实证主义不再纠缠于概念分析问题,因为元规范性探究可以吸纳概念分析或舍弃概念分析而从事其他形式的理论反思。我赞同郑玉双对本书关于方法论讨论的理论目标的定位以及不足之处的总结,并赞赏他目前在从事的方法论研究工作。重新分析和检讨当代英美分析法理学在方法论研究上的新进展是另一个大工程,本文在这里不做进一步的处理;而且郑玉双的讨论也是在本书方法论论述的基础上的进一步讨论,并没有提出太多的批评意见。因此,本文关于方法论问题的回应主要针对沈宏彬的批评,因为他的批评更为直接,而且更具有针对性。

沈宏彬对描述性法理学的理论目标给出了一种解释,他认为描述性法理学就是要对法律这种特定的规范性实践做出一种最佳的整体性理解或说明。因为法律参与者对法律的理解是片段式的,所以需要整体性和系统性理解;又因为要说明参与者对法律的各种基本直觉和理解,所以需要的是最佳的理解;而在这个过程中,理论家只是分享法律参与者的理解并作出整体性最佳诠释,无须对参与者的理解在道德上表示赞成或反对,所以这种理解是描述性的。我认为沈宏彬的这个总结没有问题,符合描述性法理论家的工作性质,而且也与本书的总结是一致的。沈宏彬的反对意见主要集中在本书对描述性法理学的批评上,他认为这些批评是不成功的。我提出了两个相互独立的批评:一是质疑描述性法理学关于法实践重要性面向的判断对法律参与者的意义和价值;二是试图揭示描述性法理学"自身置入"式的认识模式所面对的困境。沈宏彬认为这是两个"熟悉"的批评,并逐一进行了检讨。

第一个"熟悉"的批评指向我做出过的一个结论:"一方面,理论家认为重要的,对于法律实践的参与者来说并不一定是重要的,法律的本质属性也只是理论家自己的判断。另一方面,这样判断出的法律本质属性,可能还是法理论家自身并不认同的。"[42]沈宏彬认为这两个批评都是错误的,理由在于:第一,理论家对参与者直觉重要性的判断并不是"理论家自己的判断",而是要服务于描述性理论的客观目标;第二,理论家判断出来的法律的本质属性是法律的客观属性,理论家是否认同与概念分析的结论正确与否无直接关联;第三,理论家与法律参与者共享一套概念和思想体系,理论家认为重要的对

[42] 朱振:《法律的权威性:基于实践哲学的研究》,上海三联书店2016年版,第331页。

参与者来说一样是重要的，因此也就不存在对理论家建构的理论进行元理论评价的空间，因为描述性法理学之上并不存在一个更高阶的元理论，对描述性法理学的评价本身就是在从事描述性法理学的工作。

沈宏彬的第一个和第二个理由都是基于一个共同的理据，即描述性法理学致力于一个客观的目标，或者说具有客观的属性（比如说法律是一种实践权威），他甚至把理论家的工作类比于化学家发现水的本质属性（H_2O）的工作。正如上文所述，我认可沈宏彬对描述性法理学之工作方式的描述，但不认同他对描述性理论之性质的界定。恰恰相反，我认为描述性法理学的工作是一种典型的诠释性工作，诠释性工作的性质并非发现一个客观的结构或属性。描述性理论所判断出的法律的性质并不存在客观意义上的错误或正确，而只能说在具体语境中哪一个更具解释力、更为融贯。比如法律命令论对于某个时代的法律实践来说，也许是非常具有解释力的；但是对我们这个时代的法律实践来说，这种解释则明显不符合我们关于法律实践的自我理解。然而，法律命令论依然具有真理成分，[43]不是“在客观上”就是错误的。法律是一个诠释性的概念，法理论家的工作完全不同于自然科学家的工作。[44] 用哈特的理论来看，描述性理论家对法律实践持有一种不极端的外在观点，即“理解但不接受”。

无论是哈特的外在诠释方法、拉兹的社会理解进路，还是吉尔茨的民族志描述方法，都是通过多阶诠释来达致对法实践的最好理解。最终的理解都是法理论家自己的判断，尽管这种判断为了达到自身的融贯性最后基本都走向了诠释的进路。吉尔茨意义上的“深描”面对的是异文化的法实践，“理论家自身不认同所描述出来的法律本质属性”这一点是很容易理解的。但是哈特和拉兹意义上的法理论家本人对所建构的理论会持什么态度呢？对此，我依然没有改变我在《法律的权威性》中的看法：“按照迪克森（Julie Dickson）的主张，应该是一种间接评价，而不会是一种好/坏的道德评价，也不会是一种内在接受与认同的态度。法理论本身即是一种描述，它不是理论家本人的道

[43] 关于这种真理成分的讨论参见 H. L. A. Hart, *The Concept of Law*, Second Edition, Oxford University Press, 1994。尤其是第 2 章、第 3 章、第 4 章的内容。另外，近年来美国弗吉尼亚大学法学院的著名法哲学家 Frederick Schauer 在致力于复兴强制对法哲学的价值，Frederick Schauer, *The force of law*, Cambridge, MA: Harvard University Press, 2015。

[44] See Ronald Dworkin, *Justice in Robes*, Belknap Press, 2008. 尤其是导论部分关于概念类型的区分。

德价值判断。他也许对理论本身会认可,因为这是他的判断;但不会认同理论的内容,或者说,无所谓认同还是不认同,因为他的视角是描述。"[45]

沈宏彬的第三个理由涉及我们怎样理解"元理论评价"问题,在这个问题上,我认为沈宏彬对"元理论评价"有一种独特的理解,这种理解迥异于本书的使用方式,这使他的批评不会对本书的观点构成挑战。"元理论评价"是迪克森借用哈特的"元理论价值"(meta-theoretic values)[46]而提出来的,是其间接评价法理学的一部分。元理论价值是关于理论本身的价值评价,[47]描述性法理学本身就是在从事间接评价的工作,即它要提出一个精确的、重要的且充分的关于法律的说明。甚至哈特指出,即使是规范性分析,也要受重要性判准(criteria of importance)的指引,以挑选出它所要分析的社会对象。[48] 元理论评价是对理论本身的评价,描述性的和规范性的法理学都需要进行这种评价,只是后者在间接评价的基础上还要进行更为直接的道德评价。描述性法理学要接受元理论评价不是说在描述性法理学之上还存在一个更高阶的元理论,而是说理论建构本身(而非理论内容)要接受是否符合简单、清晰、别致、完备(comprehensiveness)、融贯(coherence)等元理论价值的检验,这和"理论家是否与法律参与者分享同一套概念和思想体系"这个问题无关。[49]

沈宏彬把第二个所谓的"熟悉的批评"概括为来自"核心情形"的批评,并对菲尼斯的一段话做了发挥,他主要目的是指出菲尼斯(John Finnis)对法实证主义方法论的批评是要么是无效的,要么是很弱的。他的主要理由是:菲尼斯对法概念的说明并不是一种充分的说明,法律的概念要素并不总是意味着给出客观行动理由;菲尼斯与法实证主义的分歧在于对什么是概念理论持

---

[45] 朱振:《法律的权威性:基于实践哲学的研究》,上海三联书店2016年版,第331页。

[46] See Julie Dickson, "Methodology in Jurisprudence: A Critical Survey", *Legal Theory*, Volume 10, Issue 3, 2004, pp. 122－123.

[47] Julie Dickson, *Evaluation and Legal Theory*, Hart Publishing, 2001, p. 32.

[48] H. L. A. Hart, "Comment on Legal Theory and the Problem of Sense (Ronald Dworkin)", *Issues in Contemporary Legal Philosophy: The Influence of H. L. A. Hart*, Edited by Ruth Gavison, Oxford: Clarendon Press, 1987, p. 39.

[49] 此外,我还认为Dickson指出描述性法理学具有间接评价面向并没有多大的理论意义,既不能表明描述性法理学是一种成功的法理论,也回应不了规范性法理学对它的批评。但是Dickson的概念区分具有理论价值,在此基础上我试图对描述性法理学所承诺的"重要性"判断进行元理论评价,并提出了这样一个问题:以"描述但不承诺"的论述视角来建构的法理论会是一种成功、合理且真诚的法理论吗?具体论述参见朱振:《法律的权威性:基于实践哲学的研究》,上海三联书店2016年版,第7章。

有不同的看法,这是两种不同的理论工作,并无实质分歧。沈宏彬的这个理由是否成立暂且不论,但是他关于“来自‘核心情形’的批评”的概括是不准确的,我并没有提出这个角度的批评。因为哈特在其“后记”中对于描述性法理学提出了一种“自身置入”的方法,我引入伽达默尔关于历史诠释学的理论主要是说明“自身置入”是带有自己的视域的,而不可能完全采取另一个人的立场而置入。因此哈特的“自身置入”要想成功就只有依赖于作者和读者之间共享的知识、信念和评价,我引用菲尼斯的那句话也只是想说明这一点。如果做不到这一点,描述也许一开始就无法进行,更别说取得成功。我对描述性法理学的批评无论成功与否,都不是一种来自“核心情形”的批评,而是来自于对一种对诠释学哲学本性的理解。

四、结语

分析法学既是一个法哲学思想体系,也表现为一套成熟的研究方法。我们中国学者研究分析法学,并不是要在中国复制它的观点。进一步的深化或推进研究既需要我们在哲学上的持续努力,更需要我们能够成功地运用分析法学的观点和方法解释中国古典思想与现实问题,这样分析法学才能在中国真正开花结果。这首先需要我们在理论上深化研究,相互讨论与批评,因此我要再一次感谢郑玉双、沈宏彬和骆意中的评论,这可以被视为深化分析法学研究的持续努力的一部分。

图书在版编目(CIP)数据

国家与法治研究. 第1卷, 2018 / 焦洪昌主编. --北京：法律出版社, 2018
ISBN 978-7-5197-2704-8

Ⅰ. ①国… Ⅱ. ①焦… Ⅲ. ①法学—丛刊 Ⅳ. ①D90-55

中国版本图书馆CIP数据核字(2018)第211968号

国家与法治研究 第1卷(2018)
GUOJIA YU FAZHI YANJIU DI-1 JUAN(2018)

焦洪昌 主编

策划编辑 高 山
责任编辑 高 山 邓颖君
装帧设计 汪奇峰

出版 法律出版社
总发行 中国法律图书有限公司
经销 新华书店
印刷 北京虎彩文化传播有限公司
责任校对 王沁陶
责任印制 陶 松

编辑统筹 学术·对外出版分社
开本 720毫米×960毫米 1/16
印张 20.25
字数 316千
版本 2018年9月第1版
印次 2018年9月第1次印刷

法律出版社 / 北京市丰台区莲花池西里7号(100073)
网址 / www.lawpress.com.cn
投稿邮箱 / info@lawpress.com.cn
举报维权邮箱 / jbwq@lawpress.com.cn
销售热线 / 010-63939792
咨询电话 / 010-63939796

中国法律图书有限公司 / 北京市丰台区莲花池西里7号(100073)
全国各地中法图分、子公司销售电话：
统一销售客服 / 400-660-6393
第一法律书店 / 010-63939781/9782 西安分公司 / 029-85330678 重庆分公司 / 023-67453036
上海分公司 / 021-62071639/1636 深圳分公司 / 0755-83072995

书号：ISBN 978-7-5197-2704-8 定价：69.00元
(如有缺页或倒装，中国法律图书有限公司负责退换)